暨南大学产业经济研究院"产业转型升级"丛书

国家自然科学基金重点项目：推动经济发达地区产业转型升级的机制与政策研究（批准号：71333007）
广东省高水平大学建设之"应用经济与产业转型升级"重点建设学科经费
国家自然科学基金青年项目（批准号：71102042）
广东省软科学项目（批准号：2012B070300034）

资助

丛书主编 胡军

燕志雄 等著

高科技产业风险投资与公共政策研究

中国财经出版传媒集团
经济科学出版社
Economic Science Press

图书在版编目（CIP）数据

高科技产业风险投资与公共政策研究/燕志雄等著.
—北京：经济科学出版社，2017.5
（暨南大学产业经济研究院"产业转型升级"丛书）
ISBN 978－7－5141－8098－5

Ⅰ.①高⋯　Ⅱ.①燕⋯　Ⅲ.①高技术产业－风险投资－
投资政策－研究－中国　Ⅳ.①F832.48②F279.244.4

中国版本图书馆 CIP 数据核字（2017）第 108378 号

责任编辑：杜　鹏　凌　健
责任校对：杨晓莹
责任印制：邱　天

高科技产业风险投资与公共政策研究

燕志雄　等著

经济科学出版社出版、发行　新华书店经销
社址：北京市海淀区阜成路甲 28 号　邮编：100142
总编部电话：010－88191217　发行部电话：010－88191522
网址：www.esp.com.cn
电子邮件：esp_bj@163.com
天猫网店：经济科学出版社旗舰店
网址：http://jjkxcbs.tmall.com
固安华明印业有限公司印装
710×1000　16 开　27.75 印张　500000 字
2017 年 5 月第 1 版　2017 年 5 月第 1 次印刷
ISBN 978－7－5141－8098－5　定价：88.00 元
（图书出现印装问题，本社负责调换。电话：010－88191510）
（版权所有　侵权必究　举报电话：010－88191586
电子邮箱：dbts@esp.com.cn）

总　序

在经济全球化的进程中，发达国家的跨国公司凭借雄厚的资本实力、领先的技术和品牌控制着价值链的关键环节，同时还利用海外直接投资、离岸外包、战略联盟和研发合作等组织架构，在全球范围内扩展和延伸其战略资源的边界，保持着全球价值链治理者和利益分配者的地位。然而，发展中国家或地区如我国东南沿海地区的企业往往处于弱势地位，收益被压榨，特别是在发展中国家进行到高端工业化的进程中，广泛地出现了被"俘获"和被"锁定"的现象。

当前世界经济复苏乏力，全球贸易持续低迷，以保护主义、孤立主义为代表的"逆全球化"思潮抬头，进一步挤压了发展中国家制造业的国际市场空间。同时，以互联网、人工智能和新材料、新能源为先锋的新一轮科技革命，使得生产、生活方式发生深刻变化，产业链全球化延伸和再配置过程加速。为抢占新一轮经济科技竞争制高点，各先行国家纷纷推出以重构国家价值链为主要内容的产业振兴计划，试图进一步增强其国家竞争优势和调整国际分工格局。在此背景下，发展中国家参与全球竞争、向技术链和产业链高端环节攀升的难度加大，推进产业转型升级的空间被进一步挤压。

改革开放以来，我国东南沿海地区，特别是长三角、珠三角和环渤海三个经济圈，通过大规模承接国际产业转移，使得"中国制造"在全球价值链的参与度不断加深。目前，东南沿海地区已集中了全国80%左右的加工制造业。然而，近年来这一地区发展面临土地空间限制、能源资源短缺、人口膨胀压力、环境承载力"四个难以为继"的制约，经济发展的"瓶颈"问题日益凸显，并引起国家决策层的高度重视。我国东南沿海地区作为全球第三次产业转移的主要承接地，既是当前产业转型升级形势最为严峻的区域，也是发达国家跨国公司进行产业中高端领域投资的重要区域，在产业链全球布局调整中仍将担当重要的角色，也是我国未来推进经济结构调整的主战场。在新一轮产业革命促使全球产业链再配置加速的背景下，我国经济发达地区产业发展进入重要转型期，其能否及时而顺利地克服结构性风险加大、产业发展后劲不足、自主创新能力亟待增强、能源和环境压力加大等一系列难题，关系到我国推进经济结构战略性调整的大局能否顺利实现。

我们应该清楚地认识到，我国经济发展已经进入新常态，向形态更高级、分工更复杂、结构更合理阶段演化。为此，我们迫切需要从理论和实践上进行深入的研究和探索。近年来，我们的团队以国家自然科学基金重点项目"推动经济发达地区产业转型升级的机制与政策研究"为依托，本着"有限目标、重点突破"和"从局部到整体"的原则，立足于我国转型经济的制度背景，深入研究我国经济发达地区推进产业转型升级的内在机理、战略、模式、路径和政策。我们的团队运用多学科交叉的理论与方法，综合"阶段—要素—制度—功能"多维分析视角和"环境—战略—政策—行为—过程—结果"的一体化逻辑，重点研究"产业转型升级的相关概念与分析模型"、"产业转型升级的影响因素及运行机制"、"典型国家产业转型升级的演进模式与机制"、"中国经济发达地区产业转型升级的演进模式、水平及其影响的分析和评价"、"推动中国经济发达地区产业转型升级的战略分析与政策研究"等重要专题和方向。

产业经济学科在暨南大学有着悠久的发展历史和厚实的学术根基。该学科源于1963年我国著名工业经济学家黄德鸿教授领衔建立的工业经济专业，1981年获硕士学位授予权，1986年获博士学位授予权，是华南地区最早的经济类博士点，1996年被评为广东省A类重点学科，是原国家计委批复立项的暨南大学"211工程"重点建设项目之一。2002年本学科被批准为国家重点学科并延续至今。为了进一步加强产业经济学国家重点学科的建设，暨南大学于2006年成立了产业经济研究院（以下简称产研院）。2014年以产研院为牵头组建的"广东产业转型升级协同创新中心"入选广东省首批国家级"2011计划"协同创新中心。2015年该学科入选广东省高水平建设大学重点建设项目。

产研院秉承"顶天立地"的学术传统，坚持"学科交叉研究、复合型人才培养、服务地方产业转型升级"三位一体，致力于成为全国产业经济学领域顶尖学术单位和卓越智库。本学科长期聚集于中国经济的转型升级，主要研究方向包括产业结构与经济增长、产业组织与企业理论、产业布局与区域创新体系、产业政策与政府规制等。建院近10年来，产业经济学科团队先后承担了国家自然科学基金重点项目、教育部重大攻关课题、国家社会科学基金重点项目等国家级重大重点项目，以及国家级一般项目和其他省部级以上纵向项目60多项。相关科研成果主要发表在《经济研究》、《管理世界》等国内权威期刊以及SSCI等收录的知名国际期刊。此外，深度服务地方产业转型升级也是产研院的重要使命，近年来，在产业竞争力、产业发展规划、产业政策与企业发展战略等领域承担各类横向课题150多项，相关研究成果成为地方政府决策的重要依据。

暨南大学产业经济学科长期致力于进一步推进和丰富符合我国国情的产业经济理论体系。我国是一个发展中的大国，我国东南沿海地区的产业发展既有与其他国家先行地区的相似之处，又在发展任务、发展机制、发展路径和模式等方面具有鲜明的"中国特色"。以我国经济发达地区产业转型升级的机制与政策为研究对象，直面资源约束趋紧、环境污染严重、生态系统退化的严峻形势，在"产业发展"与"资源集约利用"、"环境保护"、"体制机制创新"等有效融合的基础上，构建区域产业和产业链演化的宏、微观机制模型和转型绩效评估模型等理论模型，对于在产业技术理论、产业结构理论、产业组织理论和产业区域布局理论、产业发展与生态环境互动理论等方面融入"中国元素",丰富中国特色的产业经济理论,具有重要的理论创新价值。为了更好地展示这些研究成果,贡献于国家和广东的产业转型升级的理论创新和实践探索,我们决定筛选部分成果以"产业转型升级丛书"的形式出版。

胡军
2016 年 12 月 18 日于暨南园

前　言

　　我国风险投资业经过20多年的发展，无论是风险投资的资金规模还是受资助的项目数量均有质的飞跃。然而，风险投资家更多地倾向于支持处在成长期、扩展期和成熟期的中小高科技企业，而比较少地支持处在种子期、初创期和早期的中小高科技企业。众所周知，严重的信息不对称，高度的不确定性，外部性以及合同的不完全性均会极大地制约了中小高科技企业的风险投资。结果，即使它们获得了VC支持，风险投资往往也严重不足。因此，政府有必要出台一系列的公共政策来减弱中小高科技企业风险投资的市场失灵。

　　从国际经验来看，高科技产业风险投资的发展离不开政府适当的公共政策。通常，它可以为高科技产业风险投资带来以下三个方面的好处：

　　一是规范风险投资市场。一个高效又健康的风险投资市场往往离不开一套完善且有效的法律制度。法律制度的不健全将大大地提高风险投资交易双方的交易成本，而严重地制约风险投资的发展。

　　二是引导和刺激风险投资。众所周知，高科技企业风险投资具有高投入、高不确定性、高风险等特征。因此，大量的社会资本往往不愿过早介入或者不愿意投资这类企业。现有研究表明，政府可以通过设立引导基金、制定合理的税收补贴政策来降低高科技企业风险投资的风险和成本，达到引导和刺激社会风险资本投资高科技产业的目的。

　　三是带动产业发展。一方面，政府公共政策可以促进互联网、医疗健康等高科技产业的发展；另一方面，社会风险资本投资高科技产业的巨大成功，也会促进高科技产业风险投资的大发展。

由此可见，我们有必要深入地详尽地探讨高科技产业风险投资的各项公共政策，以便于吸收和完善我国风险投资的公共政策。本书围绕这一主题展开了相关研究，研究内容主要包括：

第一，导论（第一章）。我们主要涉及高新技术产业界定、特征、发展模式及其与风险投资关系等内容，并指出了高科技产业风险投资的突出问题。为本书后面的研究内容作了必要的铺垫。

第二，基础理论篇（第二章和第三章）。我们关注现有理论所涉及的市场失灵问题、微观治理机制和公共政策理论，是高科技产业风险投资公共政策的理论基础。

第三，风险投资发展状况篇（第四章至第七章）。我们整理和分析了全球风险投资发展现状，尤其是我国的，并对欧美发达国家与我国风险投资业发展现状进行对比分析，指出我国风险投资发展存在的主要问题和简单预测了发展趋势。该篇有助于我们较为全面地认识风险投资现状。

第四，公共政策篇（第八章至第十二章）。我们重点研究了高科技产业风险投资的公共政策。首先，简单介绍了公共政策的目的和种类，然后详细阐述了法律制度、组织形式、政府引导基金、税收补贴政策的实施目的、具体措施以及政策效果。这是本书最丰富也是最有价值的部分。

第五，重点分析篇（第十三章至第十五章）。我们主要分析了各项公共政策在我国医疗健康产业、互联网产业、重点城市、国际在华风险投资的具体应用，着重突出公共政策对特定行业和地区经济发展的重要作用。

总而言之，本书以微观治理理论和公共政策理论为支撑，在风险投资现状分析的基础上，不仅深入详细地比较分析各国风险投资的公共政策，而且还详尽地探讨了我国的公共政策现状，尤其是重点产业和区域等方面特点。本书不仅有助于读者认识和了解高科技产业风险投资及其公共政策现状，而且还可以为政府完善和推出新的风险投资公共政策提供参考和依据。

　　本书是燕志雄、伍香洲，何思依、郭倩文、朱丽娟、李仲乐、郭楚楚、郑丽霞、郑邵秋和陈远涛共同努力的结晶，各章的撰写人在每章中均有标注。还有，燕志雄还负责全书的主题及大纲拟定和修正，何思依完成第一、二、三、四、五、六、七、十章的校稿，伍香洲完成第八、九、十三、十五章的校稿，郭倩文完成第十一、十二、十四章的校稿。本书也汲取和引用了国内外许多学者的研究成果，在此对有关专家学者表示感谢。虽然我们努力做到精益求精，但是本书仍然可能存在诸多不足，恳请读者批评指正，以求不断改进与完善。

作者
2017 年 4 月

目 录

导论 ··· 1

  一、高新技术产业的界定、特征及发展模式 ··················· 1
  二、风险投资与高新技术产业的关系 ····························· 5
  三、高科技风险投资的突出问题 ·································· 10

第一篇　基础理论

第一章　微观理论 ··· 17

  第一节　市场失灵 ··· 17
  第二节　微观治理理论 ··· 19

第二章　公共政策理论 ··· 23

  第一节　政府干预的理论基础 ···································· 23
  第二节　公共政策的失灵 ·· 24
  第三节　公共政策及其绩效 ······································· 26

第二篇　风险投资发展状况

第三章　全球重点国家及地区风险投资发展现状 ········ 33

  第一节　全球风险投资总体概况及特点分析 ················· 33
  第二节　美国风险投资行业发展现状分析 ···················· 36
  第三节　欧洲风险投资行业发展现状分析 ···················· 47

第四节　中国风险投资行业发展现状分析 …………………… 52

第四章　我国典型地区风险投资发展现状分析 ………………… 63

第一节　区域间风险投资比较分析 …………………………… 63
第二节　典型城市风险投资发展现状 ………………………… 66
第三节　典型城市风险投资发展环境比较 …………………… 71

第五章　我国风险投资发展存在的问题 ………………………… 82

第一节　风险投资基金规模小，资金来源渠道单一 ………… 82
第二节　风险投资退出渠道增多，但仍有待完善 …………… 83
第三节　风险投资主体错位，社会资本参与度不高 ………… 83
第四节　风险投资法律制度有待完善 ………………………… 84
第五节　专业人才相对匮乏 …………………………………… 84

第六章　我国风险投资发展趋势预测 …………………………… 85

第一节　大规模并购增多，并购基金爆发式增长 …………… 85
第二节　政府引导基金爆发式增长，大量政府资金涌入 …… 86
第三节　股权众筹平台蓬勃发展，成VC项目池 …………… 87
第四节　注册制拟推行，退出渠道将更加完备 ……………… 88
第五节　PE偏好并购/早期投资，看好文化、TOB、消费行业 … 88
第六节　私有化节奏加快，中概股回归浪潮掀起 …………… 89
第七节　VC改革速度加快，进一步冲击行业"潜规则" …… 89

第三篇　公　共　政　策

第七章　公共政策概论 …………………………………………… 93

第一节　政策目的 ……………………………………………… 93
第二节　公共政策的种类 ……………………………………… 94

第八章　法律制度 ………………………………………………… 102

第一节　组织法 ………………………………………………… 102

第二节　劳动法 ……………………………………………………… 109

　　第三节　破产法 ……………………………………………………… 115

　　第四节　风险投资者资格 …………………………………………… 121

　　第五节　风险投资政府扶持 ………………………………………… 128

　　第六节　风险投资与法律制度之间的关系 ………………………… 138

第九章　组织形式 ………………………………………………………… 141

　　第一节　风险投资机构的主要组织形式 …………………………… 141

　　第二节　全球风险投资机构组织形式的发展概况 ………………… 144

　　第三节　代表性风险投资机构的组织形式分析 …………………… 166

　　第四节　不同组织形式的制度安排比较分析 ……………………… 174

　　第五节　不同组织形式的绩效分析 ………………………………… 181

　　第六节　我国风险投资机构组织形式的展望 ……………………… 184

第十章　政府引导基金 …………………………………………………… 188

　　第一节　国外政府引导基金的主要运作模式 ……………………… 188

　　第二节　我国政府风险基金的发展 ………………………………… 195

　　第三节　中国政府引导基金发展现状 ……………………………… 201

　　第四节　我国重点区域的代表性政府引导基金 …………………… 205

　　第五节　国内外政府引导基金的比较及启示 ……………………… 210

第十一章　税收补贴 ……………………………………………………… 215

　　第一节　税收补贴概述 ……………………………………………… 215

　　第二节　税收优惠政策分析 ………………………………………… 219

　　第三节　风险投资补贴政策分析 …………………………………… 241

第四篇　重点分析篇

第十二章　医疗健康产业风险投资与公共政策 ………………………… 257

　　第一节　产业界定与发展现状 ……………………………………… 257

　　第二节　产业风险投资概况 ………………………………………… 261

第三节　发展趋势 …………………………………………… 274
　　第四节　产业公共政策及其绩效分析 ………………………… 278
　　第五节　重点发展领域投资分析（一）——生物医药 ………… 284
　　第六节　产业重点发展领域投资分析（二）——互联网医疗 …… 294

第十三章　互联网产业风险投资与公共政策 ………………………… 308
　　第一节　产业及风险投资发展现状 …………………………… 308
　　第二节　代表性国家与区域的风险投资概况 ………………… 312
　　第三节　代表性国家与区域的政策环境及其比较 …………… 321
　　第四节　重点发展领域投资分析（一）——互联网金融 ……… 326
　　第五节　重点发展领域投资分析（二）——电子商务 ………… 341
　　第六节　附录 …………………………………………………… 352

第十四章　重点城市风险投资与公共政策 …………………………… 355
　　第一节　重点城市的风险投资环境 …………………………… 355
　　第二节　重点城市的政策工具选择 …………………………… 362
　　第三节　重点城市公共政策的绩效分析 ……………………… 369
　　第四节　重点创新示范区 ……………………………………… 375

第十五章　国际风险资本与公共政策 ………………………………… 392
　　第一节　国际风险资本的发展 ………………………………… 392
　　第二节　运营模式 ……………………………………………… 403
　　第三节　公共政策及其绩效 …………………………………… 406
　　第四节　经典案例分析 ………………………………………… 411

参考文献 ………………………………………………………………… 419

导　　论*

一、高新技术产业的界定、特征及发展模式

（一）高新技术的含义

高新技术包含高技术、新技术，也可以表述为高技术。高技术（high technology）最早出现在美国，国际上对此还没有统一的定义。一般来说，它是以现代科学成就和新技术工艺为基础、不断动态发展的技术或方法。高新技术是体现人类对自然界更广泛、更深层次的改造以及利用的手段与方法的集合，其目的是为全社会带来经济效益和社会效益。

（二）高新技术产业的界定标准

高新技术产业是知识密集、技术密集的产业，即将高新技术运用到企业产品的研发、生产和销售当中去，从而形成产业链，带动整个经济体系的改革和创新。在研发投入阶段，高新技术的使用需要大量高科技人才以及资本的投入，并且研发难度较大，但是成功之后的经济回报较高，并且有很好的外部性，能够激励各个企业的研发投入和产品创新热情，带动经济又好又快的发展。由这些特点可以看出，高新技术产业主要包括信息技术、生物工程、新能源的开发和使用等这些需要投入高科技人才和先进技术的行业。在经济迅速发展的今天，高新技术产业已经是产业发展的关键，并且也已经成为衡量国家和地区经济发展状况的重要指标之一。

由于不同国家的经济发展程度参差不齐，对高新技术的界定会因经济发展

---

* 本章由暨南大学产业经济研究院朱丽娟、郭倩文执笔。

阶段的不同有所差异，因此对高新技术产业的划分也没有固定的标准。目前，应用比较广泛的标准有两个。

（1）国际经济合作与发展组织（OECD）用研究与开发的强度对高新技术产业进行定义和划分，它主要包括如下三个指标：

①选用 R&D（研究与开发，Research & Development Intensity）总费用（直接 R&D 费用加上间接 R&D 费用）占总产值的比重；

②直接 R&D 经费占产值的比重；

③R&D 占增加值的比重。

OECD 公布的高技术产品目录，就是采用了 R&D 强度（R&D 经费占总销售收入的比重）指标，并在此基础上分析了美、日、德、意等六个国家数据，才最终制定了九大领域的高新技术产业的目录。具体为电子通信、航空航天、医药、化学、武器、科学仪器、计算机与办公设备、电子设备和非电子设备。

（2）美国商务部也提出了两个划分高新技术产业的指标，分别如下：

①研发和开发的强度，也可以表述为研发的总费用占销售总收入的比值；

②研发人员（包括科学家、技术工人、工程师）的总数量占企业总员工数量的比值。

目前，我国对高新技术产业的划分和界定也没有明确的标准，主要是由于不同阶段的高新技术其特点有所不同。比如在"蒸汽时代"，蒸汽机器的发明与创造可以算作是当时的高技术，但是在现在的"知识经济时代"，蒸汽机器早就落后了，而信息技术则荣登高技术之位，也许经济发展到一定程度，当时看来符合高新技术定义的行业或技术，以后都不再适用。所以我们不能准确地界定到底什么产业才称得上是高新技术产业，不过国际通用标准是按照产业的技术密集度和复杂程度来衡量。2002 年 7 月国家统计局发布的《高技术产业统计分类目录的通知》中，如表 0-1 所示，所统计的我国高技术产业的范围有：电子/通信设备制造业、航天航空器制造业、电子计算机制造业、医药制造业和医疗仪器设备及器械制造等行业。

表 0-1　　　　　　　　高技术产业统计分类目录

行业编码	行业名称	行业编码	行业名称
253	核燃料加工	404	电子计算机制造
2665	信息化学品制造	405	电子器件制造
27	医药制造业	406	电子元件制造

续表

行业编码	行业名称	行业编码	行业名称
368	医疗仪器设备及器械制造	407	家用视听设备制造
376	航空航天器制造	409	其他电子设备制造
40	通信设备、计算机及其他电子设备制造业	411	通用仪器仪表制造
402	雷达及配套设备制造	412	专用仪器仪表制造
403	广播电视设备制造	621	公共软件服务

高科技产业的界定指标都是相对的、动态变化着的。各国只有根据本国的国情选择和发展相应的高科技产业，而不是生搬硬套他国的经验。这样才能够更好地形成比较优势，从而发展本国具有国际竞争实力的高科技产业。

（三）高新技术产业的特征

高新技术产业在国际上尽管没有统一的界定标准，但是综合来看，其特征却具有一致性。主要体现在以下几个方面。

1. 高投入

高新技术的研发需要高技术人才的引进、高科技设备的配备，以及应对较高市场风险的承受力，这些都需要大量的资金作为支撑。一方面由于高新技术产业应用的高新技术比传统产业复杂得多，一般都涉及多个学科领域，这也就决定了高新技术的研究需要投入大量的高、精、尖端设备，以及高新技术型人才，这些通常需要大量资本的投入。另一方面，高新技术产业是不断发展变化着的，产品的更新换代速度惊人，如果想要抢占先机，在市场上有一席之位，就需要及时的足量的资金投入，确保研发、生产和服务各个环节的高效率、高品质。

2. 高创新高风险

技术创新是高新技术产业的灵魂，而尖端技术的创新具有突破性和不确定性，因此，高新技术产业具有明显高于一般产业的风险性，具体表现在以下四个方面。

（1）技术和生产风险。高新技术产业的技术含量高，往往处于技术创新的前沿阵地，由于技术稳定、技术前景、技术效果、技术寿命以及产品生产和售后服务的不确定性，决定了其技术风险较大。而生产不仅需要高科技的生产设备，而且需要优秀的技术工人，并且要建立在完善的研发体系、充足的资金、畅通的销售渠道的基础之上，这些环节都容易出现纰漏，一旦稍有差池，就会面临很严重的生产风险。

（2）市场风险。指的是产品从研发到最终生产出来之后进入市场所面临的亏损和滞销等风险。整个产品的生命周期可能会导致其最初的设计目标满足不了人们日益变化的需求，或者由于知识外溢，会使得一些山寨、廉价商品涌入市场，"劣币驱逐良币"使得优质产品无法盈利，优质企业不能立足。如果产品不适应市场或是被其他更先进的或者更廉价的产品所替代，那么前期投入的研究开发投资就会成为无效率的投资。

（3）资金风险。由于高新技术产业自身的特征决定了不论是前期的研发阶段，还是后期生产以及销售和服务阶段都需要足量的资金供应，直到产品打开市场取得收益之前，都需要大量的资金投入，同时也面临着最终亏损的风险。而高新技术产业的风险性由于其融资渠道较少，因而就很容易导致高新技术产业在发展阶段中出现资金短缺、资金链断层的情况，使得不少高新技术产业以失败告终。

（4）管理风险。是指由于管理不慎而造成高新技术产业失败的可能性。高新技术通常是创新性的思维和主意，处于不成形和不成熟的阶段，并且缺乏相应的管理人才。尽管在融资成功后会有具备丰富管理经验的风险投资家为其提供增值服务，但是不可避免的是，仍有很多高新技术企业，尤其是中小高科技企业，由于缺乏管理经验而以失败告终。

3. 高收益

高新技术具有较高的附加值，因此经营得当的高新技术企业可以获得比传统企业部门高得多的利润。不仅如此，高新技术产业的劳动生产率、资源利用效率和工作效率都比传统产业高得多。

4. 高渗透性

由于高新技术产业往往需要多种知识、多门学科和多种人才的融合才能形成，因此，高新技术产业具有高渗透性的特点。高新技术产业的高渗透性一方面会促进传统产业结构升级，另一方面还会渗透到国防、商业、交通物流、医疗卫生、文化教育、组织管理、社会服务甚至家庭生活等各个方面，对产业结构升级、就业结构调整、社会结构变动、生活方式改变、思维方式转化和观念意识形成均将产生深远的辐射效应。高新技术产业由于凝结了最新、最尖端的技术，因此对社会生产发展具有极强的导向性，在新的产业和新的产品的带动下会产生新的工业、新的生活方式和消费方式，乃至新的武器、新的战略战术、新的军事理论等。

（四）高新技术产业发展阶段

为了方便对高新技术产业发展不同阶段的政策进行分析，本书对国内外高新技术产业发展阶段划分成果进行了梳理，其主要有两个研究角度：一是技术发展过程；二是企业成长过程。

（1）从技术发展过程的角度，高新技术产业的发展阶段可划分为：研究开发阶段、创业阶段、早期成长阶段、加速成长阶段、成熟阶段、产业化阶段和规模化阶段。

（2）从企业成长过程的角度，高新技术产业的发展阶段可划分为：种子期、初创期、成长期和成熟期。

由于本书着眼于高新技术企业在产业化不同阶段的需求及政府支持政策，因此以企业成长过程理论研究为基础，将高新技术产业发展划分为四个阶段，分别是种子期、初创期、成长期、成熟期。

二、风险投资与高新技术产业的关系

高新技术产业发展与风险投资行业的发展是密切相关、相辅相成的。一方面，风险投资为高新技术产业的发展注入了大量的资金并且提供一系列的管理、监管等增值服务，帮助所投资的企业实现创新和发展扩张；另一方面，高新技术企业的创业成功为风险投资者带来了巨额的投资回报，使风险资本实现大幅度增值，促进了风险资本的良性循环。

（一）风险投资对高新技术产业的重要性

高新技术产业的发展有利于促进我国的经济发展。因此，关注并提供有助于高新技术产业发展的经济环境，能够有效地提高我国经济发展的效率，并且有利于我国经济健康快速发展。高新技术的应用，一方面能够提高自然资源的利用效率和缓解经济发展中的资源压力，另一方面高新技术通过对工业行业特别是重工业行业的机械装备和生产流程进行改进后，对实现节能减排和减少环境污染起到了显著作用。此外，高新技术产业中新能源产业的发展，可再生资源和新材料的研发和应用，也将推动我国向资源节约型和环境友好型社会转变。

在中国，发展高新技术产业的核心是要提供一个有利于发展高新技术产品的市场，使得高新技术能够成功转化为人们日常所需和使用的产品，将创新的理念应用于实际,为人们带来切合实际的高品质服务。风险投资的发展有利于促进科技成果的产品化、商品化和产业化,风险投资是高新技术产业和高科技成果转化的催化剂,是经济发展的推动器。通过风险投资的支持来实现技术创新和高新技术产业化,有利于我国经济结构的调整,产业结构的升级,以及经济的快速健康发展。

高新技术产业的发展与风险投资的支持密不可分,风险投资的介入是发展高新技术产业的催化剂。当然,风险投资的发展也离不开高新技术产业,高新技术成果的成功转化和投入市场不仅是为高新技术企业带来了可喜的利润,为社会提供了更优质的产品和服务,同时也为投资者(尤其是风险投资者)带来了可观的回报,这为风险投资事业的发展和资本的高效循环奠定了基础。因此,风险投资和高新技术产业就像两个巨轮支撑着我国经济发展这辆大车不断平稳、快速前行,两者缺一不可。

(二) 风险投资的市场失灵

风险投资由于具有信息不对称、代理问题和正外部性的特点,会大大削弱风险投资家对高新技术企业的投资热情,从而使得高新技术企业,尤其是处于种子期和初创期的中小企业难以筹集项目启动和运行的资金,严重制约经济发展。导致风险投资和创业资本市场的"市场失灵",使得中小高科技企业无法募集到足够资金来满足所有正净现值项目。

1. 风险投资的界定

风险投资(venture capital),又称为创业投资,是一种高风险的投资活动,具有很大的不确定性。其主要特征为高投入、高风险、高回报、资金与管理相结合。

(1) 风险投资是一种高风险、高成长和高收益的投资活动。

(2) 风险投资是一种长期投资,风险投资的整个过程(投入,运作、再投资到最后退出)一般要经过 3~7 年才能完成,并取得投资回报。

(3) 风险投资是一种专业化投资,风险投资不仅向创业者提供资金,其管理者还会提供监管和增值服务。

(4) 风险投资是一种权益投资,风险投资者从所有者权益考虑,只要风险企业的价值具有较大增值空间就值得投资。

(5) 风险投资的对象一般是高科技、高成长潜力的企业。

风险投资的周期长,风险大。隐含着两种信息不对称:一是风险投资者在选择风险投资家时，对风险投资家的能力存在信息不对称；二是风险投资家在筛选项目时，对创业企业的情况存在信息不对称。这种信息部不对称是风险投资"市场失灵"的主要原因。

2. 我国风险投资发展的瓶颈

自 2008 年开始，风险投资无论是在投资金额还是投资案例数方面都呈现出持续增长的趋势。可见，风险投资事业的发展密切关乎我国的经济发展与创新。如图 0-1 和图 0-2 所示，风险投资发展状况与我国的经济发展是息息相关的，因此，如何保障风险投资（VC）的健康快速发展是经济持续增长的关键所在。

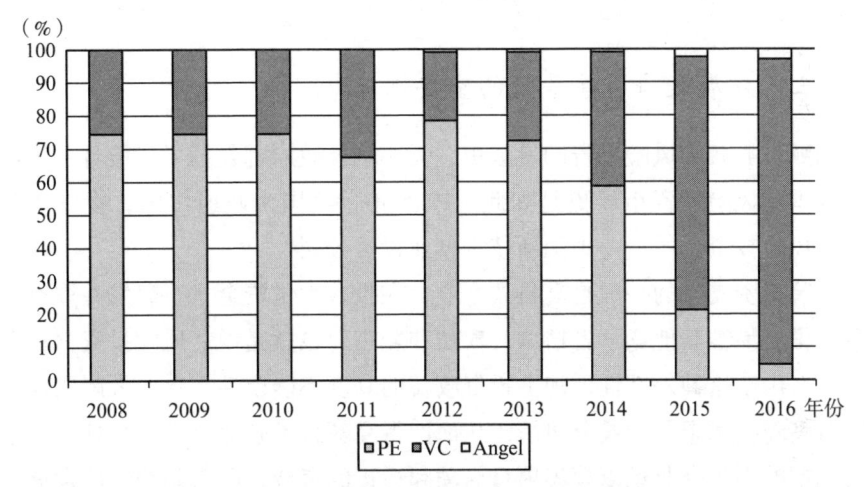

图 0-1 2008~2016 年创业投资基金投资项目融资方式情况比较（按投资金额）

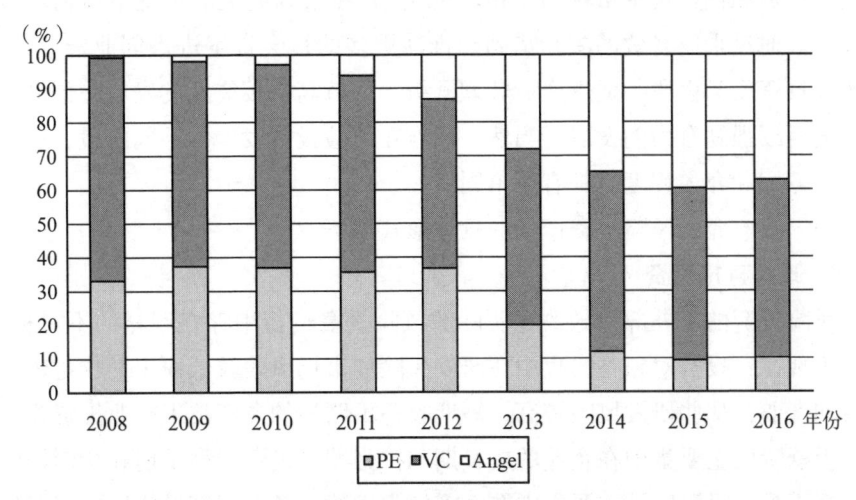

图 0-2 2008~2016 年创业投资基金投资项目融资方式情况比较（按投资案例数）

数据来源：Wind 资讯中国 PEVC 库 2016.09。

目前中国的风险投资仍处于初级发展阶段，与美国等一些风险投资比较发达的国家相比，不管是从机构数量、整体规模，还是风险投资案例数方面（能够取得风险投资的中小企业数量）都还存在很大的差距。主要体现在所有者缺位、政策法规滞后、外部资本市场不健全等方面。究其原因是我国风险投资面临市场因素和政府因素两方面的制约。由此看出，仅仅依靠市场机制的力量不能够充分满足创业投资产业的发展需要，因此，政府应该从提升社会整体福利的角度出发，主动利用自身所掌握的各种"非市场性资源"，对创业投资的发展加以扶持和引导，克服由"市场失灵"造成的发展瓶颈，促进经济的良性增长。

（三）发展政府引导基金的重要性

回顾世界各国风险投资的发展史，无一例外政府都发挥了积极且关键的作用，我国的风险投资市场更是如此。1985年，我国由政府出资，设立了中国第一家风险投资公司——中国新技术创业投资公司。

风险投资支持的一般是高科技企业，在投入大量资金进行研发并取得成果之后，很容易被其他竞争者窃取，模仿和复制，也就是说，风险投资存在着正外部性。由于这种外部性再加上投资收益的高度不确定性，会大大削弱风险投资家对高新技术企业的投资热情，从而使得高新技术企业，尤其是处于种子期和初创期的中小企业难以筹集项目启动和运行的资金，严重制约经济发展。导致风险投资和创业资本市场的"市场失灵"，在市场失灵的情况下就需要政府的介入。通过采取有效的激励措施，推动更多的社会资本进入创业资本市场，以风险投资作为手段，促进产业转型升级，扶持高科技产业的发展，推动国民经济的后续强劲有力的发展。当然，政府在风险投资发展的不同阶段，所采取的参与方式和介入程度也都有所不同。

中国政府介入风险投资市场的具体形式如下。

1. 政府直接投资

风险投资的正外部性导致在实际的风险投资运行中存在明显的不对称性，具体表现在：投资对象主要集中在研发风险和市场风险较低而短期收益较高的项目和产业，那些研发风险较高、短期收益不明显的高新技术产业投资相对不足；投资阶段主要集中在企业的成长期和扩张期，投资于种子期和初创期的风险资金不足；投资区域主要集中在经济较为发达、各项配套设施比较完善的地区，在偏远地区、经济不发达地区的投资较少。从长远看，高新技术产业对于促进技术进步乃至国民经济发展和持续增长具有重要意义，欠发达地区更需要通过风险投资的带动作用实现经济发展，种子期和初创期风险企业对于新技术的研发和新产品的开发意义重大。因此，对于短期收益不明显的高新技术产业的风险投资不足、欠发达地区风险投资不足以及种子期和初创期的风险投资不足等问题需要通过政府直接投资来供给风险资金。

政府直接投资是指政府作为一个投资主体直接出资创办风险投资公司。政府直接出资创办风险投资公司可以增加风险资金的供给，可以在一定程度上对因风险投资正外部性导致的有效投资不足进行弥补，有利于新兴企业的发展和实现技术创新，并最终对国家的产业结构升级、国民经济增长和综合国民经济竞争力的提高做出贡献。此外，政府创办风险投资公司的支出可以看作是财政支出的一部分，会直接影响一国均衡的国民收入水平，并能通过乘数效应达到促进国民收入增加和扩大就业的目的。

2. 风险投资引导基金

政府直接投资创办风险投资公司虽然能够在一定程度上缓解正外部性所引起的风险金供给不足的问题，但是政府的财政资金毕竟有限，并且政府在作为直接投资者的过程中会对所投资企业过度监管，缺乏像风险投资机构所能提供的有效管理和增值服务，所以在实际的运行过程中存在很多问题，而政府风险投资引导基金既能发挥政府在弥补正外部性方面的积极作用，又能避免过度监管和经验不足的问题，因而存在显著优势。

政府风险投资引导基金是指由政府投入一定数量的财政资金作为种子基金来吸引其他类型的社会资金以及私人资本，引导更多的社会资金进入风险投资领域，并且以母基金的形式注资，将子基金交由富有经验的管理者（通常为风险投资家）进行管理和投资。克服了政府因经验不足难以实现有效管理的弊端。

风险投资（VC）尤其是政府风险投资引导基金，是积极响应我国"创新、创业"双创政策号召的体现，由政府出资、不以营利为目的、采取有效的激励和补偿措施、积极引导并鼓励科技创新，实现我国经济发展方式的转变以及我国产业结构优化升级，促进我国经济健康快速的发展，共建富强美好的国家。

政府出资并介入创业资本市场、鼓励风险投资发展的目的是通过风险投资的发展来进一步推动高新技术产业的发展和完善。政府风险投资引导基金具有一定的政策导向型，倾向于扶持处于种子期和初创期的高新技术企业（尤其是中小高科技企业）的发展，除了提供优惠的税收政策之外，政府也会直接组织风险资本的进入。现阶段我们国家大力倡导发展高新技术产业，而发展高新技术产业离不开风险投资，发展风险投资离不开政府的支持。因此政府引导基金的作用不言而喻。国际上的一些国家也纷纷提出了让政府来支持风险投资的发展战略，并且取得了一定的成绩。例如，美国、以色列、澳大利亚、加拿大等国家。后面章节会具体介绍这些国家政府风险投资引导基金的运作模式，为我国政府风险投资引导基金的发展提供学习和借鉴。

三、高科技风险投资的突出问题

（一）风险投资面临的问题

1. 项目的不确定性

在创业企业生命周期的不同阶段，项目成功与否的不确定性程度往往是不同的。通常项目所处生命周期的阶段越早，投资失败的风险越高。尽管风险投资家可以采取分阶段融资方式，但是还需要严格监控和运用投资组合来降低投资风险。在多阶段融资中，风险投资家往往需要对收益和成本进行综合权衡，以决定是否再融资。

2. 技术研发的外部性

风险投资是一项具有显著的正外部性经济活动。这一特性是由风险投资与技术创新的密切结合所决定的，从而其中的关键在于知识产权的保护，处理好技术入股问题，减弱技术研发的外部性。西方高新技术产业发达国家制定了一系列完备的知识产权保护法，以保障技术创新者的利益。我国的知识产权保护体系还不够完善，新技术、新产品的研究成果在试制、生产和上市阶段常被侵犯，技术创新者的利益得不到有效保障。尤其是对高新技术产业，健全知识产权法律体系，对风险投资介入高新技术产业具有强大支撑力。

3. 产品研发的动力不足

创新是提高企业核心竞争力的主要途径，能够在降低生产成本的同时提高生产效率，使企业在日益激烈的市场竞争中取得优势地位。目前，我国企业自主创新能力仍然较弱，创新机制环境不够健全，使得高新技术产品研发的动力不足，进而影响到风险投资行业的发展。

4. 行业的不均衡性

综合近年来全球风险投资行业分布的特点来看，目前风险投资投资对象主要集中于互联网和IT行业，其原因在于投资这两个行业可以用相对较少的投资获得相对较高的退出收益，且是高新技术企业发展最快的行业。制造业及能源的投资比例相对较少，对外资依赖较大。其他各行业还处于风险投资逐步涉足的阶段，竞争力相对不足，有待进一步发展。这种行业的不均衡性也与政府的扶持政策有关。

5. 退出渠道的不通畅

我国风险投资缺乏健全且高效的退出机制。然而风险投资正是通过企业上市、企业并购、购权回购等形式退出投资，获得高额回收，并且再次聚积资金投入新的风险项目，退出渠道的健全对风险投资非常重要。但由于国内证券市场发展不成熟，目前我国风险资本退出方式主要是并购和股权回购。

6. 市场的周期性波动

风险投资市场的波动性对企业创新活动的影响具有一定的不均衡性。在市场高峰阶段，风险投资往往集中于某些热门领域，这些额外的资本融资对创新的促进作用非常有限；而在市场萧条阶段，资本市场对创新企业价值的低估造成了风险资本的低回报，进而影响了风险资本的有效供给，并影响了创新性企业的发展。

7. 制度环境的适应性

风险投资的特殊性使得它对所在国家的资本、人才、法律法规、市场机制等环境都有相对较高的要求，政府在满足这些条件方面具有不可替代的作用。自1985年引入风险投资以来，尽管我国政府先后以各种决定、规定、通知等方式推出了一系列政策措施，但实践证明，这些政策法规的有效性似显不足，仍需进一步完善。

（二）公共政策面临的问题

1. 寻租与合谋问题

政府干预会扭曲某些利益群体或政治家自身的欲望。无论政府采用直接补贴还是间接补贴，它们均有可能被某些团体用于政治目的，产生政治扭曲，并利用自身权利最大化自身收益，滋生权利腐败现象。同时，政府官员可能受到私人利益集团的利益驱使，制定不平等的政策使某些企业可以获得超额补助。并且，寻租可能导致高科技企业的融资成本增加，使它们仅能享受到很少或根本没有享受到政府资金补贴。

2. 过度补贴

由于风险投资市场上的有效资本供给不足，且出于支持高新技术产业发展的目的，政府通常会以直接或间接的方式对风险投资行业实施一系列的财税补贴政策。但这种大额的财税补贴不利于公平竞争，也扭曲了市场。政府过度补贴方式介入，有可能扭曲风投机构的风险偏好，放松对初创企业的筛选标准，容忍比过去更高的投资风险，产生反向激励机制。这不但不能起到扶持优质项目的作用，反而会出现龙蛇混杂、良莠不齐的局面，最终危害到风险投资行业的发展。

3. 政府资金的挤出效应

政府在风险投资领域的强势使其能优先选择具有高收益、低风险的高质量风险项目，更容易吸引优秀人才为其服务。因此，在资源总量既定的情况下，政府直接参与风险投资可能会加剧项目、人才、产品等方面的竞争，增加风险投资的成本，降低风险投资的预期收益率，对民间资本进入风险投资产生挤出效应。而且缺少了商业性风险投资，则会使我国风险投资机构的总体基金规模偏小，也不利于对新兴企业科技创新活动的支持。

4. 退出不及时

政府干预的目的是促使市场机制恢复功能，而不是去代替市场。在风险投资的不同发展阶段，政府所发挥的作用也应该随之变化。当风险投资进入成熟阶段，随民间资本进入的速度和规模的扩大，政府资金应考虑从微观的市场介入退出，而主要发挥其在宏观调控上的作用，避免继续扮演双重身份，营造良好投资环境，否则不利于风险投资市场的自我调节功能的实现以及发展的可持续。

5. 制度安排的不合理性

设计和完善风险投资发展适宜的制度是政府的责任。风险投资涉及筹资、投资、撤资等多方面问题，涉及参与各方的契约关系，加上其不确定的特性，都需要政府为风险投资的顺利运行和健康发展构建一个完善的法律框架，提供充分的法律制度供给。由于我国风险投资起步较晚，各方面都还相对不成熟，从而应该总结经验教训，借鉴其他国家先进制度体系，为我所用，形成良好的风险投资环境。

6. 企业家与基金管理者偷懒

当政府介入风险投资后，风险企业家由于有了政府的大力支持，可能产生依赖感，失去建立激励机制的动力，从而难以培养和吸引高素质的风险投资人才，管理不善、亏损等问题时有发生。同时，政府直接或间接参与风险投资时，由于其自身专业素质的缺乏，通常会聘请外部人员作为基金管理者，这就存在委托—代理问题，需要妥善监控以减弱道德风险问题。

第一篇

基础理论
JICHULILUN

今天，中小高科技企业对于一个国家的创新和经济增长已变得至关重要。但中小高科技企业固定资产有限、投资风险巨大，很难通过传统融资渠道进行融资，而风险投资恰好可以弥补中小高科技企业的融资缺口。

实证研究发现，风险投资的资金与服务支持可以大大地提高企业创新效率，和促进中小高科技企业的快速成长，通常，有风险投资支持的比没有风险投资支持的中小高科技企业更容易成功。这主要表现在以下五个方面：（1）企业规模增长更快；（2）企业员工数量增长速度更快。通常，更快地引入股票期权计划并雇佣高技术人才和专业销售人员；（3）更容易与其他企业建立合作关系；（4）企业运营效率更高；（5）还有其他的一些帮助，例如企业上市被低估的可能性较小。

风险投资已被视为中小高科技企业资本的主要来源。研究表明，近60%的上市公司获得过VC资助，平均接受超过一家以上VC机构的资助，且越来越多的上市企业获得VC的支持。然而，风险投资更多地倾向于支持处在成长期、扩展期和成熟期的中小高科技企业，而比较少地支持处在种子期、初创期和早期的中小高科技企业。通常，即使有VC支持，风险投资也严重不足。实证研究也表明，初创企业，尤其是高科技企业，通常由于信息不对称等问题而无法募集到足够的资金来满足所有正净现值项目。

第一章 微观理论[*]

第一节 市场失灵

一、失灵成因

究竟哪些因素会引发中小高科技企业风险投资不足呢？大致上，这可以归结于如下因素。

（1）信息不对称。其一，风险投资家与企业家存在事前的信息不对称。通常，企业家可能夸大项目价值和隐藏自己的能力水平。如果风险投资家无法区分有能力和无能力的企业家，以及无法准确评估项目价值。那么风险投资家就无法进行有效的、恰当的投资决策。其二，风险投资家与企业家还存在事后的信息不对称。企业家负责企业的日常经营管理活动，比风险投资家更了解企业的前途。他们可能采取一些风险投资家无法观察的行为，例如做出风险更大的投资决策、工作不努力等。其三，若风险投资家受到财富约束，则风险投资家与普通投资者之间也存在信息不对称。普通投资者既无法准确了解到风险投资家的水平和能力，也无法观察风险投资家是否积极监管和为投资项目提供了增值服务。

（2）不确定性。它可能源自于以下三个方面：其一，企业自身发展的不确定性。通常，中小高科技企业所处的发展阶段越早，企业成功的可能性也越低，风险投资的风险水平也越高。其二，市场条件的不确定性。经济发展的不

---

[*] 本章由暨南大学产业经济研究院燕志雄执笔。

均衡性以及资本市场的波动越厉害，风险投资受到冲击的可能性越大，风险投资家愿意的投资期限越短，或等待不确定性部分消除之后才会投资。其三，政策的不确定性。通常，政策的不确定性越厉害，风险投资家越倾向于政策落地之后再投资，譬如税收补贴政策的变化、政府规制等。

（3）外部性。中小高科技企业之间的溢出问题非常严重，并且存在多种形式的知识溢出，尤其是技术研发的知识溢出。通常，中小高科技企业会投入大量人力、物力进行研发活动，改革生产技术，创造新的产品。然而，中小高科技企业研发的技术创新产品很容易被同行业所模仿，致使研发企业无法内部化研发的全部收益。

（4）企业资产性质。按资产性质划分，企业资产可以分为：有形资产和无形资产。有形资产可以充当抵押品来抑制企业家的道德风险行为，有助于企业获取外部融资；而无形资产一般很难充当抵押品，和改善企业的融资条件。通常，中小高科技企业仅有少量的有形资产，而更多的是无形资产。结果，考虑企业家的道德风险，中小高科技企业往往无法获取到足够的银行信贷和风险投资家的股权投资。

（5）合同的不完全性。在现实中，风险投资家与创业家会尽可能地签订一份非常详尽的初始合同，以规定现金流、董事会席位、清算权、投票权和其他控制权，来明确双方各自的权利和义务。然而，考虑到缔约成本、无法预测的偶然事件和有限理性等，双方只可能签订一份不完全的风险投资合同。这样，双方的事后机会主义不仅可能造成事后的无效率，还会弱化事前彼此的专用性投资。

二、代理问题

在中小高科技企业的整个风险投资过程中，它可能经常面临如下代理问题。

（1）企业家的逆向选择问题。通常，企业家更多了解企业的投资项目，他们只会在项目被高估时才会寻求风险投资。当风险投资家无法准确地了解投资项目以及企业家的技能水平时，只有低水平的企业家和高估值的项目才会寻求风险投资，而高水平的企业家和有价值的项目将转向其他融资渠道或独立发展。20世纪80年代，美国风险投资市场低迷正是企业家的逆向选择所导致的。

(2) 风险投资家的逆向选择问题。除了风险投资家与企业家之外，普通投资者与风险投资家也存在逆向选择问题。普通投资者获得很好回报的重要条件是让高水平、高能力的风险投资家投资。然而，普通投资者无法准确了解到风险投资家的水平和能力，逆向选择问题会导致高水平、高能力的风险投资家越来越少，使投资者的收益得不到保障。

(3) 企业家的道德风险问题。通常，企业家可能面临的两类道德风险：一类是事前道德风险。企业家可能给自己发放过多的额外津贴，经常偷懒不努力提高企业业绩等等。实际上，它是委托—代理理论关注的一个关键性变量：努力。这是一类不可转移或很难转移的管理行动，且仅企业家可以选择它们。另一类是事后道德风险。企业家经常会做出一些无效率但对自身有利的决策，而令投资者蒙受损失；还有关于是否替换CEO的决策等。它是控制权理论所关注的一类管理行动。尽管这类管理行动也是不可缔约的，但是它们的决策权是可转移的或更容易转移的。

(4) 风险投资家的道德风险问题。与企业家类似，也会面临风险投资家的两类道德风险：一类是事前道德风险。创业企业的成功往往离不开风险投资家的增值服务与积极地监管。正如企业家的努力，这类管理行动也是可观察但不可缔约的。另一类是事后道德风险。同样，当风险投资家与企业家之间存在利益冲突时，风险投资家也可能做出一些无效率但对自身有利的决策，而牺牲企业家的利益。例如，风险投资家可能做出一些无效率的退出决策。当然，这也是一类决策权可转移的管理行动。

第二节　微观治理理论

尽管上面因素及其引发的代理问题会极大地削弱中小高科技企业风险投资的可获得性，但是许多的契约安排可以治理上面因素所引发的代理问题。具体地，这些契约安排如下。

一、现金流安排与企业家激励

在风险投资中，企业家的努力是不可观察的，而信号，例如，企业产出或利润是可缔约的，且与努力是相关的。标准的委托—代理理论认为，若企业家是风险中性的，且他的支付可以依赖于信号结果，则一份最优激励合同可以保证企业家付出足够的努力。但若企业家是风险厌恶的，则企业家的风险需要额外补偿，而增加了业绩补偿的成本。当存在多任务问题时，一份业绩补偿合同可能导致企业家仅仅对信号回报最高的任务付出努力。最优的补偿合同不依赖这些业绩信号，而更多地依赖于主观业绩评价。实证研究表明，企业家可以获得很大份额的企业股票，股票的份额随着业绩而增长，且企业家的股份补偿建立在大量的金融和非金融信号之上。这些与代理人的道德风险模型是一致的。

二、控制权安排与机会主义行为

不完全合同理论认为，在一个初始合同不可能指定所有行动和偶然事件（contingencies）的不完全合同世界中，选择行动的控制权将是很重要的。在现实中，对于任何初始合同没有规定的行动，董事权与投票权给予了控制方决定行动的决策权是有价值的。正如不完全合同理论所指出的，权力概念在完全合同的范围内很难定义，因为如果所有的行为都可以在合同中加以规定，那么令某人"负责"一项行动或决策又有什么意义呢？因此，不完全合同的框架才是研究权力的自然框架。也就是说，一份初始的激励合同通常无法解决双方存在的潜在利益冲突，或者说有效地遏制交易双方的机会主义行为。

现有理论证明，条件控制权安排是风险投资中的最优控制权安排。并且随着项目的外部融资能力增加（也就是，项目的盈利能力越高且利益冲突越低），更多的投资者控制权应该转移给企业家。实证研究也发现，在风险投资合同中，存在一个共同特征：董事权与投票权是状态依存的。它比通常的债务合同更加详细——债务合同仅仅在没有履行承诺支付的情况下给予清算权。而且，当VC拥有控制权时，企业家的业绩支付敏感度是高的。通常，若业绩没有达标，则企业家的现金流权减少20%；若企业家退出，则又减少20%。反过来，当企业家拥有控制权时，敏感度是很低的。这与高能性现金流补偿与VC控制是高度互补的结论很吻合。但项目的控制权通常依赖于金融业绩和非金融业绩而独立于现金流权分配。

三、清算权安排与企业家激励

基于委托——代理理论的证券设计理论认为，给予投资者一个优先的索取权对于激励是很有用的。此外，信号理论也认为，在一个信息不对称环境中，给予投资者在失败情况下获取所有价值的优先索取权可以发送一个成功可能性更高的信号。也就是说，当风险性质和创业者能力的不确定性越高时，VCs 的清算权应该越强。而且，基于控制权的债务理论（或"偷"理论）认为，当行动、利润和现金流都不可观察或不可证实时（即没有办法阻止企业家偷企业的利润），最优的融资合同也具有债务的一个重要特征：当业绩很差时，投资者具有接管和清算企业的能力。

已有的实证研究发现，清算权分配是风险投资合同的一个重要特征。第一，VC 的索取权在清算过程中优先于普通股票。这与标准的道德风险理论和"偷"理论是一致的。第二，一旦未履行合约承诺的支付，VC 拥有一些清算权。与"偷"理论是很吻合的。

四、监管、联合投资与分阶段融资

风险资本市场是一系列生产性资源的组合，风险投资家的联合可以实现资源上的互补和共用。在美国风险投资实践中，联合投资广泛存在并占到了风险投资交易的 2/3。证实也发现，联合投资旨在实现风险投资家之间在管理技能等异质资源的互补。当风险投资家面对一个不完美的资本市场、道德风险以及市场不确定性时，积极监控的联合投资可以减弱了风险投资家搭便车问题，使他们可以获得更高的利益，并且有监控的一次性融资可以带来更大的利益；分阶段融资可以减弱企业家的道德风险问题，并获得更高的效率。总的来说，项目的不确定性、代理问题会导致风险投资机构延迟各轮次的投资。

五、可转换证券与企业家和 VC 激励

首先，可转换证券充当了一种阻止企业家操纵暂时业绩的工具。企业家有激励操纵好的业绩信号以保证 VC 提供下一轮的融资。但一份转换对企业家不利的可转换合同（例如设置一个低的转换价格）可以避免这个问题，因为高的业绩信号提高了 VC 的转换概率而稀释了企业家的股份，企业家将抑制这种操纵。

其次，可转换证券可以避免无效率的风险退出决策。事实上，VC 和企业家之间也存在如下的退出选择冲突：企业家偏好于 IPO，企业家可以获得一个

最低限度的股份额；而 VC 偏好于收购，因为出售交易不存在如此约束。当出售风险项目给第三方买者时，可转换证券可以最大化 VC 和企业家的租金，并解决了 VC 和企业家之间的退出选择冲突问题。

最后，可转换证券还可以减弱彼此的双边道德风险问题：不得不给予企业家与 VC 激励以提供有成本的努力。

第二章　公共政策理论*

前面已知，各种契约安排可以减弱代理问题对风险投资可获得的影响。然而，外部性和高度的不确定性同样也会削弱中小高科技企业风险投资的可获得性。通常，中小高科技企业所处的生命周期期越早，信息不对称、不确定性和外部性问题越严重，而阻碍其获取到风险投资。正因为如此，种子期、初创期和早期的中小高科技企业往往很难获得足够的风险投资支持。因此，政府应该采取积极措施纠正市场失灵。鉴于中小高科技企业的重要性，各个国家的政策制定者越来越多地关注高科技企业的成功与风险投资的可获得性，并推出税收优惠、研发补贴、政府风险基金项目等一系列公共政策来修正风险投资的市场失灵，以促进企业创新和经济增长。

第一节　政府干预的理论基础

在现实中，种子期、初创期、早期的中小高科技企业往往缺乏足够的风险投资支持。政府需要采取有效的措施，促进风险投资向这类企业倾斜。原因在于：

（1）信息不对称问题严重。严重的信息问题往往引发严重的代理问题，而增加中小高科技企业风险投资的成本。结果，要么风险投资家不愿意投资，要么企业家放弃风险投资。因此，政府应该采取有效的措施来提高此类企业风险投资的投资回报以增加其风险投资的供给。

（2）高度的不确定性。通常，中小高科技企业风险投资往往还会面临更高的不确定性，而致使投资风险非常高。这表现在三个方面：一是研发的不确

---

* 本章由暨南大学产业经济研究院燕志雄执笔。

定性，中小高科技企业需要进行大量新产品的研发，研发投入巨大且具有不可逆性；二是市场的不确定性，产品研发成功后，在市场推广中存在不确定性，人们消费偏好会发生变化，从而严重影响产品的销售情况；三是人力资源的不确定性，通常，人力资源是中小高科技企业成功不可或缺的重要因素。高度的不确定性会令投资者等待不确定性的消除以避免投资失误。因此，政府应该采取一些措施来降低这些不确定性，以增加风险投资资金的供给。

（3）正外部性。通常，中小高科技企业之间的溢出问题非常严重，并且存在多种形式的知识溢出，尤其是技术研发的知识溢出。具体表现在：中小高科技企业会投入大量人力物力进行研发活动，改革生产技术，创造新的产品。然而，企业研发的技术创新产品很容易被同行业所模仿，但这些企业没有付出高额的研发费就得到了相应的利益。也就是说，产品技术创新所造成的社会收益水平普遍高于中小高科技企业所获得的企业收益。事实上，创新活动的正外部性也要求公共资本对创业投资进行补贴以弥补私人投资的不足。

第二节　公共政策的失灵

政府的各种公共政策并不总是很成功。实际上，高科技企业风险投资不仅存在市场失灵，而且也会存在政策失灵。特别是，严重的代理问题和过高的挤出效应会极大地减弱公共政策的实际效果。

一、代理问题

通常，政府风险基金将会面临双层代理问题：第一层是政府（或官员）与基金主管者之间的代理问题；第二层是企业家与基金主管者之间的代理问题。此外，还可能涉及官员、基金主管者与企业家之间的寻租与合谋问题。考虑政府缺乏足够的信息，代理问题往往会贯穿于政府风险基金的整个投资过程中。具体地，这些代理问题主要包括：

（一）寻租问题

首先，政府干预会扭曲某些利益群体或政治家自身的欲望。无论政府采用直接补贴还是间接补贴，它们均有可能被某些团体用于政治目的，产生政治扭曲，并利用自身权利最大化自身收益；其次，企业可能寻求转移支付来直接增加收益，政府官员可能受到私人利益集团的利益驱使，制定不平等的政策使某些企业可以获得超额补助，往往，有一部分企业通过各种途径获得了政府过多的直接投资或间接补贴，研究表明，相比发达国家，发展中国家政府风险基金失败的原因在于，企业能否获得政府风险基金的投资支持主要取决于企业的政治和社会关系；再次，政府可能资助那些更可能成功的企业，而不管他们是否需要资金，例如，如果风险资本投向处在成熟阶段的高科技企业，或者投资给那些技术已经成熟的产业，那么风险资本的作用将是非常有限的；最后，寻租可能导致高科技企业的融资成本增加，使它们仅能享受到很少或根本没有享受到政府资金补贴。总而言之，政府风险基金很容易沦为个别基金管理者的寻租工具。不过，相较于风险补贴或是政府直接管理与投资，市场化的基金管理方式可以更有效地防止暗箱操作与寻租。

（二）逆向选择问题

首先，基金发行可能遭受经理人（或风险投资家）的逆向选择问题。普通投资者获得高回报的重要条件是让高水平、高能力的风险投资家投资。然而，普通投资者无法准确了解到风险投资家的水平和能力，逆向选择问题会导致高水平、高能力的风险投资家越来越少，使投资者的收益得不到保障。其次，基金投资也会遭受到企业家的逆向选择问题。众所周知，无论是股权市场还是债权市场，均存在企业家的逆向选择问题。企业发行股票也存在"次品"问题。考虑到经理人或企业家更加了解企业的投资机会，他们只会在公司股票价值被高估时才会发行新股票。大量实证研究表明，当企业宣布发行新股份时，股票价格往往会下跌。不仅股权市场存在逆向选择，债权市场同样也存在。如果银行无法区分信贷企业的质量，那么提高利率只会驱逐高质量的企业。20世纪80年代，美国风险投资市场低迷正是企业家的逆向选择所导致的。同样，当风险投资家无法了解企业家的技能水平时，只有低水平的企业家才会寻求风险投资，而高水平的企业家将转向其他融资渠道或独立发展。

（三）道德风险问题

首先，基金会面临企业家的两类道德风险：一类是事前道德风险，例如额外津贴或偷懒；另一类是事后道德风险，例如做一些无效率但自身有利的决策、关于是否替换CEO的决策等。具体地，如果企业家选择股权融资，那么企业家缺乏足够的激励,因为他仅持有企业的部分股权;如果企业家选择债务融资,那么企业家可能会从事风险更大的项目。其次,基金也会面临风险投资家的两类道德风险:一类是事前道德风险。大量实证研究表明,风险投资家可以提供大量的增值服务,促进高科技企业的成长。考虑到风险投资家仅拥有风险投资基金的部分股份,风险投资家可能没有足够的激励来监管和提供增值服务。另一类是事后道德风险。通常,风险投资家与企业家之间存在退出选择冲突。例如,风险投资家可能做出一些无效率的退出决策。

二、挤出效应

目前,有不少文献研究了政府资金的挤出效应。实证研究表明,政府对创业投资市场的干预并不能解决信息不对称问题,并且公共资本的进入会对私人资本产生挤出效应,从而达不到扩大创业投资规模的目的。实际上,加拿大政府 LSVCC 基金显著地减少了加拿大风险投资基金总供给。不仅如此,政府风险投资基金之间也存在挤出效应。在针对不同发展阶段企业的政府风险投资项目上,澳大利亚的 PSF 项目对 IIF 项目存在挤出效应。

与发达国家相比,我国的政府风险基金挤出问题更严重。现有研究发现,我国的政府风险基金并未起到引导民间资本进入创投领域和进入创业早期的高科技企业,而存在与民争利,挤出了民间资本。

第三节 公共政策及其绩效

一、政府风险基金

(一) 基金的组织形式

通常,按政府角色定位划分,政府风险基金可以分为两类:第一类是政府主导型基金。通常,它们是公司制基金。譬如加拿大、英国、以色列的部分 YOZMA 项目,以及 1985 年至 2008 年我国的政府风险基金等。第二类是政府引导型基金。它们是有限合伙制基金,政府和普通投资者是有限合伙人,而基金管理者（或风险投资家）是普通合伙人，譬如以色列、美国、澳大利亚以及我国 2008 年之后成立的政府基金。现有研究发现，公司制的政府风险基金并不成功，但公私合伙和国际合伙的政府风险基金却比较成功。不过，除了公司制和有限合伙制之外，还有信托基金制。通常，有限合伙制风险基金可以更有效地降低信息不对称所引发的代理成本。

（二）基金的所有制性质

相对于独立风险基金的投资项目，欧洲各国的政府直接投资项目的绩效往往比较差。证实发现独立风险投资基金在很多方面均优于政府风险基金，例如经营理念的发展、专业化、销售增长、雇员增长、退出方式、创新产出以及 IPO 的表现。不过，政府风险基金与独立风险基金联合投资可以促进初创企业的销售增长，但前提是由独立风险投资基金主导。此外，相比政府风险基金，独立风险基金还会为所投资企业提供更多的增值服务，并在企业管理中发挥着更重要的作用，例如帮助其募集后续阶段的资金、聘用关键性员工、建立商业模式、提供技术支持等。

（三）公私风险基金的关系

在风险投资市场中，政府风险基金应该是私有风险基金的补充，是一种伙伴关系，而不应该是竞争关系。正如有学者指出的，政府不应该在风险投资市场中作为主导角色，否则，这会造成基金之间的挤出效应。研究发现，欧洲医药行业的政府风险基金作为独立风险基金的替代品是无效率的，但与独立风险基金联合投资却是有效率的。

如果不建立政府与社会资本的合作伙伴关系，社会资本在未来的发展中将会受到极大的制约。事实上，政府与社会投资者的合作伙伴关系不仅可以扩大了中小高科技企业的融资来源，而且示范效应有助于推动更多私人资本流入风险投资行业。研究发现，即使创业风险投资行业已经相当成熟的美国，政府依然有直接参与创业风险投资活动，政府通过提供额外低廉的资金帮助小企业投资公司，这些公司在投资阶段以及地域上都能与私人资本互补，缓解了美国小企业对资金的需求。

（四）基金的激励机制

实证研究发现，政府在风险投资基金中的资助比例越高，或政府干预（创业企业50%以上的资金来自政府支持的风险投资基金）越大，高科技初创企业成功可能性越小。原因在于，政府过多的干预会扭曲企业家的激励。因此，基金应该建立合理的报酬机制，使基金经理人的管理费用与收益分成相分离，令其收入与经营业绩相挂钩，而且，它还应该充分利用声誉机制来激励基金经理人的努力。

（五）基金评价指标

政府风险投资基金结构设计，改变"保值增值"的评价指标，弱化对政府风险投资基金的盈利要求，同时应注重激励私人投资者。考虑多任务、多目标的代理问题，政府风险基金应该建立一套兼顾政策效应和投资收益两个方面的绩效考核标准。

二、税收补贴

（一）资本利得税

就高科技企业风险投资而言，资本利得税的减少将会有如下的正效应：(1) 风险投资家与企业家的预期回报提高；(2) 风险资本项目对一些投资者和潜在创业者的吸引力将会增强，从而会增加 VC 的需求；(3) 风险投资家与企业家的努力水平将会提升，创新率也会提升，而会令高科技企业的成功可能性增加。资本利得税的提高则带来如下的负效应：(1) 创业企业的内部投资减少；(2) 雇佣工人的数量降低；(3) 放缓创业企业的发展速度，和抑制了创业企业的发展。事实上，1978 年美国减少了资本利得税，从 1978 年的 35% 下降到 1982 年的 20%，美国在这一时期的 VC 扩张比其他国家都迅速，美国风险投资的资金规模从 1977 年的 6820 万美元增加到 1982 年的 21 亿美元。然而，1986 年税收改革之后，资本利得税率增加导致增长率明显下降。

（二）个人所得税

与企业所得税不同，个人所得税的削减会减弱创业活动，而个人所得税的提高却可以促进创业活动，特别是累进制的税收计划，其对创业的负面影响很大。通常，个人所得税率统一削减 5 个百分点，创业活动将会下降 40%。

(三) 补贴

投资补贴不仅可以激励风险投资家提出更多建议，而且可以激励风险投资家更努力搜寻新的企业，提高风险投资家的投资数量。不过，如果仅对 VC 支持的企业进行投资补贴，那么 VC 支持的企业将会挤占银行支持的创业企业。相反，如果投资补贴政策不区分二者，那么又会导致风险投资不足，致使 VC 支持的创业企业减少，银行支持的创业企业增多。一般来讲，比例补贴比固定补贴的作用更显著。

同样，产出补贴也可以鼓励创业和激励风险投资家与企业家的努力。不过，诸如利率补贴、贷款担保等补贴政策也可以激励创业、促进创业企业数量，但是却不能增强 VCs 和企业家的努力激励，提升创业的质量。

(四) 政策困境

税收补贴政策也会带来许多相关的负面效应，即存在"政策失灵"问题。这主要体现在：其一是寻租。企业在设定投资计划之后可能游说政治家制定税收优惠政策。在世界范围内，这也是一个普遍存在的问题。实证发现，与政府有政治联系的企业可以更容易获取到银行贷款与税收优惠。其二是激励扭曲。税收优惠和补贴有可能导致两类企业行为扭曲：一是企业可能成立或剥离出子公司从事高科技研发，套取补贴或税收优惠，产生了无效率的组织架构；二是企业可能重新注册来获取税收优惠；其三是过度投资。实际上，补贴不仅会鼓励进入，而且还会引发过度投资，致使行业扩张、产品价格下降、减少风险投资回报，从而又会削弱 VCs 的努力激励。

第二篇 风险投资发展状况
FENGXIANTOUZIFAZHANZHUANGKUANG

第三章 全球重点国家及地区风险投资发展现状[*]

第一节 全球风险投资总体概况及特点分析

风险投资历史悠久，普遍认为现代意义上的风险投资起源于美国，最早出现在19世纪末20世纪初。相对美国来说，其他地区的风险投资则起步较晚。例如欧洲的风险投资起源于20世纪60年代末，但真正兴起进而获得较快发展则是在80年代；而日本则是亚洲地区风险投资最早开始的地方，早在20世纪50年代中后期，日本就以朝鲜战争为契机大兴风险投资，进而为其大力发展高新技术产业奠定基础；中国台湾、韩国、新加坡等地区或国家也凭借其高速发展的经济，风险投资应势而起，其后迅速扩张。

中国风险投资业的发展历史相比许多西方国家来说要短很多，其真正意义上的兴起是在20世纪90年代，伴随市场经济的浪潮不断发展，而其取得突破性发展还是在互联网经济爆发阶段。历经2000年全球IT泡沫破灭、2007年的美国房产泡沫狂潮、2008年金融危机的洗礼、2009年后金融危机时代的重建，风险投资受到重创，但在逐渐恢复当中。近年来，虽然受美国次贷危机的后续影响，全球经济仍处低位，许多国家与地区的各项风险加大，风险投资有所减弱。但从总体来看，全球风险投资仍然是处于较高水平的。

据CB insight最新数据显示，2015年全球风险投资总额为1285亿美元，同比增长44%，是自2000年互联网泡沫破灭以来的最高值。共发生风险投资交易9202笔，同比下降6.2%。如表3-1所示。

---

[*] 本章由暨南大学产业经济研究院郭倩文执笔。

表 3-1　　　　　　　　　2006~2015 年全球风险投资情况

年份	2007	2008	2009	2010	2011	2012	2013	2014	2015
投资总额（10亿美元）	49.4	49.8	34.2	45.6	49.1	44.8	50.2	89.4	128.5
交易数量（笔）	5153	5292	5137	6358	7715	9135	9785	9811	9202

数据来源：Thomson Reuters。

从季度数据来看，2015年前三季度全球风险投资呈现热火朝天的局面，而到第四季度则显著冷却下来，数据显示，四季度风险投资总额272亿美元，交易数量1742笔，刷新了2013年以来的最低纪录。究其原因，可能与市场持续动荡有关。

从创业企业数量来看，共有72家"独角兽公司"（企业估值超过十亿美元的创业企业）在2015年脱颖而出，同比增长36%。根据季度数据显示，四季度新增数量分别为13、23、24和12家。

从大型风险投资交易数量来看，四季度相比前三季度也显著下降，其中规模超过1亿美元的风险投资交易数量仅为38笔，规模总量114亿美元，同三季度相比分别下降47%和44%。而这些大型风险投资主要分布在北美和亚洲地区，欧洲仅占少数。

从融资额来看，2015年四季度美国初创企业融资额环比下降60亿美元，交易数量981笔，跌至2012年以来的最低值，其中规模超5亿的风险投资交易仅一笔。

欧洲风险投资市场在第四季度的表现则相对亮眼，其中成熟期初创企业共获得风险投资1860万美元，均高于前三季度。而中国市场也是顺应全球趋势，表现为前三季度火热，第四季度相对冷淡。数据显示，2015年第四季度中国风险投总额72.7亿美元，环比下降29%。

一、互联网、网络/通信、健康医疗行业领衔全球市场风险投资

总体上，2015年全球风险投资呈现出规模更大、范围更广的特征。投资领域涉及各行各业，既有生命科学、金融科技等传统热门行业，也有零售、教育等冷门领域。众所周知，风险投资往往是追逐创新程度高、发展前景广阔的行业，正因为这些行业的潜力吸引了众多风险投资家的青睐。

如图3-1所示,从投资金额来看,互联网行业以436.8亿美元的风险投资额名列前茅,占全球总风险投资额的34%。其次是网络/通信和健康医疗行业,获投金额不相上下,分别为205.6亿美元和192.75亿美元,占比为16%和15%。这三大行业囊括了全球约65%的风险投资,且连续三年占据前三甲的位置。此外,软件及相关行业也发展良好,全年累计风险投资额179.9亿美元。

从交易数量来看,互联网行业仍然凭借压倒性优势排名第一,全年共实现风险投资交易2484笔,占交易总量的27%。而软件及相关行业则反超网络/通信和健康医疗行业,以1656笔交易跃升至第二。这四大行业合计约占全球总交易数量的3/4。

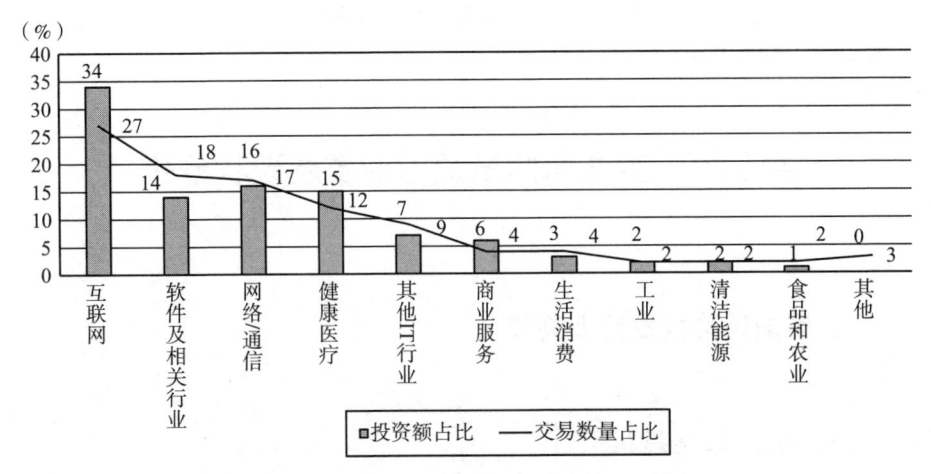

图3-1 2015年全球风险投资行业投资额分布

数据来源:Preqin Database。

二、南美、中国、欧洲、印度——全球市场风险投资最活跃的区域

如图3-2所示,从风险投资交易的区域分布来看,2015年全球60余个国家和地区累计发生9202笔风险投资交易。其中,以美国为主的美洲市场凭借4307笔交易数量排名世界第一,占比47%,将近全球交易总量的一半;其次是中国和欧洲,全年发生风险投资交易数量分别为1605笔和1373笔,占交易总量的17%和15%。此外,印度和以色列由于良好的风险投资基础,风险投资也较为活跃。

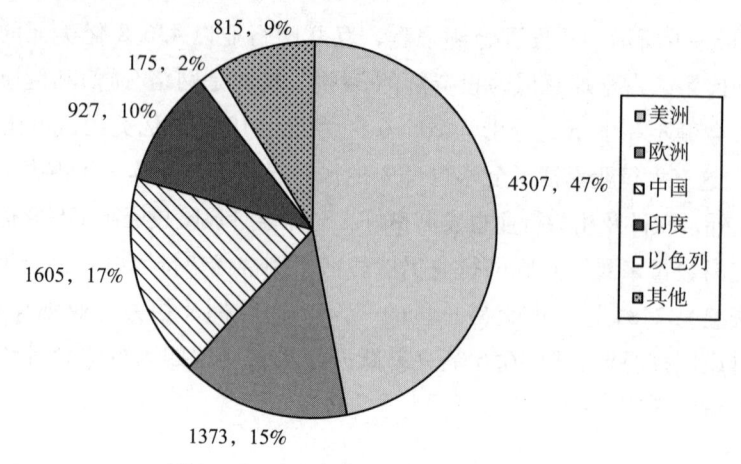

图 3-2　2015 年全球风险投资区域分布

数据来源：Preqin Database。

第二节　美国风险投资行业发展现状分析

一、美国风险投资行业规模

（一）资本募集规模

如图 3-3 所示，从融资额来看，据美国 NVCA2015 年风险投资报告显示，全年风险投资融资总额 282 亿美元，完成融资的基金数量 235 只，同比分别下降 9% 和 13%。从这种风险投资融资额日益萎缩的趋势来看，风险投资家对风险控制的要求越来越高，预期未来初创企业将面临资金相对紧张的局面。

（二）投资金额

如图 3-4 所示，从投资总额来看，据 NVCA、PWC 和汤森路透的最新数据，2015 年，美国风险投资总额为 596.9 亿美元，交易数量 4497 笔，同比增长 17% 和 0.6%。投资规模达到 2000 年以来的峰值。其中，第四季度风险投资额 120 亿美元，交易数量 1021 笔。

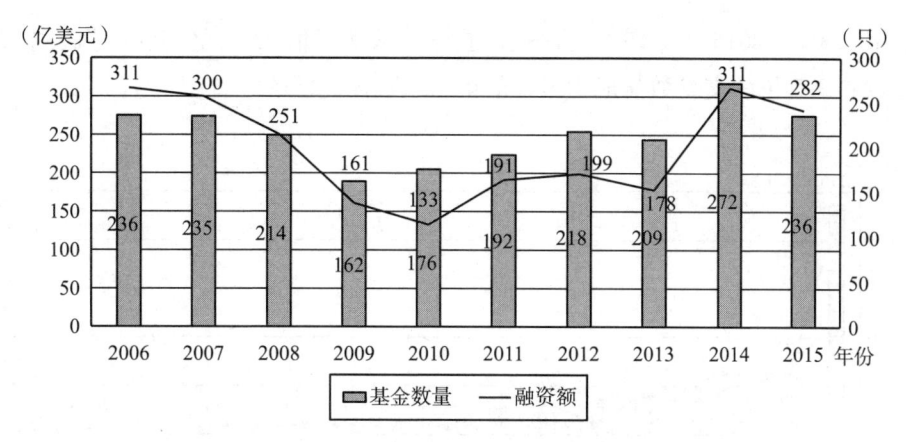

图 3 – 3 2006~2015 年美国风险投资融资额及基金数量

数据来源：NVCA，Thomson Reuters。

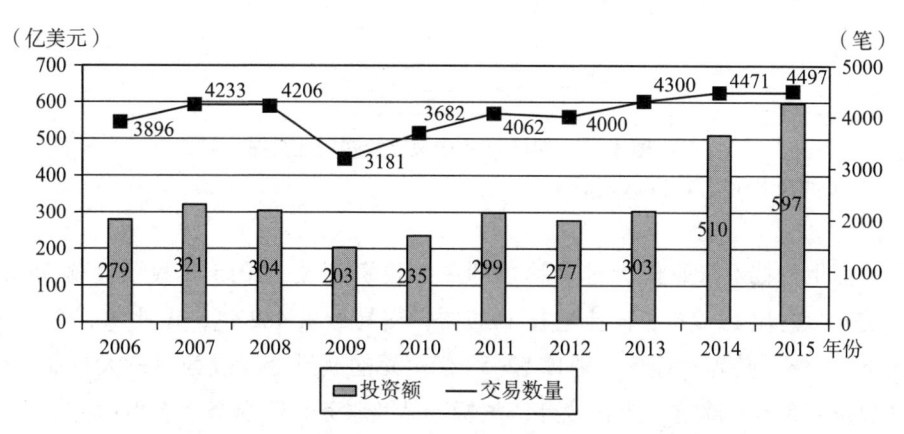

图 3 – 4 2006~2015 年美国风险投资额及交易数量

数据来源：NVCA，Thomson Reuters。

二、美国风险投资发展特征

（一）行业分布

与 2014 年相比，2015 年度美国市场软件服务、生物科技、传媒和娱乐、消费产品及服务、IT 服务等行业风险投资最为活跃，其中软件服务行业继续保持行业龙头的地位，以显著高于其他行业的投资规模和交易数量位列榜首。

具体来看，如图 3 – 5 所示，2015 年软件服务行业风险投资总额为 236.72 亿美元，占美国风险投资总额的 39.7%，同比增长 7.7%；交易数量 1811 笔，占美国风险投资交易总量的 40.3%，创下了自 1995 年以来的最高纪录，同比下降 3.3%。2015 年第四季度，软件服务业依然凭借 45.5 亿美元的风险投资总额和 395 笔的交易数量成为最大的单一风险投资领域。

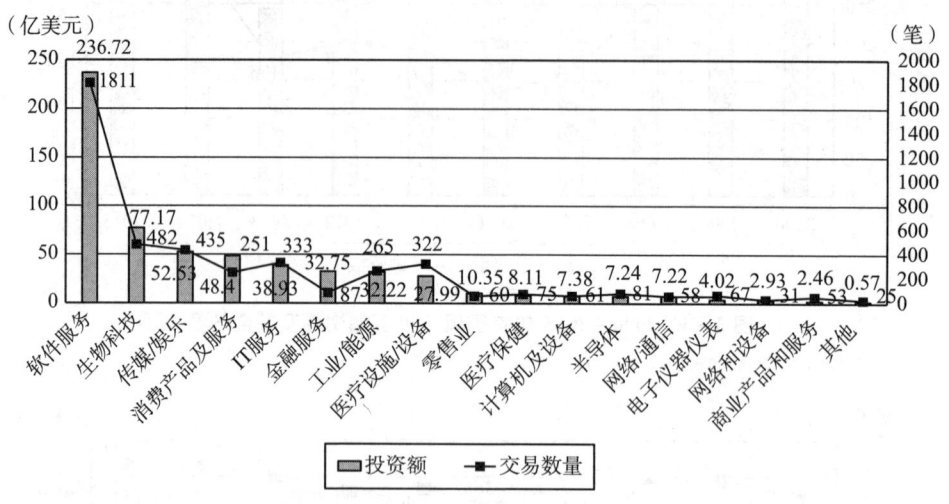

图 3-5 2015 年美国风险投资行业分布

数据来源：NVCA, Thomson Reuters。

而生物技术行业作为排名第二的单一投资领域，2015 年投资总额 77.17 亿美元，占比 12.9%，同比增长 19.7%；交易数量 482 笔，占比 10.7%，同比下降 1%。传媒和娱乐行业以 52.53 亿美元的获投金额成为第三大行业，交易数量 435 笔。除这三个行业外，消费产品及服务、IT 服务、金融服务等行业的投资热度也相对较高。

包含生物科技和医疗设备在内的生命科学领域 2015 年全年风险投资总额为 105.16 亿美元，同比增长 14.9%，占风险投资总额的 17.6%；交易数量共计 804 笔，同比下降 0.6%。从季度数据来看，2015 年第四季度，生命科学领域获投 22.82 亿美元，交易数量 182 笔，相比第三季度，分别下降 23.9% 和 12%。

2015 年，互联网领域风险投资总额 171 亿美元，同比增长 36%，占风险投资总额的 28.6%，这一巨大的交易规模也是 2000 年以来互联网领域所创造的最高纪录；交易数量 1050 笔，与 2014 年基本持平。其中 2015 年第四季度，互联网行业共获风险投资 31 亿美元，交易数量达 242 笔。

在 27 个风险投资行业类别中，超过半数行业的获投金额获得显著增长。其中代表性行业有如下：医疗保健（123%）、通信行业（146%）和金融服务（192%）；同时某些行业也有所降低：计算机及外部设备（-49.4%）、电子/

仪器仪表（-43%）和网络及设备（-34.5%）。

如图3-6所示，从交易数量来看，相较于2014年，消费者产品及服务、医疗保健行业的交易数量增长十分显著；工业能源、网络通信等行业的交易数量也有所增长。而软件服务、媒体及娱乐和半导体等行业的投资数量下降幅度较大。

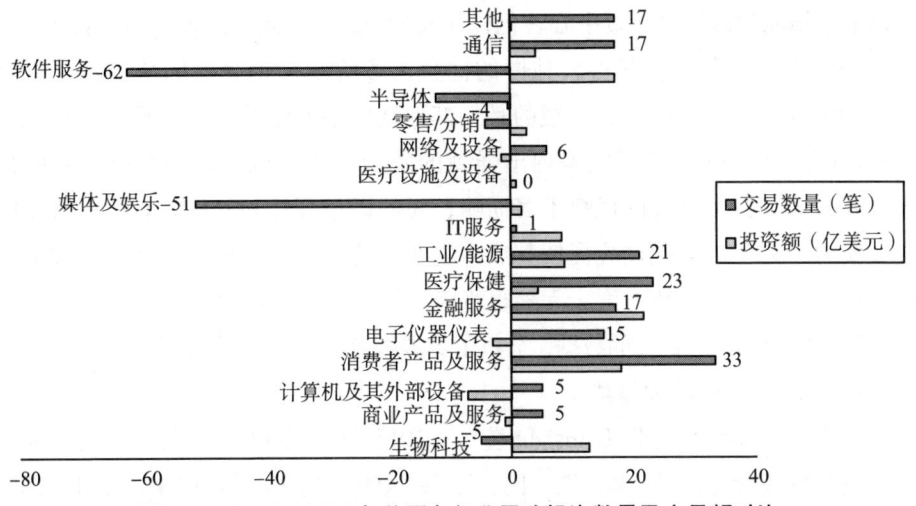

图3-6 2014~2015年美国各行业风险投资数量及交易额对比

数据来源：NVCA，Thomson Reuters。

从投资额来看，相较于2014年，金融服务、软件服务、消费者产品及服务等行业投资额增长十分迅速；媒体及娱乐、零售/分销、生物科技等行业投资额也有所增长，虽然在交易数量上几个行业均有所削减，说明单笔交易的投资规模在不断扩大。

（二）区位分布

从风险投资区位分布来看，美国风险投资呈现出一种投资集聚的态势。主要聚集于两大区域—硅谷地区与新英格兰地区。硅谷作为美国高新技术产业的发祥地，自然也吸引了大批风险投资家聚集于此，有数据显示，硅谷每年的风险投资额占全美风险投资额的32%，而新英格兰地区（以波士顿为主）作为美国风险投资的发祥地，其风险投资发达程度仅次于硅谷，据统计每年风险投资额占比也达到10%左右。与此同时，美国其他地区也存在风险投资，如太平洋沿岸、德克萨斯、华盛顿城市群以及五大湖地区等，只是规模不及这两大中心区域。

要探究美国风险投资的这种集聚态势，首先要从其起源与发展开始。1946

年,美国历史上同时也是世界历史上第一家具有现代意义的风险投资公司—美国研究与发展公司(ARD)于波士顿落户,新英格兰地区自此成为美国风险投资的大本营。其次伴随互联网信息技术的发展和各类监管制度的演化,风险投资不断向信息化程度高、制度宽松的西南部地区转移。尤其20世纪80年代以后,风险投资本源源不断地涌入美国西南部圣克拉拉山谷,促使硅谷地区从一个名不见经传的小镇向美国风险投资中心转化,并成为创新、冒险、高智商的代名词。

2015年,硅谷凭借其得天独厚的优势,各阶段初创企业的估值都要远远高于美国其他地区。但不容忽视的是,其他地区诸如纽约、波士顿、洛杉矶及西雅图等地区的风险投资也展现出强劲的发展势头。以洛杉矶为例,毗邻硅谷,在人才和技术方面的优势不言而喻;纽约以包容性和开放性著称,雄厚的资金实力和完善的基础设施促使其成为创业者的天堂;而西雅图和波士顿加大对生命科技领域的开拓力度,无疑也将吸引风险投资家的目光。

我们使用 CB Insights 的数据,分析了美国47个州和华盛顿特区风险投资活动。

1. 交易量和交易额趋势

如图3-7所示,据 CB Insight 统计,2015年美国47个州和华盛顿特区共发生风险投资交易活动1406笔,同比下降24%,是2013年以来的最低水平。累计投资金额146亿美元,同比有所下降,但幅度不大。因而其单笔风险投资交易活动的规模在不断扩大。按交易数量排名,位列前三的依次为田纳西州、华盛顿州和科罗拉多州。

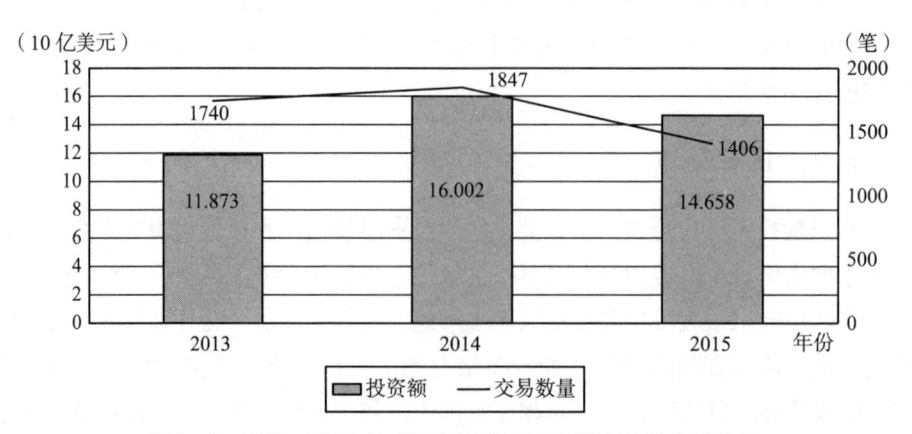

图3-7 2013~2015年美国主要地区风险投资额及交易数量

数据来源:CB Insight。

2. 规模最大的交易

表3-2显示了2013~2015年美国风险投资规模排名前十位的企业,可以看到Jet.com公司凭借5亿美元的B轮投资排名第一。

表3-2　　　　　　　　2013~2015年美国风险投资规模前十位的企业

企业	金额(百万美元)	投资阶段	总部地址	重要机构投资者
Jet.com	500	Series B	New Jersey	Fidelity Investments
Avant	325	Series E	Illinois	General Atlantic
Fanatics	300	Private Equity	Florida	Silver Lake Partners
Sunnova Energy Corp	300	Private Equity	Texas	Triangle Peak Partners
Red Ventures	250	Private Equity	South Carolina	Silver Lake Partners, General Atlantic
Tenable Network Security	250	Series B	Maryland	Insight Venture Partners, Accel Partners
AvidXchange	225	Growth Equity	North Carolina	Foundry Group, Bain Capital Ventures, TPG Growth
Domo Technology	210	Series D	Utah	GGV Capital, BlackRock
MaritzCX	203.1	Undisclosed	Missouri	Undisclosed Investors
Vox Media	200	Corporate Minority	DC	NBC Universal

数据来源:CB Insights。

3. 聚集区域

美国风险投资的集聚态势使得硅谷地区的沿海城市如旧金山与圣何塞成为风险投资的聚集区;新英格兰地区则以波士顿、华盛顿和纽约为主。其他一些相对较小的风投集中区,有诸如洛杉矶、休斯敦和芝加哥等城市。

如图3-8所示,2015年旧金山风险投资总额85亿美元,这一数字约是全年美国风投总额的25%,遥遥领先于其他各州市;紧随其后的是作为硅谷中心的圣何塞,风投总额49亿美元;排名第三的则是纽约,2015年风投总额33亿美元,约占全美风投总额的10%。从图3-8中我们可以看到,波士顿、洛杉矶也入围前五,而这几个城市的风投总额也占据了美国风险投资的大半江山。从风险投资的城市群分布来看,美国风险投资的集聚性突出表现在地理的集中性上。2015年硅谷地区城市群风险投资额占风投总额的40.2%,新英格兰地区城市群占27.8%,南加州城市群占8.8%,三者共同吸引了全美约75%的风险投资。

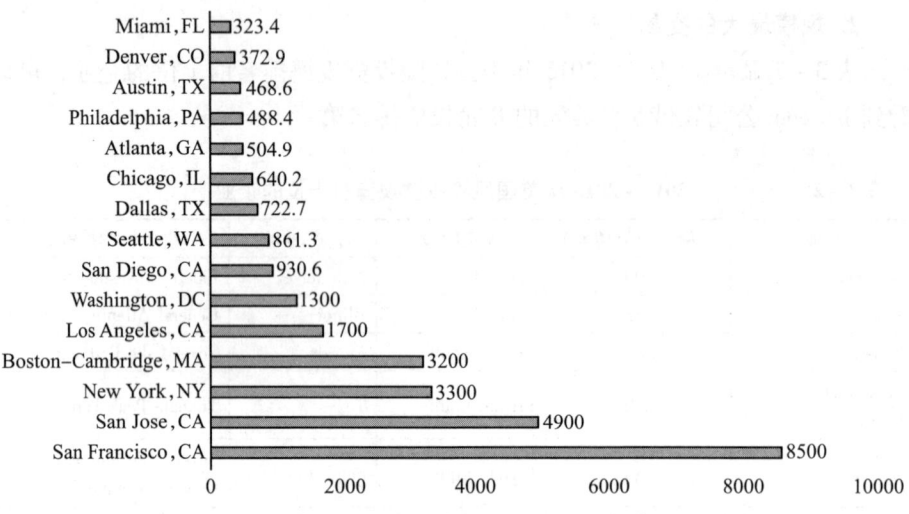

城市	风险投资额（百万）
Miami, FL	323.4
Denver, CO	372.9
Austin, TX	468.6
Philadelphia, PA	488.4
Atlanta, GA	504.9
Chicago, IL	640.2
Dallas, TX	722.7
Seattle, WA	861.3
San Diego, CA	930.6
Washington, DC	1300
Los Angeles, CA	1700
Boston-Cambridge, MA	3200
New York, NY	3300
San Jose, CA	4900
San Francisco, CA	8500

图 3-8　2015 年美国风险投资额（百万）排名前 15 位城市

数据来源：PWC/NVCA，MoneyTree Report。

4. 人均投资情况

在人均风险投资方面，排名发生了些许变化，但圣何塞、旧金山及波士顿等大城市依然名列前茅。从图 3-9 中可以看到，2015 年圣何塞以 2534 美元的人均风险投资额排名第一，是旧金山的将近两倍，其次是波士顿，为 683 美元。

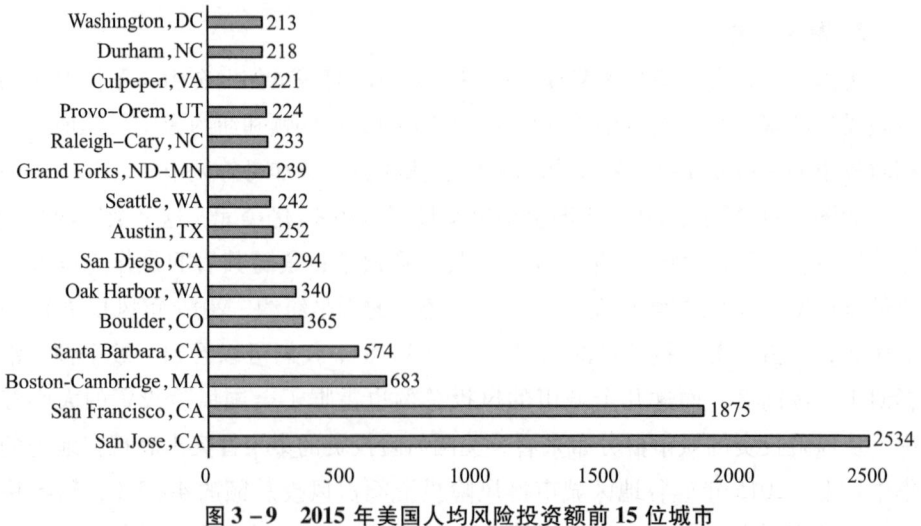

城市	人均风险投资额
Washington, DC	213
Durham, NC	218
Culpeper, VA	221
Provo-Orem, UT	224
Raleigh-Cary, NC	233
Grand Forks, ND-MN	239
Seattle, WA	242
Austin, TX	252
San Diego, CA	294
Oak Harbor, WA	340
Boulder, CO	365
Santa Barbara, CA	574
Boston-Cambridge, MA	683
San Francisco, CA	1875
San Jose, CA	2534

图 3-9　2015 年美国人均风险投资额前 15 位城市

数据来源：PWC/NVCA，MoneyTree Report。

除此之外，一些小城市的风险投资发展步伐明显加快。较为典型的如圣芭芭拉，其 2015 年风投总额排名第十九位，但其人均风险投资额以 574 美元上升至第四，远远超越西雅图、华盛顿、纽约等大型城市。当然这也与城市人口存量显著相关。

（三）投资阶段分布

风险投资阶段与行业总体发展状况息息相关的。2008 年金融危机后，美国风险投资于 2009 年逐渐恢复，出现新的增长点，而后到了 2013 年呈现高速发展状态。总体来看，如图 3 – 10 所示，2015 年各个阶段投资金额都有所增长，其中早期阶段风险投资额增长数额最多，速度最快。

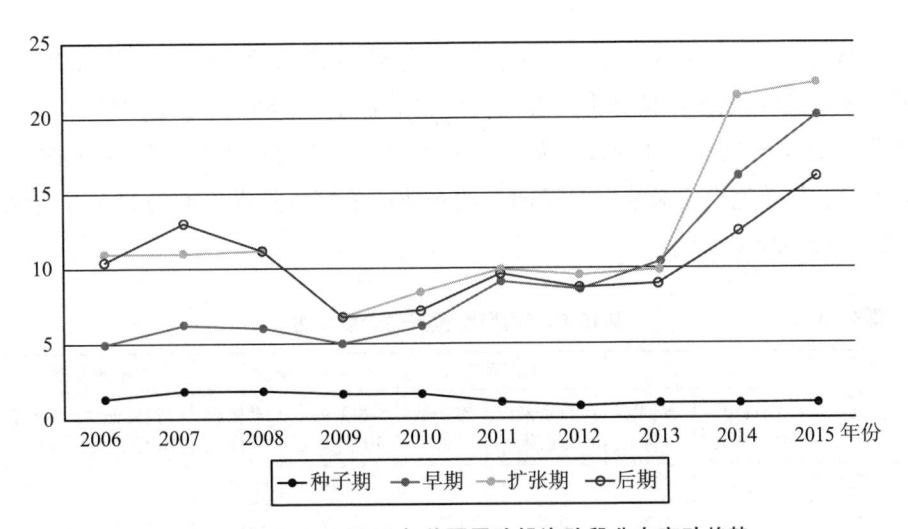

图 3 – 10　2006~2015 年美国风险投资阶段分布变动趋势

数据来源：PWC/NVCA，MoneyTree Report。

近年来，美国阶段风险投资呈现出逐渐后移的趋势，其中以扩张阶段初创公司为主要投资对象。如图 3 – 11 所示，2015 年，共有 223 亿美元的风险投资投向扩张期企业，占全美风投总额的 37.4%，同比增长 6.2%；合计发生 1168 笔交易，基本与 2014 年持平，占全美风投总交易数量的 26%。可计算出 2015 年扩张期风险投资单笔投资额为 1909 万美元，同比变化不大。

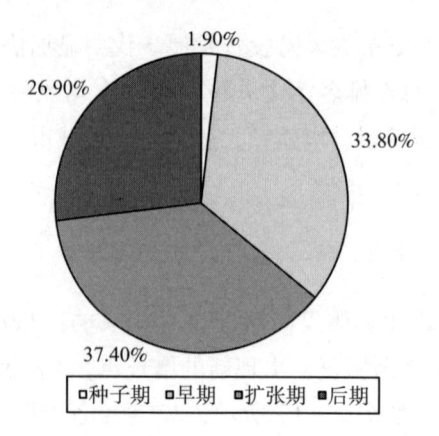

图 3-11 2015 年美国风险投资的阶段分布（投资额）

数据来源：PWC/NVCA，MoneyTree Report。

第二大投资主体为早期初创企业。如表 3-3 所示，2015 年，共有 202 亿美元风险投资投向早期企业，占全美风投总额的 33.8%，同比增长 24.7%；共发生 2279 笔交易，占总交易数量的一半以上，成为全年交易数量最多的投资阶段。从单笔投资额来看，投向早期企业的单笔风险投资额为 886 万美元，同比增长 21%。

表 3-3 2015 年美国风险投资的阶段分布

阶段分布	第一季度 投资额（10亿美元）	第一季度 案例数（件）	第二季度 投资额（10亿美元）	第二季度 案例数（件）	第三季度 投资额（10亿美元）	第三季度 案例数（件）	第四季度 投资额（10亿美元）	第四季度 案例数（件）
种子期	0.20	29	0.19	48	0.25	63	0.47	57
早期	3.73	528	5.80	618	5.49	611	5.13	522
扩张期	5.37	303	7.29	323	6.41	278	3.24	264
后期	4.40	225	4.06	229	4.52	221	3.16	178
合计	13.69	1085	17.34	1218	16.67	1173	12.00	1021

数据来源：PWC/NVCA，MoneyTree Report。

其次是后期阶段初创企业。共有 853 家后期阶段企业获得 161.4 亿美元的风险投资，投资额同比增长 35%，占全美风投总额的 26.9%；交易数量增长 1.2%，占比 19%。单笔投资额达到 1892 万美元，同比增长 32%。

种子期企业所占风险投资最少，2015 年共有 11.1 亿美元风险资本投向 197 家种子期企业，分别同比增长 54.4% 和 2.6%。平均单笔投资额 564 万美元，同比增长约53%。

从首轮融资企业投资额来看，如表3-4所示，2015年首轮融资企业风险投资总额共计93.3亿美元，占全美风投总额的15.6%，同比增长26%；共发生交易1513起，占总交易数量的33.6%，同比增长7.4%，其中第四季度的首轮融资企业投资额同比增长迅速，达到57%。

表3-4　　　　　　　2015年美国风险投资的第一轮阶段分布

阶段分布	第一季度 投资额（10亿美元）	第一季度 案例数（件）	第二季度 投资额（10亿美元）	第二季度 案例数（件）	第三季度 投资额（10亿美元）	第三季度 案例数（件）	第四季度 投资额（10亿美元）	第四季度 案例数（件）
种子期	0.16	25	0.14	39	0.15	50	0.30	42
早期	1.29	251	1.34	292	1.57	285	1.46	244
扩张期	0.37	46	0.44	45	0.53	54	0.43	43
后期	0.14	19	0.45	19	0.31	33	0.26	26
合计	1.97	341	2.36	395	2.56	422	2.44	355

数据来源：PWC/NVCA，MoneyTree Report。

如图3-12所示，从首轮融资企业所处行业细分来看，生物科技、软件服务及媒体娱乐等行业最受风险投资家青睐。且处于早期阶段的首轮融资企业获得更高的风险投资，占风投总额的60.67%，相较而言，种子期最少，仅占8.03%。

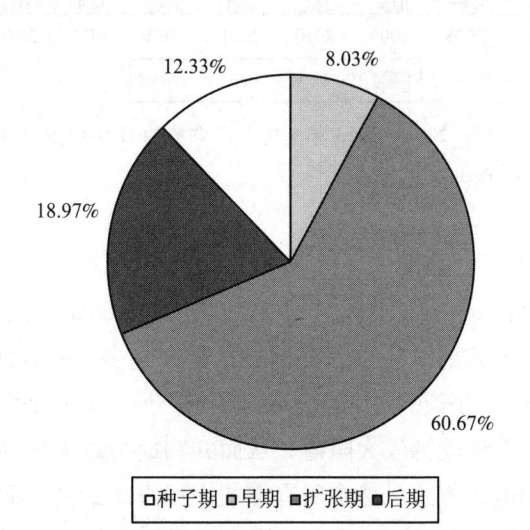

图3-12　2015年美国风险投资的第一轮阶段分布（投资额）

数据来源：PWC/NVCA，MoneyTree Report。

（四）投资企业 IPO 和并购分析

风险投资的退出方式多种多样，主要包括首次公开发行（IPO）、并购、管理层回购和破产清算等。下面我们分析最常见的两种方式：IPO 和并购。

据 NVCA（美国风险投资协会）发布的最新报告显示，如图 3-13 所示，美国 2015 年全年共有 77 家企业实现 IPO，合计募集 93.79 亿美元资金，交易数量与募资总额较上年均有所下降，分别同比下降 34% 和 39.5%。同时，从 2006~2015 年美国风险投资支持的 IPO 数量及规模的变化趋势可以看出，风险投资的退出，极大地受宏观经济状况的影响。2008 年受金融危机重创，到达低谷，而后逐渐恢复，呈现追随经济周期波动而波动的情况。

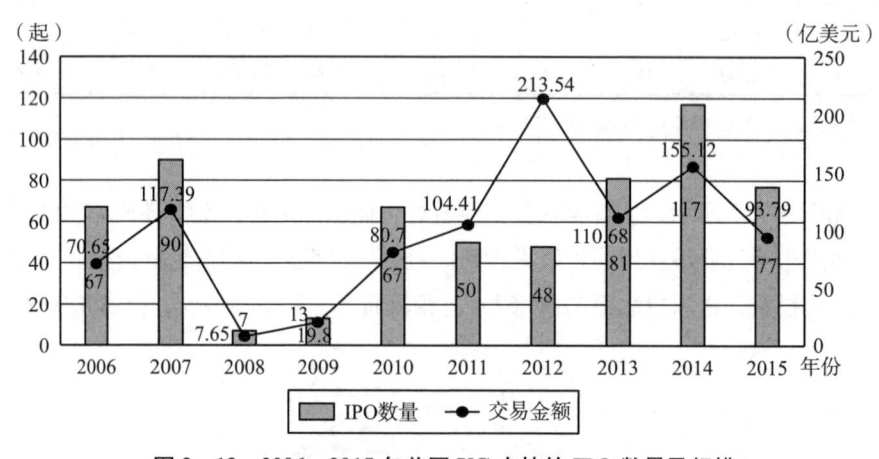

图 3-13　2006~2015 年美国 VC 支持的 IPO 数量及规模

数据来源：NVCA Yearbook 2016（1）。

从并购规模来看，如图 3-14 所示，2015 年全年，共发生并购交易 360 起，涉及交易总额 169.5 亿美元，较 2014 年下降 65%。最近几年，以并购（M&A）作为退出方式的风险投资案例数量越来越多。一方面受从 20 世纪 90 年代开始并持续至今的第五次并购浪潮的影响；另一方面是由于近年来美国二板市场持续低迷，IPO 受到较大阻碍，从而并购成为越来越多风险投资家的选择。因而，IPO 的退出方式虽然在所有方式中回报率最高，但统计显示，其所占比重仅为 20%，低于并购的 25%。其他退出方式所占比重分别为：管理层回购 25%，清算 20%，转售 10%。

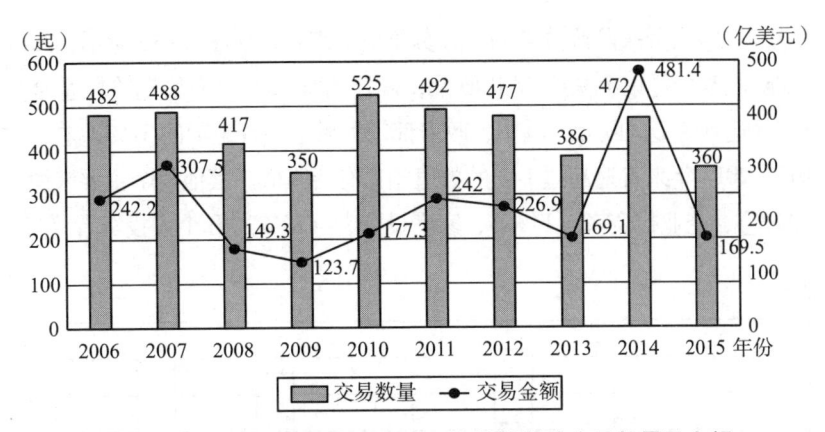

图 3-14　2006~2015 年美国 VC 支持的并购交易数量及金额

数据来源：NVCA Yearbook 2016 (1)。

第三节　欧洲风险投资行业发展现状分析

一、欧洲风险投资行业规模

2015 年，希腊债务危机持续发酵、美联储上调利率政策、全球经济放缓等投资环境的变化，无疑将影响欧洲风险投资业，使其在夹缝中求生存。

在资本募集方面，从融资额来看，据欧洲风险投资协会（EVCA）的报告，如图 3-15 所示，2015 年欧洲风险投资募集资本再创新高，全年共募集资本 53 亿欧元，较 2014 年的 49 亿欧元增长 8%，刷新了 2008 年以来的最高纪录。且从风险投资分阶段投资的募集金额来看，早期和后期阶段的募集资本都有显著增长。

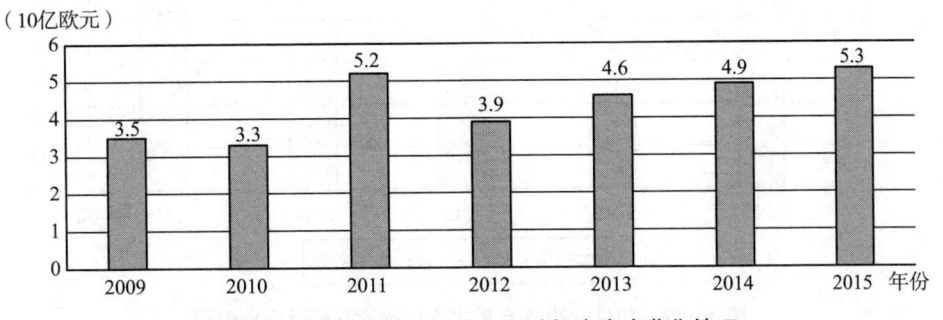

图 3-15　2009~2015 年欧洲风险投资资本募集情况

数据来源：EVCA Yearbook 2015。

从欧洲风险投资按阶段分类的资金募集情况来看,如图 3-16 所示,2015 年投资于早期阶段基金募集金额达 27 亿欧元,同比增长 13%;而后期阶段基金更是增长了近三倍达到 8.7 亿欧元。其中,政府部门提供了募资总额的 31% 左右,这一占比与 2010~2012 年来普遍超过 1/3 的数值相比有所降低。其他资金主要来源于基金投资(23%)、企业投资者(14%)、家庭投资者(20%)和个人投资者(12%)。

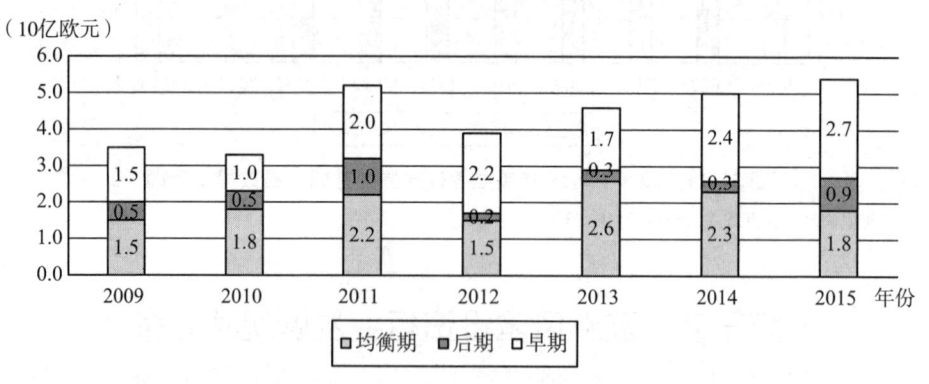

图 3-16　2009~2015 年 VC 按阶段投资分类的资金募集情况

数据来源:EVCA Yearbook 2015。

从风险投资投资总额来看,根据 EVCA 的 2015 年欧洲风险投资年鉴,如图 3-17 所示,欧洲风险投资行业全年共投资 38 亿欧元,同比增长 5%。共有 2836 家企业获得投资,与 2014 年 3237 家相比,显著下降了 12%,这也预示着风险投资有向更大规模投资转变的倾向。

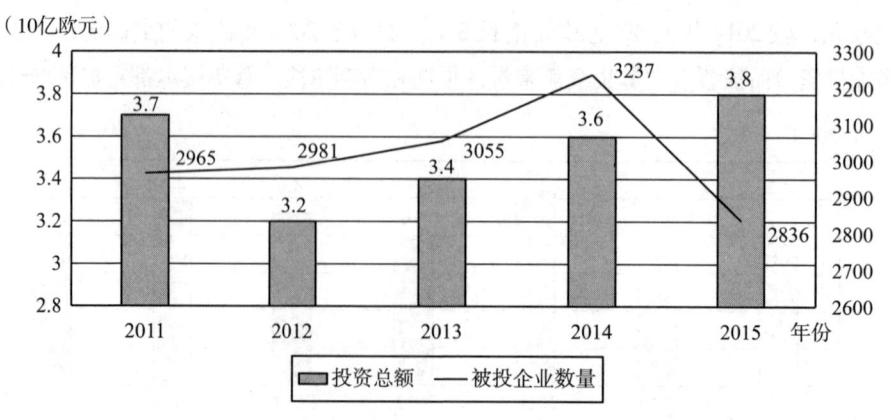

图 3-17　2011~2015 年欧洲 VC 投资总额及企业数量

数据来源:EVCA Yearbook 2015。

二、欧洲风险投资发展特征

(一) 行业分布

从风险投资行业分布来看，按风险投资额，排在前三位的是生物科技、电脑及电子产品和通信行业。其中大部分风险资本都聚集于生物科技行业，如图 3-18 所示，2015 年该行业共获风险投资 12.89 亿欧元，占欧洲风投总额的 34%，同比增长 13.8%；交易数量 635 笔，占比 22.4%，同比下降 8.4%。电脑及个人电子产品行业获投金额 7.58 亿欧元，同比增长 2%，占风投总额的 20%，仅次于生物科技行业；共发生交易 725 笔，同比下降 6%，占总交易数量的 25.6%。通信行业以 7.1 亿欧元的获投金额成为第三大行业，占比 11%，交易数量 441 笔。此外，零售业、消费者服务业、能源与环境等行业也获得较多风险投资家的青睐。

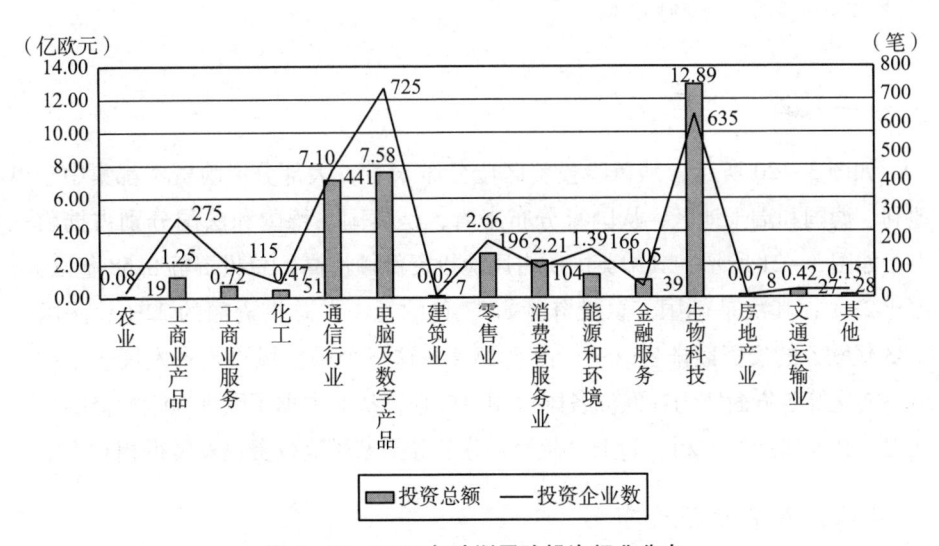

图 3-18　2015 年欧洲风险投资行业分布

数据来源：EVCA Yearbook 2015。

如图 3-19 所示，从 2007~2015 年欧洲风险投资行业投资额占比来看，各行业投资额占比总体没有大的变化，分布相对稳定；2015 年投资于生物科技行业的投资额占比（33.9%）有所上升，同比增长 8.7%，而电脑及电子产品和通信行业投资额占比相对有所下降,但幅度不大。

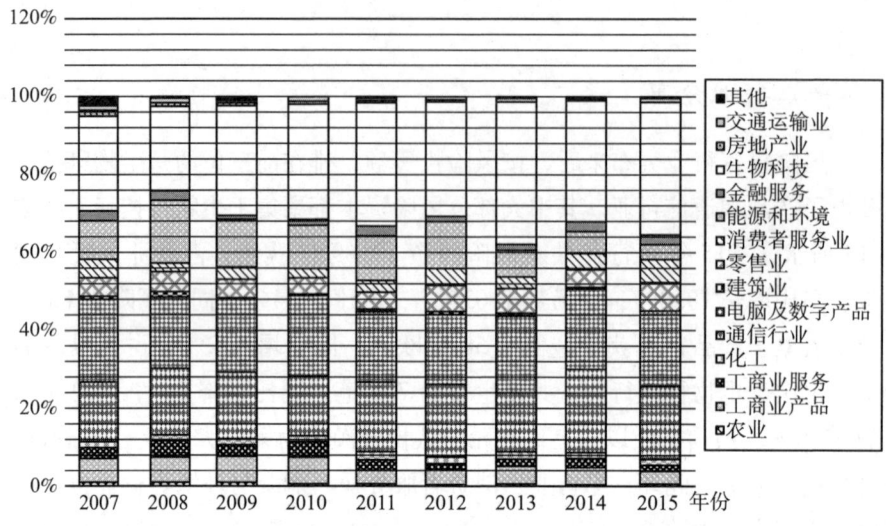

图 3-19　2007~2015 年欧洲风险投资行业投资额占比

数据来源:EVCA Yearbook 2015。

(二) 区位分布

如图 3-20 所示,从风险投资区位分布来看,大部分风险资本都集中于奥地利、德国和瑞士地区,从国家分布来看,是英国、德国和法国分别占据前三甲。如图 3-21 所示,其中英国所占风险投资份额最高,总投资额 8.58 亿欧元,占比 23%;其次是德国,总投资额 8.37 亿欧元,占总投资额的 22%;法国以 6.83 亿欧元的投资额排名第三,占比 18%。这三个国家风险投资发展较早,经济、文化等各方面实力在欧洲各国也相对较强,从而占据了欧洲风险投资的半壁江山。其他诸如奥地利、瑞士、荷兰、芬兰等国家风险投资也发展得相对不错。

(三) 投资阶段分布

从风险投资投资阶段来看,欧洲风险投资主要投资对象为处于初创期的风险企业,如图 3-22 所示,2015 年初创期企业共计获投 20 亿欧元,超欧洲风投总额的 1/2,同比上升 5.3%;共发生交易 1906 笔,占总交易数量的 63%,同比下降 6.5%。从单笔投资额来看,2015 年投资于初创期风险企业的单笔投资额为 105 万欧元,同比增长 12.9%。

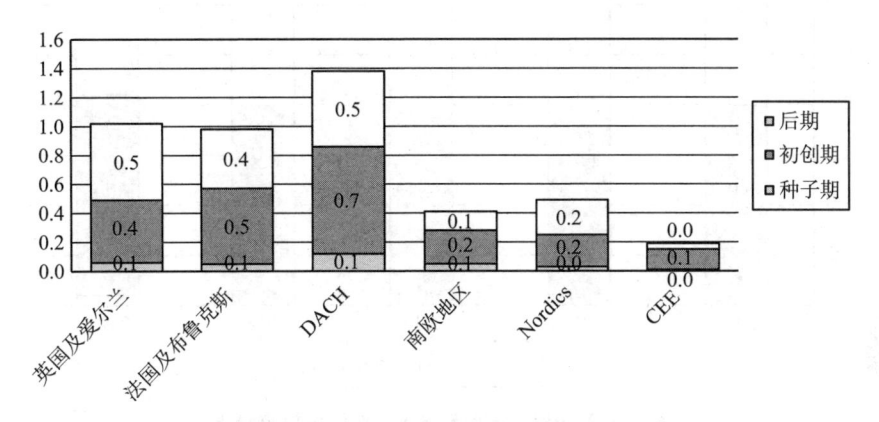

图 3-20　2015 年欧洲风险投资区位分布

数据来源：EVCA Yearbook 2015。

注：DACH：奥地利、德国、瑞士/南欧地区：希腊、意大利、波兰、西班牙/Nordics：丹麦、芬兰、挪威、瑞典/CEE：中东欧地区。

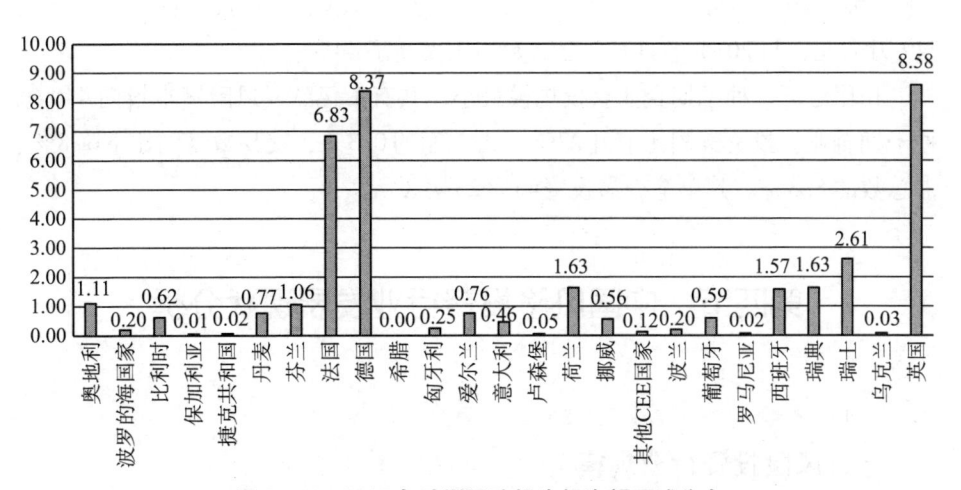

图 3-21　2015 年欧洲风险投资投资额区域分布

数据来源：EVCA Yearbook 2015。

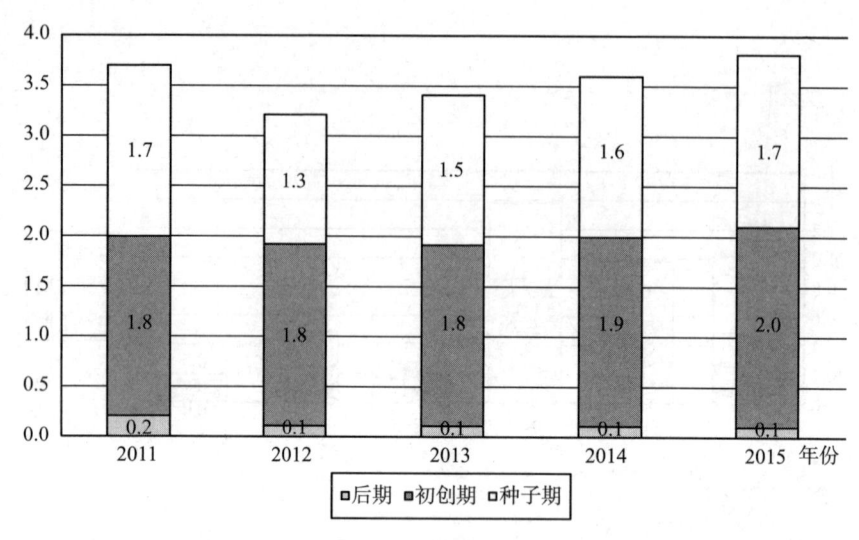

图 3-22 2011~2015 年 VC 按阶段投资情况

数据来源：EVCA Yearbook 2015。

2015 年，后期风险企业共获风险投资 17.8 亿欧元，同比增长 11.25%；发生交易 715 笔，同比下降 22.8%。从占比来看，投资额与交易数量分别占比 3.8% 和 13.6%，与 2014 年基本持平。通过计算单笔交易投资额得到当年为 249 万欧元，与 2014 年的 173 万欧元相比提高了 44%。

相比之下，种子期企业获投规模最小，共有 1 亿欧元风险资本投向 440 家种子期企业。投资额同比上升 27%，占总额的 0.3%；交易数量同比下降 8%，占总数的 8.3%。其单笔交易投资额为 23 万欧元。

第四节 中国风险投资行业发展现状分析

一、风险投资行业规模

（一）机构投资规模分析

2015 年中国的风险投资发展得如火如荼，也取得了辉煌的成绩。据清科数据库显示，如图 3-23 所示，全年风险投资总额 1293.34 亿元人民币，达到

2003年以来的又一高峰，是2011年821亿元的将近两倍，共涉及3445笔交易，其中披露金额的有3113笔。从单笔投资规模来看，有披露金额的交易平均每笔投资规模为4155万元。

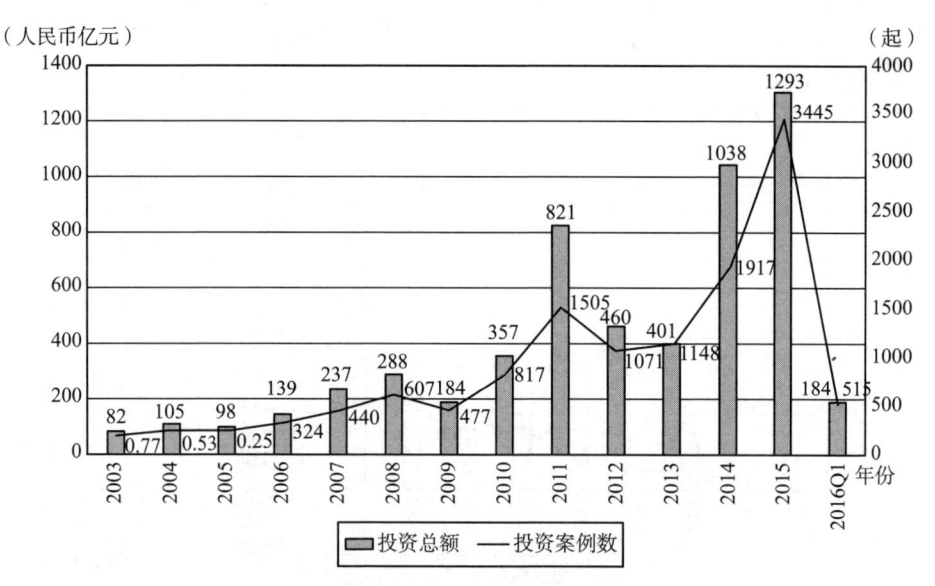

图3-23 2003~2016年第一季度VC投资情况

数据来源：私募通2016.01。

与美国风险投资阶段不断后移的趋势不同，我国风投机构的投资阶段近年来呈现不断前移的趋势。总体来看，种子期和初创期风险企业获投金额越来越大，占风投总额的比重也越来越高，在这种情况下，单笔交易风险投资额就在减少。除此之外，中国的风险投资市场还显著受到资本市场波动的影响，与全球市场类似，在经历上半年的猛涨之后，2015年第四季度风投市场整体冷却下来，投资各方都回归理性。这种趋势持续到2016年年初。据最新数据显示，2016年第一季度风险投资总额184.12亿元人民币，交易数量515起，同比分别下降38.5%和37.7%。从单笔交易投资额来看，已披露金额的413笔交易平均投资额为4458万元。

（二）机构募资规模分析

1. 从资金募集规模来看

如图3-24所示，从募资额来看，2015全年，中国境内新增597支风险投资基金,同比增长超200%,其中553支基金已披露募资规模;累计可投资本存量1996.36亿元人民币,同比增长70.7%;单笔基金募集金额3.61亿元。总体来看,2015年中国风投市场基金募集规模超同期,但单笔基金募集金额有所下降。

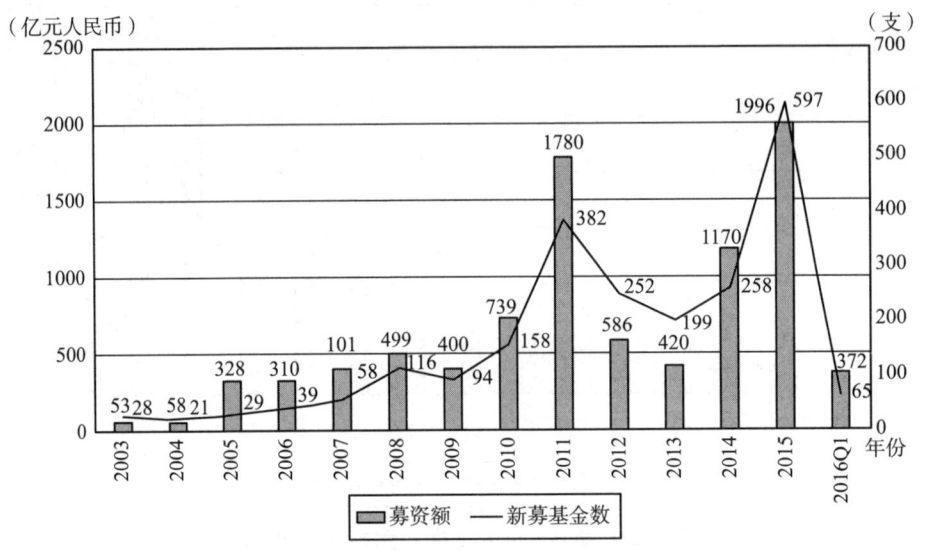

图3-24 2003~2016年第一季度VC募资情况

数据来源:私募通2016.01。

2016年一季度最新数据显示,季度新增风险投资基金65支,同比减少35.6%,环比减少43.5%;新增可投资资本存量371.98亿元人民币,同比增加15.2%,环比增加30.9%;单笔基金募集金额6.3亿元,是2015年四季度的2.3倍,同比增加85.5%。

2. 从基金币种来看

从不同币种的基金规模来看,人民币基金规模要远高于外币基金规模,但从单笔基金募集规模来看,人民币基金则远低于外币基金。如图3-25所示,2015年新增人民币基金552支,全年累计募集资金1396.42亿元人民币,从而单笔基金募资规模2.75亿元;新增外币基金45支,全年累计募集资金599.95亿元人民币,单笔基金募资规模13.33亿元。总体来看,2015年人民币基金募集规模扩大,其中概念性基金(如新三板基金)募资总额较以往都有所增加,但由于这些基金募资规模偏小,使得单笔基金募集规模不大。

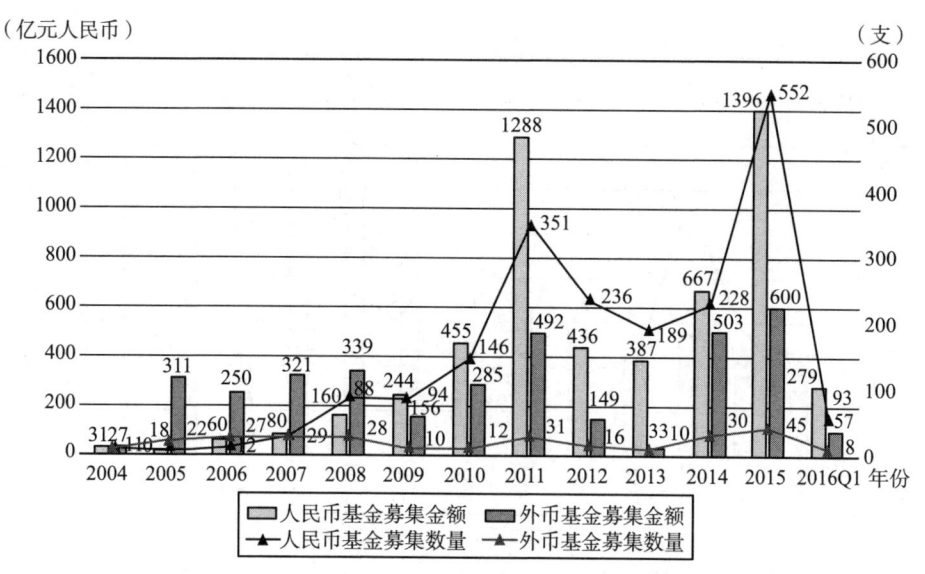

图 3-25　2004~2016年第一季度 VC 募资情况（币种对比）

数据来源：私募通 2016.01。

2016 年一季度最新数据显示，人民币基金在新增基金数量和募资规模方面仍然占据绝对优势。一季度中国风险投资市场新增人民币基金 57 支，占新增基金总量的 87.7%；募集规模 279 亿元人民币，占总募资规模的 75%；新增外币基金 8 支，占新增基金总量的 12.3%；募集规模 92.98 亿元人民币，占总募资规模的 25%。从单笔基金募资规模来看，外币基金（13.28 亿元）要显著优于人民币基金（5.37 亿元）。

3. 从资本存量看

如图 3-26 所示，自 2003 年起，中国大陆可投资资本存量呈现出逐年增长的趋势，其中以 2011 年增速最快。2015 年则延续这种增长势头，同时增速相对有所加快。数据显示，2015 年中国大陆可投资资本存量为 3961.2 亿元人民币，同比增长 21.6%。

2016 年第一季度最新数据显示，中外风险投资机构可投资资本存量高达 4000 亿元人民币，同比扩大 18.4%。但与 2015 年相比，风投市场基金的活跃度有所下降，单笔基金募资金额却在升高。这主要是源于为响应国家大力发展新兴产业号召，全国诸多地区开始设立大型产业基金，许多规模超十亿，从而拉高了单笔基金募集规模。

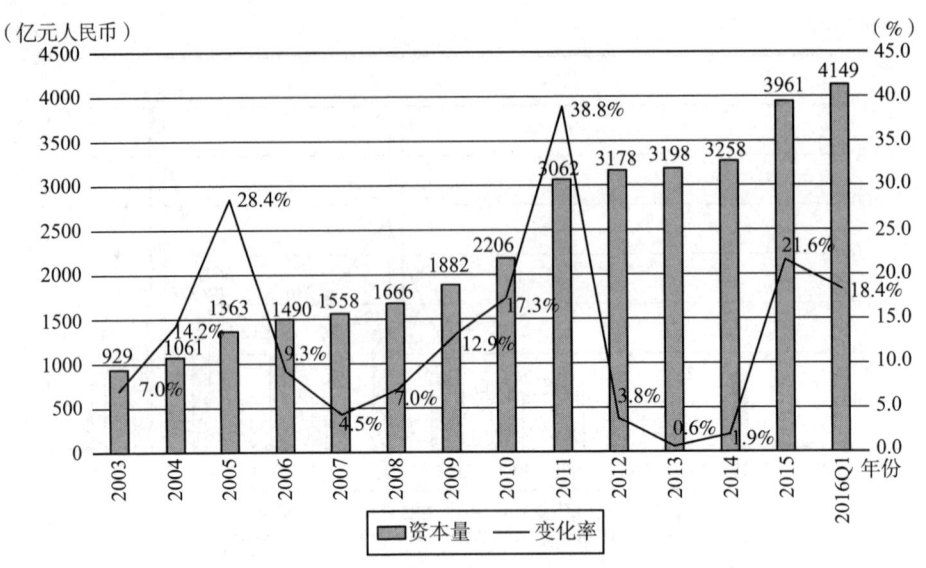

图 3-26 2003~2016 年第一季度 VC 可投资本存量

数据来源：私募通 2016.01。

二、投资特征分析

（一）行业分布

如图 3-27 所示，按投资金额排名，首先，中国风险投资市场 2015 年获投金额最多依然是互联网行业，共计 396.94 亿元人民币，占总投资金额的 30.7%，远超排名第二、第三位电信增值业务和生物技术/医疗健康行业，两者占比依次是 14.7%、11.1%。其次，金融、IT 和机械制造等行业的获投金额也名列前茅。这几大行业也是中国风险投资集中度较高的行业，2015 年累计投资金额高达 1000 多亿元。

仅从数据看来，国内新兴行业对风险投资仍然表现出极强的吸引力，典型代表如互联网行业，凭借其广阔的发展前景和较高的创新水平吸引大量风险投资，且连续几年风险投资额名列榜首。据清科研究中心最新研究数据显示，2016 年第一季度共发生风险投资案例 515 起，涉及总投资金额 184.11 亿元人民币，其中互联网、IT 和通信业务占据前三甲的地位。

第二篇 风险投资发展状况

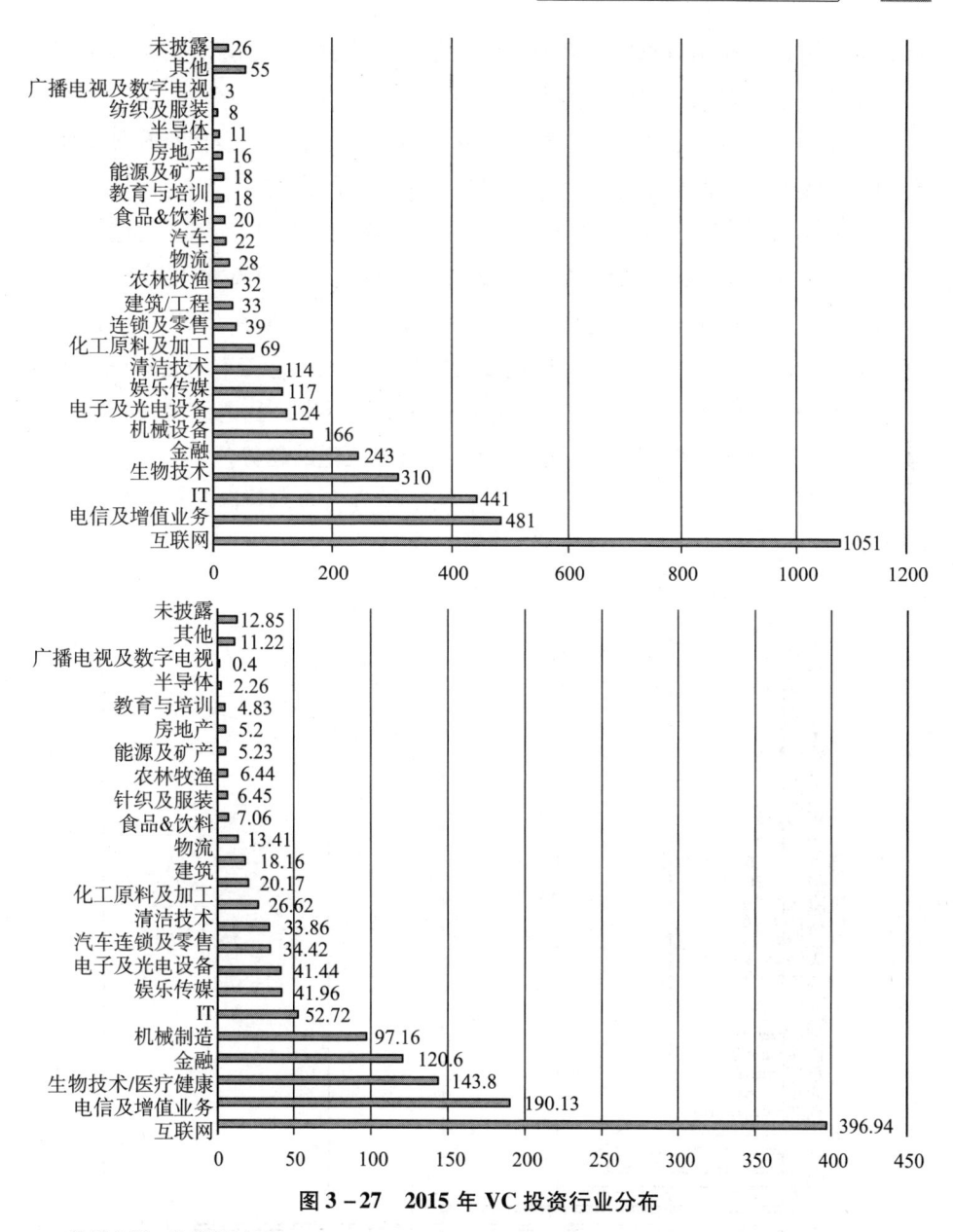

行业	数量
未披露	26
其他	55
广播电视及数字电视	3
纺织及服装	8
半导体	11
房地产	16
能源及矿产	18
教育与培训	18
食品&饮料	20
汽车	22
物流	28
农林牧渔	32
建筑/工程	33
连锁及零售	39
化工原料及加工	69
清洁技术	114
娱乐传媒	117
电子及光电设备	124
机械设备	166
金融	243
生物技术	310
IT	441
电信及增值业务	481
互联网	1051

行业	金额
未披露	12.85
其他	11.22
广播电视及数字电视	0.4
半导体	2.26
教育与培训	4.83
房地产	5.2
能源及矿产	5.23
农林牧渔	6.44
针织及服装	6.45
食品&饮料	7.06
物流	13.41
建筑	18.16
化工原料及加工	20.17
清洁技术	26.62
汽车连锁及零售	33.86
电子及光电设备	34.42
娱乐传媒	41.44
IT	41.96
机械制造	52.72
金融	97.16
生物技术/医疗健康	120.6
电信及增值业务	143.8
互联网	190.13
	396.94

图 3-27 2015 年 VC 投资行业分布

数据来源：私募通 2015。

（二）区域分布

中国风险投资区位分布呈现一种显著的集聚效应。研究发现，我国东部沿海一线城市是风险投资的主要聚集地，主要由于这些地区拥有先天地理优势、良好的经济环境和相对集中的人力资本。创业企业的集中,形成持续的融资需求,能够募集到越来越多的风险资本。而中西部地域受制于区位环境,一直落后于上述中心区域,不过近年来在政府支持力度不断加大以及优惠政策不断出台的条件吸引下,西部地区的发展状况也有了显著的改善。

如图 3-28 所示,风险投资集聚前三位的区域都位于经济、文化发达地区,不论是从风险投资数量还是规模来看,其空间集聚度基本上居于 60% 以上的水平,北上广深无疑成为中国风险投资的大本营。早在 2002 年以前,北京、上海和广东三大一线城市是创业投资的中心区域,这三个地区的风险投资总量占到全国风险投资的 80% 左右。而自 2003 年以来,我国风险投资在空间分布上除了呈现集聚性特征外,还逐渐呈现出分散化的趋势,华东(不包括上海)、中南(不包括广东)和西部地区的风险投资占全国风险投资的比重在不断扩大。

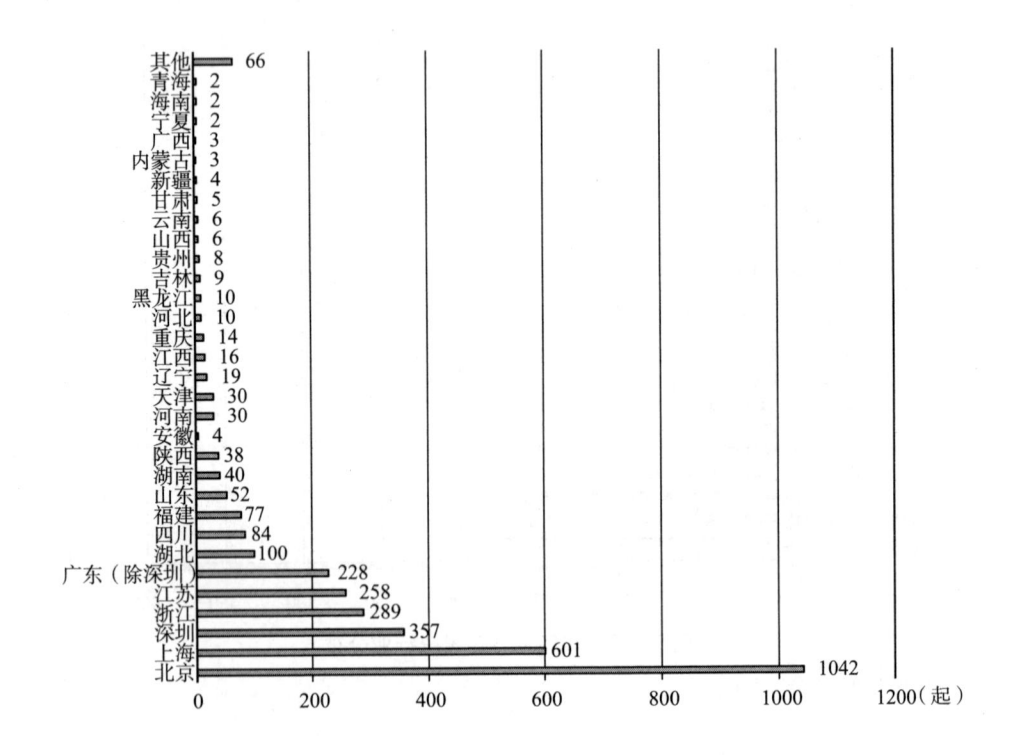

地区	数量(起)
北京	1042
上海	601
深圳	357
浙江	289
江苏	258
广东(除深圳)	228
湖北	100
四川	84
福建	77
山东	52
湖南	40
陕西	38
安徽	4
河南	30
天津	30
辽宁	19
江西	16
重庆	14
河北	10
黑龙江	10
吉林	9
贵州	8
山西	6
云南	6
甘肃	5
新疆	4
内蒙古	3
广西	3
宁夏	2
海南	2
青海	2
其他	66

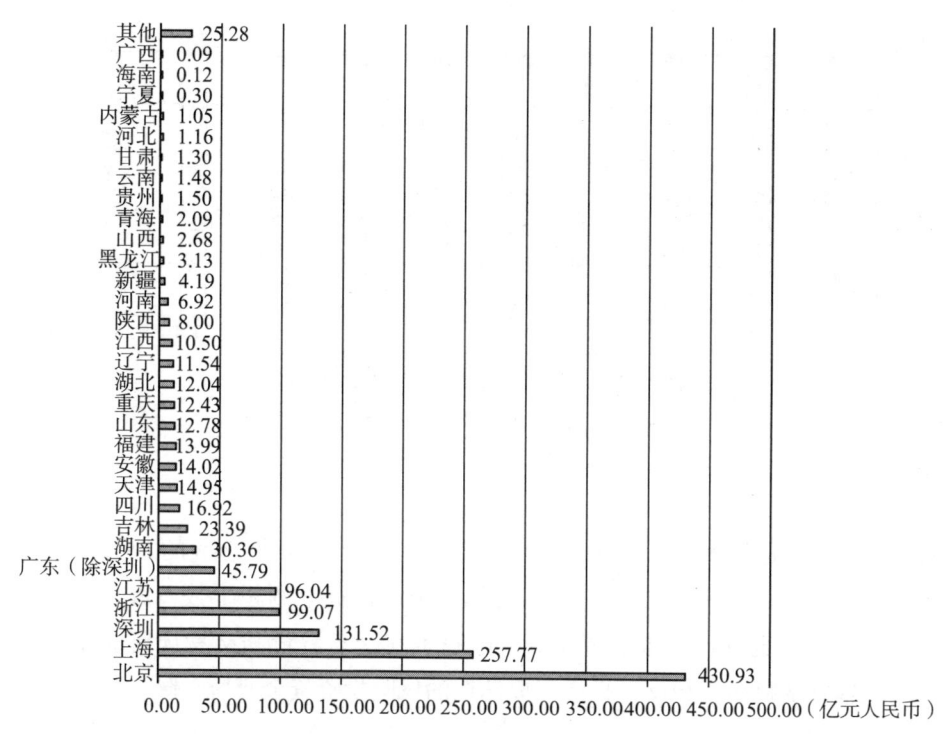

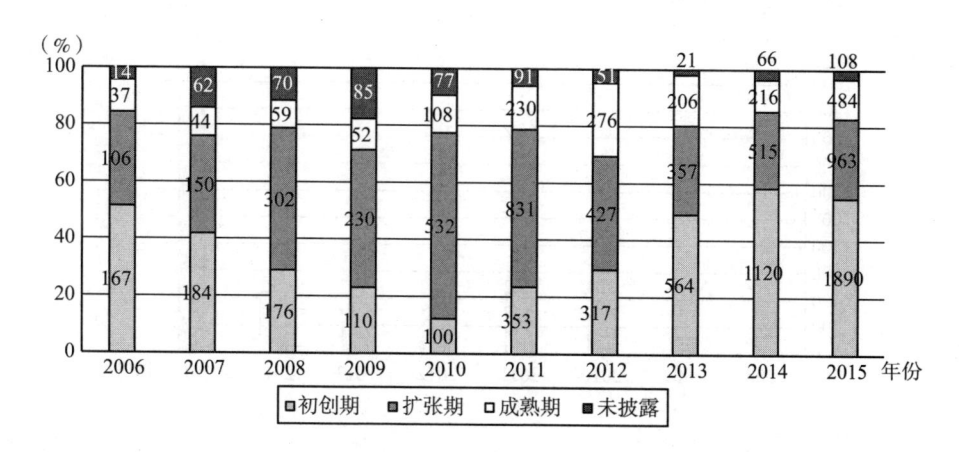

图 3-28　2015 年 VC 投资地域分布

地区	金额（亿元人民币）
其他	25.28
广西	0.09
海南	0.12
宁夏	0.30
内蒙古	1.05
河北	1.16
甘肃	1.30
云南	1.48
贵州	1.50
青海	2.09
山西	2.68
黑龙江	3.13
新疆	4.19
河南	6.92
陕西	8.00
江西	10.50
辽宁	11.54
湖北	12.04
重庆	12.43
山东	12.78
福建	13.99
安徽	14.02
天津	14.95
四川	16.92
吉林	23.39
湖南	30.36
广东（除深圳）	45.79
江苏	96.04
浙江	99.07
深圳	131.52
上海	257.77
北京	430.93

数据来源：私募通 2015。

（三）投资阶段分析

不论是从交易数量还是规模来看，中国风险投资投资阶段自 2010 年以后都呈现出不断前移的趋势，具体表现为投资于初创期企业的风投资本占总体风险投资额的比例越来越大。如图 3-29 所示，2015 年投资于初创期企业的风

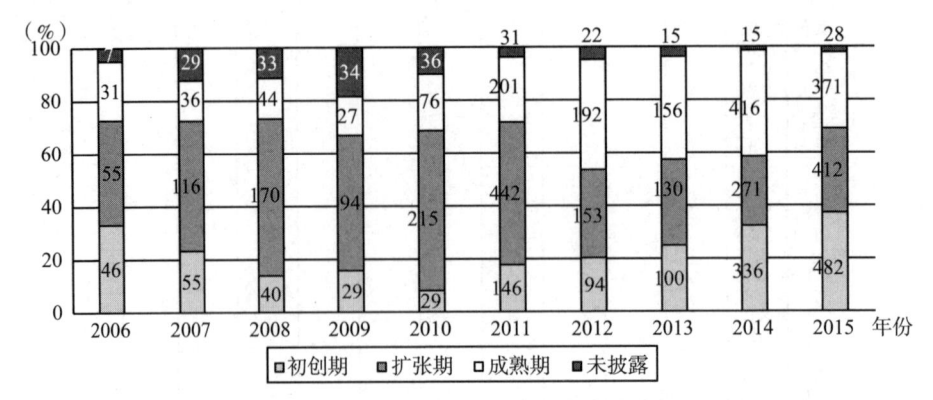

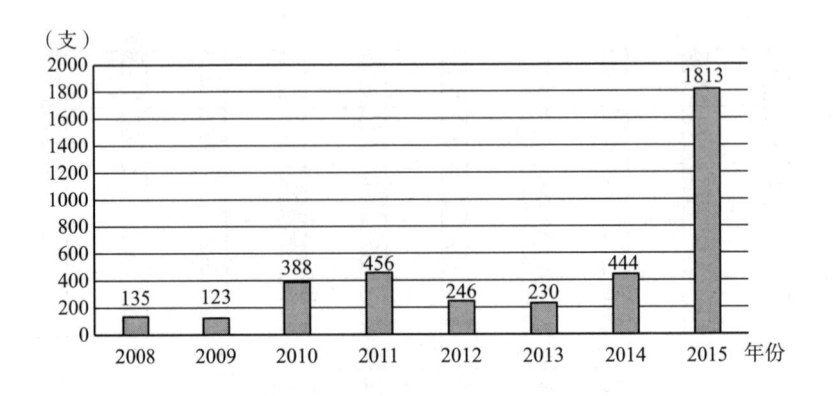

图 3-29 2015 年 VC 投资阶段占比分析

数据来源：私募通 2015。

险资本为 482 亿元人民币，同比增长 43.5%，占当年风投总额的 38%，相较 2014 年 36% 的占比有所提高；全年初创期企业投资案例超半数，占总投资案例数的 55%。此外，扩张期企业的风险投资在交易数量和交易规模占比方面都有大幅度的提高；相反，投资于成熟期的风险投资资金有所下降。

三、退出分析

如图 3-30 所示，2015 年共有 1813 支创投基金成功从企业退出，较 2014 年增长近五倍。2015 年度风险投资退出方式排名前三位的依次是新三板、并购和 IPO，其中，首先新三板退出，数量为 929 起，占比 51.2%；其次为并购退出，数量为 280 起，占比 15.4%；再次为 IPO，数量为 257 起，占比 14.2%。

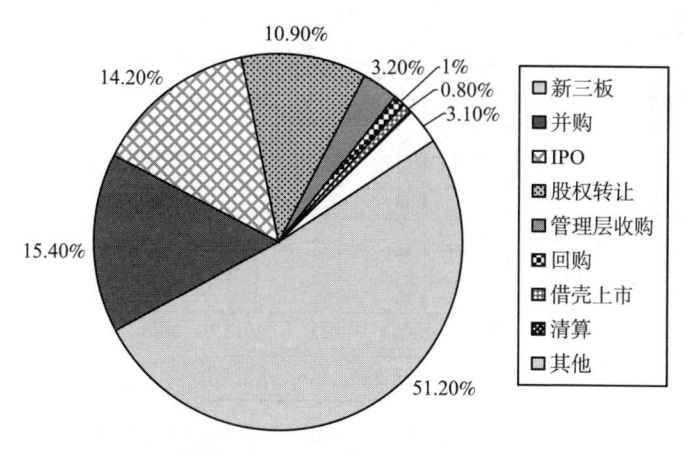

图 3-30　2015 年 VC 退出情况

数据来源：私募通 2015。

2015 年可谓是中国证券市场变革的元年，历经多项政策调整和股市激烈波动。从上半年来看，风险投资发展势头强劲，IPO 市场也格外繁荣；而到下半年，证监会于七月份宣布关闭 IPO 市场，以加强对资本市场的控制，这一局势持续到十一月份，才对 IPO 市场解禁。这种"冰火两重天"的形势也让投资者更加趋于理性。十一月 IPO 开闸之后，得益于完善的退出渠道，风险投资才又逐渐繁荣起来。事实上，风险投资之所以能够在 2013 年之后呈现出跨越式的增长，很大一部分原因在于监管机构逐渐放开对资本市场的管控，使得 IPO 市场更加灵活、便捷；此外，资本市场的愈发成熟也为风险投资提供了良好的变现前景。

从国内资本市场来看，2015 年上海、深圳证券交易所共新增 219 家上市企业，在全球交易所新增 IPO 数量中排名第一，同比增长 75.2%；共计融资 1586 亿元，同比增长 102%。如图 3-31 所示，在全球资本市场范围内，全年累计 308 家中国企业实现 IPO。

从新增上市企业所处行业来看，服务业、工业、消费品和零售业在主板市场占比最高。而创业板市场则以 IT、通信行业等新兴行业为主，2015 年深圳创业板共有 86 家企业实现首次上市，总融资金额 315 亿元。

从当前趋势来看，中国市场 IPO 活动将持续火爆，融资规模也将继续扩大。成为全球最大 IPO 融资市场指日可待。

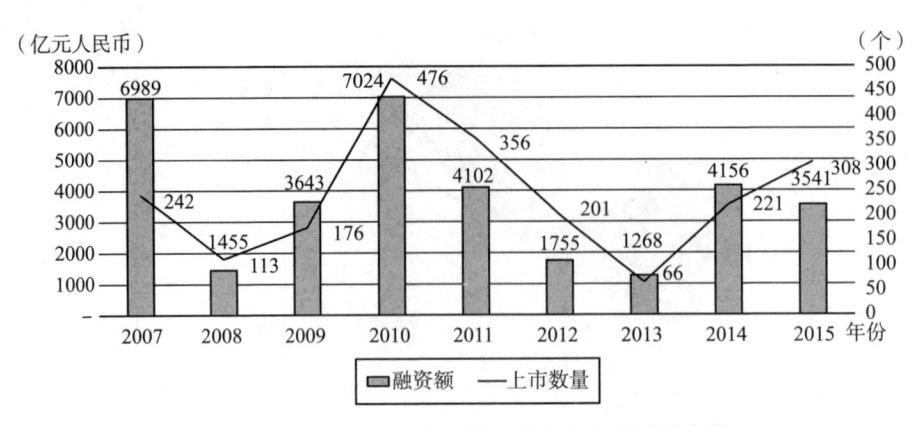

图 3-31　2007~2015 年中国企业上市数量及融资额

数据来源：DowJones Ventures。

如图 3-32 所示，2015 年由风险投资支持下的中国企业上市数量为 172 家，同比增长 36.5%；但融资额下降至 1432 亿元人民币，同比降低 57.8%，可能与 2015 年资本市场的剧烈震荡有关。

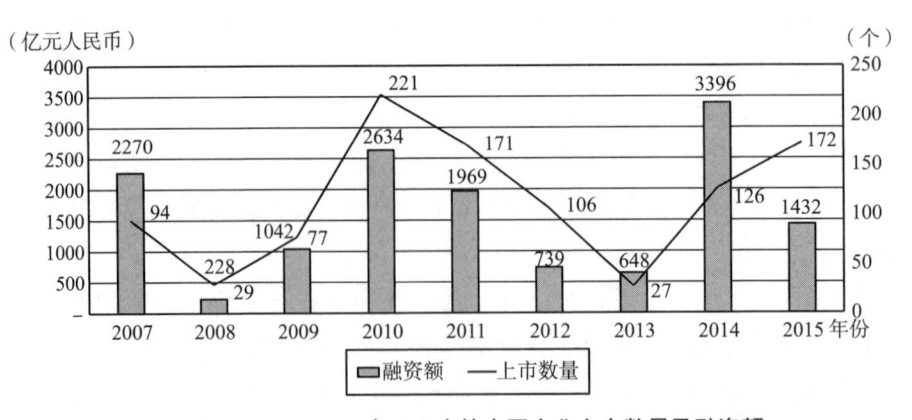

图 3-32　2007~2015 年 VC 支持中国企业上市数量及融资额

数据来源：私募通 2015。

第四章 我国典型地区风险投资发展现状分析[*]

第一节 区域间风险投资比较分析

由于我国风险投资存在很明显的地域集聚性，各地区由于经济发达程度、风险投资发展历程及政策环境等因素的差异导致了风险投资的发展差异。本节主要从经济区域的角度来分析、比较我国风险投资的运行状况，通过比较经济发达、有特色的地区和经济相对落后、较偏远地区之间创投活动的差异，为我国风险投资今后的发展方向提供一个参考。

参照国家现有的经济区域划分情况，并考虑数据收集的可得性，本节主要划分以下几个经济区域：

(1) 京津冀地区。
(2) 长三角地区（包含浙江、上海、江苏）。
(3) 珠三角地区：广东（包含深圳）。
(4) 东北三省地区：辽宁、吉林、黑龙江。
(5) 其他地区。

一、投资项目的比较

据中国创业风险投资发展报告显示，如表4-1所示，2014年仅长三角地区的创业风险投资项目就占全国总创投项目的近一半，为47.7%，由此成为

---

[*] 本章由暨南大学产业经济研究院郭倩文执笔。

国内创业风险投资最活跃的地区。一方面得益于长三角地区优越的地理位置，积累了雄厚的经济基础；另一方面在于该地区是风险投资最早在中国兴起的地区，各项体制相对完善，风险投资体系较为成熟，使得其拥有相对其他地区更高的起点。总之，作为支撑中国经济发展中的两大引擎之一，长三角堪称国内风险投资业的佼佼者，对中国风险投资的发展起着领导和指引的作用。其次是京津冀地区，占比18.2%；珠三角地区紧随其后，创业风险投资项目占全国项目总数的10%。而东北三省地区仅占2.4%，风险投资活动有待加强。

表4-1　　　　　　2014年中国创业风险投资项目的区域分布　　　　　单位：%

区域	长三角	珠三角	京津冀	东北三省	其他地区
项目占比（%）	47.7	10.0	18.2	2.4	21.7

二、投资强度的比较

京津冀地区以"三高"著称，高开放程度、高创新能力和高活力，因而该地区的创业投资活动也十分活跃。但由于该地区不同省、市文化差异较大，经济发达程度存在差异，因而风险投资的发展也参差不齐。其中，以北京、天津为主的经济发达地区的行业发展水平较高，资金渠道也非常丰富，风险投资发展处于领先地位。而在京津冀一体化战略的驱动下，可以预见该地区将有更加广阔的风险投资发展前景。

据2014年中国创业风险投资发展报告，如图4-1所示，京津冀地区创业风险投资活动的投资强度为5357万元/项，居各经济区域首位，与2013年相比增加了一倍多；珠三角地区则降为第二位，投资强度为2720.2万元/项，相对2013年有所增长；东北三省地区紧随其后，为2216.1万元/项，同比增长一倍多；而长三角地区的投资强度仅为1188.8万元/项，是各经济区域项目投资平均规模最低的，主要是由于该地区的创业风险投资主要集中于早期阶段，金额相对较小。

三、风险投资阶段的比较

如表4-2所示，2014年，珠三角地区创业风险投资机构投资于起步期的

(万元/项)

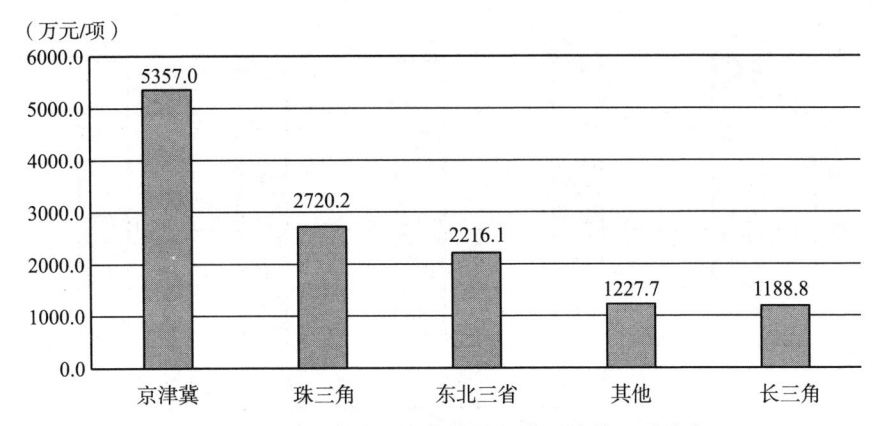

图 4-1 2014年中国创业风险投资强度的区域分布

数据来源：中国创业风险投资发展报告。

项目最多，占比为45.19%；其次是成长（扩张）期的项目，占比为33.47%；种子期的项目排在第三位，占比为13.39%。东北三省和京津冀地区与之相似，基本是成长（扩张）期最多，起步期次之，两者合计占总投资项目的90%以上，而投资于种子期和成熟（过渡）期的风险资本比例大致相当。长三角地区的项目所处阶段与其他地区不同，种子期、起步期和成长（扩张）期的项目占比基本持平，都维持在30%左右，而对成熟期项目的风险投资很少，显示该区域内创业风险投资对处于早期发展阶段企业的重视。

表4-2   2014年中国创业风险投资项目所处阶段的区域分布   单位：%

区域	种子期	起步期	成长（扩张）期	成熟期	重建期
珠三角	13.39	45.19	33.47	7.95	—
东北三省	3.70	44.44	50.00	1.85	—
长三角	29.91	31.64	31.46	6.64	0.36
京津冀	4.96	44.14	48.20	2.70	—
其他	19.96	35.50	34.66	9.45	0.42

数据来源：中国创业风险投资发展报告。

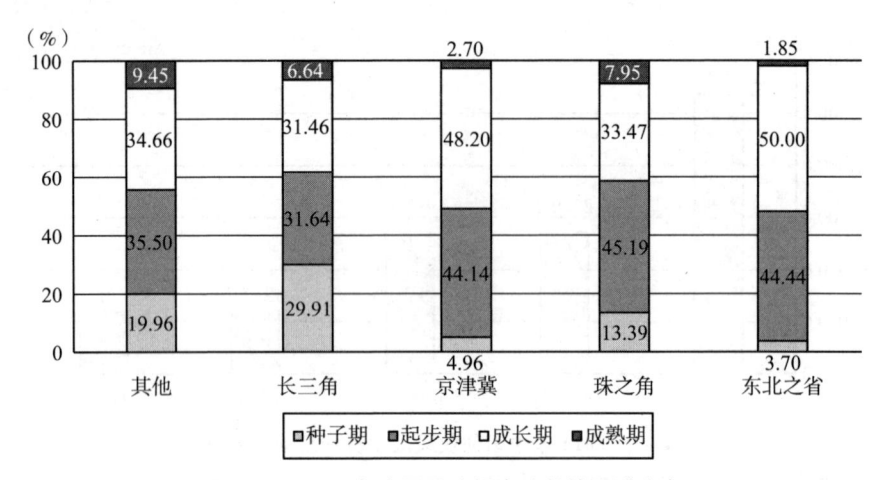

图 4-2　2014 年中国风险投资阶段的区域分布

数据来源：中国创业风险投资发展报告。

四、风险投资持股结构的比较

如表 4-3 所示，2014 年，东北三省的创业风险投资机构在投资时，追求绝对控股的比例最高，达 10.2%，其余区域内持股比例≥50% 都在 5% 以下。与 2013 年相比，除了京津冀地区之外，其余区域内的创业风险投资机构持股比例≥50% 的比例都有所下降，显示国内创投机构越来越重视联合投资的作用。

表 4-3　　　　2014 年中国各经济区域创业风险投资的持股结构　　　单位：%

区域	东北三省	其他地区	京津冀	长三角	珠三角
持股结构≥50%	10.2	4.8	4.5	3.4	2.1
持股结构<50%	89.8	95.2	95.5	96.6	97.9

数据来源：中国创业风险投资发展报告。

第二节　典型城市风险投资发展现状

一、风险投资机构数量的比较

据中国创业风险投资报告显示，如表 4-4 所示，2014 年中国各类创投机构存量为 1551 家，新增 143 家，增幅 10.2%，总体保持了一种增长趋势。其中创业风险投资企业（基金）数量最多，为 1167 家，新增 72 家，增幅 6.6%；其次是创业风险投资管理企业 384 家，新增 71 家，增幅 22.7%；创业风险投资管理企业保持了增长比例持续高于创业风险投资企业（基金）的趋势。

表 4-4　　　2013 年及 2014 年部分地区创业风险投资机构数量　　　单位：家

城市	2014 年			2013 年		
	创投机构总量	创投基金	创投管理机构	创投机构总量	创投基金	创投管理机构
北京	68	30	38	14	9	5
上海	77	52	25	70	52	18
广东	65	47	18	62	50	12
江苏	518	408	110	510	403	107
浙江	232	187	45	224	191	33
湖北	48	32	16	50	35	15
重庆	50	24	26	47	26	21
新疆	23	19	4	22	15	7
云南	22	16	6	8	8	0

数据来源：中国创业风险投资发展报告。

（1）总体看来，我国创业风险投资机构数量的地域分布呈现"两超多强"的局面。东部发达地区以北京、上海、广东等为典型代表，素来是国内创业风险投资机构主要集中地区，其中以江苏、浙江尤为明显。相比较西部地区的创业风险投资机构数量则偏少，大部分省市的创投机构数量都为个位数。因此，创业风险投资管理机构主要集中在经济发达地区，西部地区主要是直接投资的企业，管理类机构很少。

（2）江浙一带仍然是我国创业风险投资最多的地区。江苏持续 4 年保持全国创业风险投资机构数量最多地区的地位，机构数量达 518 家，占总创投机构数量的 34.05%，超过全国的 1/3；浙江机构数是 232 家，继续位居全国第二，占全国总数的 15.25%，两者合计占比为 49.3%，占全国机构总量的近 1/2。在创业风险投资企业（基金）数量方面，江苏的数量仍高居第一，有 408 家，占创投企业总量的 35.48%，浙江排名第二，有 187 家，占全国总数的 16.26%，两者合计占比 51.73%，占全国总数的比重超过 1/2。

(3) 上海、北京、广东等地仍然是国内创业风险投资发展较好的地区，其中上海拥有创投机构数量77家，居全国第三位，与2013年相比增加了7家。北京、广东不相上下，分别为68、65家。

(4) 西部地区部分城市创投发展迅速，机构数量增加较多。2014年，云南的创业风险投资机构从2013年的8家增长到2014年的22家。

二、机构管理资本规模的比较

如表4-5所示，据统计，全国创业风险投资机构2014年全年管理风险资本规模达5232.4亿元，较2013年增加1658.5亿元，增幅达46.4%；而管理机构代为管理的资金是2370.1亿元。

表4-5　2013年及2014年部分地区创业风险投资机构管理资本规模

城市	2014年 创投基金（家）	2014年 管理资本（亿元）	2013年 创投基金（家）	2013年 管理资本（亿元）
北京	30	1229.03	9	—
上海	52	125.90	52	224.83
广东	47	830.82	50	612.74
江苏	408	1729.23	403	1407.52
浙江	187	294.28	191	312.60
湖北	32	104.74	35	80.10
重庆	24	56.71	26	44.75

数据来源：中国创业风险投资发展报告。

(1) 总体来看，全国创业风险投资的资本地区差异很大。东部地区作为创业风险投资的主要聚集地，风险资本规模庞大，部分经济发达地区甚至超过千亿，而西部地区创业风险投资管理资金规模则要相对小很多，大部分都在1亿元以下。

(2) 江苏继续保持国内创业风险投资管理资本最多的位置。近年来，不论是在创业风险投资机构数量还是在管理资本规模排名上，江苏都连续多年稳居国内榜首地位，2014年也不例外。全年风险投机构管理资本规模1729.23亿元，占全国总数的33.05%；比2013年增加了321.71亿元，增长23%。

(3) 北京2014年的创业风险投资资本跃升至第二位，资本规模是1229.03

亿元，占全国的23.49%。中国股权投资基金协会公布的2014年中国创业投资机构10强中，以北极光、达晨、红杉资本和IDG等为代表的中国著名风投机构，其中有6家机构的总部位于北京，其余几家也都在北京设立了分支机构。

（4）广东、浙江、上海和湖北是全国创业风险投资公司资本较多的地区，其风险资本规模大多都超百亿元。2014年，广东省创业风险投资公司虽然数量排名只占第七位，但是资本总量的排名占第三位，资本规模是830.82亿元，这表明广东创业风险投资公司的规模相对较大。浙江的创业风险投资机构虽然数量排第二位，但是机构规模都相对较小，2014年资本总量是294.28亿元，排名第四位。2014年上海创业风险投资机构管理资本规模为125.9亿元，湖北为104.74亿元。

三、风险投资融资额的比较

作为全国政治、经济、文化中心的北京，显然在人才、政策抑或资金方面都拥有得天独厚的优势。这里是创投机构追求更好发展的福地。根据投中统计数据显示（如表4-6所示），2015年，北京创业风险投资市场融资规模高达165.39亿美元，平均单笔融资金额1587万美元，位列全国第一。

表4-6　　　　2014年及2015年度中国创投市场融资规模TOP10

地区	2015年 案例数量	融资金额（亿美元）	平均单笔融资额（百万美元）	地区	2014年 案例数量	融资金额（亿美元）	平均单笔融资额（百万美元）
北京	1042	165.39	15.87	北京	639	69.73	10.91
上海	528	66.59	12.61	广东	187	16.14	8.63
广东	427	36.69	8.59	上海	235	15.47	6.58
浙江	225	60.03	26.68	浙江	67	10.96	16.35
江苏	141	8.86	6.28	江苏	55	4.32	7.84
四川	84	5.24	6.23	安徽	12	1.42	11.83
福建	66	3.04	4.61	福建	17	1.38	8.09
湖北	50	1.51	3.01	四川	26	1.27	4.88
陕西	27	0.97	3.58	湖北	19	1.00	5.28
山东	27	0.91	6.82	天津	11	0.75	6.82

数据来源：CVSource 2016.01。

四、风险投资投资特征的比较

(一) 投资强度

2014年,全国各地创业风险投资的项目投资强度差距较2013年有所缩小,其中投资强度最高的是北京市,为5740.87万元,远高于2013年。其次是广东、湖北、上海和江苏。如表4-7所示,新疆最低,仅为684.77万元。总体上看,2014年全国创业风险投资的项目投资强度低于2013年,大部分地区项目投资金额在1000万~3000万元,低于2013年的2000万~4000万元。

表4-7　　　　2013年及2014年部分地区创业风险投资强度　　单位:万元/项

地区	2014年	2013年
上海	1266.06	2076.64
广东	2720.18	2548.43
江苏	1174.16	1412.41
浙江	1199.69	1492.21
湖北	1456.15	1739.23
重庆	805.41	1446.76
新疆	684.77	1436.02
云南	1069.20	2260.00

数据来源:中国创业风险投资发展报告。

(二) 投资阶段

如图4-3所示,2014年,我国部分地区创业风险投资项目所处阶段呈现以下特点:

(1) 与往年一样,成长(扩张)期的项目仍然是2014年我国大部分地区创业风险投资机构投资最多的项目。其中,部分地区投资于成长(扩张)期的项目比例接近50%,如北京、重庆。

(2) 起步期的项目越来越受到全国各地创业风险投资机构的青睐。上海、浙江和广东等地区的创业风险投资机构在起步期的项目占比都要接近50%。

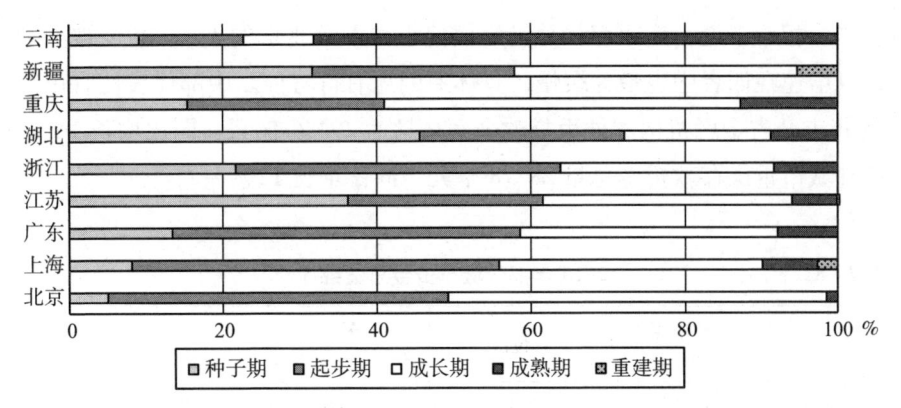

图 4-3 2014 年部分地区创业风险投资项目所处阶段

数据来源：中国创业风险投资发展报告。

（3）发达地区创投机构投资项目阶段的分布差异较大。北京、浙江和广东三地基本以中间阶段的项目为主，侧重起步期和成长（扩张）期，两头比例少；而江苏省则是种子期的项目占比最高，达到了 36.2%，显示江苏省内的创业风险投资机构对种子期项目的重视程度；而云南则显示出对成熟期项目的青睐。

第三节 典型城市风险投资发展环境比较

一、金融环境

充足的资金来源和完善的退出渠道，对于风险投资来说是至关重要的两点。这恰恰又是衡量一个地区金融发达程度的决定性因素，从而金融环境与风险投资的发展息息相关。

（一）金融机构存款余额

如表 4-8 所示，2015 年北京市金融机构（含外资）本外币存款总量共计 128573 亿元，排名全国首位，较年初增加 15248.7 亿元；上海略低于北京，年末存款余额 103760.60 亿元，同比增加 13328.75 亿元；排名三四位的则分别是深圳和广州，年末存款余额分别为 57779 亿元和 42843 亿元，两者之和与上海相当。相对来说，广州存款总量规模偏小，不及北京的1/3，甚至被深圳超越，且增速在四者中也最为缓慢，具体原因还有待考证。中部代表性省市湖北2015年末全省金融机构本外币贷款余额总量为29486亿元，同比增长16.6%；中西部城市重庆存款资金总量28778亿元，同比增长12%左右。

表4-8　　　　　　　　2015年部分城市资金总量统计

城市	本外币存款（亿元）	位次	增速（%）	GDP（亿元）	位次
北京	128572	1	11.86	22968	2
上海	103760	2	12.80	24965	1
深圳	57779	3	15.60	17503	4
广州	42843	4	12.70	18100	3
成都	30321	5	—	10801	9
杭州	29863	6	13.90	10053	10
重庆	28778	7	12.60	15719	6
天津	28149	8	11.80	16538	5
南京	26471	9	16.90	9270	11
苏州	25231	10	10.50	14504	7

数据来源：国家统计局。

（二）金融市场运行情况

北京：据统计，北京市2015年末共有43家各类金融交易场所，全年交易总额77970.2亿元。主板市场上市企业数量位列全国第一，累计264家A股上市企业，其中2015年新增29家。新三板规模也迅速扩张，2015年末累计5129家企业在新三板挂牌成立，同比增长226%，共计2960亿股，同比增长340%；市值2.5万亿元，同比增长435%。同时，年末全市共有融资性担保机构120家，总注册资本536.4亿元。

上海：上海市2015年各类金融交易场所交易总额远低于北京，为1462.73亿元，同比增长100%。上海证券交易所占据了总交易金额的18%，总成交金额为266.37万亿元，同比增长110%；其中股票交易占半数，交易总额为133.10万亿元。2015年上海市全市保险机构累计实现1125.16亿元保费收入，同比增长14.0%。

广东（含深圳）：2015年末，深圳证券交易所累计424家上市公司，总市值8.27万亿元，同比增长61%；累计融资额3192.02亿元，同比增长189%。广东省全年各类保险机构累计实现2814.37亿元保费收入，同比增长20%。

湖北：全省年末共有主板上市企业105家，全年新增4家，其中两家于境外上市；新三板上市企业203家，新增109家；"新三板"挂牌公司数新增109家，达203家；总市值突破1万亿元，全年通过证券市场累计融资2099亿元。

重庆：2015年末重庆市各类大小证券机构累计189家；共有43家企业于境内成功上市，市价总值6495.93亿元，共计469.30亿股；全年累计融资额697.16亿元，同比增加457.43亿元。拥有各类保险机构48家，全年实现保费收入514.58亿元。

从以上几个省市比较来看，北上广在金融环境上要显著优于中西部省市，从而成为风险投资的青睐之地。尤其是上海，近年来金融业发展十分之快，其作为金融中心的地位可见一斑。而深圳是金融创新能力最强、金融人才最为集中的地区，从而为风险投资和高新技术发展提供了极大便利。中西部省份的金融环境也在日益改善，伴随国家政策倾斜，风险投资也呈现出向中西部地区转移的趋势。

二、人才与科研环境

（一）科研院所设置

北京：北京拥有以清华、北大为代表的90所普通高等院校，以北京图书馆为代表的图书资料馆群，每年产生辐射全国的高水平科研成果数千项，是人才密集、技术密集型城市。

上海：截至2014~2015学年末，上海市累计67所普通高等院校，其中民办普通高校20所。

深圳：深圳地区高等学校较少，共有12所普通高等院校，2015年共有大学毕业生2.34万人，同比增长10.4%。从技术人员数量来看，深圳市拥有各类技术人才135.3万人，同比增长5.6%，其中初级技术人员占比近70%，中高级技术人才相对稀缺。

广州：从科研院所数量来看，广州拥有较为全面的各类机构设置，科研实力也不容小觑。全市拥有各级科研机构、情报和文献机构148家，22家国家级企业技术中心，19家国家重点实验室，18家国家工程技术研究开发中心，各类省市级研究中心更是数不胜数。

武汉：普通高校82所，中等职业技术学校106所，市属科学技术研究机构96所，国家重点实验室21个。

重庆：共有64所普通高等院校，214所中等职业技术院校。截至2015年底，拥有市级（含市级）以上重点实验室111家，其中国家级的8家。

（二）R&D投入及专利申请

北京：据统计，北京市2015年R&D总投入1367.5亿元，占当年全市GDP的5.95%，同比增长7.8%。同年专利申请量与授权量分别为156312件和94031件，同比增长13.2%和25.9%。

以中关村为例，近年来中关村专利申请量呈现逐年增长的态势。不仅在国内方面表现亮眼，国际方面也毫不逊色。从2016年一季度数据来看，中关村企业共申请国内专利13114件，同比增长14.6%，占全市专利申请的34.1%；申请国际PCT专利2284件，同比增长351.4%，占全市的79.3%。其中不乏以联想、小米、京东方等知名企业为代表的专利申请量超百件的企业，其中以京东方全年专利申请量最多，总量高达1305件，发明专利占据总量的80%以上。

上海：2015年R&D总投入925亿元，占当年全市GDP的3.7%。从专利授权量来看，累计60623件，同比增长20.1%；其中发明专利授权量占到29%，为17601件，同比增长51.5%。截至2015年年末，上海市共有69982件有效发明专利。

深圳：2015年全年累计申请105481件专利（不包含国外），同比增长28%；专利授权量72120件，同比增长34%。

广州：全年累计专利申请量63296件，同比增长37%；专利授权量6619件，同比增长44%。

湖北：湖北省对科研开发的投入力度则远不及北上广深等一线城市，2015年全年R&D投入共565亿元，占当年全省GDP的1.9%，同比增长10%。

重庆：全市全年R&D投入240亿元，占当地全年GDP的1.5%；总专利申请量8.28万件，专利授权量3.89万件。

通过比较可见，与北上广相比，深圳市在人才、高校和科研机构配套上存在一定差距，相配套的科研院所和机构设置还很不完善，这是深圳这个新兴工业城市的最大劣势，从而在城市规划方面应注重人才的引进和高校建设。尽管深圳自身的高校、研究院所不多，但善于吸聚利用全国以至海外的研发资源，创投对象的选择、创新资源要素的配置也不局限在本市、本省，而是由市场引导，将触角延伸至全国。中西部省市武汉、重庆等地的教育与科研水平在逐年提升，政府日益重视在科技创新方面的投入。具体如表4-9所示。

表4-9　　　　　2015年部分城市科研创新投入及成果对比

地区	普通高等院校数量	R&D总投入（亿元）	全年申请专利数（同比增长）（%）	全年授权专利数（同比增长）（%）
北京	90	1367.5	156312（13.2）	94031（25.9）
上海	67	925	100006（22.5）	60623（20.1）
深圳	12	498.8	105481（28）	72120（34）
广州	20	452.5	63296（37）	6619（44）
武汉	82	327.2	15077（27）	6003（55）
重庆	64	240	82791（49.72）	38914（60.0）

数据来源：国家及地方统计局。

三、风险投资体系

一个完整的风险投资体系应该既包括参与风险投资主体、客体，还应该具备专业的中介机构和完善的退出渠道。

（一）风险投资主体数量

北京：截至2014年底，北京拥有各类创投机构68家，其中创投基金30家。且大部分创业投资机构都在北京设立总部或者分支机构、办事处等。

上海：上海市创投机构与基金数量分别为77家和52家。

深圳：深圳市数据纳入广东省，创投机构与基金数量分别为65家和47家。截至2015年底，深圳累计共有4.6万家风险企业，总注册资本高达2.8万亿元。

清科集团最新发布的"2015年度中国股权投资排名"中，位居榜首的达晨创投和深圳创新投的总部都位于深圳。有数据显示，深圳市注册登记的各类股权投资、创业投资机构在资金规模和企业数量都占到全国的1/3。在国内上市的企业中,逾400家有深圳创投公司的背景;深圳本土的境内外上市企业约300家中,超过67%具有创投背景。深圳可以说是我国创投最活跃、成绩最瞩目的地区。

重庆、湖北:重庆市拥有创投机构50家,创投基金24家;湖北省与其相当,分别为48家和32家。

(二) 风险投资中介机构

北京:不仅拥有许多国际知名会计师、律师事务所,而且科技发展基金、担保机构等金融中介机构林立,如表4-10所示,各类创投管理机构累计38家。

表4-10　　　　2015年部分省市创投机构及创投管理机构数量

地区	创投机构数量（家）	创投基金数量（家）	创投管理机构数量（家）
北京	68	30	38
上海	77	52	25
广东（含深圳）	65	47	—
湖北	48	32	16
重庆	50	24	24

数据来源:网络整理。

上海:各类中小企业业担保基金、证券公司;以及许多知名会计师、律师事务所,各类创投管理机构共25家。

深圳:23家专业中介交易机构,8家创业孵化中心,2家专营担保机构,1家自律组织,其监督中介体系已相当成熟并与国际接轨。值得注意的是,于2012年5月挂牌成立的深圳前海股权交易中心,截至2013年末,已吸引855家风险企业落户于此,成为国内最具影响力的区域性场外交易市场之一。

广州:拥有各类资产交易中心、创业孵化中心等,为创业投资提供各类专业化服务。如2014年正式挂牌成立的广州金融资产交易中心,总注册资本3亿元,为金融企业从事资产交易活动和相关融资、担保业务提供一个规范的交易场所。今年最新成立的广州双创100孵化平台也正式投入使用,通过积极推进"互联网+知识产权+金融"创新经营发展理念,主要为科技型中小企业提供专业的发明专利孵化服务,最终帮助企业成功进入市场。

重庆、湖北：重庆和湖北分别拥有创投管理机构24家和16家。

（三）风险投资退出渠道

北京拥有境内外资本市场，中关村技术交易中心等；上海不仅囊括境内外资本市场，还有各类技术产权交易所、产权交易所；深圳更是拥有多层次的资本市场，既包含港股的创业板、美国纳斯达克市场、中小企业板市场，还拥有各类产权交易所，如深圳高新技术产权交易所、深圳产权交易所等。值得注意的是，深圳创业板凭借其低门槛的准入要求，受到越来越多风险投资家的青睐，使资本市场趋于多层次化，对加强资本市场的资源配置能力起到了促进作用。

从以上比较来看，各个地区都在采取积极措施不断完善其风险投资体系。与中西部省市相比，北上广深作为风险投资起步较早且经济发达、资本雄厚的城市，在相应机构设置、服务体系的建立方面拥有得天独厚的优势。尤其是深圳，风险投资起步较早，且创新程度高、市场包容性强，在各方面机构设置、人员配备方面较为成熟，风险投资也较为发达。

四、高科技产业发展水平

风险投资的本质特性决定了其主要投资对象是高科技产业，因此地区高科技产业的发展水平将直接影响其风险投资的活跃程度。

北京：据统计，北京市2014年高科技服务业全年增加值3724.6亿元，同比增长11.4%，对首都经济的发展起到了支撑作用。全年技术市场交易总额3136亿元，同比增长10%；新增高科技企业9000余家，占全国增量的25%。同时，在全国工业增速显著放缓、工业结构加快转型的趋势下，北京市的高科技制造业仍然保持相对稳定的增长速度，盈利能力也有所提高。

北京市以中关村为代表的科技创新企业也居全国首列，2016年一季度新增3828家创新型科技企业，占全市增量的24%，相当于平均每天新增43家。且这些企业的科技创新程度也越来越高，对于弥补我国实体经济、科技领域的短板起到了极大的作用。

上海：上海市2013年全年高科技产业实现产值6632.03亿元，占工业总产值的20.7%，基本与2012年持平。从具体产业的发展规模来看，十一五规划后，六大主要高科技产业产值都实现了跨越式增长，以航空航天器制造产业为代表，其产值同比增长了478%。但伴随产业转型升级步伐的加快，一些低附加值的高科技产业的产值面临逐年下降的趋势，其中以电子及通信设备制造业为典型代表。

深圳：深圳可谓是高科技公司云集。聚集了华为、中兴、腾讯、光启科学和华大基因等各行各业的龙头企业，其中以深圳南山区为代表，成为大批互联网企业和新兴高科技企业的摇篮。此外，中国各大BAT总部也在深圳开启新一轮抢滩行动：阿里巴巴、腾讯、百度纷纷在深圳建立自己的根据地，以其作为国际化的起点，扩大自己的商业版图。

从深圳的产业结构来看，主要以二三产业为主，其第一产业产值很低，且自2008年第三产业产值首次反超第二产业后，其占全市GDP的比重就开始逐年提高。据统计，2015年上半年深圳第三产业产值同比增长9.4%，占全市GDP的近60%，且其第三产业的发展主要依赖于金融、信息产业、高科技与物流。除第三产业外，战略性新兴产业也呈现出高速发展的态势。以2014年数据为例，全年战略性新兴产业产值同比增长14%，远超GDP增速，占GDP总量的35%。从具体产业来看，生物、互联网、新能源、新材料、新一代信息技术产业和文化创意产业这六大战略性新兴产业同比分别增长17%、9%、15%、9%、10%、14%。

湖北：湖北省2015年高新技术产业全年共实现增加值5028.94亿元，同比增长10.9%；新注册成立833家高科技企业，对整体产业产值增长的贡献率达30.6%。具体来看，电子信息制造业、先进制造业和新材料业等子行业产值分别同比增长16.8%、12.9%、12.1%。

重庆：2015年，重庆第三产业实现增加值7497.75亿元，同比增长11.5%。据悉，重庆当年GDP增长率达11%，增速领跑全国，这种高于全国水平4.1%的高速增长主要得益于其先进的工业制造业。除了传统的工业制造业，重庆市政府对于通用航空、机器人及3D打印等新兴高科技行业也十分重视。据重庆市经信委的统计，2015年十大战略性新兴产业共实现产值1664亿元，约占工业总产值的30%。

从以上比较中可以看到，深圳高新技术产值占总产值的比例最高；上海则拥有规模庞大的高新技术产值，在绝对值上占据全国首位；北京高新技术产业产值在占比、规模方面虽然不占优势，但胜在保持了较高的发展速度。总体来看，由于各地在资源、经济和政策环境等方面存在差异，因而高科技产业的发展所处阶段和发展特点都有所不同。但可以肯定的是，各地区都在不断加快高新技术产业结构调整步伐，努力提高经济增长的质量和效益。

五、政策和法规环境

为积极响应国务院双创政策的号召，各地纷纷发布创新创业相关政策如表4-11所示。

表4-11　　　　　近年来部分省市创业风险投资相关政策汇总

城市	发布时间	政策
北京	2015.9	《关于建设京津冀协同创新共同体的工作方案（2015~2017年）》
	2015.10	《北京市关于大力推进大众创业万众创新的实施意见》
	2015.10	《中关村国家自主创新示范区科技型中小企业资格确认管理办法（试行）》
	2015.11	《北京市小微企业风险补偿基金管理细则》
	2015.12	《北京市中小企业创业投资引导基金管理细则》
上海	2014.7	《关于加快上海创业投资发展的若干意见》
	2015.8	《关于促进金融服务创新支持上海科技创新中心建设的实施意见》
	2015.8	《关于上海市发展众创空间推进大众创新创业的指导意见》
	2015.11	《关于印发上海市鼓励创业带动就业三年行动计划（2015~2017年）的通知》
	2016.1	《上海市天使投资风险补偿管理暂行办法》
广东	2015.2	《广东省人民政府关于加快科技创新的若干政策意见》
	2015.2	《广东省人民政府关于进一步促进创业带动就业的意见》
	2015.4	《关于科技企业孵化器创业投资及信贷风险补偿资金试行细则》
	2015.8	《广东省省级创业带动就业专项资金管理办法》
	2015.10	《关于进一步做好新形势下就业创业工作的实施意见》
	2016.2	《广东省供给侧结构性改革总体方案（2016~2018年）》

数据来源：网络整理。

（一）创新创业优惠支持

北京：北京市出台的创新创业优惠政策主要有四类：一是小额担保贷款及财政贴息政策；二是创业投资引导政策；三是科技创新支持政策；四是中关村融资政策等。如对小微企业所得税的优惠：对于应纳税所得额低于20万元的小微企业，将其应纳税所得额减半，然后按20%的税率缴纳企业所得税（而一般的居民企业所得税税率为25%），相当于给予了双重优惠，免征增值税、营业税。对小规模增值税纳税人（月销售额低于3万元），免征增值税；对小规模营业税纳税人（月营业额低于3万元），免征营业税。

上海：上海市对创新创业的支持力度在其最新推出的"6+6"创业扶持政策可见一斑，具体包含以下优惠政策：（1）人才引入政策，已获得一定规模风险投资的创业团队可直接落户上海；（2）对创业企业给予社保补贴；（3）电商创业融资支持政策；（4）创业孵化基地补贴政策等；（5）扩大初创企业担保贷款额度和贴息对象范围等。之前颁布的《上海市天使投资风险补偿管理暂行办法》还规定，对于单个投资失败的风险投资机构给予最高600万元的补偿。

针对这一系列优惠补贴政策，各方反应不一，一方面政府出台相应优惠政策的出发点自然是好的，吸引更多风投基金和年轻优质企业落户上海，提高本市创新创业水平。但另一方面，过度补贴不利于市场发挥其自我调节的能力，可能破坏市场规律；且在具体执行中过程由于信息不对称可能出现政策失灵问题。

广东：广东省在《关于科技企业孵化器创业投资及信贷风险补偿资金试行细则》中规定，省、市财政将对在孵化器内创业投资失败的项目给予50%项目投资损失额的补贴；创业新政完善了鼓励劳动者自主创业的税费减免、创业担保贷款、资金补贴、场地安排等扶持政策，扩大了补贴对象范围。深圳市《自主创业扶持补贴办法》规定正常经营6个月以上的独营初创企业可申请最高5000元的补贴；对于合伙创业企业，按每名合伙人5000元、总数低于5万元的标准给予补贴。

武汉：武汉市风险投资以光谷为聚集地，规定市级以上的创业孵化器可申请最低10万、最高60万的一次性奖励；对创业企业的小额贷款全额贴息，并给予全额担保费补贴，贷款期限为2年，并针对各个产业出台了相应的硬件设施、人才等方面的补贴奖励政策。

重庆：重庆市政府规定对创新创业企业普遍采取15%的所得税税率，远低于中东部的25%；对于研发费用的应纳税所得额给予减半征收。

（二）政府财政支持

北京：2016年4月，北京中关村管理委员会发布实施《中关村京津冀协同创新共同体建设行动计划》，提出通过成立"中关村协同发展投资有限公司"、"中关村协同创新投资基金"、"中关村领创空间"（一司一金一空间），打造区域合作创新创业服务平台。

上海：上海市财政连续三年扩增市战略性新兴产业发展专项资金，平均高达10亿元，专项用于补充上海市创业投资引导基金，积极探索建立财政、国资收益和社会资金多渠道并举的滚动投入机制。

深圳：深圳市政府推出《促进创客发展三年行动计划（2015~2017年）》，明确了大力培育创客文化，发展创客空间的主要任务和重点行动计划，提出要基于现有载体进行改造和升级，以实现产业空间布局的优化。

湖北：湖北省省级财政出资400亿元发起设立湖北省长江经济带产业引导基金，通过与社会资本合作发起设立若干支产业投资基金，共同构成规模为2000亿元的长江经济带产业基金，以带动民间资本，大力发展战略性新兴产业。

重庆：2015年，重庆组建3支规模分别为1亿元的政府引导基金，用于支持种子期、初创期和成长期不同发展阶段的创业企业的融资需求，并联合地方资本形成子基金，用于企业投资。

从以上各地政府对风险投资扶持政策的比较中可以看出，北上广深等经济发达城市的相关法规体系建设领先全国；而一些中西部城市虽然风险投资起步晚，但对创新创业的扶持力度很大，且明确将政府的角色定位在扶持和引导上，通过建立一个公平、公开的市场环境，保证中小高科技企业的高效运转。虽然各地推出的政策法规大同小异，但由于各地风险投资发达程度和投资环境的差异，使得政府的职能也相对有所侧重。如国内一线城市政府突出其保障和服务职能，从长远发展着手，努力保障市场环境的公平性；而中西部相对落后地区则较强调政府的引导、扶持职能，从规模、数量上做大、做强，具体体现在各种优惠、补贴政策上。

第五章 我国风险投资发展存在的问题[*]

第一节 风险投资基金规模小，资金来源渠道单一

目前，政府引导基金在我国已是"遍地开花"，借助市场的作用，引导社会资本的流向，弥补一般创业投资企业主要投资于成长期、成熟期和重建企业的不足，我国的风险投资也逐渐由政府主导转变为政府引导。虽然在资本市场日益完善、经济开放程度日益提高的环境下，风险投资的主体越来越多样化，但总体来看，我国风险投资的主要资金来源还是政府，且绝大多数风险投资机构都是完全由政府设立或采用国企发起、政府绝对控股的形式。风险投资作为一项高风险的专业投资活动，一般企业或机构难以把控，通过政府主导或引导的方式确实能够达到控制风险的目的。但参照国外发达国家风险投资的发展路径，风险投资的主体更多的应该是有足够风险承受能力的个人或企业。

因此，政府应不断完善成熟风险投资引导基金的运作模式和决策机制，降低行政色彩，把握尺度，提高质量，真正放宽放活社会资本，引导和激发民间投资潜力和创新活力；鼓励更多有足够风险承受能力的个人或企业参与到风险投资中去，才能使风险投资基金的规模不断扩大，并拥有稳定的资金来源，使风险投资真正服务于我国高科技产业的振兴。

---

[*] 本章由暨南大学产业经济研究院郭倩文执笔。

第二节　风险投资退出渠道增多，但仍有待完善

以高风险换取高回报，是风险投资最重要的特征。通过投资于高风险的投资项目来取得高额收益，实现资本增值，而后成功退出，进入下一风险投资项目，实现良性循环，这才是一笔完整且成功的风险投资。因而完善的退出渠道对风险投资就显得至关重要。我国风险投资的主要退出渠道有四种：首次公开发行（IPO）、并购、管理层回购和清算。其中以 IPO 的效率最高，收益也最大。

目前，由于我国资本市场（主要指主板市场）准入门槛较高；产权交易市场不健全；新三板和创业板市场虽已建立，增加了风险投资的退出渠道，但其机制仍有待完善；各项法规政策还尚未明确等原因，风险投资的退出存在障碍。在这种情况下，很多企业会选择在境外上市，这就会导致优秀资源的外流，从而造成未来国内证券市场乃至整个资本市场参与国际竞争的巨大压力。

第三节　风险投资主体错位，社会资本参与度不高

前文提到目前我国风险投资主要由政府引导，风险投资主体相对单一，资本来源不足。我国风险投资业主体有两大类，形成一种双头格局，且两头发展很不平衡。大头是政府设立或由政府控股的风险投资机构，大多在高新技术开发区，以便寻找优质风投项目，最终达到扶持本地企业和促进当地高新技术产业发展的目的；而伴随国家政策的转变，近几年我国正积极发展政府引导基金，由主导转向引导，更加强调市场的作用。小头主要是由发展良好的信息技术企业设立的风险投资机构，结合自身技术优势，寻求发展前景广阔的行业项目来实现盈利。所以总体来看，这种政府引导的格局不利于风险投资规模的扩大，因而要大力引进民间资本，发展各种形式（如信托基金制、公司制、有限合伙制等）的民营资本主体。

第四节　风险投资法律制度有待完善

由于我国风险投资发展历史较短，相关法律法规体系还很不完善，主要体现在对参与各方的利益保障方面尚不明确，对风险企业十分不利。轻则损害风险企业利益，重则将制约风险投资行业的发展。

截至目前，国家和地方虽已出台了一系列风险投资促进政策，但针对性、可操作性不够，有待进一步发挥市场化机制作用。在我国，由于国家对区域的政策性支持导致了风险投资的地域集中性很强，存在很大的不平衡性。同时，由于风险投资主要投资于高科技企业，这种资本与技术的相辅相成更加会促进风险投资的地域集中，从而使该区域的风险投资发展产生循环积累扩散效应，进一步拉大区域间差距。

法制体系的不健全带来很多方面的不利影响：（1）非法集资活动屡禁不止；（2）在税收上，国家虽然在税收方面给予高科技企业15%所得税税率的优惠政策，但风险投资者在高科技企业所得的股息和红利面临双重征税，减弱风险投资家介入高科技产业的积极性。总体而言，滞后的立法状况为风险投资的发展带来诸多不便，我国风险投资法律体系亟待完善。

第五节　专业人才相对匮乏

风险投资是一项专业性强、风险高的投资活动，因而要求参与者不仅应掌握经济、金融和管理等学科的理论知识，而且要拥有相关方面的丰富的实战经验，才能有效管理风险实现盈利。但由于我国风险投资发展历史短，且受教育制度、人才激励制度等各方面的制约，我国对风险投资人才及跨学科跨专业人才的培养力度还远远不够，以致风险投资人才仍然十分匮乏。对此应该加强风险投资人才培育，除了大学开设风险投资专业课程以外，还应该实施引进来、走出去战略：（1）引进资本和优惠政策，吸引国外专业人才到国内，对本土从业人员进行培训；（2）尽快选派本土优秀人员到国外培训、实践转型，建立人才激励机制，使人才快速发展。而从文化环境来看，我国尚未形成一种良好的创业环境，创新创业氛围还不够浓厚。尽管政府方面已经在逐渐加大对创新创业的扶持力度，但还远远不够。

第六章　我国风险投资发展趋势预测[*]

在中国经济加快转型升级的大背景下，中国的经济增长已由完全依靠GDP、人口、消费和投资等传统要素来拉动的增量式增长，转变为更多依靠农业发展方式的改变、人口结构变化和互联网经济消费等新热点来带动的存量式增长。而这种经济增长方式的转变也是我们作出风险投资发展趋势预测的现实基础。

从2015年我国风险投资市场的发展情况来看，尽管资本市场历经了数次剧烈动荡，但伴随行业相关监管政策的完善，股权投资市场开始趋于规范化运作，全年风险投资市场仍然取得了可喜的成绩。全年股权投资市场融资氛围良好，初始募集和募集完成的基金数量与规模均创历史新高，创投市场披露的总投资金额为369.52亿美元，同比增长137.8%。

第一节　大规模并购增多，并购基金爆发式增长

2015年是中国并购市场的元年。据统计，全年并购退出的风险投资案例共311起，涉及金额50.9亿美元，平均退出回报倍数为5.92倍。

自2015年11月以来，政府不断强调要加速推进供给侧改革，解决供需错配带来的需求不足问题；缓解制造业产业产能过剩，增加核心技术积累，使我国产业结构中心不断向高附加值、高技术含量方向转移。加之国务院正加速国企改革，鼓励企业通过兼并重组实现资源的合理分配，淘汰落后产能，大力推动国有企业整体上市、股权多元化，因而国企并购的活跃度在持续加大。在这种氛围的感染下，风投机构不断加大对国有企业的投资力度，全年累计投资规模600多亿元，创下2012年以来的最高纪录。

---

[*] 本章由暨南大学产业经济研究院郭倩文执笔。

由于政策的积极助推,中国并购基金呈现出爆发式的增长态势。2015 年共发生并购基金投资案例 55 起,同比增长 46.9%;总投资金额 212.22 亿元,同比增长 28.6%。国资改革为并购基金带来了巨大契机,催生了更多上市公司 + PE 的并购基金组合,加上政策方面的利好,市场化进程的加快,并购基金将很快迎来发展机遇期。

国家陆续出台的一系列鼓励市场化并购重组方针政策,使得并购审查的时间大大缩短,IPO 退出与并购退出的回报率差异正在逐渐缩小,并购退出愈发受到风险投资家的青睐。且并购也能为初创企业自身发展带来便利,如借助并购的手段来掌握核心技术、扩大用户群体、发掘新的利润增长点,实现资源有效整合。相信并购将在很长一段时间内作为我国风险投资退出的主要渠道。

第二节 政府引导基金爆发式增长,大量政府资金涌入

2015 年至今,政府引导基金被多次提及且广泛运用,各地政府引导基金遍地开花,规模也越来越大。从 2015 年初,为支持新兴产业发展而设立的 400 亿规模的国家新兴产业创业投资引导基金,到如今总规模 600 亿元的国家中小企业发展基金。这些基金的设立既是响应提高我国创新创业能力号召的举措,又是政府愈发强调通过市场化运作来促进创新创业的表现。

据统计,截至 2015 年 12 月底,国内政府引导基金累计存量 780 支,总基金规模 21834.47 亿元人民币。如图 6 - 1 所示,2015 年全年新增政府引导基金 297 支,基金规模 15089.96 亿元,分别是 2013 年的 2.83 倍和 5.24 倍。这一庞大的规模无疑为创投行业注入了巨额资金,并引导着民间资本的流入,有利缓解了风险投资基金规模小、资金来源渠道单一的问题。

政府引导基金有效缓解了我国风险投资业募资困难的问题,作为国有性质的组织,它还有许多其他私有创投基金所没有的优势:(1)带有一定公益性质,不以营利为目的;(2)具有显著的财政杠杆作用;(3)对市场失灵问题的解决有一定缓解作用等。但与此同时,也存在一些缺点,主要体现在相应配套机制的设计和建立上:(1)缺乏有效的后续监控和信息披露制度,易滋生腐败现象;(2)无法实现有效的资源配置,二三线往往无法募集到优秀的子基金等。因而政府引导基金还有非常广阔的发展空间,尤其是在"双创"政策的大力推进下,其对创业投资的支撑作用将越来越重要。

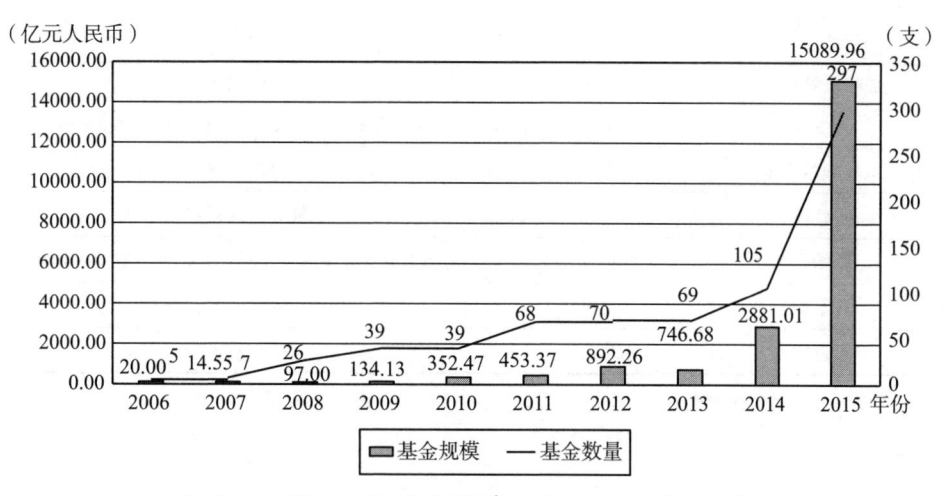

图 6-1　2006~2015 年中国政府引导基金设立情况比较

数据来源：清科研究中心。

第三节　股权众筹平台蓬勃发展，成 VC 项目池

据统计，截至目前中国股权众筹平台有 150 家左右，其中 2015 年上线的就接近 1/2，股权众筹成功融资金额高达百亿元，仅 2015 年众筹成功的金额就占据近半数。

股权众筹平台普遍采用"领投+跟投"的商业模式，领投人认购大部分融资金额，承担较大风险，代替跟投人行使股东权利。领投人认购的份额一般是融资金额的 50% 左右，众多天使及 VC 机极在股权众筹平台上领投项目，如戈壁、启迪、联想之星、薛蛮子等知名机构或投资人。

如表 6-1 所示，股权众筹平台专注于垂直细分领域，主要集中在高新技术行业，从而能够为创投机构提供大量的优质项目。

表 6-1　代表性股权众筹平台业态分析

股权众筹平台	所在地区	专注领域
天使汇	北京	TMT 高新领域
京东东家	北京	智能硬件、消费、社交
众投邦	深圳	新三板

续表

股权众筹平台	所在地区	专注领域
天使客	深圳	TMT 领域天使阶段到 PreA 阶段的股权融资
36 氪股权众筹	北京	TMT 领域
爱就投	上海	健康生活领域
原始会	北京	本地生活、能源医疗、科技、艺术、农业、娱乐
资本汇	杭州	TMT、生物技术、娱乐
投壶网	北京	生物技术

数据来源：清科研究中心。

第四节　注册制拟推行，退出渠道将更加完备

2015 年 12 月 27 日，全国人大常委会审议通过《关于授权国务院在实施股票发行注册制改革中调整适用有关规定的决定（草案）》，明确授权国务院调整适用现行《证券法》关于股票核准制的规定，并对注册制改革的具体制度作出专门安排。拟于两年内实施注册制改革。

这无疑将大大完善中国的股票市场，主要体现在上市、退市制度都将更为严格、新股的发行效率也将提高等方面。这也意味着未来 VC/PE 的退出渠道将更加完备。

同时新三板的分层方案作为其市场改革的重要开端，在保障新三板持续扩容的基础上，更加注重优化新三板运行机制，新三板市场功能和运行质量将得到进一步改善。这使得我国风险投资的退出渠道趋于多层次化，将有效促进风险投资业的发展。

第五节　PE 偏好并购/早期投资，看好文化、TOB、消费行业

从清科研究中心的市场调研报告来看，2016 年股权投资机构将相应调整其投资策略，偏重并购/早期投资，原投资阶段相对靠后的机构也纷纷将触角伸到早期投资领域，2015 年诸多机构在中早期的投资布局都极其凶猛。且从

PE 投资主要投资行业来看，位于前三位的是文化、TOB、消费行业，依次是先进制造业、清洁技术、O2O 及医疗健康，从行业估值来看，O2O、医疗健康、文化产业估值偏高，清洁技术、先进制造、新农业估值偏低。因此未来这些行业将是风险投资关注的重点领域。

第六节 私有化节奏加快，中概股回归浪潮掀起

由于国内主板市场门槛高，许多优秀的国内企业选择到国外上市，以致资源外流。这在前几年是普遍现象，但伴随国内资本市场的日益完善，中概股在国外证券交易所存在的诸如估值偏低、与投资者沟通不畅、因财务报告不够规范透明以及 VIE 结构较难监管易被阻挠等缺陷慢慢显现，其对企业的吸引力也在逐渐下降。

2015 年，以爱奇艺、人人网和 360 等为代表的数十家赴美上市的中概股纷纷宣布其私有化计划，这是趋势使然，相信未来将会有更多美国上市的中资企业逐渐回归。

近期一系列资本市场改革措施，如明确推出新三板分层机制、注册制推行进度加快等，都使得国内资本市场愈加完善，对初创企业的吸引力也越来越大。从长远趋势看，中概股回归国内市场是必然趋势，而国内市场也能够给予初创企业一个更合理的估值，中国企业国外上市的现象将越来越少。

第七节 VC 改革速度加快，进一步冲击行业"潜规则"

在"双创"浪潮的持续推进下，2015 年国内风险投资规模达到质的飞跃。这种规模的扩大也无形中加快了风险投资业的改革步伐。以瑞峰资本为例，瑞峰资本以互联网金融、互联网教育和互联网医疗健康行业的早期阶段企业为主要投资对象，尝试采用新的风险投资模式，通过引入个人 LP，改变 Carry（私募股权基金的核心激励机制，基金投资人与出资人间的收益分配关系）的收益分配方式，致力于打通内外部，外部推荐人推荐项目获 5% 的 Carry，执行团队获得 5%。另外还有 10% 的 Carry 单独奖励给关键问题的解决者。建立有效的

激励机制来提高效率,破除传统风险投资行业的弊端。传统风险投资行业普遍存在信息不对称、利益分配机制不灵活等缺陷,而瑞峰资本通过这种模式创新有效平衡了各方利益分配,提高了整体效率,起到了很好的示范作用。这既是对风险投资行业的一种警示,也预示着风险投资行业将面临新一轮的变革和转型,所谓的 VC2.0 时代即将来到。

第三篇

公共政策
GONGGONGZHENGCE

第七章　公共政策概论*

第一节　政策目的

一般来说，公共政策是公共权力机关在特定时期为实现或服务于一定社会、政治、经济和文化目标，所采取的政治行为或规定的行为准则。其表现形式包括：法律法规、行政规定或命令、国家领导人口头或书面的指示、政府大型规划、具体行动计划及相关策略等。而本文中的公共政策，若无特别说明，均为风险投资相关的法律法规或行政规定[①]。

公共政策可以从以下几个方面来弥补风险投资的市场失灵：

第一，利益补偿，降低预期风险。政府直接向风险投资者或风险机构补偿经济利益，通过税收补贴等方式帮助风险投资者降低投资成本或弥补部分损失，降低风险预期。

第二，促进成果转化，降低市场风险。新研发成果在市场化起步阶段，往往难以形成足够的市场需求。借助政府购买的形式消化部分产品，可以有效降低市场化风险。

第三，构建退出通道，增加资本流动性。建立多层次的资本市场有助于风险投资顺利退出，实现经济利润，或从失败的项目转移，避免资源错配。

第四，保护产权，规范投资环境。政府可以为风险投资者创造良好的投资环境，规范市场秩序，保障相关权益，促进风险投资行业健康快速的发展。

---

* 本章由暨南大学产业经济研究院何思依执笔。
① 公共政策的定义引自《公共政策学》（吴光芸著），天津人民出版社，2015。

第二节 公共政策的种类

目前,各个国家针对风险投资都制定了一系列公共政策,以促进该行业健康快速地发展。本文根据公共政策实施方式的不同,将其分为市场建设、法律制度、政府采购、贷款担保、资金支持和税收优惠六大类。

一、市场建设

(一)证券交易市场

证券交易市场对风险投资项目的顺利退出具有重要意义。风险企业一般成立时间较短,规模也较小,很难达到(主板市场)对上市公司在规模、绩效、资本结构等方面的要求。为了使新兴的风险企业能够通过证券市场进行融资和股权转让,许多国家的政府都在主板证券市场以外成立了专门面向中小型、高成长型企业的创业板市场(二板市场)。

创业板市场在运作和治理上既不同于成熟的主板市场,又不同于柜台市场(OTC 市场),在上市标准和规范化程度上介于二者之间。与主板市场相比,创业板市场的特点集中体现在:(1)对象大多是高技术、高成长性的中小企业;(2)上市标准较低,上市费用也较低;(3)大多是采用自律式监管模式,基本采用场外交易模式;(4)有明确的投资者保护条款;(5)发展中国家的创业板市场主要针对本国企业,而发达国家的创业板市场面向全球企业。

创业板市场的发展程度,与风险投资的发展有着密切的联系。实际上,自 2000 年起,纳斯达克市场的大幅下跌所导致的美国乃至全球风险投资业的严重萎缩,已经说明风险投资退出渠道不畅将严重影响风险投资业的发展。2000 年美国波士顿大学管理学院的 Leslie A. Jeng 等人对 21 个国家风险投资的决定因素进行了全面的实证分析,结果显示,首次公开上市(IPO)是影响各国风险投资的最主要因素。

为了风险投资能够顺利退出,许多国家纷纷开辟创业板市场,如美国的 NASDAQ 市场、英国的 USM、欧洲的小盘股市场等。

中国香港于1999年建立创业板市场（GEM），中国大陆于2004年成立中小板市场，作为创业板的一种过渡。2009年深圳创业板正式启动，主要服务于早期阶段的成长型企业，尤其是高科技企业。2012年，全国中小企业股份转让系统（俗称"新三板"）建成，负责非上市股份公司股份的公开转让，为非上市股份公司提供融资、并购服务。我国创业板和新三板的成立，在促进中小高科技企业的发展方面起到了不可忽视的作用。

（二）产权交易市场

虽然通过IPO退出可以为风险投资家带来可观的收益，但它对投资项目的要求比较高，投资风险也较大，而且投资周期较长。在证券市场持续低迷的情况下，产权交易市场成为更多风险投资家的理想选择。

自美国和欧洲第五次并购浪潮之后，越来越多的风险投资通过兼并方式，在产权交易市场顺利退出，产权交易市场对风险投资的影响不容小觑。

在西方发达国家，产权交易的政策法规已经相当完备。例如，英国1965年就制定了强化兼并管理的反垄断与兼并条例；美国也通过了反托拉斯法和司法部制定的兼并准则；欧共体也颁布了有关兼并控制的条例。

在我国，产权交易尚属市场经济的新事物，参与产权交易的各利益主体以及产权交易市场的运作规范还缺乏完备的法律体系。因此，制定一部规范化、权威性、能够适应市场经济发展的法律法规势在必行。

二、法律制度

为了创造一个好的投资环境，政府应建立、健全风险投资法律制度体系。其作用在于：第一，使风险投资在具体操作时有章可循，避免出现含混不清的现象；第二，填补相关法律空白，或修改法律法规中陈旧的、与风险投资的发展不相适应的一些规定。

从各国的经验来看，政府为风险投资业建立的法律制度应包含以下五个方面的内容：

（1）涉及知识产权保护方面的法规，比如专利保护、合同保护方面的法规。

（2）企业制度方面的法规，比如《公司法》应允许适合风险投资公司发展的有限合伙制企业存在等。

（3）有关风险投资公司和风险资本方面的法规，比如应对风险投资公司的创建程序、组织形式、权利和义务以及风险投资基金的设立和运营进行具体的规范。

（4）保障风险投资事业发展的有关法律法规，比如反垄断法规、减少对风险投资的投资限制（包括投资范围、投资比例等）。

（5）人力资本管理方面的法规，比如保护劳动者在合理的职业流动中，各项权益不受侵犯的法规，以及吸引外部风险投资人才的法规。

三、政府采购

经验证明，政府购买可以在风险投资的产品市场化起步阶段，有效地降低其市场风险。如今，技术发展越来越复杂，技术创新投资大、风险高，如果技术创新成果难以市场化，风险投资者和风险企业就不愿进行技术创新活动。这时，政府通过政府购买为创新产品打造初期市场，对于促进创新技术的市场化，加快风险投资和高新技术产业的成果化十分必要。

美国早在20世纪60年代就制订了"政府购买法"，对高新技术产品给予政府支持。比如，在集成电路发展之初，美国政府集成电路产品购买数量一直占全部产量的37%~44%，有力地促进了这一高新技术产业的发展。

英国、韩国等国家也采取了类似的做法。比如英国要求政府部门、国营公司、政府实验室优先采购本土品牌的计算机和通信器材等设备。进入20世纪80年代，韩国及我国台湾为了促进高新技术产业的发展，也都实行了"政府购买制"。

四、贷款担保

政府提供贷款担保，为中小高科技企业从传统融资渠道融资提供了便利。传统银行和保险公司的贷款行为相对保守，为了鼓励和支持银行等金融机构参与风险投资，许多国家都采取了政府担保的方式。政府针对中小型风险投资企业建立信用担保机制，一方面可以承担一部分风险，另一方面为风险投资企业提供融资便利。

美国、英国、日本、法国、瑞士等国家对高科技中小企业都提供银行贷款担保，其中具有代表性的是美国和英国，且美国的担保率高达85%~90%。

（一）美国

1953年，美国成立中小企业管理局（SBA），对高技术中小企业银行贷款提供担保，对贷款金额在15.5万美元以下的高技术企业提供90%的担保，贷款额在15.5万~25万美元的高技术企业提供85%的担保。1993年美国国会通过法案，规定银行向风险企业的贷款可占项目总投资的90%。如果风险企业破产，政府负责赔偿90%，并拍卖风险企业的资产。

（二）英国

英国的贷款担保计划建立于1981年，是英国政府推出的第二大风险投资促进措施，由贸易和工业部（the Department of Trade and Industry，DTI）以及许多银行和类似贷款者（含工业投资者公司及一些企业委员会）合作执行。最初英国政府为小企业向私人银行贷款提供的担保比例为80%。从1981~1984年，英国政府共担保了14000笔贷款，总金额4.55亿英镑，失败率为20%~30%，政府共向银行付款3400万英镑。政府为制约银行，促使其加强对贷款项目的管理，1984年6月将贷款担保比例下降为70%。

根据DTI的统计，自从贷款担保计划生效以后，从1981年到1996年3月，共有5万笔总计16.7亿英镑的贷款得到了该计划的担保。

贷款担保计划无需借款者投入权益资本或以资产作为抵押，其主要目的是为了帮助缺乏资产的潜在贷款人缓解融资困难，但也造成贷款拖欠率相对较高。1995年贷款担保计划担保的贷款拖欠率高达22%。贷款担保计划担保的还款时间一般在2~10年。表7-1给出了贷款担保计划7年内典型的清偿失败率。

表7-1 英国贷款担保计划下的典型累计清偿失败率
（每个时间段内的清偿失败百分比）

1年	2年	3年	4年	5年	6年	7年
10%	26%	34%	37%	38%	39%	40%

数据来源：VCR，NERA，就业部以及贸易和工业部的数据。

五、政府资金支持

与税收优惠一样,资金支持也是政府有效促进风险投资的重要方式。不同的是,前者主要是市场参与主体获得投资回报,并满足一定纳税条件以后才能享受的优惠,而后者是政府直接给予风险企业或投资机构以资金支持。政府资金支持又分为贷款、股权投资以及政府补贴三种方式。

(一) 提供贷款

政府为风险投资业提供的贷款与商业贷款不同,一般为专项贷款,且贷款条件更加优惠,如低于商业贷款的利率水平(其差额实际是一种政府补贴)、延长贷款期限(有的甚至是为特定企业量身定做的还款期限)、债务豁免(即当借款者破产时,可以豁免有关贷款的还款义务)。

比较典型的案例是美国的小企业投资公司计划(SBIC)和欧盟的欧洲种子资金资助计划(ESCF)。

(1) 美国在 1958 年通过了《小企业投资法》,对于小企业投资公司发起人投入的 1 美元,政府提供 4 美元的低息贷款,并且不干预小企业投资公司的投资决策。这一措施强烈刺激了 SBIC 的发展。1958~1963 年短短的五年时间里,美国共成立了 62 家 SBIC,拥有资金 4.64 亿美元,这些 SBIC 的成立促就了美国风险投资在 20 世纪 60 年代的繁荣。

(2) 欧盟的欧洲种子资金资助计划为种子基金前五年管理费用的 50% 提供 10 年无息贷款。从 1988~1995 年,ESCF 利用 690 万 ECU[①] 的资金支持了 23 个种子基金,融资总额达 5200 万 ECU,这些基金共投资了 285 家技术型初创企业。

由于政府贷款的偿还风险取决于贷款使用者,为了降低道德风险,各国大多限制借款者的贷款比例,以使借款者投入自有资金和投入政府贷款资金,承担同样的风险。

(二) 股权投资

自从 1992 年《小企业权益加强法案》通过后,美国政府对小企业投资公

[①] ECU:欧元诞生前的欧洲货币单位,European Currency Unit。

司（SBIC）的资金支持方式，由以贷款为主转换为以权益投资为主。随后欧盟、德国纷纷效仿，成立政府投资基金，且仅投资于种子期和初创期的高科技中小企业。以下是欧美部分国家实施股权投资政策的具体做法。

（1）美国《小企业权益加强法案》对于最高不超过1500万美元私募基金的小企业投资公司，政府按3∶1的比例提供资本；当私募资金达到4500万美元时，政府的配套比例下降为2∶1。政府投资形式为优先股，以长期分享小企业投资公司的利润。在提供权益资本的同时，政府还按所提供资金的2%提供初始费用。

（2）欧盟在1994年建立了欧洲投资基金（EIF），计划在前三年拿出75亿ECU专门向符合条件的高增长型中小企业提供股权投资。

（3）德国也提出高技术小企业风险投资（BTU）计划，相比美国和欧盟的股权投资，BTU计划的投资方式更为严谨。德国为高技术小企业提供股权投资，要求必须有另外一个投资者提供相同数量的投资，在投资之后政府的股权投资可以在任何时候按30%的溢价被购买。同时政府还为投资者提供股权担保，最高担保比例为50%，期限可达5年。

（三）政府补贴

政府补贴是政府对风险投资业的无偿资金支持。根据补贴对象的不同，政府补贴可以分为：对投资者的补贴和对高科技企业的补贴。

（1）投资者的补贴。这类补贴通常直接针对风险投资的出资者，例如，加拿大安大略省委为鼓励私人风险投资的发展，提出对投资于高科技风险企业的个人给予投资额30%的补助金；欧盟给予投资于高科技企业项目的投资者总投资4%的补贴额，但最高资助额度不超过100万欧元。

（2）高科技企业的补贴。第一，政府提供一般补贴。美国1982年设立"小企业创新研究计划"（SBIR），规定每年拨出法定比例（最高为2.5%）的研究经费支援小企业发展。从1987年到1993年，美国联邦政府部门共为SBIR计划提供了大约25亿美元的资助。除美国以外，德国、法国、英国、新加坡等多个国家均对中小高科技企业制定了相应的补贴政策。第二，政府提供亏损补贴。新加坡政府规定，凡属于高新技术企业，连续三年亏损者，可以获得50%的投资补贴。这种补贴属于事后补贴，可以在一定程度上缓解风险投资者和风险企业的后顾之忧。

六、税收优惠

税收政策是政府刺激风险投资最重要的工具之一。一项好的税收政策可以很好促进风险投资的发展,这一点不论在理论研究还是实证研究方面都得到了很好的证明。

以资本利得税为例:

(1)在理论研究方面,相当多的学者都认为资本利得税税率的下降甚至豁免有利于风险投资产业的发展。Anand(1996)发现风险投资与资本利得税税率呈负相关关系;keuschnigg 和 Nielsen(2004)认为,对资本利得课税削弱了企业家的努力水平和风险资本的支持作用,阻碍了创业,因此制定优惠的资本利得税政策可以增加社会福利。

(2)在实证研究方面,美国历年来资本利得税率的调整便是一个典型案例。图 7-1 显示了美国 1969~1991 年资本利得税率与风险投资额两者间的关系,从中可以看出美国资本利得税收负担与风险投资规模呈现强负相关关系。

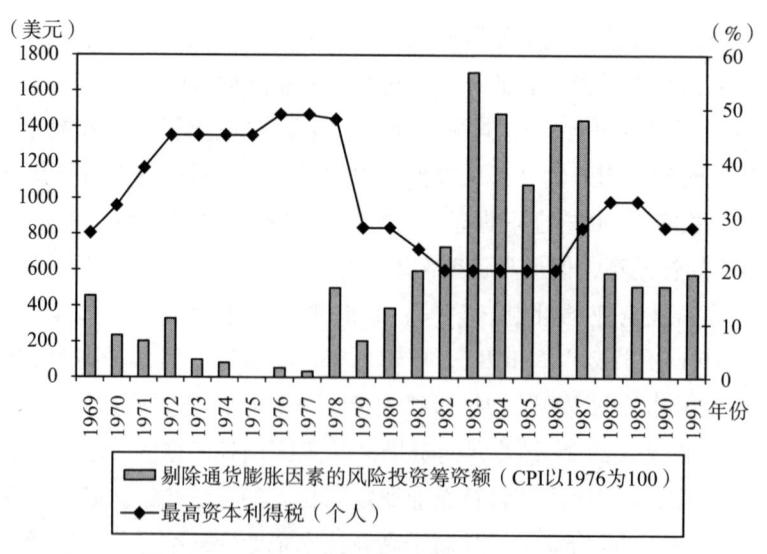

图 7-1 美国风险资本筹资额与资本利得税率

数据来源:Stephen Moor and John Silvia, the ABCs of the Capital Gains Tax, 1996。

税收政策对风险投资极为重要，它会影响风险投资的资本流量和回报所得，是风险投资决策的重要影响因素。主要是因为：一方面，税收政策的实施对象涵盖了风险投资活动的所有参与者，包括风险投资者、风险投资公司和风险企业；另一方面，税收政策的实施贯穿了风险投资的全过程，从筹集风险资本、投资风险企业，到风险企业生产经营、风险资本退出、获得投资回报，风险投资的这五个环节无一不涉及税收问题（如图 7-2 所示）。

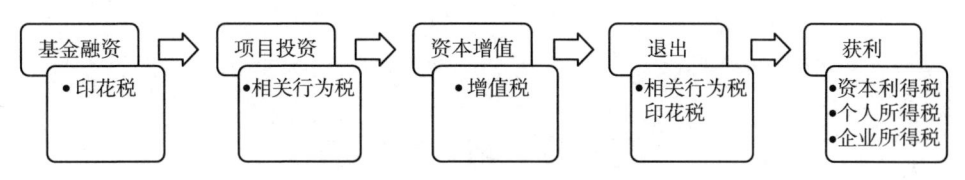

基金融资	⇒	项目投资	⇒	资本增值	⇒	退出	⇒	获利
•印花税		•相关行为税		•增值税		•相关行为税 印花税		•资本利得税 •个人所得税 •企业所得税

图 7-2　风险投资环节与涉税问题

第八章 法律制度*

第一节 组织法

一、基本概念

风险投资中的组织法主要是指规定风险投资组织的法律地位、调整组织关系、规范组织在设立、变更与终止过程中的各种组织行为的法律规范的总称。具体的，组织法的相关规定涉及了风险投资的组织模式、投资行为、具体运作以及利益分配等，包括了风险投资主体的权利和责任结构安排，即在投资人（出资人）、风险投资机构（基金管理人）之间有关激励与约束、所有权与经营权、控制权与监管权、收益与风险等的配置机制，通过双方签订合伙契约、制定公司章程或契约章程等一系列制度安排而形成。

二、典型组织模式

在风险投资中，组织法主要用于规范提供风险资金的风险投资机构。目前，在组织法的影响下，市场上出现了三种最具有代表性的风险投资机构组织形式，即有限合伙制、公司制和信托基金制。下面将简单介绍组织法对于这三类风险投资机构的法律规定，在本篇第三章将会进一步对这三种组织形式进行详细阐述。

---

* 本章由暨南大学产业经济研究院李仲乐执笔。

（一）公司制组织模式

公司制风险投资机构主要依据《公司法》的相关章程来设立的。该组织形式存在许多与风险投资规则不适应的方面，这就需要从内部制度创新、管理创新上去弥补，使其在市场准入、组建模式、管理模式、制衡机制等方面尽可能与风险投资的游戏规则靠拢，以此不断完善这一组织形式。

例如在制衡机制上，该类型风险投资公司需要做到以下几点：（1）公司管理层要严格执行专家聘任制，体现"专家理财"的风险投资原则，同时克服"内部人控制"问题；（2）建立与公司资产增值直接相关的经理人员回报制度，如管理层绩效工资制度和股权期权激励制度，实施奖罚分明的"金手铐"条款；（3）要建立严格的风险投资运作程序，引入阶段化投资机制和组合投资机制，以建立起有效的风险防范机制；（4）除建立《公司法》中所规定的"三会"制度外，应建立独立董事制度、定期报告和检查制度，抑制信息不对称下的代理风险与机会主义行为；（5）强化增值服务功能，实现投资行为与管理行为的有机结合。

（二）信托基金制组织模式

在信托模式下，各国的风险投资机构都是依照各自的《信托法》和《投资基金法》等有关规定设立。大陆法系国家调整基金制风险投资行为则主要是依据《合同法》中的基金契约条款；而在英美法系国家，由于信托模式在风险投资领域的应用广泛，所以形成了以信托制度为基础的信托基金制风险投资。

信托基金制的内部治理制度主要是依据《信托法》、《公司法》、《投资基金法》等相关法律，并通过一系列契约关系形成的。在信托基金制风险投资基金中，由于技术风险和市场风险较大，投资对象的非标准化程度高，因此其所面临的委托—代理风险要高于一般的产业投资基金。在基金各方当事人中，对投资者最具威胁、最容易产生委托—代理风险的就是基金管理人。因此，信托基金制下风险投资基金治理结构设计重点考虑如何防止基金管理人滥用经营权损害投资者利益的相关因素。

此外，基于委托—代理风险，风险投资的治理结构的关键仍在于控制权分配、风险防范、激励和约束等方面。因此，有关治理结构与市场规范须从基金管理公司的市场准入、设立条件和基金管理义务的角度来加以约束，并对之进行相应授权和激励。

（三）有限合伙制组织模式

20世纪60年代末，美国风险投资业意识到对小企业以及新兴企业的投资不能采取上市公司的形式。于是行业人士摸索出了这种可以使投资时间更长，更大程度的承受外界环境影响的新组织模式，即有限合伙制。经过二十多年的迅猛发展，有限合伙制已成为美国风险投资业的主导模式。

有限责任合伙公司是由风险投资家或投资经理（一般合伙人）和风险投资者（有限合伙人）共同组成的公司。风险投资家是专业投资人员，主要负责管理多只风险投资基金；有限合伙人作为投资者，可以由富裕的个人、家庭或者组织机构担任。在一个有限合伙制风险投资公司中，有限合伙人的数量可以从几个到100个，普通合伙人通常是2~5个。

有限合伙制公司是介于无限公司和有限公司之间的一种公司组织形式，公司的有限合伙人通过契约对普通合伙人进行监督和约束。通常有限合伙人与一般合伙人之间的合同会明确规定：（1）资金供应方承诺分段投资，保留放弃投资的选择；（2）风险投资家获得的报酬取决于他们所创造的收益；（3）确保风险企业向风险投资公司返回所有资本金和收益。

三、代表性国家的法律规定

目前整个风险投资行业80%以上的企业采用有限合伙制，其所管理的风险投资资金规模也达到80%左右。所以下面将着重介绍代表性国家有限合伙组织中组织法法律规定的异同。

（一）德国的风险投资主体法

德国法律对有限合伙制有特殊的规定，主要体现在以下几个方面：
（1）注册登记。德国的商事合伙一般都要注册登记，有限合伙组织的登记项目除包括了一般合伙的登记项目以外，还包括一些特殊项目；在注册公告中，有限合伙人数量是需要公开的，其他信息不需要公开。
（2）有限合伙人的特殊权利和义务。由于有限合伙人并没有参与合伙经营，因此对外不能代表合伙组织；在必要的情况下，有限合伙人可以向法院提出申请，对有限合伙提供资金平衡表以及其他说明文件进行裁定。

（3）有限合伙人在利润分配和承担风险方面的特殊规定。有限合伙人作为共同所有人，以出资额为限对外承担责任、分担损失、分享收益及财产。

（4）注册登记的影响。注册登记中有限合伙人对外承担责任的大小取决于其公开投入资金的多少；有限合伙人增加对合伙公司的资金投入时，只有在债权人了解增资的情况下，债权人才有权对资金增加部分予以请求，否则债权人不可以就未公开的投资要求债务人承担责任；除非第三方了解有限合伙人身份，否则在未经注册合伙就开始营业的情况下，有限合伙人需要与普通合伙人承担一样的责任。

（二）英国的有限合伙立法

英国的有限合伙立法更加复杂和细致，表现在：（1）有限合伙制企业的设立必须登记，且需要详细注明企业名称、性质、地点、合伙人等要素；（2）有限合伙制企业的设立要求公开注册登记，允许查阅和复印相关资料；（3）限制有限合伙中的有限合伙人数量，但允许有例外；（4）变动合伙人身份必须要通过公告方式向大众公示，否则变动不具有法律效力；（5）规定了有限合伙内部主体的特殊权限和规则，例如有限合伙人的权利转让及效果、新入伙规则以及有限合伙人的权限等。

（三）美国的统一有限合伙法

美国的《统一有限合伙法》是一部更完整和独立的法律制度，主要特点有：

（1）对有限合伙监督管理的公开程度较高。美国对有限合伙的监督管理主要通过信息公开制度来实现。信息公开包括对内和对外公开，对内公开指向内部的合伙人公开。为方便所有合伙人查阅和复制相关资料，有限合伙的合伙人清单、证书、纳税报告及财务说明应在营业所保存。

（2）有限合伙人享有特殊的权利义务。有限合伙人可以在部分权利被限制的情况下参与合伙企业的经营管理，但无法起到决定性作用，因此对外不必承担责任。在这一点上，美国对有限合伙的法律规范与其他国家的立法相比，有限合伙人的责任承担份额更小。

（3）对普通合伙人做了详尽的规定。《统一有限合伙法》中对普通合伙人的权利、义务、加入、退出都做出了详细的规定。

（4）对有限合伙企业权益的转让做出详细规定，合伙人在不会对有限合伙性质产生影响以及在其他合伙人同意或取得相应授权的情况下，可以将合伙权益转让给受让人。

四、我国组织法的不足之处

（一）有限合伙制立法

新《中华人民共和国合伙企业法》建立了有限合伙制，完善了我国风险投资法律制度建设。如新《合伙企业法》第六条"合伙企业的生产经营所得和其他所得，按照国家有关税收规定，由合伙人分别缴纳所得税"的规定就避免了风险投资者面临双重征税的问题。

但我国有限合伙制立法仍存在很多不足之处：（1）新《合伙企业法》第三条规定"国有独资公司、国有企业、上市公司以及公益性的事业单位、社会团体不得成为普通合伙人"，再联系新《公司法》第十五条"公司可以向其他企业投资，但是，除法律另有规定外，不得成为对所投资企业的债务承担连带责任的出资人"的规定，这些规定限制了公司对所投资企业的债务承担连带责任，也就是限制了公司成为普通合伙人的可能；（2）新《合伙企业法》第六十一条"有限合伙企业由二个以上五十个以下合伙人设立；但是，法律另有规定的除外"的规定限制了有限合伙制合伙人的人数上限，不利于其募集资金；（3）有限合伙制仅以协议形式规范投资者和普通合伙人的权利义务，而对普通合伙人没有完善的监督约束机制，难以约束普通合伙人；（4）有限合伙制的相关配套法规还不完善，具体操作仍存在障碍，例如，有限合伙制不具备法人资格，进行证券交易存在困难。

（二）公司制立法

随着新《中华人民共和国公司法》的制定，我国以公司制为主体的风险投资机构的制度已逐渐与国际接轨，特别是新《公司法》第十五条"公司可以向其他企业投资；但是，除法律另有规定外，不得成为对所投资企业的债务承担连带责任的出资人"的规定，解决了困扰我国已久的限制公司制风险投资机构向风险企业投资的障碍。

但新《公司法》中的很多规定，仍然限制了风险投资公司制的发展：（1）新《公司法》第二十四条"有限责任公司由五十个以下股东出资设立"

和《创业投资企业管理暂行办法》第九条第（四）款"投资者不得超过200人。其中，以有限责任公司形式设立创业投资企业的，投资者人数不得超过50人"等规定，限制了有限责任公司形式的风险投资公司的股东人数上限，不利于其进行资金募集；（2）新《公司法》第八十五条规定"以募集设立方式设立股份有限公司的，发起人认购的股份不得少于公司股份总数的百分之三十五；但是，法律、行政法规另有规定的，从其规定"，而发起成立风险投资公司的大多为专业性人才，他们组建风险投资公司主要是为风险投资公司提供专业化管理，而并不是风险投资资金的主要提供者，因此发起人需认购百分之三十五股份的规定要求过高；（3）新《公司法》第二十七条"股东可以用货币出资，也可以用实物、知识产权、土地使用权等可以用货币估价并可以依法转让的非货币财产作价出资；但是，法律、行政法规规定不得作为出资的财产除外"的规定中并没有规定管理方面的干股，而一般风险投资公司通常会在其投资的风险企业中设立管理干股或认股权证，将企业的长远利益与创业者和管理层的个人利益相结合，以达到激励管理层的目的；（4）新《公司法》第十五条规定"公司可以向其他企业投资；但是，除法律另有规定外，不得成为对所投资企业的债务承担连带责任的出资人"，限制了风险投资机构对风险企业的投资方式和为风险企业提供担保的可能性；（5）根据新《公司法》第三十六条、第七十二条、第一百三十八条和第一百三十九条的规定，不论是有限责任公司还是股份有限公司，股东一旦出资则为永久性的投资，除非公司解散或清算，一般不能提前抽回。虽然《创业投资企业管理暂行办法》第十九条规定了"创业投资企业可以事先确定有限的存续期限，但是最短不得短于7年"，但并未提及创业投资企业到期后如何解散，而且事先确定亦略显死板。另外，前文所提到的公司制面临双重征税，运作繁琐等法律障碍依然存在。

（三）信托基金制立法

在《风险投资基金法》没有出台的情况下，我国的信托制目前只能适用《中华人民共和国信托法》、《信托投资公司资金信托管理暂行办法》和《信托投资公司管理办法》等法律法规。信托制本身就缺乏有效的约束，决策权过于集中，相比其他组织形式而言需要承担更大的风险。而信托制风险投资机构缺少专项立法规范，不管是委托人还是受托人的权利、义务都得不到有效的保护。种种约束使得信托制不可能成为风险投资主体制度的核心制度，而只能作为一种补充形式存在。

五、组织法的立法建议

由于我国现行法律在制定时,对风险投资业的发展考虑较少,因此在当今这个时期对风险投资业的发展规模和进度都造成了一定的限制,应该对《公司法》、《合伙企业法》等法律的相关部分进行改进。

在鼓励私人资金投向高新技术产业时,虽然有限合伙制是学术界认为比较适合的风险投资机构组织形式,但是在我国的实践中,以公司形式存在的风险投资机构仍然不在少数,因此有必要为公司制的风险投资机构在法律上寻求一些改进,以改善其发展环境。如前所述,《公司法》中的关于股东人数限制、治理机构等内容规定的过于死板,十分不利于风险投资机构吸收民间资本、扩大融资渠道。具体来说,首先是公司人数限制上,可以为风险投资公司制定特殊条款,针对急需融资的高新技术公司放宽股东人数限制;其次在治理机构上,风险投资机构多是中小企业,正处于发展初期,需要的是机动高效的治理机构。《公司法》中规定的一系列复杂的管理层体系及制度会给风险投资机构增加太多的治理成本,繁冗的决策程序也可能会使风险投资机构失去盈利机会。因此,《公司法》应该对高新技术公司的管理机构、决策程序进行简化,以适应高新技术产业瞬息万变的市场环境。

六、组织法的意义

风险投资作为一种较新型的投资方式,有很多不同于其他投资方式的特点,因此风险投资对于规范其主体的法律制度也有着特殊的要求。有限合伙制作为风险投资的主要组织形式,对于法律规范也必然有其特殊的要求。

首先,在注册登记的公示效力上,有限合伙人以注册的出资额为限承担对外责任,不论有限合伙人增加还是减少出资,除非已经登记公示,对第三人所承担责任仍要按登记注册的数额为限;对未经注册登记就开始营业的有限合伙,法律也不承认其有限合伙身份,在承担责任时要依照普通合伙的标准。这些规定一方面维护了登记公示的效力、保护了风险投资者的利益;另一方面也维护了交易过程中的公平,避免了因有限合伙人对登记公示的懈怠造成交易对方的损失。

其次,注册登记公开化对合伙人及时对合伙内部的股份和人员变动进行变更登记提出了法律要求。允许民众公开查阅企业材料,为风险投资者提供了真实有效的目标企业资料,为风险投资双方提供了平等的信息平台。

最后,组织法还会对被投资企业的发展产生影响,从而影响到风险投资行业的发展。如果公司的法律结构过于死板,就不利于和风险投资家在权利和收益方面达成共识,从而影响投资。这主要体现在以下三点:第一,被投资企业可以根据风险投资不同要求定制公司章程;第二,法律上规定如何补偿股东是至关重要的,明确讨价还价的权利,比如对于风险投资家到后期资本的稀释要有足够的保护;第三,还有对于小股东的保护。并且,某种程度上组织法会阻止小公司的成立,从而限制了风险投资的需求。

第二节 劳 动 法

近几年以来,随着技术的快速发展以及创业热潮的来袭,众多中小高科技企业拔地而起,人才流动日益频繁。人才流动和商业技术保护之间的矛盾也日益增多,为了保护商业秘密,许多企业要求和员工签订竞业禁止协议。一方面,竞业禁止协议会严重影响同一行业信息的交流,从而阻碍高新技术产业的发展速度和技术创新;另一方面,竞业禁止协议限制了劳动者创业或者参与创业企业的积极性,进一步限制风险投资的发展。以加州硅谷集群和128号公路集群为例,硅谷相对成功的原因在于其通常不实行竞业禁止协议。

一、基本概念

竞业禁止协议是企业在与员工建立劳动雇佣关系时与员工签订的禁止员工在工作期间兼职与公司有竞争关系的企业,禁止员工辞职之后从事与公司业务相关的工作,禁止员工创立与公司业务相关的企业的法律协议。

二、主要类型

(一)法定竞业禁止与约定竞业禁止

竞业禁止根据不同的产生依据,可以分为法定竞业禁止与约定竞业禁止。

法定竞业禁止是指义务主体承担竞业禁止的义务来源于法律的规定。法律规定下，一定的义务主体（通常指公司员工）不得从事与其有一定关系的主体（通常指所在企业）具有竞争关系业务的行为。约定竞业禁止是指劳动合同规定下的义务主体所承担竞业禁止义务，是企业与劳动者在劳动合同中所规定的竞业禁止业务。

（二）在职竞业禁止与离职竞业禁止

竞业禁止还可以根据执行时间的不同进行划分，分为离职竞业禁止和在职竞业禁止。在职竞业禁止是指在职员工不得兼职在与目前所在企业从事业务存在竞争关系的企业工作。在职竞业禁止是为了保护员工所在企业的竞争优势以及企业所拥有的商业秘密。离职竞业禁止是指员工在与企业终止劳动合同之后，不得在与原公司业务存在竞争关系的企业工作或者创立与原公司业务竞争的企业。

约定竞业禁止协议和离职竞业禁止协议在执行和理论上存在较大的争议，如果在保护企业竞争地位及商业秘密与保护劳动者权益之间达成平衡，将会促进创业和风险投资的发展。

三、两大法系的法律规定

（一）英美法系法律规定

1. 美国

美国宪法中对竞业禁止协议没有统一的法律条款，但因为竞业禁止在一定程度上限制了员工的劳动权，阻碍了员工对技能和专业知识的积累，限制了员工找工作的自由权，所以美国各州会根据各自的情况制定与竞业禁止相关的条例规范。

部分州认为，竞业禁止限制了行业竞争，从而违反了国家提倡的自由公平竞争，因而不认可竞业禁止规定；也有部分州认为，竞业禁止有存在的必要，但是必须受到一定的限制：一是离职竞业禁止必须依附于合法有效的劳动合同之下，不得单独存在，否则其所签订的离职竞业禁止契约无效；二是为了保护企业的竞争优势、先进技术和商业秘密，在必要的情况下，企业可以和员工签订离职竞业禁止协议；三是竞业禁止应合理地规定竞业禁止的地域、时间、工作内容等；四是不得违反各州的公共政策和公共利益。

2. 英国

英国在早期法律规定中严格禁止签订竞业禁止协议，所有竞业禁止协议均视为无效，且对严重抑制行业竞争者进行严格处罚。但是从1711年开始，英国法律规定，只要经过企业和员工的同意所签订的竞业禁止协议有效。但近代以来，为对劳工以及劳工权益进行倾斜性的保护，英国判例法的立场发生了转变，只要竞业禁止协议确属合理并且不违反公共利益，那么竞业禁止条款有效。

英国对竞业禁止协议的规定为：第一，如果没有与企业签订合法有效的竞业禁止协议，员工在离职后可以继续使用在原企业学习到的工作技能及经验、加入与原企业存在竞争关系的企业工作或者从事与原企业相同的业务；第二，如果没有与企业签订合法有效的竞业禁止协议，员工在离职后可以创立与原企业存在竞争关系的企业，并可以招揽原企业客户并雇佣原企业员工；第三，原企业或雇主只有能在证明员工的竞争行为损害了其合法权益时，才能主张执行竞业禁止协议；第四，竞业禁止条款可针对某一具体事项进行约定，例如约定员工离职创业时，不可以招聘原企业员工；第五，竞业禁止协议不得对竞业禁止的时间、区域进行过于严苛的要求；第六，竞业禁止协议不得违反公共利益，否则无效。

（二）大陆法系法律规定

1. 德国

德国法律中没有对竞业禁止协议进行明文规定，但德国联邦劳工院以判例的方式，将《德国商法》第74条、75条有关对商人的竞业限制的相关规定适用于劳工。

《德国商法》的部分规定如下：第一，竞业禁止协议需经过员工与企业同意，并签订书面协议；第二，在竞业禁止协议规定的时间范围内，原企业需要对离职员工进行补偿，且补偿额度应高于员工离职前一年收入的一半，否则竞业禁止协议无效；第三，竞业禁止协议要求员工保护企业合法正当的商业秘密，对于企业要求员工保护不合法正当的商业秘密时，竞业禁止协议无效；第四，竞业禁止协议不得对员工禁止竞业的期限、区域、业务内容等方面进行过于严苛的要求，不得阻碍员工的正常职业发展，否则竞业禁止协议无效；第五，离职后竞业禁止期限，最长不得超过两年；第六，离职后竞业禁止的约定不得违反公序良俗。

2. 日本

日本法律没有对竞业禁止协议进行明文规定。日本学者认为，员工离职后应遵守诚实信用原则，保护原企业的商业秘密，企业应就合理的竞业禁止区域、期限、内容与员工签订竞业禁止协议。如果竞业禁止协议所要求的内容合理，那么竞业禁止协议有效。

日本竞业禁止协议的主要规定是：第一，竞业禁止协议中约定员工有义务保护企业的正当合法权益；第二，竞业禁止协议的设立应经过员工的同意，且竞业禁止协议规定的期限、区域应正当合理；第三，劳动者的利益不应因此受到严重影响，如果竞业禁止协议中的规定对劳动者造成的不利影响大于雇佣企业应予以保护的利益，则竞业禁止协议会被判定为不合理进而无效；第四，竞业禁止协议应不损害公共利益。

3. 法国

法国法律同样没有针对竞业禁止的明文规定，所有原则都是用法院裁判实例形成的。法国竞业禁止规定有以下原则：第一，竞业禁止协议对员工的负面影响应当适当有限度，否则无效；第二，竞业禁止协议应当设定时间限制，否则无效，但对于适用区域不做规定；第三，竞业禁止协议中某一部分被判定为无效，则整个竞业禁止协议视为无效；第四，只要竞业禁止协议没有特殊规定，则适用于因为任何原因离职的员工；第五，在违反竞业禁止协议的情况下，如员工与第三方企业订立劳动合同，则企业有权向违约员工提起诉讼以请求赔偿，但不能主张劳动合同无效。

四、我国劳动法现行立法规定

我国学者通常认为，《反不正当竞争法》和《劳动法》的有关规定可以看作是用人单位和劳动者之间签订竞业禁止协议的法源依据。但这还不是关于离职竞业禁止制度的直接立法，而是对保护商业秘密的原则性规定。

2007年6月29日通过的《劳动合同法》第一次以法律的形式正式对离职竞业禁止的范围、期限、经济补偿等作出了具体规定。该法第二十三条规定，用人单位与劳动者可以在劳动合同中约定保守用人单位的商业秘密和与知识产权相关的保密事项。对负有保密义务的劳动者，用人单位可以在劳动合同或者保密协议中与劳动者约定竞业限制条款，并约定在解除或者终止劳动合同后，在竞业限制期限内按月给予劳动者经济补偿。劳动者违反竞业限制约定的，应当按照约定向用人单位支付违约金。该法第二十四条规定，竞业限制的人员限于用人单位的高级管理人员、高级技术人员和其他负有保密义务的人员。竞业限制的范围、地域、期限由用人单位与劳动者约定，竞业限制的约定不得违反法律、法规的规定。在解除或者终止劳动合同后，前款规定的人员到与本单位生产或者经营同类产品、从事同类业务的有竞争关系的其他用人单位，或者自己开业生产或者经营同类产品、从事同类业务的竞业限制期限，不得超过二年。该法第二十五条规定，除本法第二十二条和第二十三条规定的情形外，用人单位不得与劳动者约定由劳动者承担违约金。该法第九十条规定，劳动者违反本法规定解除劳动合同，或者违反劳动合同中约定的保密义务或者竞业限制，给用人单位造成损失的，应当承担赔偿责任。

五、我国劳动法立法不足之处

为了保障劳动者的合法权益，我国应当采取有条件的离职竞业禁止，对其适用加以严格的限制。目前我国离职竞业禁止的法律制度仍然存在一定的问题，具体表现如下。

（一）竞业限制的领域规定过于宽泛

《劳动合同法》第二十四条规定，在解除或者终止劳动合同后，前款规定的人员到与本单位生产或者经营同类产品、从事同类业务的有竞争关系的其他用人单位，或者自己开业生产或者经营同类产品，从事同类业务的竞业限制的期限，不得超过两年。此条中对竞业限制的领域规定得过于宽泛。这样可能导致企业以此为理由，限制一切竞争。这就偏离了竞业限制保护商业秘密的本来方向，很可能也会侵犯劳动者的择业自由权和生存权。

（二）离职竞业禁止期限规定过于笼统

《劳动合同法》第二十四条规定，竞业限制期限不得超过两年。这种整齐划一的规定没有考虑到不同行业商业秘密的更新周期的差别。用人单位为了防止竞争，很可能在不衡量"合理"与否的情况下直接做出两年最高的限制。这对某些领域的劳动者而言是极不公平的，如对于技术更新快、淘汰率高的IT行业，两年耽搁的结果无疑意味着被市场淘汰。

（三）竞业禁止的地域规定过于模糊

协议限制的地域范围是一个极为复杂的问题。我国《劳动合同法》规定，竞业限制的地域由用人单位与劳动者约定，竞业限制的约定不得违反法律、法规的规定。从立法条款来看，"不违反法律、法规的规定"的规定过于模糊，单凭契约自由原则难以保障竞业限制的实质公正，不利于劳动者权利的维护。

（四）补偿费数额的标准规定不明确

《劳动合同法》对这个问题没有明确规定。离职竞业禁止是一个实践操作极强的法律问题，这样概括性的规定，不方便实践中的运作，不利于劳动者合法权益的保护，也给司法实践带来困难。

（五）未规定违约金能否免除竞业禁止义务

《劳动合同法》第二十三条仅规定用人单位在竞业禁止期限内按月给予劳动者经济补偿。劳动者违反竞业禁止约定的，应当按照约定向用人单位支付违约金，至于劳动者支付违约金能否免除其竞业禁止义务未作明确规定，不利于实践中的运用。

六、劳动法的意义

有研究表明，劳动市场的刚性与风险投资是负相关的。国家劳动力市场流动性越差，风险投资行业发展速度越慢，而严格的竞业禁止协议会极大地降低劳动力市场流动性和员工辞职创业的动力，从而抑制了风险投资的发展。以加州硅谷集群和128号公路集群为例，硅谷相对成功的原因在于通常不执行竞业禁止协议，信息的广泛交流促进新发明，有着明显的集聚效应，从而可以弥补对手窃取技术所导致的损失。

此外，高技术产业也存在明显的集聚效应，产业内部信息的广泛交流可以推动技术创新，但这种信息交流会受到劳动法中竞业禁止协议的制约，进而也会影响到高技术产业风险投资的发展。近年来，随着高新技术的快速发展和高新技术人才日益频繁的流动，高科技企业之间关于商业技术和商业秘密的纠纷越来越多，从而对商业技术和秘密的保护越来越引起企业的重视。离职竞业禁止制度作为保护商业技术和秘密的重要手段,限制了劳动者创业或者参与创业企业的积极性,进一步限制风险投资的发展。

第三节 破 产 法

一、基本概念

企业作为社会经济的主角,企业存亡不仅关乎企业本身和企业相关人,而且关乎整个社会的经济发展和稳定。而破产法作为企业制度的重要内容,会直接影响到企业家在创业活动中愿意承担的风险。基于这个原因,各国都在努力完善各自的破产制度。目前,虽然各个国家破产法的法律规范有所不同,但基本上都在朝着破产程序一元化的方向发展,这是破产制度发展的大趋势。

就破产形式而言,破产法可以分为两大类型:清算型破产和回生型破产。清算型破产体制主要讲究公平的分配;而回生型破产体制更加侧重于债务人的回生,特别在回生程序中,注重引导企业的早期回生,防止因财政恶化而引起企业价值的贬值,同时也要保障债权人的最大利益。

二、法律规定

Lee et al.(2007)指出如果破产法能够降低创业者创业失败所造成的成本,则可以促进创业者创业的热情,提高整体创业水平,否则就会降低社会整体创业水平。因此,破产法的相关规定会直接影响企业家的创业行为,进而影响风险投资业的发展。下面以美国为例介绍破产法的法律规定对企业家创业行为的调节和影响。

(一)申请破产的成本

2005年美国修订的《破产法》大幅度提高了企业的破产成本。企业家通常按照《破产法》第七节所规定的直接清偿企业财产和第11章规定的企业提供重整计划来申请破产。《破产法》修订之后,破产申请费用从之前的299美元增长为306美元。但是根据企业所在地区破产规定不同,企业可以申请分期付款或者减免部分费用。除了破产申请费，雇佣破产律师也是破产申请的一大笔费用，按照第 11 章破产重整程序雇佣律师，中小企业花费大约在 2.5 万~10 万美元，大型企业需要 10 万~50 万美元。破产申请费用的增加极大的提高了企业家创业失败的成本，进而严重影响企业家创业的积极性。

（二）破产程序的速度

按照破产法规定，企业家提出破产重整时，需要经过一定的法律程序才能完成，而快速的破产程序可以加快企业资产的重新配置和利用，从而加快企业家重新创业的速度。因此，破产程序的运作速度直接影响破产企业转行和开拓新业务的可能性，快速、简易的破产程序可以挽救企业，高效的破产程序有利于更多失败企业的重生和企业家创业。

（三）破产清算的"新开始"

破产法规定，企业申请破产后可以免除之前的债务，债权人可以对企业的剩余财产进行追索，但是企业家未来的收入不需要再承担之前的债务，即债权人不能保留对破产企业的追索权。破产法的这一相关规定，可以极大减轻破产企业或个人申请破产后所承担的负担，从而为创业失败的企业家提供重新创业的机会，进一步促进了全社会的创业行为。

（四）破产重整中的财产自动冻结

自动冻结是指破产清算、重整程序已开始，其他针对债务人索要财产的行为即自动停止。启动破产清算重整程序，有助于组织债权人的追债行为、保护债务人继续经营活动。因此，如果创业者感觉企业在面临困难时再生机会很少，就很可能降低他们创业的积极性。

（五）破产申请的难易程度

2005 年美国破产法修正案对破产申请的条件和适用程序作了更加严格的规定，还取消了债务人自由选择破产程序的权利，规定只有通过"收入测试"的个人债务人，才能采用对债务人有利的第七节破产程序。另外，创业者成立新企业需要有个人保证贷款，破产制度如果可以保护破产者的权益，最小化个人创业失败后的损失，则能激励创业者寻求创新。

三、我国破产法现行立法

伴随经济体制改革的逐步深化，破产法因需要处理企业退出市场时所发生的复杂经济关系，成为国家权力干预和介入较多的领域，其在法律上的体现之一就是行政责任的合理确立。破产行政责任是破产法治建设的重要体现，然而破产法中行政责任的衰微却是我国破产法现行立法的最大特点。

对企业破产中的行政责任，1986年《破产法》第41~42条有明确而直接的规定。同时，为了配合法律的实施，针对国有企业破产的特殊性问题，国务院于1994年和1997年先后发布了《国务院关于若干城市试行国有企业破产有关问题的通知》、《国务院关于在若干城市试行国有企业兼并破产和职工再就业有关问题的补充通知》（以下简称《补充通知》）等系列通知。在《补充通知》中，国务院明确要求，企业被宣告破产后政府有关部门应按照《破产法》的有关规定，对企业破产原因和责任进行调查和审计，依据情节轻重严肃处理。如规定对企业破产负有重要责任的法定代表人，不得再担任其他企业的负责人；构成犯罪的，要依法追究刑事责任；对企业破产负有重要责任、情节严重的企业主管部门负责人，也要追究责任。

在2006年修订的《破产法》中，立法者去掉了关于企业法定代表人和上级主管部门领导人承担行政责任的条文，保留了民事责任、刑事责任的规定。但在其他相关法律、法规、规章之中仍可看到破产行政责任的身影。例如，《中华人民共和国公司法》（以下简称《公司法》）第146条规定了行业禁入的责任方式，担任破产清算的公司、企业的董事或者厂长、经理对该公司、企业的破产负有个人责任的，自该公司、企业破产清算完结之日起未逾3年，不得担任公司的董事、监事、高级管理人员。《金融机构撤销条例》第33条规定了撤职和开除的责任方式，在撤销清算过程中，被撤销的金融机构工作人员有法定行为之一的，尚不够刑事处罚的，给予撤职直至开除的纪律处分。《证券公司风险处置条例》第60条规定了罚款的行政责任，被处置证券公司的董事、监事、高级管理人员等有关人员有法定情形之一的，可处以其年收入1倍以上2倍以下的罚款。

前述规定有关行政责任的法律条文不一而足，但不可否认的是，我国破产法上有关行政责任的规定已呈现出衰微态势。其表现为：（1）立法层次下降。在由全国人大颁布的《破产法》中，对行政责任的具体表述基本消失，虽然其他规范性法律文件中的个别条款有所涉及，但多以行政法规和部门规章进行规定，效力层次较低。（2）适用场合有限。破产行政责任主要适用于银行、证券等特定的金融行业，对大量普通商事企业而言，相关责任人员似乎没有承担行政责任的任何风险，法律责任以民事赔偿为主；若构成犯罪的，就直接追究刑事责任。（3）行政责任的承担方式单一。现有法律、法规对企业破产行政责任的设定主要表现为资格罚（限制和剥夺责任人的某类权利），而其他行政责任方式运用较少。

四、破产法现行立法的不足

当今中国企业经营状况较为复杂，各类破产不法行为种类繁多，社会危害程度也各不相同，需要运用多种法律手段进行综合治理。而行政责任所具有的惩戒功能、救济功能、教育功能，使其也能成为制裁破产违法行为、引导企业规范经营、构建现代企业制度的有效手段。然而，由于我国当前破产法存在行政责任衰微的特点，由此导致我国现行破产法的许多不足。

（一）破产行政责任衰微导致约束不足

中国当前仍存在大量中央国有企业（央企）和地方性国有企业，各类国有企业与各级政府也有着千丝万缕的联系，相当一部分企业的负责人直接由政府任命或来自政府，具有准公务员的身份，行政责任仍为规范其行为的强力手段之一。但由于行政责任的日趋衰微，会导致对部分负责人的约束不足，或造成区别对待国有和私有企业的不公平现象。

（二）破产法律责任制度缺乏整体性和有效性

破产法取消行政责任影响了民事、行政、刑事三种法律责任之间的过渡和衔接，使破产法律责任制度的整体性、有效性遭到破坏。民事责任以轻微违法行为为制裁对象，注重补偿；刑事责任强调惩罚，严重损害社会利益的行为应受刑事制裁，但介于两者之间的尚未构成犯罪的一般违法行为适合于追究行政责任，其以公权力为后盾，对实施破产违法行为者具有较强的震慑力。如果缺失这一环节，从合法、轻微违法到犯罪之间就缺少一般违法的过渡地带，即由合法、轻微违法直接进入犯罪，而这并不利于破产违法行为的有效遏制。

五、中美破产法的比较

（一）破产成本和风险比较

承受风险的能力可以看作是创业行为最重要的特质，除了必要的破产申请费用和律师费用以外，破产成本主要是破产程序的时间成本和不确定性成本。破产时间的延误和破产结果的不确定性影响着企业能否顺利地退出市场，也对企业家的创业精神产生负面影响。所以，提升破产程序的效率是降低破产成本的关键。在程序设计上应该激励债务人诚实、守信，努力改善公司的资本结构和经营状况；同时建立起债权人、债务人、管理人之间合理分摊风险的机制，提高企业家对破产成本的承受能力，使破产企业的资产收益最大化，旨在为破产企业的重整或企业破产后重生创造时间机会。

此外，信息不对称增加了破产程序和相应破产成本。美国破产法第1007条规定了债务人进入重整程序后的首次披露义务：申请时提交债务人企业名单、财务收支表、资产负债表等。虽然清算和重整的计划、税务说明、披露说明的细节不同，美国众多的法院可以自由裁量，但都要求披露破产背景、重整计划、剩余财产评估、企业发展预测、清算分析程序中的分配估算、债务人未来的管理信息、行政费用估算、所有债权人财务信息、债权和债务人重整潜在的风险、非破产诉讼存在和胜诉的可能性等。

相比之下，我国破产法对于信息披露规定的内容太窄且过于原则，没有对于信息披露程度作出规定，可操作性差。我国应该适当扩大信息披露义务主体的内容和程度，丰富披露信息的方式，如公开质询制度，强化信息披露义务人的法律责任，从而使破产信息公开和透明，最大程度降低破产成本和提高效率，从而降低债务人、债权人和托管人的风险。

（二）破产程序比较

在政策上制定适宜创业的法律，允许企业承担有限的责任，以便鼓励企业家创业，促使失败的企业家再次快速进入市场。2005年修订之前，美国破产法一直都给予债务人救济，将诚实的债务人从债务中解脱出来，获得重新开始的机会。但是，自2005年修订后，美国破产法对债务人的立场发生了变化，如第七节引入了"收入测试"，认为债务人应该为其不负责的行为承担责任，以便保护债权人,导致2005年后美国破产案件不增反降。大多数人采取"非正式破产"的形式,不仅放弃抵押的房产,不再归还贷款,还导致了住房止赎率的增加,诱发了次贷金融危机。因此,从美国次贷危机来看,美国破产法对经济活动有较强的调节作用,但趋于过紧的破产程序会促使债务人放弃正式破产程序,使得企业退出市场机制出现问题,从而影响企业家再创业。

从2007年实施破产法以来,我国破产案件也出现不增反降的情况,工商管理部门每年吊销注册的企业数量达到80万户,这说明有很多企业未依法定程序退出市场。虽然我国破产法也发挥了保护企业再生价值和为维持经济持续发展的作用,但是仍然存在亟待解决的问题:一是需要提高企业和个人对破产法的普遍认识,特别是由于重整和清算的不同,企业应该尽量通过重整制度给予自身再生的机会;二是建立起企业和个人的信用服务体系,使破产法给予债务人免债,以提高企业快速退出市场,再开始新的创业。

(三)破产过程控制比较

美国《破产法》第1129条规定了法院批准重整计划的详细标准,并明确要求计划具有成功实施的可能,这是法院判断重整计划的重要依据。此外,美国破产法的自动冻结制度从实现债权人之间的、债权人与债务人之间的利益平衡出发,保证了债务人在重整过程中正常有序的经营及财产的保值。

社会主义市场经济建设需要建立严谨的司法制度和严厉的法律惩罚制度来控制破产过程,这不但有助于降低当事人的谈判成本,而且可以维护法律所假设的申请破产者为"诚实"人的原则,从而杜绝债务人通过假"破产"影响诚实企业家的声誉,防止出现"劣币"驱逐"良币"的道德风险。虽然我国破产法也规定债务人的经营方案必须"具有可行性",但是我国大部分企业的重整计划内容和经营方案过于简单,重组方和重整计划也不明确。因此,我国关于重整计划可行性的法律法规建设还不完善。此外,虽然我国法律已经明确界定了管理人的角色,但是行政力量对市场的影响破坏了法院在破产程序中的主导地位和法官的独立性,使得政府介入、干预公司破产和重整的现象经常出现,进而导致破产案件中腐败现象频发。

六、破产法的意义

关于破产法的立法目的一直有所争议,有学者认为破产法的唯一的目标是使债权人利益分配最大化,破产程序是代替个别执行的一种制度,被看作是多数债权的一种实现方式;也有学者认为破产法的目标应定位在加强保护债权人利益,同时兼顾其他受到企业破产影响的利益主体的利益。但是,自20世纪80年代以来,英国、美国、法国、德国等国家相继修改了破产法,都认为要考虑到破产制度之外的社会与经济政策,承认破产法不仅是要保护破产人和其债权人之间的私权利益,也应当考虑对社会及其他组织的利益的影响。

此外,破产法的内容根据各国国情的不同也各不相同,即便是使用同一破产法的国家,会随着时代的不同,针对的对象也会有所不同。但所有破产法具有如下两个共同点:第一,防止无力支付的债务人向债权人利益做出违法行为,并且同时确保债务人财产在债权人之间的公平分配;第二,为了给破产的债务人回生的机会,会产生"免除一定债务"的法律效果,从保护债权人开始,给予债务人重新出发的机会。可以看出,清算型破产体制主要讲究公平的分配,而回生型破产体制更加侧重于债务人的回生。在适用企业这一经营形式并不多的时代,当发生企业破产的情况时,是将阻止破产债务人的财产遗漏作为基础的,由此可见破产制度是倾向于保护债权人的。但随着各国企业的增加,企业破产造成的经济影响不断扩大,帮助各国债务人回生作为一个新的方向,正在逐渐变更破产法制度对当代社会的意义。

第四节 风险投资者资格

一、基本概念

风险投资者是指为风险投资提供资金但不直接参与风险投资基金运营的风险资本提供者,即风险投资者基本上属于纯粹资本所有者,他们有资本但不具有经营能力。由于风险投资具有高风险、高预期回报以及投资周期长等特征,所以风险投资者也具有有区别于一般投资者的不同特性:第一,风险投资者通常是具有较强的抵抗风险能力和丰富的投资知识的机构投资者、家庭或个人。一方面,风险投资一般投向蕴含着巨大失败风险而又有着高成长潜力的领域,投资于该领域的投资者需要具备较高的承担风险的能力,而这种能力则由投资者的财富水平、风险偏好程度以及自身的投资经验所决定;另一方面,风险投资基金主要是通过私募的方式募集，风险投资基金募集对象的范围有限，因而对投资者的投资额有一个最低限度的要求。所以一般只有机构投资者、富裕的家庭或个人才具备以上两个方面的条件。第二，风险投资者是长期投资者。风险投资的周期较长，一般为3~7年，因此风险投资者的投资期限也较长。第三，风险投资者一般需要风险投资家或风险投资机构作为中介实现其投资。

二、代表性国家的法律规定

（一）美国风险投资者的界定和类型

美国是风险投资最为成熟的国家，在对风险投资者资格的规定和实践中，有些经验值得借鉴。根据美国《证券法》"501规则"的定义，合格投资者包括：(1) 银行、保险公司、投资公司和雇员收益计划；(2) 商业发展公司；(3) 资产超过500万美元的教育和慈善机构；(4) 发行人的董事、高级管理人员或普通合伙人；(5) 超过100万美元净资产的个人；(6) 由专业人士管理的超过500万美元的信托资产。

根据1940年投资公司法对投资公司的定义，如果风险基金的受益人不超过100人且不进行公开发售，就不需要在美国证券交易委员会登记注册。《1996年全国证券市场改革法》在《1940年投资公司法》下增加一款登记豁免规定，该规定允许只要私募基金的投资者全部为"有资格购买人"且不进行公开发售，可以不受投资人不超过100人的限制。"有资格购买者"的定义为：(1) 不少于500万美元资产的个人；(2) 两个或两个以上有关联的个人拥有的不少于500万美元资产的公司；(3) 受益人和管理人全部为"有资格购买者"的信托；(4) 管理着自己或其他有资格购买者的资产不少于2500万美元的个人或实体。《1996年全国证券市场改革法》对现存基金作了规定，1996年9月以前设立的基金可以有超过100名的有资格购买者，只要他们的非有资格购买人不同时超过100人。

1. 机构投资者

1988年美国风险投资的资金来源中养老基金、捐赠基金、公司、保险公司以及个人和家庭提供的资金分别为46%、12%、11%、9%和8%，外国投资为14%。目前，美国风险投资的资金来源构成与10年前相比变化不大，机构投资者仍然是风险资本最主要的提供者。法律允许以下机构投资者参与风险投资。

第一，基金类机构投资者，包括养老基金和其他捐赠基金。养老基金的资金由公司、社会和个人共同缴纳，是西方国家社会养老计划的重要组成部分。而美国大量的资金流入风险资本行业的一个重要因素是1979年养老金法案的修改。在1979年之前，养老金法案限制将大量的养老金投资到风险投资行业或者其他高风险行业，而养老金法案修改之后允许养老金投资于风险投资行业等高风险领域。在1978年，超过42400万美元投资到风险资本行业中，个人占据最大的份额32%，养老金仅仅占15%。然而在8年后，在流入风险投资行业的40亿美元中，养老金占比达到1/2以上。自20世纪80年代中期以来，公司养老基金和公共养老基金所提供的风险资本占全美风险资本总额的比例基本维持在40%以上，是风险资本最重要的来源之一。

捐赠基金是个人或法人等以各种名义捐赠给大学、科研机构或其他非营利性组织的资金。这类机构投资者一般会采用与风险投资家组成有限合伙企业的形式进行风险投资活动。其中，机构投资者提供风险资本，风险投资家进行资本的具体运作。

第二，企业。企业主要通过以下三种方式参与风险投资：一是通过直接设立风险投资机构进行风险投资活动；二是通过占有竞争资源，增强自身实力，战略性投资有价值的小企业；三是进行企业内部风险投资活动。

第三，保险公司。保险公司参与风险投资是从保险公司的私募业务中衍生出来的。多年来，保险公司通过购买具有资产特性的债务为具有较高风险的企业提供资金。在公共的垃圾债券市场出现之前，保险公司以麦则恩融资的方式为一些最早的杠杆收购业务提供资金。随着其专业技术的发展，几家保险公司将自身资金和外部投资者的资金结合起来成立有限合伙风险投资公司进行风险投资，同时也为同一家公司直接提供麦则恩融资。在20世纪80年代早期，保险公司将其大多投资行为限定为麦则恩融资，而抵制有限合伙制风险投资。而自80年代中期以来，保险公司逐步接纳有限合伙制风险投资形式，其在风险投资市场中的地位也变得更为重要。

第四，其他外国的机构投资者。由于美国风险投资行业最为发达，同时风险投资回报率大大超过其他投资的回报率，所以大量的国外资本被吸引到美国，成为风险资本的重要来源。

2. 个人投资者

富裕的家庭和个人在风险投资发展历程中十分重要。据统计，美国大多数百万富翁是通过自主创业致富，因而具有丰富的企业知识和经验，愿意为风险投资活动提供资金。风险投资之所以对富有的家庭和个人有吸引力是因为：首先，对私人公司进行长期投资，家庭和个人投资者会享受税收优惠；其次，风险投资有助于规避联邦遗产税。

富裕的个人或家庭主要通过以下两种方式参与风险投资：一是只提供风险资本但不参与资本的管理经营；二是成为天使投资人，直接向企业提供自有资金，并通过运用自身的管理经验和技能为被投资企业提供增值服务。

（二）英国风险投资者的界定和类型

英国政府为了促进风险投资的发展，出台了一系列的政策措施，使得政府和银行成为了风险投资资金的主要来源，这些政策措施包括：（1）政府直接参与风险投资，如1981年英国国家企业委员会合并多家风险投资公司，成立专门进行风险投资工作的英国技术集团；（2）为风险投资公司提供贷款优惠，如1981年，英国政府制定了贷款担保计划，规定此类贷款的最高限额为10万英镑，退还期是2~7年，贸易和工业部为借款提供担保；（3）出台相关法规允许金融机构参与风险投资活动，如1945年成立工商金融公司，并设立风险投资部，主要为高科技中小企业提供风险投资和管理咨询服务，如巴克列斯小企业银行，其主要业务是为新建的小企业提供风险资本和各种咨询服务。

此外，英国对于养老金参与风险投资的规定也极大地影响了风险投资的发展。20世纪末，英国对养老金的监管有了重大改革。1995年颁布的养老金法案加强了对养老金受益人的保护，引入了最低筹资规则，它要求基金的流动资产超过负债，这对于基金管理者就会有一个不匹配的风险（基金管理者投资项目的收益率不能弥补最低筹资规则要求的从未来负债贴现回来的收益率），这样严格的条款导致了养老金在风险投资领域的投资不足。由于未来的收益率贴现回来未必会与现在的收益率相等，即风险投资的回报只能在很长时间之后才能得到体现，因此基金管理者没有较快的现金回报流，而面临收益率风险。近年来，英国政府倾向于废除最低筹资规则，同时建议加强养老基金的透明度和信息披露。

（三）德国风险投资者的界定和类型

德国的风险投资业起步较晚，为了加速发展风险投资，德国联邦政府着重改善风险投资的外部环境，在风险投资资本市场准入方面制定了一系列法律法规：(1) 为了方便信贷机构及所属投资公司的风险投资活动，放宽了《股份有限公司法》第32款的限制；(2) 在《简化接受资本法》的框架中，从《自由资本替代法》中删去股份有限公司参股比例不得超过10%的限制，并根据联邦参议院的建议将这一比例提高到25%；(3) 在《企业范围监督透明法》中，允许对股份有限公司改组过程进行风险投资；(4) 在《德国金融市场促进法（第3版）》的框架中，通过删除《创业投资公司法》中的有关条款，将《自由资本替代法》的适用范围扩大到投资公司；(5) 通过国有银行（德国重建银行和德国平衡银行）推出的风险投资项目，扶持私人风险投资活动。

（四）日本风险投资者的界定和类型

按照日本《证券交易法》的规定，大藏省为风险投资业的监管部门。风险企业、风险投资机构在发行有价证券前必须在大藏省登记，证券交易争端由大藏大臣调节。1997年，大藏省要求将包括厚生年基金和合格退职年金在内的企业年金、证券投资信托的运营对象扩大至风险投资，证券投资信托协会的运营限制也相应放宽，使得企业年金、证券投资信托成为日本风险投资资金的主要来源。

三、我国风险投资者资格现行立法规定

我国风险投资研究机构的研究表明，现阶段我国的风险资金多数来源于政府和企业。

（一）政府的投资

在我国，政府进行中小企业风险投资主要依据科技部和财政部联合颁发的《科技型中小企业技术创新基金的暂行规定》（以下简称《暂行规定》）。《暂行规定》规定了科技型中小企业技术创新基金（以下简称创新基金）的性质、来源、支持的范围以及投入方式等。在这里创新基金的性质就是政府的风险投资资金。根据《暂行规定》，技术创新基金是非营利性质的政策引导型资金，

由中央财政拨款及其银行存款利息组成。

（二）企业的投资

企业投入是我国风险投资资金的主要来源，这是由我国相关法律制度决定的。在新《公司法》生效以前，我国法律虽对公司向外投资有所限制，但只要符合"所累积投资额不超过公司净资产的百分之五十"的规定，依法成立的有限责任公司和股份有限公司就可向其他公司制企业投资。除此之外，人民银行通过《信托投资公司管理办法》和《信托投资公司资金信托管理暂行办法》，对信托投资公司的设立、业务范围、经营规则、信托资金的性质和管理、经营方式以及信托公司的自律和监管进行了详细的规定。为企业通过信托投资公司对中小企业进行风险投资开通了道路，使企业成为我国中小企业风险投资的重要主体。同时，新修订的《合伙企业法》规定，法人也可成为合伙人。我国立法机关对《公司法》、《合伙企业法》等相关法律法规的修订，极大地促进了企业进行风险投资的积极性。

四、风险投资者资格现行立法的不足

（一）政府投资缺陷

政府规章和地方性法规虽然使政府在进行风险投资时有了相应的依据，却在资金定位、资金运作、资金来源、资金监管等问题上存在缺陷。而且我国政府进行风险投资的方式属于直接投资，这种方式不同于美国政府的由专门部门通过专业的风险投资机构进行投资。这种做法不仅削弱了政府引导风险投资的作用，很难将社会资金引向中小企业，还因非营利的性质加重了政府的负担。同时由于政府工作人员专业知识的限制，无法为政府资金的安全提供有效保障。建立政府引导型风险投资制度、增强风险投资资金运作的专业性，是当前我国政府相关部门在风险投资运行制度中亟待解决的问题。

（二）机构投资者受限

我国的机构投资者主要指养老金、银行、保险公司等机构。在我国，由于《全国社会保障基金投资管理暂行办法》的规定，属于社保基金的养老金投资的范围仅限于银行存款、买卖国债和其他具有良好流动性的金融工具。这使得具有投资周期长、流动性较差、投资风险较高等特点的风险投资被排除在我国养老基金投资的范围之外。

此外，我国的银行和保险公司同样很难对高科技企业进行风险投资。我国没有专门的《投资银行法》，投资银行的营业范围不够清晰。银行资金只能以政府设立基金的形式（如以创新基金的利息的形式）进行风险投资。相较于我国居民在商业银行中高达数万亿元的存款，其能够进入风险投资业的资金数额相当有限，形成了我国存款与贷款之间的巨大差额，大量资金被闲置，无法发挥资本投资的作用。同时，保险公司的资金投资范围亦受到较大限制。《保险法》规定，保险公司的资金仅限于在银行存款、买卖政府债券、金融债券等方面投资，向企业进行投资被排除在外。上述法律法规虽然保证了这些具有公众性的资金的安全，对稳定金融市场、维护金融秩序有一定的促进作用。但是，随着我国经济体制改革的深入，这些规定限制了闲散资金的投资渠道，也阻碍了资金利用率和升值率的提高。

五、风险投资者资格的意义

涉及风险资金来源的法律主要有商业银行法、保险法、养老基金管理法律制度等。资金供给量直接影响着风险投资的发展规模甚至决定着风险投资的成败，因此，在法律的制定上应当合理的放宽风险资金的准入制度，以保障风险投资运行过程中的资金供给，提高风险投资的成功率。

在法律的制定上应当放宽企业投资的限制，鼓励企业把资金投向有发展潜力的创业投资领域。从税收和贷款优惠政策等方面引导企业的资金投向，并适时的调整优惠程度、规定企业投资者的谨慎调查义务，避免因单纯追求优惠待遇而产生的盲目投资所造成的企业资金和国家资产的不必要浪费，以优化资金的配置，提高资金利用的效率。

风险资本的来源广泛，包括公共和私人的基金、保险公司、银行及各种金融机构、富有的家庭和个人、大企业或大公司，政府以及外国投资者等。政府投资风险投资领域对风险投资的长远发展和国家经济的长足进步而言显然不是长久之计，只是暂时的引导。正确的做法是政府应当适时合理地放宽政策，鼓励各种基金、保险公司、商业银行和个人投资于风险投资业，扩大风险资本的来源，使政府资金在风险资本中的份额得以替换，以达到预期的引导目标。

第五节 风险投资政府扶持

根据本书第一篇的内容可知,风险投资对一国科技进步和经济发展有十分重要的意义,但风险投资失败率高、风险大,并且风险投资是一项非常复杂的投资活动,涉及到广泛的投资范围,单个或少数风险投资家和风险投资机构无法协调和左右风险投资行业的发展,因此政府需要对风险投资行业的发展给予扶持帮助。

一、基本概念

风险投资的政府支持主要是指政府通过颁布和实施相关的法律制度和行为规范,或者通过给予资金支持来引导和促进风险投资业的发展。政府对风险投资的扶持主要分为三个方面:首先,建设完善的风险投资外部投资环境,包括完善风险投资法律制度、提升宏观经济水平以及创造安定团结政治局面等;其次,提供部分风险投资发展资源,并协助风险企业获得资本资源、人才资源、项目资源等发展所需的资源;最后,政府应培育和监管中介组织及资本市场。

二、相关法律规定

风险投资是高风险、高投入、高回报的行业,要求政府通过立法来培育良好的风险投资环境,政府颁布的法律规定具有较政策更为明确、效力更高的特征,并且在基本的法律基础上制定相应的规范、条例及政策,可以有效促进风险投资业的健康发展。

(一) 直接扶持

政府通过向风险投资机构提供风险资金,并由风险投资机构帮助扶持中小企业来促进风险投资行业发展。例如,美国联邦政府就设有小企业研究项目 (small business research program, SBRP),其宗旨是刺激技术创新,以满足联邦研究发展的需要。而美国各州的风险投资资助计划中,影响较大的项目包括种子与创业资本计划 (seed & venture capital program, SVCP) 和权益投资计划

(equity investment program，EIP)。

其他国家也有类似的风险投资扶持措施，例如，1980年比利时首先开创了私人管理者管理政府风险投资基金的先河，并且在这种管理模式下，政府风险投资基金对高科技企业的投资获得了巨大成功，收获了大量利润，起到了良好的示范作用，吸引了大量私人资本投入政府风险投资基金。1994年，芬兰建立国有风险投资基金，并由专业人员经营管理，对中小企业进行直接投资。澳大利亚建立了创新投资基金，用公共资金推动私人基金增加对初创企业的融资。

(二) 补贴、担保与政府采购

1. 向风险投资机构提供各种无偿经济补贴

1987年，英国国家研究开发公司与国家企业局合并成立了英国技术集团(BTG)，并向430家高科技风险企业提供了3.26亿英镑的资助。第二次世界大战后，日本政府先后向中小高科技企业提供"重要工业技术研究开发经费补贴"、"技术改善经费补贴"、"民间运输机械开发补贴"、"促进电子计算机开发的经费补贴"、"能源技术开发补贴"等。各国政府通过颁布各种政策措施，鼓励、支持风险投资行业的发展，起到了替代政府R&D投资的作用。例如，一些西方发达国家的风险资本正在逐步替代政府R&D投资，政府对R&D的直接投资比重逐步减少，而企业对R&D投资的比重逐步增加。1990～1993年间，经合组织国家的政府R&D投资占GNP的比例从24%减少到22%，而60%的R&D由企业资助，67%的R&D由企业完成，这种趋势说明风险资本市场的发展增强了对R&D的投资力度。

2. 政府担保

大多数国家政府对中小风险企业的融资和贷款提供担保，以此降低风险投资公司对企业提供融资的风险。即使企业没有履行应尽的义务，风险投资者的损失也能够得到政府的保障。在美国、英国、加拿大，政府向商业银行提供基础担保并鼓励银行向有高科技企业提供贷款。美国小企业管理局的担保商业贷款计划涵盖了初创企业和潜力企业商业贷款的75%，事实证明小企业管理局支持的企业存活率高于未获其支持的企业，如1961年以来，加拿大小企业贷款管理局的贷款担保计划保障了90%的企业贷款。在日本、德国和法国，地区性贸易协会和金融机构对贷款担保计划提供资金支持，政府提供次级担保，如果贷款企业破产，政府承担一部分损失。澳大利亚、丹麦、芬兰也实施了类似计划。

3. 政府采购

美国政府通过订立高新技术产品购销合同来降低风险投资机构投资回收的风险及风险企业市场营销的风险，从而为风险投资提供保证。美国国防投资在风险投资中占有很大的比例，国防投资为高新技术发展提供了充足的资金支持。20世纪50年代，美国国防部的集中采购合同为硅谷等高科技企业的发展起到了重要的促进作用。

（三）税收优惠

税收优惠政策对中小高科技企业的发展起到了重要的促进作用。例如，美国政府在1978年将中小风险企业的资本收益税率从49.5%降到28%；1987年，又将税率降低到了20%；1981年颁布《经济复兴税收法》，对高科技企业的税收优惠以立法的形式做出了规定。新加坡通过税收优惠政策来促进风险投资行业的发展，1984年新加坡政府规定，政府批准的投资项目，如果投资失败，风险投资公司可以免除投资损失金额50%的所得税。法国政府减免风险投资机构的税收促进风险投资的发展，1985年法国政府颁布相关法律法规，规定风险投资机构从持有的未上市公司股票中获得的收益可以免交所得税，免税金额最高可达收益的1/3。

（四）建立多层次证券交易市场

风险投资的收益在风险资本退出市场的环节得到实现，退出方式有公开上市、出售、企业回购和清算等，政府需要为风险企业营造良好的退出环境。公开上市是最重要也是最受风险投资机构青睐的退出方式，建立多层次的证券交易市场，对于风险企业的公开上市至关重要。美国NASDAQ、英国AMI的突出表现已充分说明了这一点。风险投资企业取得的业绩、规模以及成熟度的不同，需要主板市场、二板市场以及上市条件更为宽松的地方证券交易市场等不同层次的证券市场与之配合，为风险资本提供退出渠道，便于风险资本顺利退出。

（五）信息与人才服务

信息服务是政府为高技术企业提供服务的新领域。高技术企业的发展与所获得的有效信息密切相关，而高技术企业自身经费有限，无法搜集到广泛且真实有效的信息，从而会限制自身的发展。因此，政府应通过建立高效便捷的信息网络，为风险投资者、风险投资机构和风险投资企业提供高效真实的信息，以促进风险投资的发展。

风险投资中，人的因素至关重要，有一批富有经验的风险投资专业人士和富有创新精神的风险企业家是风险投资发展必不可少的要素。日本的风险投资业落后于美国的主要原因在于，相比于美国具有专业投资技能的风险投资管理人才，日本风险投资家主要来自于缺乏技术背景和管理才能的银行职员。政府应为风险投资从业人员和风险企业家的成长创造条件，为风险投资的发展提供人才支持。

三、代表性国家的主导模式

在风险投资政府扶持模式方面，普通法系和大陆法系存在根本的不同，普通法系以美国为例，主要模式为市场主导模式；而大陆法系，以英国和日本为例，主要模式为政府主导模式。具体的，美国的风险投资经历了从民间自由发展（如天使投资），逐步到政府扶持与规范的过程。政府在风险投资中所起的作用主要是引导性的，包括为风险投资发展创造良好的外部环境，而不直接干预风险投资的具体活动。而其他国家的政府在风险投资中起着主导作用，形成了政府主导模式，但政府干预的程度又有所不同，因而又形成了以英国和日本为代表的英国模式和日本模式。

（一）美国模式——市场主导模式

纵观美国风险投资业的发展历程，不难发现美国基本上采取以私营风险投资机构为主体的发展模式，政府很少直接介入风险投资，而更多的是运用公共权力和资源优势引导民间资金进入风险投资市场，从而使政府职能呈现出更大的灵活性和弹性，这也与美国一贯实行的自由市场经济是一致的。在风险投资市场运营正常之时，政府并不直接干涉市场，而是任其自由发展，一旦市场出现波动而阻碍行业发展时，政府则开始发挥作用，运用法律及政策手段，使风险投资市场恢复正常。美国政府对风险投资扶持的代表性举措包括了1958年开始实施的小企业投资公司计划和20世纪70年代末实施的一系列促进风险投资发展的措施。

（二）日本模式——政府主导模式

20世纪50年代初，日本的风险投资行业开始兴起，1951年日本政府成立了"风险企业开发银行"并向风险企业提供低息贷款，揭开了风险投资发展的序幕。从20世纪60年代开始，日本政府又接连颁布了关于促进风险投资行业发展的法律法规及政策举措：（1）1963年，颁布《小企业投资法》，为风险投资行业提供法律支持；（2）1963年，分别在东京、名古屋、大阪三地成立三家"财团法人中小企业投资培育会社"，通过购买中小企业的股票和债券为其提供融资支持；（3）建立工商会金融公库、国民金融公库、中小企业金融公库，为中小企业提供优惠贷款服务；（4）1975年，设立政府风险投资机构，为中小企业贷款提供担保，担保额度高达80%；（5）1975年，设立"研究开发型企业培育中心"，为中小高科技企业提供无担保贷款的债务保证；（6）1976年，成立日本柜台证券股份有限公司，帮助中小企业上市融资。20世纪90年代，日本政府加大了对风险投资行业发展的扶持，希望借此摆脱泡沫经济破灭给日本经济带来的冲击，促进21世纪新型产业的发展。

从其发展历程看，日本风险投资实际是依靠政府的资助才建立起来的。政府虽未直接将资金投向风险市场，但以贷款担保或间接融资的形式，积极促进风险投资业的发展，事实上，民间投资是在上述大公司与大银行的带动下才得以发展的。此外，日本政府扶持风险投资发展的立场也与其在产业政策中所采取的一贯立场相一致。

（三）英国模式——政府主导模式

在欧洲，英国的风险投资行业发展最早并且发展最快。1945年，在英国内阁政府的建议下，英格兰银行成立了"工商金融公司（CIFC）"，这是一家带有风险投资性质的公司。此后，撒切尔政府所采取的包括税收改革措施在内的一系列措施直接推动了英国风险投资业的发展。2000年，英国风险投资额度约占整个欧洲风险投资额度的3%，仅次于美国。英国风险投资行业的迅猛发展主要得益于英国政府所采取的一系列政策措施，这些政策法规主要可以分为以下三个方面：首先，制定扶持风险投资行业发展的法律法规。1983年，撒切尔夫人推行《企业扩大计划》，对风险投资行业提供税收优惠。1998年，英国财政部又推行两项鼓励措施：根据小企业的研发支出，向其提供税收减免；对小型风险企业的关键管理人员所获得的股份提供税收优惠。其次，政策法规允许政府部门和主要金融机构直接从事风险投资活动。最后，开创二板证券交易市场，为中小风险企业上市融资提供支持。英国为了替风险资本开辟公开上市退出渠道，先后建立了三个"二板"性质的股票市场。这些证券市场的建立，对英国风险投资的发展有很大的促进作用。

与美国相比，英国的风险投资业起步较晚，政府积极参与，且行政色彩较浓厚。但英国是成熟的市场经济国家，有着悠久的自由经济传统。因而，在政府积极参与的同时，民间资本所起的作用越来越大。这一点与富有东方集权色彩的日本有很大的不同，虽然两国政府均积极介入风险投资领域，但由于历史传统的不同，其介入的方式和介入的力度有所不同，形成了两种不同的亚模式。

四、我国政府扶持现行立法规定

风险投资作为一种市场经济行为需要必要的自由发展空间，但是政府的适当激励和引导对风险投资业的健康发展也相当重要。由于美国高科技产业起步早，市场机制完善，国民普遍具有投资精神，所以美国在扶持风险投资业发展时主要采取的是宽松的管制政策。而我国目前正处于产业结构转型期，制度建设尚未完善，各种激励约束机制也不够健全。从市场结构看，高新技术产业的发展规模不大，且私人投资者承担风险的能力较弱，风险投资理念尚未完全形成和普及，以上因素决定了我国还是要在政府引导下发展风险投资。通过政府引导，增强社会对风险投资的信心，增加投资者的安全感，间接扩大融资规模。为此，我国必须建立具有中国特色的风险投资机制以及完善的政府扶持法律体系。

（一）税收优惠政策

《创业投资企业管理暂行办法》第二十三条规定："国家运用税收优惠政策扶持创业投资企业发展并引导其增加对中小企业特别是中小高新技术企业的投资。具体办法由国务院财税部门会同有关部门另行制定。"财政部、国家税务总局于2007年发布的《关于促进创业投资企业发展有关税收政策的通知》中规定："创业投资企业采取股权投资方式投资于未上市中小高新技术企业2年以上（含2年），凡符合下列条件的，可按其对中小高新技术企业投资额的70%抵扣该创业投资企业的应纳税所得额。"此外，还有不少对高新科技企业的税收优惠政策。这些都在一定程度上促进了我国风险投资的发展，但与美国相比，我国的税收支持力度仍显薄弱，对风险投资的税收优惠政策仍有待加强。

（二）金融支持政策

《创业投资企业管理暂行办法》第二十二条规定："国家与地方政府可以设立创业投资引导基金，通过参股和提供融资担保等方式扶持创业投资企业的设立与发展。具体管理办法另行制定。"由国家发展改革委、财政部、商务部联合制订的《关于创业投资引导基金规范设立与运作的指导意见》（以下简称《指导意见》）于2008年10月获国务院批准。《指导意见》对创业投资引导基金作出了详细的规范，规定了引导基金通过参股、融资担保、跟进投资或其他方式对风险投资提供金融支持。

另外，随着《关于建立中小企业信用担保体系试点的指导意见》、《关于鼓励和促进中小企业发展的若干政策意见》等相关法规的相继出台，我国中小企业信用担保体系开始进入制度建设、组建国家信用再担保机构和完善形成社会化信用体系建设阶段。但由于中小企业信用担保体系初建成，制度初运行，实践中也还存在着一些问题，如担保市场体系不健全、缺乏稳定有效的担保代偿损失补偿制度、担保保证金制度、反担保制度和再担保制度实施不力等。

（三）政府采购制度

2003年开始施行的《中华人民共和国政府采购法》（以下简称《政府采购法》）规范了我国的政府采购行为，提高了政府采购资金的使用效率，维护了国家利益和社会公共利益，保护了政府采购当事人的合法权益，促进了廉政建设。政府采购对风险投资业的保护在于它关于购买本国产品、保护民族工业的规定，我国《政府采购法》第九条关于"政府采购应当有助于实现国家的经济和社会发展政策目标，包括保护环境，扶持不发达地区和少数民族地区，促进中小企业发展等"的规定和第十条关于"政府采购应当采购本国货物、工程和服务"的规定切实有效地降低风险投资的投资风险和市场销售风险，刺激资金尤其是民间资金流向风险大、收益高的高新技术企业，通过提高高新技术企业对风险投资的有效需求来促进风险投资业的发展。

（四）高新技术保护政策

目前，我国已经形成了包括《中华人民共和国专利法》、《中华人民共和国商标法》、《中华人民共和国著作权法》、《中华人民共和国计算机软件保护法》和《中华人民共和国反不正当竞争法》等一系列法律法规在内的比较健全的知识产权保护体系，并参加了若干国际知识产权保护公约，在相关制度上逐步与国际接轨。但是，在知识产权保护执法过程中，有法不依、执法不严的问题普遍存在，尤其在风险投资的重要领域，如软件业、盗版猖獗，屡禁不止，必须进一步完善相关法规，加大执法力度。

五、政府扶持现行立法的不足

（一）政策法规滞后、扶持力度不够

（1）风险投资缺乏法律支持。第一，缺乏风险投资主体法律制度。我国尚未出台风险投资法，对风险投资业没有权威的界定，风险投资机构的设立和运作也缺乏法律依据，一些风险投资机构名不符实，将资金用于借贷或其他类型投资。第二，风险投资业的融资渠道存在法律障碍。通常风险资本的来源包括银行、养老基金、保险公司、证券公司、企业、富有的家庭和个人、国外资本、政府等。但目前我国的《商业银行业法》、《保险法》及有关养老基金的规定禁止商业银行、保险公司、养老基金向企业直接投资。第三，风险投资的运作无法律依据。风险资本如何进入风险企业，以及投资过程中各方主体的基本权利和义务尚无明确的法律依据。

（2）缺少激励机制。国外风险投资机构主要以股权投资方式进入风险企业，为促进风险项目的培育，激励创业者的积极性，风险投资家通过管理干股或股票期权方式将企业的利益与创业者的个人利益相互结合起来。而我国现行法律对专利等技术入股的比例限制较严，也未建立股票期权制度。因此，我国仍缺乏风险投资所需要的必要的激励机制，从而影响风险投资业的发展。

（3）缺乏税收优惠、政府担保等有效的政策扶持。由于风险企业成立初期规模较小，当创业失败时，没有相应的有形资产可以作为投资补偿，增大了风险投资损失的风险。此外，我国也未制定统一完善的风险投资税收优惠制度。

（二）多层次资本市场建设仍存在突出问题

风险投资的目的在于获取高额回报，这需要有完善的风险投资退出渠道。

而我国目前还缺乏这种环境，使得一些潜在投资者因惧怕"投进去，收不回"而对风险投资望而却步。风险投资不同于其他投资的一个特征是不谋求长期控制企业，而是在风险企业发展到一定阶段时，通过IPO、出售、股份回购等方式实现资本退出，并获取投资回报，然后寻求新一轮投资。

尽管我国的资本市场建设取得了巨大的进步，但与发达国家相比，我国的资本市场仍处于相对薄弱的起步阶段，稚嫩的资本市场难以承担支持中国实体经济持续发展的重任，中小企业融资困难仍未得到根本性解决。首先，股权融资规模过小，在降低企业负债率、防范金融风险方面发挥的作用较为有限；其次，尽管国家政策提倡大力拓展小微企业直接融资渠道，提出发展多层次资本市场是解决小微企业直接融资比例过低、渠道过窄的必由之路，但当前中小企业从资本市场融资比从银行贷款更难、更贵，表现为上市门槛较高，核准时间周期过长；再次，资本市场在调结构、助创新、引导资源配置等方面发挥作用不够明显；最后，资本市场产品结构"重债轻股"，资金难以向资本转化。

（三）风险投资家和风险企业家的缺失

风险投资的发展需要一个懂企业管理、工程技术和金融投资的人才群体作支撑，我国目前急需培养一批具有深厚专业技能、深邃洞察力和战略眼光的风险投资家和具有创业精神的风险企业家。高科技企业是知识、管理、资金三位一体结合的产物，西方的经验是"一流的技术加二流的管理，这种项目往往失败，而二流的技术加一流的管理则很可能成功"。在风险投资中，除选择高回报风险投资项目、投入充裕的风险资本、树立正确经营理念、引入规范化管理模式之外，还须建立一只具有创新精神的专业人才队伍，其中包括有丰富经验的企业家及财务、营销、工程、产品设计等方面的专家。现有人才培育机制和激励机制的僵化，是制约风险投资管理人才供给的"瓶颈"，最终导致我国投资人才和管理人才缺乏的现状。

此外，我国也缺乏专门为风险投资提供服务的信息中介。因中介服务体系不健全，而造成风险投资机构信息获取与使用方面的困难，同样不利于我国的风险投资业的发展。

六、政府扶持的立法建议

制度建设是风险投资业发展的重要推动力，其有利于风险投资机制的建立、外部环境的建设等。当前，为更好地发展我国的风险投资业，政府可以从以下几个方面改进立法和制定相应的政策规范。

（一）制定风险投资业发展战略规划

风险投资是知识经济的重要推动力量。政府应当从知识经济的高度来看待我国的风险投资业，充分认识风险投资业在经济发展，特别是知识经济发展中的作用，应当制定出符合我国实际情况的风险投资业发展战略规划，以确立风险投资发展的总框架，明确发展我国风险投资的总方针、长远目标和阶段目标、监督引导机制及其他配套机制建设等宏观问题。

（二）鼓励增加风险资本供给

国外经验表明，有效的政府激励措施能增加风险资本的供给，推动风险投资的发展。我国政府可以从以下方面进行改进：（1）政府直接参与风险投资。政府直接参与风险投资，既可以提高风险投资的信誉，同时又使政府能及时发现问题，调整风险投资的有关政策。具体的，政府可以提供信用担保，包括银行贷款的政府担保，由此政府可以少量资金带动大量社会资本投入，使风险企业有多渠道的风险资本来源。（2）提供财政支持。即采取补贴或其他形式直接资助风险投资机构和风险企业。（3）提供金融支持。采用为包括风险企业在内的中小企业提供担保等方式，支持银行向风险企业提供资金。（4）政府采购。优先采购风险企业的产品，支持其发展。

（三）建立和完善法律法规

政府应当制定、完善有关的法律、法规，使风险投资在具体操作时有章可循、有法可依，减少政策的不确定性，降低风险度，增强可信度与透明度，使风险投资业逐步走上规范化、法制化的轨道。第一，要加快制定《风险投资管理条例》，规范风险投资运作，经运行并积累经验后可考虑制定《风险投资法》；第二，要制定《有限合伙法》或对现行《合伙企业法》加以修改，增加有限合伙的规定；第三，要修改《公司法》和《证券法》，增加优先股、股票期权等新的金融工具，进一步明确发起人以企业产权和非专利技术作价出资的金额等。

七、风险投资政府扶持的意义

从发达国家风险投资发展历程中可以看出,税收优惠政策对风险投资的发展起到了重要的促进作用,从 1978 年起,美国政府为鼓励风险投资而对资本收益税做的每一次调低都收到了理想的效果。税收优惠政策,降低了风险投资者的投资成本,扩大了风险投资预期利润,提高了风险投资信心,促进了风险投资发展。

政府采购是政府对风险投资扶持的另一项十分有限的政策支持,政府采购政策主要是通过制定法律法规,限制政府采购时购买国外产品,同时对购买国内产品出台一些优惠鼓励政策,打开国内商品销路,提高销量,从而加快高新技术成果的转化以及商品化和产业化进程。政府采购能够有效降低投资风险和市场销售风险,同时为本国产业发展打下坚实基础,对民族经济的振兴起到不可估量的推动作用。

第六节 风险投资与法律制度之间的关系

一、风险投资法律制度的意义

一个具体的法律制度或多或少地会体现秩序、自由、正义、效率、安全等价值,但又会有所侧重,例如,实体法与程序法、公法与私法,其所反映的法的价值就不完全相同。风险投资法律制度所体现的法的价值主要在以下几个方面。

(一)规范风险投资市场

风险投资法律制度系统地规定了风险投资企业的设立、投资运作、对创业投资企业的政策扶持、对创业投资企业的监管等法律制度,这些制度规定为风险投资在中国的发展提供了法律制度上的依据,有效地规范和促进了风险投资行业的发展。

此外,风险投资法律制度也为风险投资的发展提供法律制度保障,促进风险投资的规范运作和快速发展。目前,我国应着重在现有法律法规的基础上,完善风险投资立法,构建比较完善的风险投资法律制度体系,建立有利于风险投资发展的体制机制,充分发挥法律制度对社会经济生活的规范和促进作用,促进风险投资的进一步发展。

(二) 提高风险投资效率

风险投资实质上是一种资源配置方式,它将风险资本、创业家的技术和风险投资家的服务三者结合起来,以实现最佳的资源配置。风险投资中的效率就是以价值最大化的方式配置上述资源。要通过设计风险投资法律制度来提高风险投资效率,就是要有效保护、促进和实现风险投资的各参加者以及社会整体的效益最大化。

显然,风险投资法律制度的安排是以效率为中心的。其表现为:第一,鼓励冒险,通过税收优惠、减少审批注册程序等引导风险资本流向风险企业;第二,通过大量的非正式制度安排,简化交易程序,降低交易成本;第三,建立各种激励政策,激发风险投资家和风险企业家的潜能。

(三) 确保风险投资交易安全

在风险投资法律制度中,交易安全的保护范围包括风险资本、交易中已取得的利益以及信赖利益。由于风险投资具有高风险和信息不对称的特点,并且风险投资家和风险企业之间以及投资者和风险投资家之间都存在委托—代理关系,所以交易安全的保护与这两个委托—代理关系密切相连。确保交易安全实质上就是委托人如何利用法律机制监督代理人的机会主义行为,以防止其损害委托人的利益。

值得一提的是,效益与交易安全是一对相互矛盾的价值目标。一方面,追求效益最大化,就会冒风险而损害交易安全;另一反面,追求交易安全,就会损害效益。在风险投资法律制度中,这两种价值诉求也经常冲突,就风险投资的属性来说,交易安全与效率在风险投资法律制度中的取舍应贯彻效益优先、兼顾安全的原则。

二、风险投资法律制度不完善的危害

(一) 立法层次低的危害

如果风险投资法律制度立法层次低,且多属于原则性的规定,那么就会导致权威性不高,执行力度不够的问题,并且在风险投资运作实践中实施困难,无法发挥制度优势。另外,很多有关风险投资的法律制度设计是通过国务院有关部门的通知、指导意见等形式体现的,法律制度的严肃性和权威性受到严重消减,立法层次低是我国风险投资法律制度的主要缺陷,同时在法律制度的执行上,法律制度对于风险投资行业的促进作用较小,无法真正实现引导和鼓励风险投资行业稳健发展的立法目标。

(二)法律规范分散的危害

风险投资法律制度过于分散,例如,按照我国现行的法律规定,有关风险投资企业组织形式的问题多由《公司法》和《合伙企业法》等法律法规来调整;有关税收优惠的法律制度由国家税务总局发布通知予以规定。这样的处理方式的缺陷在于,没有充分考虑到风险投资行业的特殊性,针对性不强,无法充分发挥相关制度对风险投资行业的促进作用。

(三)立法进程滞后的危害

与风险投资迅速发展的步伐相比,风险投资立法进程已经严重滞后,这势必会影响到风险投资的进一步发展。最明显的例证是,在风险投资行业运作实践中,风险投资者与创业企业家在投资之前签订的投资合同中会约定股份回购条款,对于股份回购条款的效力问题。我国现行的法律还没有相关规定,制度供给不足,不利于风险投资的规范运行。

第九章 组织形式[*]

风险投资活动可以划分为两个阶段：一是筹资阶段，资金所有者向风险投资机构提供资金，由专业风险资本家负责资金的运作与管理；二是投资阶段，风投机构将资金投资于风险项目或企业，并对其提供增值服务或适当监督。因此，风投机构是连接风险资金提供者与风险企业的特殊金融中介，是整个风险投资活动的中心。经验表明，在风险投资过程中，对于风险投资机构组织形式的选择在很大程度上会影响投资的成功率及投资效益，选择合适的风险投资机构组织形式是风险投资活动取得成功的关键之一。因此，要促进我国风险投资业健康、有效地发展，就有必要研究风险投资机构的组织形式。

目前，风险投资机构的典型组织形式有三种，即有限合伙制、公司制和信托基金制。不同国家和地区在经济发达程度、法律制度及文化传统上的差异，使其在不同时期形成了独特的经济发展环境，进而导致了各种风险投资机构组织形式在不同地区的适应性也不一样，最终影响到风险投资的经济效益。本章将详细对这三种主流的风险投资机构组织形式进行介绍与分析。

第一节 风险投资机构的主要组织形式

一、有限合伙制

有限合伙制风险投资机构是非法人企业，它由普通合伙人与有限合伙人在

---

[*] 本章由暨南大学产业经济研究院伍香洲执笔。

《合伙企业法》的基础上按照相关章程签订有限合伙协议组成。风险投资家（代理人）作为普通合伙人出资1%，每年提取基金总额2%左右的管理费用，享有投资回报中20%的利益，负责筹募风险资金、做出投资决策并对风险企业（项目）进行管理，承担债务上的无限连带责任；风险投资者（委托人）作为有限合伙人出资99%，享有投资回报中80%的利益，负责监督风险投资家的行为决策，承担债务上的有限责任。有限合伙制风险投资机构运作流程示意图如图9-1所示。

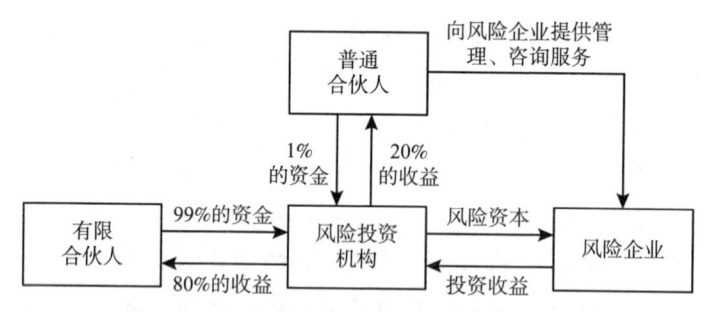

图9-1 有限合伙制风险投资机构的运作流程

二、公司制

公司制风险投资机构是指由两个或两个以上的投资者根据《公司法》而设立的法人企业，是整个风险投资活动中的经理人。在承担法律责任方面，要求公司以其所有资产对债务承担无限法律责任，而投资者作为公司股东只需以其投资额为限承担有限法律责任。

从法律角度来看，公司制风险投资机构包括了股份有限公司和有限责任公司两种基本形式。从出资主体的角度来看，公司制风险投资机构可分为新创公司和子公司两种类型：新创公司一般由几家大公司或其他个人投资主体联合投资，各出资方以其出资额为限对风险投资机构承担有限责任，风险投资机构的管理者可以向外聘请或由出资方直接任命；子公司一般由实力雄厚的金融机构或大型企业出资，成立某个独立实体、分支机构或特殊部门，以便于母公司实现产品多元化、技术创新、战略实施等目的，子公司的管理者一般由母公司来任命。公司制风投机构的一般组织结构如图9-2所示。

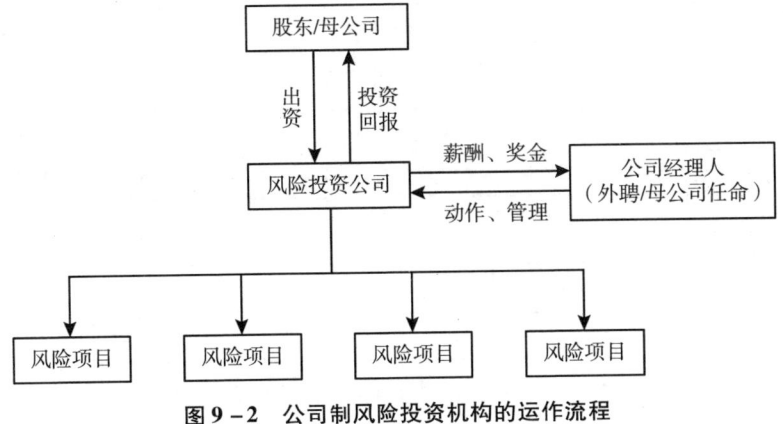

图 9-2　公司制风险投资机构的运作流程

三、信托基金制

信托基金制风险投资机构主要由投资者、基金管理人及基金托管人三方当事人组成，三者依据《信托法》签订基金合同，在此基础上形成信托关系。所以，信托基金制风险投资机构不具有法人资格，它不是一种法律实体，而仅仅是一种契约式法律关系。信托制基金的最大特点是基金的运作和组织都要求资金的经营和保管相分离，基金管理人负责基金的运作，下达买卖的指令，但不经手基金的资产，而由基金托管人负责对基金资产进行保管和使用。显然，在信托制基金中包括两层信托关系。在第一层信托关系中，资金所有者是委托人，基金管理人是受托人，委托人将风险资金委托给受托人来进行运作与管理，投资者作为受益人享有投资收益。在第二层信托关系中，基金管理人是委托人，基金托管人是受托人。委托人将募集到的信托基金交由托管人来进行保管和具体使用：一方面，托管人（一般由银行等金融机构担当）要执行管理人的投资命令；另一方面，托管人可以监督管理人的投资决策和投资行为，以此对管理人形成良性约束，实现基金收益最大化。

从交易方式的角度，信托基金可以分为开放型基金和封闭型基金。开放型基金所发行的基金券数额是可变的，投资者可以随时认购、卖出或转让；而封闭型风投基金发行固定数目的基金券，发行期结束以后，基金券的数目不能再增加或减少。信托制风投机构的运作流程如图 9-3 所示。

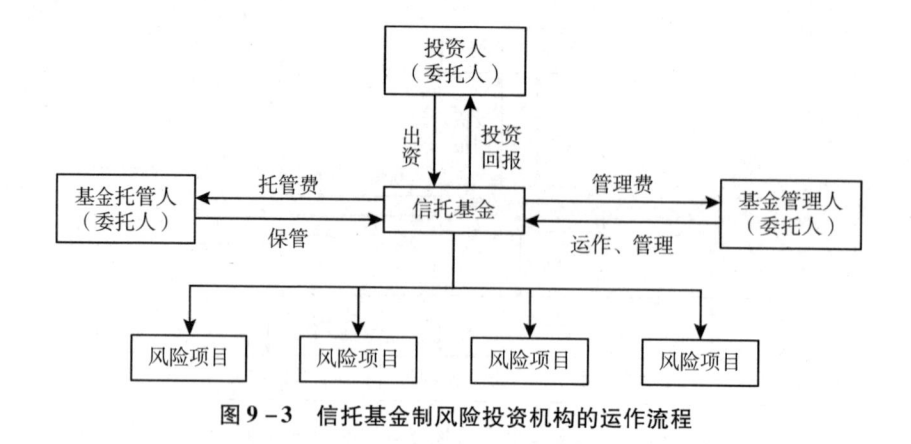

图 9-3　信托基金制风险投资机构的运作流程

第二节　全球风险投资机构组织形式的发展概况

一、全球概况

近三十余年来，风险投资业得到迅速发展，但其在不同国家和地区的发展状况却存在很大差异，其中就包括了对风险投资机构组织形式选择上的不同。

表 9-1 展示的是 1980~2013 年美国、欧洲和亚太国家新建的不同类型风险投资机构的数量相对权重对比概况，由此可对全球各地在风险投资机构组织形式的选择及其变化趋势进行简要分析和总结。

从表 9-1、图 9-4、图 9-5 及图 9-6 所显示的数据及其变化趋势可以得到以下一些结论：第一，在全球范围内，从 20 世纪 80 年代开始，有限合伙制是风险投资机构所采用的最主要的组织形式，其每年新建比例占据了新建基金总量的 70% 左右，这一特点在美国表现得最为明显，如在 20 世纪 80 年代，有限合伙制占美国风险投资基金的 75%，而截至 2013 年，这一比例增加到 84%。第二，公司制风险投资机构，尤其是附属型风险投资公司（基金）也比较流行，其每年新建比例占据了新建基金总量的 15% 左右，公司制风险投资机构又以金融机构附属型基金为主，其比例一般占公司制基金总量的 60% 左右。第三，信托基金制的应用不太普遍，在以上统计中，信托基金制新建基金数量被统计在"其他"类别中，占据的比例很小。第四，从风险投资行业过去近 30 年的发展情况来看，各类型的风险投资机构所占比例相对比较稳定，变化不大，即以有限合伙制为主，其次是公司制，最后是包括信托基金制在内的其他组织形式。第五，

表9－1　1980～2013年全球新建各类型风险投资机构概况

时间 (累计周期)	美国 总数	美国 有限合伙制	美国 非独立机构 公司附属	美国 非独立机构 金融机构附属	美国 其他	所有欧洲国家 总数	所有欧洲国家 有限合伙制	所有欧洲国家 非独立机构 公司附属	所有欧洲国家 非独立机构 金融机构附属	所有欧洲国家 其他	所有亚太国家 总数	所有亚太国家 有限合伙制	所有亚太国家 非独立机构 公司附属	所有亚太国家 非独立机构 金融机构附属	所有亚太国家 其他
按周期划分的新建风险投资基金数量														
1980～1989年	957	661	76	91	129	236	135	3	43	55	112	85	8	12	15
1990～1996年	718	543	30	51	94	274	170	8	32	64	391	279	54	54	50
1997～2001年	1804	1342	120	94	248	1152	703	80	134	235	856	595	54	116	91
2002～2004年	376	317	13	12	34	225	150	8	29	38	150	90	12	27	21
2005～2008年	1907	1571	131	95	110	1367	866	89	142	270	899	613	87	121	78
2009～2013年	1833	1431	121	108	173	1211	732	77	139	263	935	608	92	147	88
按周期划分的不同风险投资机构类型占比														
1980～1989年	1	0.691	0.079	0.095	0.135	1	0.572	0.013	0.182	0.233	1	0.759	0.000	0.107	0.134
1990～1996年	1	0.756	0.042	0.071	0.131	1	0.620	0.029	0.117	0.234	1	0.714	0.020	0.138	0.128
1997～2001年	1	0.744	0.067	0.052	0.137	1	0.610	0.069	0.116	0.204	1	0.695	0.063	0.136	0.106
2002～2004年	1	0.843	0.035	0.032	0.090	1	0.667	0.036	0.129	0.169	1	0.600	0.080	0.180	0.140
2005～2008年	1	0.824	0.069	0.050	0.058	1	0.634	0.065	0.104	0.198	1	0.682	0.097	0.135	0.087
2009～2013年	1	0.781	0.066	0.059	0.094	1	0.604	0.064	0.115	0.217	1	0.650	0.098	0.157	0.094
按周期划分的年均新建风险投资基金数量														
1980～1989年	96	66	8	9	13	24	14	2	4	4	14	11	2	2	1
1990～1996年	103	78	4	9	12	39	24	8	5	8	56	40	8	8	6
1997～2001年	361	268	24	19	50	230	141	16	27	46	171	119	11	23	18
2002～2004年	125	106	4	4	11	75	50	8	10	7	50	30	4	9	7
2005～2008年	476	393	33	24	28	342	217	22	36	68	225	153	22	30	20
2009～2013年	367	286	24	22	35	242	146	15	28	53	187	122	18	29	18

数据来源：Thomson《风险投资经济》；作者结论。

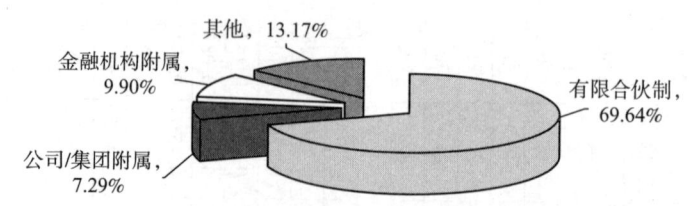

图 9-4　2009~2013 年全球新建各类型风险投资机构占比

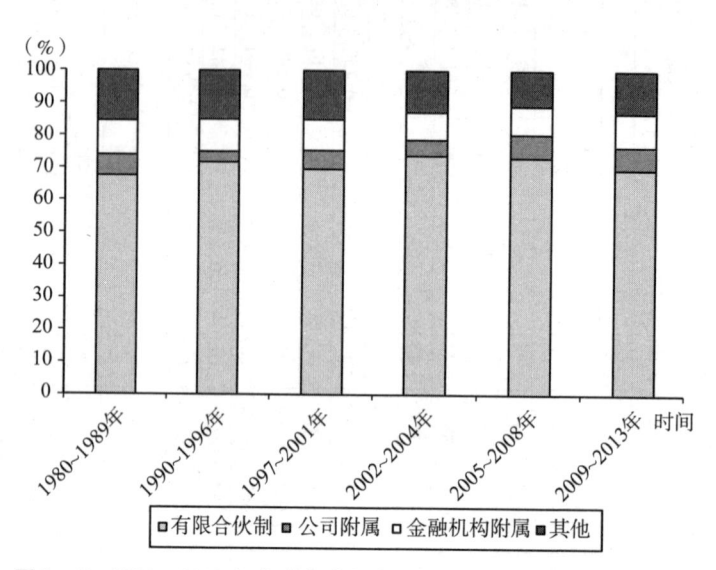

图 9-5　1980~2013 年全球新建各类型风险投资机构占比变化趋势

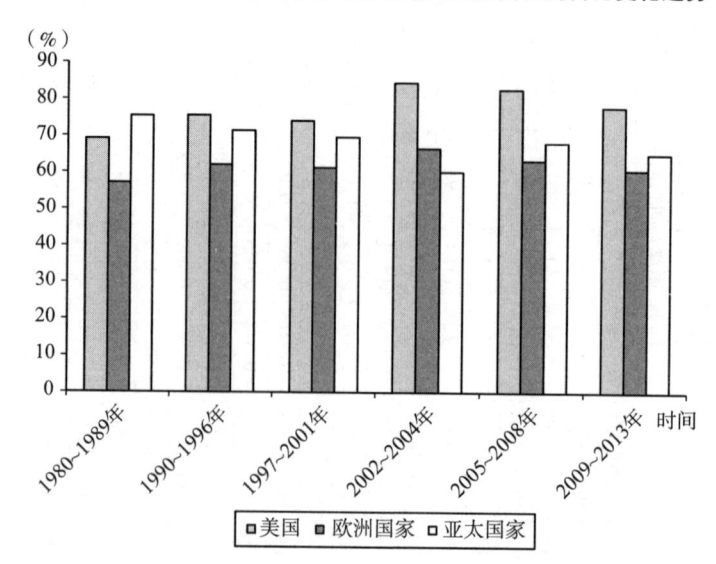

图 9-6　1980~2013 年全球各地区有限合伙制风险投资机构占比对比情况

从美国、欧洲以及亚太国家新募集基金中有限合伙制所占比例的对比情况来看，有限合伙制在美国应用最为广泛，其次是亚太国家，最后是欧洲。

当然，在全球风险投资机构的组织形式方面还有很多特点未反应在以上数据当中。比如，自20世纪90年代后期，出现了大量公司内部和金融机构组建风险投资基金的现象，尽管这些风险投资机构所占的市场份额没有显著变化，但其在绝对数量上增加了400%~600%。此外，政府主导或引导的风险投资基金也在各个国家得到快速发展，尤其是在一些不发达国家这一组织形式逐渐成为主流。

风险投资的国际化以及各地区风险投资机构组织形式的差异，促使人们去研究经济环境、法律体系、文化传统和社会制度等各种因素对风投机构组织形式选择的影响。

二、代表性国家或地区组织形式的发展现状和分析

（一）美国

美国是世界上最早出现风险投资的国家，也是目前风险投资业发展最为成功和成熟的国家。美国风险投资活动的投资领域集中在软件、医疗器械、生物技术等高科技领域，其投资额占到了总投资额的85%以上。美国风险投资业的蓬勃发展，一方面得益于其有利于风险投资发展的经济、法制和文化等良好的外部环境；另一方面各种不同类型的风险投资机构组织形式的灵活运用也起到了很大的促进作用。而美国目前的风险投资机构主要以有限合伙制为主。

如表9-2、图9-7所示，以每5年为一个时间段，通过抽样调查的方式可以得到以上图表。从图表中可知，美国自20世纪80年代以后（尤其是1982年以后），有限合伙制风险投资机构的占比呈现出稳步上升趋势，并逐渐成为主流形式，在进入21世纪以后，其比例持续增加到80%以上。此外，还有其他数据也支持了这一结论。例如，1985年，通过对美国627家私人风险投资机构进行抽样调查，我们发现在这些风投机构所经营的290亿美元风险资本中，由有限合伙制机构管理的资本占比高达69%（即200亿美元）；而1995年，有限合伙机构的实际风险投资额多达1432亿美元，其占比高达美国当年风险投资总额的81.2%。

从美国每年新募集的基金数量来看，也可以得到相同的结论。根据表9-1中关于美国的数据可以得到图9-8。

表 9-2　　　　　　　美国有限合伙制风险投资机构占比情况

年份	1980 年	1985 年	1990 年	1995 年	2000 年	2005 年	2010 年	2015 年
样本数量（家）	578	627	613	591	688	654	708	696
有限合伙制数量（家）	246	404	416	426	543	529	577	581
占比（%）	42.56	64.43	67.86	72.08	78.92	80.89	81.50	83.48

数据来源：《风险投资学》。

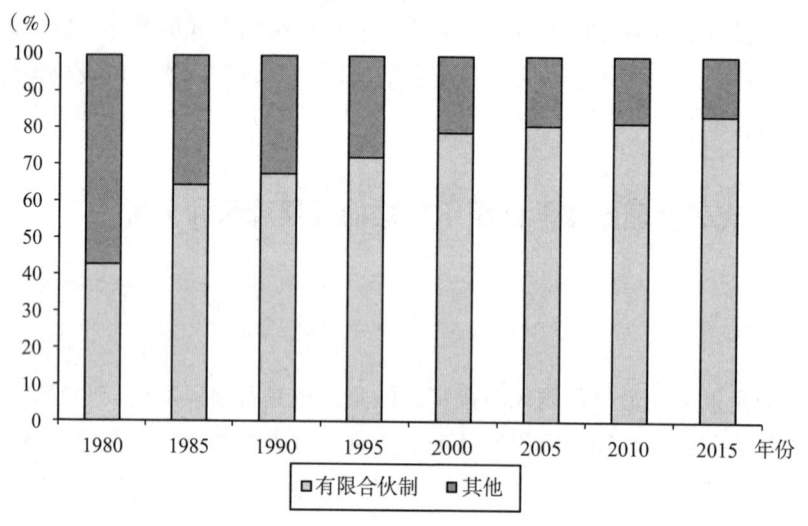

图 9-7　1980~2015 年美国有限合伙制风险投资机构占比变化趋势

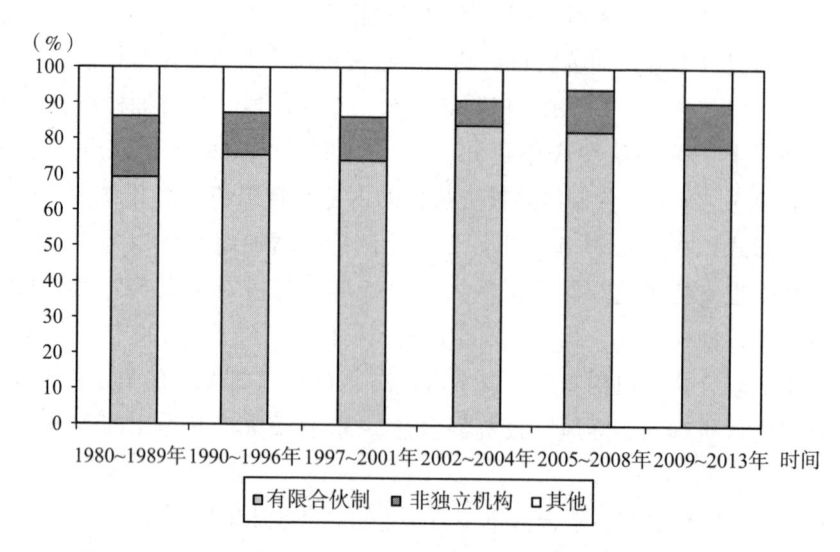

图 9-8　1980~2013 年美国新募集各类风险投资基金占比变化趋势

由图 9-8 可知，在美国历年新募集的风险投资基金中，有限合伙制是主流形式，部分年份有限合伙制占比超过了 80%，其次是包括公司附属和金融机构附属在内的非独立机构。以上再次验证，有限合伙制是美国风投机构主流模式的结论。

事实上，在美国风险投资业刚兴起时，风投机构的主流组织形式是公司制而非有限合伙制。如表 9-3 和图 9-9 所示，从各类型风险投资机构所管理的风险资本占比的角度分析，美国在 1982 年以前是以公司制为主导的，之后才逐渐转变为以有限合伙制为主。

表 9-3　　1980~1988 年间美国各类型风险投资机构风险资本占比变迁

年份	1980	1981	1982	1983	1984	1985	1986	1987	1988
风险资本总计（十亿美元）	0.38	0.58	0.76	1.21	1.63	1.96	2.41	1.9	3.11
有限合伙公司（%）	40.0	44.0	58.0	68.7	72.0	73.0	75.0	78.0	80.0
大公司附属（%）	31.1	28.0	25.0	21.0	18.0	17.0	16.0	14.0	13.0
小风投公司（%）	28.9	28.0	17.0	11.0	10.0	10.0	9.0	8.0	7.0

数据来源：叶彩卿《国外风险投资组织形式对我国的启示》；作者结论。

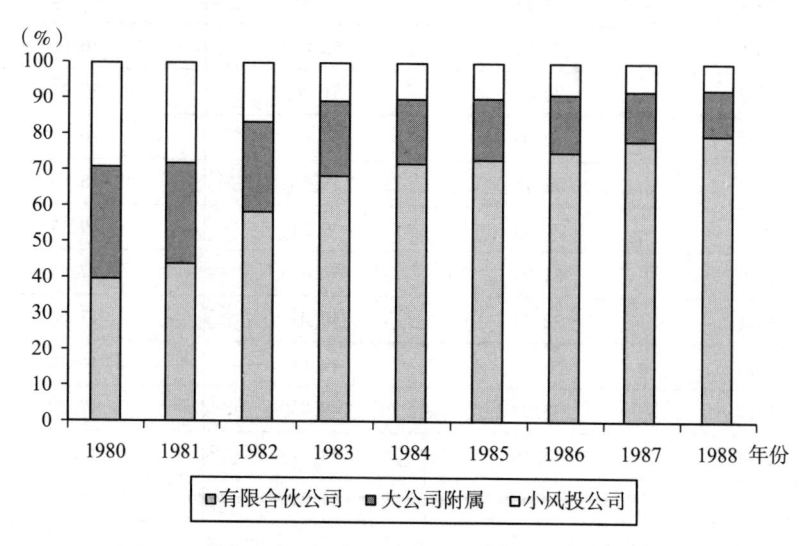

图 9-9　1980~1988 年间美国各类型风险投资机构风险资本占比变化趋势

(二) 英国

英国作为欧洲风险投资业的主要发源地之一,它在1945年成立了英国第一家风险投资机构(工商金融公司(ICFC)),致力于投资先进的发明创造,以鼓励和支持各种科研创新活动。此后,英国政府通过制定相关法律对风险投资业的发展给予了巨大支持,加上英国本身有利于风险投资业发展的宽松的经济环境,促使英国目前风险投资业的发展规模以及发达程度都稳居欧洲首位,其风险投资规模已经超过欧洲风险投资总额的1/2,其中50%以上的风险资本流向了高技术企业。风险投资机构组织形式的灵活选择与应用对英国风险投资业的成功起到了关键作用。

由表9-4和图9-10可以看出,目前英国风险投资机构组织形式以信托基金制为主,其占比基本保持在50%左右,虽然在2008年金融危机以后,该占比有所下降,但仍保持其主导地位。此外,有限合伙制的应用仅次于信托基金制,其比例占风投机构总量的1/3左右,且近年来呈现出稳步上升的趋势。

表9-4　　　　2003~2015年英国各类型风险投资机构占比　　　　单位:%

年份	有限合伙制	信托基金制	其他
2003	32.02	51.14	16.84
2004	32.21	52.05	15.74
2005	30.99	52.03	16.98
2006	30.87	51.76	17.37
2007	30.06	53.81	16.13
2008	32.71	48.45	18.84
2009	31.59	49.24	19.17
2010	31.98	50.61	17.41
2011	32.33	50.03	17.64
2012	33.14	49.88	16.98
2013	33.97	48.95	17.08
2014	34.18	48.07	17.75
2015	35.96	47.31	16.73

数据来源:英国风险投资协会(BVCA)。

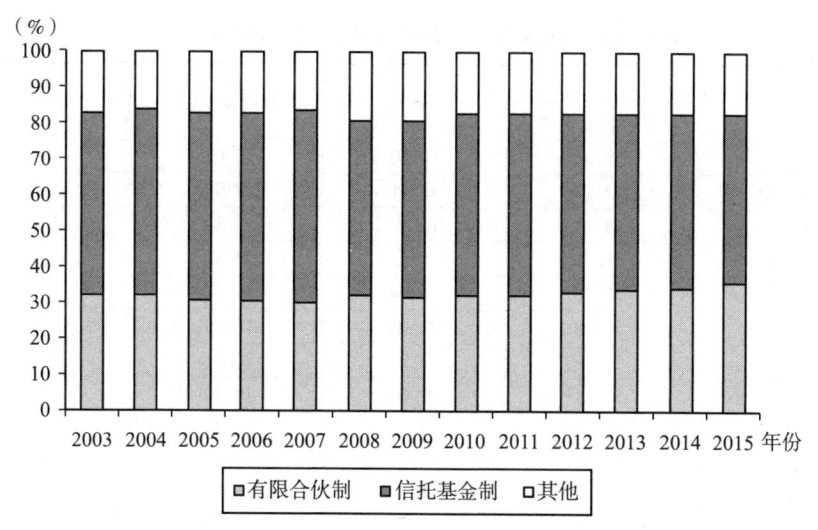

图 9-10　2003~2014 年英国各类型风险投资机构占比变化趋势

（三）日本

日本经济在 20 世纪 70 年代进入了高速增长的末期，为了推动本国经济的持续发展，日本提出以"产业结构的知识集约化"发展为重点，同时鼓励发展风险投资业为其他产业的发展提供资金支持。1972 年，日本成立第一家风险投资公司（京都事业发展公司），标志着日本风险投资业的兴起。历经近半个世纪的发展，日本风险投资行业的发展日渐成熟，在风险投资机构组织形式的选择上也独具特色。

由表 9-3 和图 9-11 可知，首先，日本风险投资机构的主流组织形式是公司制，包括了金融机构附属公司制和其他类型公司制两大类，这两大类机构的占比加总占风投机构总数的 70% 左右，这一比例在 2007 年高达 77%，其中有 52% 的风险投资机构的母公司是各类商业银行和保险公司，其余 25% 的风投机构的母公司是证券公司；其次，在公司制风险投资机构中又以金融机构附属型为主，其占比高达 50% 以上；最后，有限合伙制的应用仅次于公司制，其占比在 20% 左右。此外，还有数据显示，在日本排名前 25 的风投机构中，80% 以上的风投机构是附属于银行、证券公司、保险公司等金融机构。

表9-5　　2003~2014年日本各类型风险投资机构占比　　单位：%

年份	公司制 金融机构附属	公司制 其他公司制	有限合伙制	其他
2003	53.01	13.20	26.05	7.74
2004	52.25	15.41	24.98	7.36
2005	58.17	14.12	19.89	7.82
2006	51.97	15.11	26.51	6.41
2007	52.30	25.09	19.17	3.44
2008	52.09	23.05	18.99	5.87
2009	56.93	19.94	20.07	3.06
2010	55.11	21.06	19.29	4.54
2011	55.00	19.02	20.34	5.64
2012	52.51	23.23	19.93	4.33
2013	56.03	20.01	19.78	4.18
2014	53.72	21.36	22.54	2.38

数据来源：日本风险事业中心（VEC）。

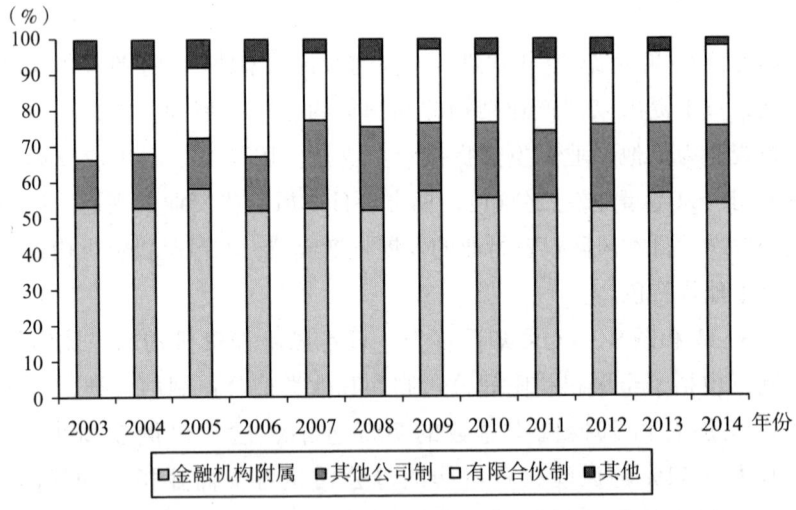

图9-11　2003~2014年日本各类型风险投资机构占比变化趋势

（四）以色列

1985年，以色列第一家风险投资机构（Athena基金）的成立标志着该国风险投资业的兴起。随后该国政府于1992年拨款1亿美元建立YOZMA基金以发展风险投资业，并带动国内外私人资本进入风险投资市场，以促进以色列高科技企业的发展。在20世纪90年代，以色列风险投资业以接近85%的年平均增长速度高速发展，几乎将所有的风险资金投资于信息通讯技术、生物技术等高科技领域，因此以色列还被喻为"中东硅谷"。当然，在风险投资机构组织形式的选择上，以色列也和其他国家（地区）存在差异。

由表9-6和图9-12可知，以色列主要采用的是有限合伙制风险投资机构，其占比高达90%以上。在有限合伙制中，政府干预明显，由政府资金参与或支持的风投基金占比高达70%以上。从近十年的数据可知，以色列风险投资机构中有限合伙制的主流地位保持高度不变，同时政府参与风险投资的政策也基本保持稳定。

表9-6　　　　　2005~2014年以色列各类型风险投资机构占比　　　　单位：%

年份	有限合伙制 政府背景	有限合伙制 非政府背景	其他
2005	75.42	18.09	6.49
2006	76.15	17.76	6.09
2007	76.04	16.99	6.97
2008	78.16	16.91	4.93
2009	78.76	17.01	4.23
2010	77.64	17.83	4.53
2011	77.57	17.26	5.17
2012	76.53	17.87	5.60
2013	76.94	18.05	5.01
2014	77.01	18.17	4.82

数据来源：以色列风险投资研究中心。

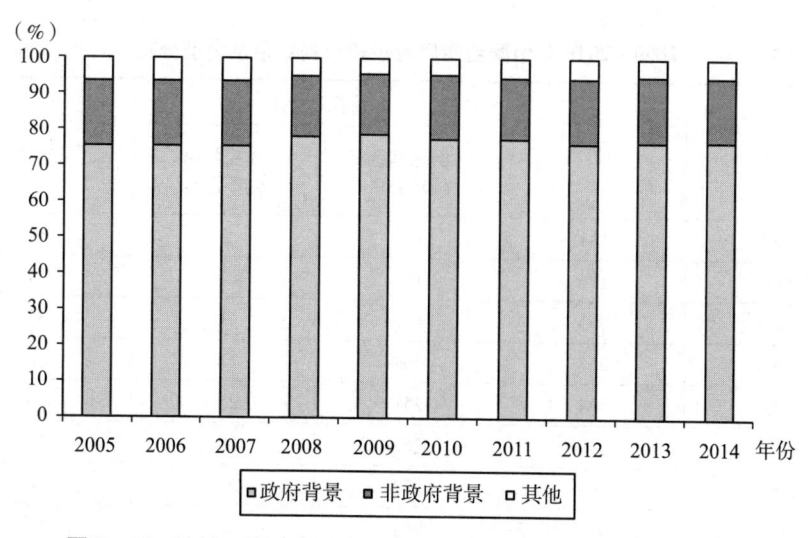

图9-12　2005~2014年以色列各类型风险投资机构占比变化趋势

此外，还有数据表明，在以色列风险投资业中，政府投入的资金总额占到了风险投资基金总量的1/3，再一次突出了以色列政府主导型风险投资的特点。

（五）中国台湾

中国台湾地区风险投资业的发展起步较晚，但由于政府政策的倾斜以及鼓励高新技术产业发展的有利环境，台湾风投业在短短几十年内也得到了飞速发展。目前，台湾地区风投业的发达程度已经超越了日本、韩国、新加坡等国家。台湾地区风险投资业的发展情况可以从其风险投资机构数量的增加情况中得到反映，而这些风险投资机构主要是以信托基金制为主的。

由表9-7、图9-13、图9-14和图9-15可知：第一，进入21世纪以后，台湾地区风险投资机构的数量保持着逐年递增的趋势，从2000~2015年，风险投资机构数量增加了近4倍；第二，受2008年金融危机的负面影响，风投机构的数量有所下降，但并不明显；第三，在风险投资机构的组织形式方面，台湾地区目前大部分采用信托基金制，其比例高达投资机构总量的80%以上，主要包括委托基金管理公司投资和委托其他创投公司投资两大类，其他的风险投资机构大多采用自行管理的方式来进行投资活动；第四，从近十几年各类型风险投资机构数量占比的变化趋势来看，信托基金制的主导地位保持着高度稳定性，并呈现小幅增加的趋势。

表9-7　　　　2000~2015年中国台湾风险投资机构数量及类型分布　　　单位：家

年份	合计	信托基金制 委托基金管理公司	信托基金制 委托其他创投公司	其他
2000	184	147	5	32
2001	196	155	7	34
2002	213	169	7	37
2003	268	209	11	48
2004	324	251	23	50
2005	349	262	28	59
2006	366	279	27	60
2007	401	304	35	62

续表

年份	合计	信托基金制 委托基金管理公司	信托基金制 委托其他创投公司	其他
2008	466	376	29	61
2009	427	341	28	58
2010	429	342	33	54
2011	499	405	41	53
2012	532	422	49	61
2013	578	466	53	59
2014	697	544	76	77
2015	734	591	74	69

数据来源：《台湾创业投资年鉴》和台湾地区有关创业投资商业同业公会统计数据。

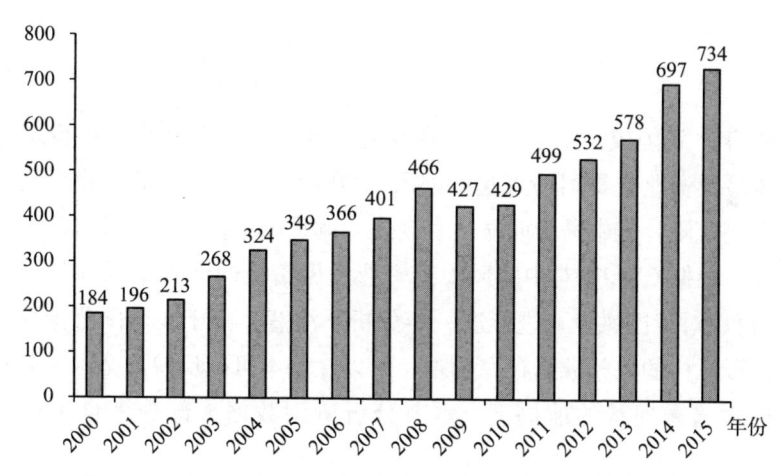

图 9-13 2000~2015 年中国台湾风险投资机构数量变化趋势

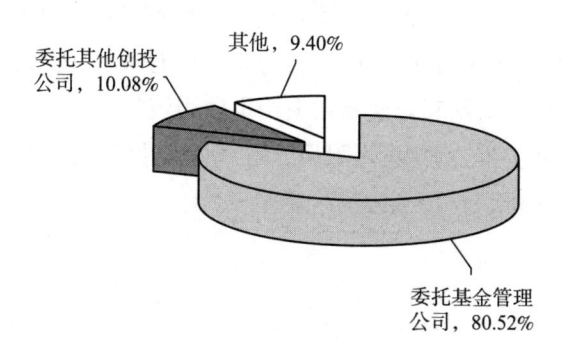

图 9-14 2015 年中国台湾各类型风险投资机构占比情况

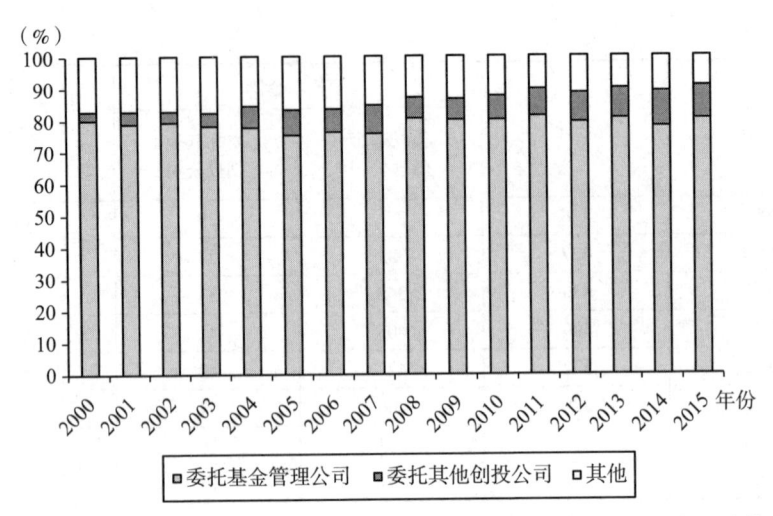

图 9–15　2000~2015 年中国台湾不同类型风险投资机构数量占比变化趋势图

（六）中国

1985 年，我国成立了第一家风险投资机构（中国新技术创业投资公司），标志着风险投资业在我国的兴起。进入 2000 年以后，我国的风险投资业进入了快速发展阶段，其中最为明显的表现之一就是风险投资机构数量的增加及规模的扩大。根据 CVCRI 对中国风险投资业发展情况的调查结果（如以下图表所示），可以对我国风投业进行进一步分析。注意，由于在全国范围内搜集所有风险投资机构的完整数据存在困难，所以在基本可以反映出全国风险投资机构组织形式选择现状的前提下，本节分析所用数据大部分来自于样本调查数据。

我国在风险投资机构的组织形式方面存在一些明显的特征。在 2015 年调查的 289 家有效样本中，首先，有限责任公司制风险投资机构数量占比最高，达 75.09%，虽然同比下降了 0.96 个百分点，但有限责任公司制仍然居于主导地位；其次，股份公司制和合伙制在中国也较为流行；最后，非独立机构（包括了金融机构附和上市公司/集团附属）在所有风投机构中所占比重最小。具体情况如以下图表所示。

表 9-8　　　　　　　2003～2013 年中国调查风险投资机构样本数

年份	2003	2004	2005	2006	2007	2008	2009	2010	2011	2012	2013	2014	2015
样本数（家）	180	141	150	153	275	402	556	579	950	701	869	976	998

数据来源：2003～2015 年《中国风险投资年鉴》。

表 9-9　　　　　　　2004～2015 年中国风险投资机构组织形式选择

组织形式		有限责任公司制	股份公司制	合伙制	非独立机构 金融机构附属	非独立机构 上市公司/集团附属	其他	合计
2015 年	数量	217	33	28	3	2	6	289
	比例	75.09%	11.42%	9.69%	1.03%	0.70%	2.07%	100.00%
2014 年比例		76.05%	11.39%	7.51%	1.10%	1.05%	2.90%	100.00%
2013 年比例		75.00%	13.24%	7.35%	—	—	4.41%	100.00%
2012 年比例		69.39%	8.17%	10.20%	—	5.10%	7.14%	100.00%
2011 年比例		73.75%	11.25%	8.75%	—	2.50%	3.75%	100.00%
2010 年比例		79.84%	7.82%	9.46%	—	1.23%	1.65%	100.00%
2009 年比例		69.12%	7.84%	15.20%	0.49%	0.49%	6.86%	100.00%
2008 年比例		56.98%	11.73%	24.58%	1.12%	0.56%	5.03%	100.00%
2007 年比例		64.90%	13.25%	14.57%	1.99%	1.32%	3.97%	100.00%
2006 年比例		68.29%	13.01%	10.57%	—	2.44%	5.69%	100.00%
2005 年比例		79.00%	9.00%	5.00%	1.00%	—	6.00%	100.00%
2004 年比例		81.00%	11.00%	2.00%	—	—	6.00%	100.00%

数据来源：2003～2015 年《中国风险投资年鉴》。

注：2004～2013 年该项调查的有效样本数分别为 110 家、132 家、123 家、151 家、179 家、204 家、243 家、160 家、98 家、68 家、221 家和 289 家。

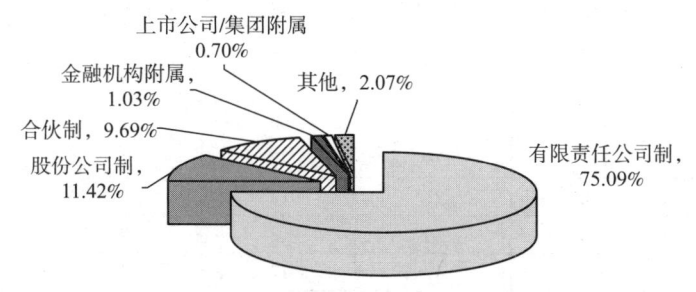

图 9-16　2015 年中国各类型风险投资机构占比

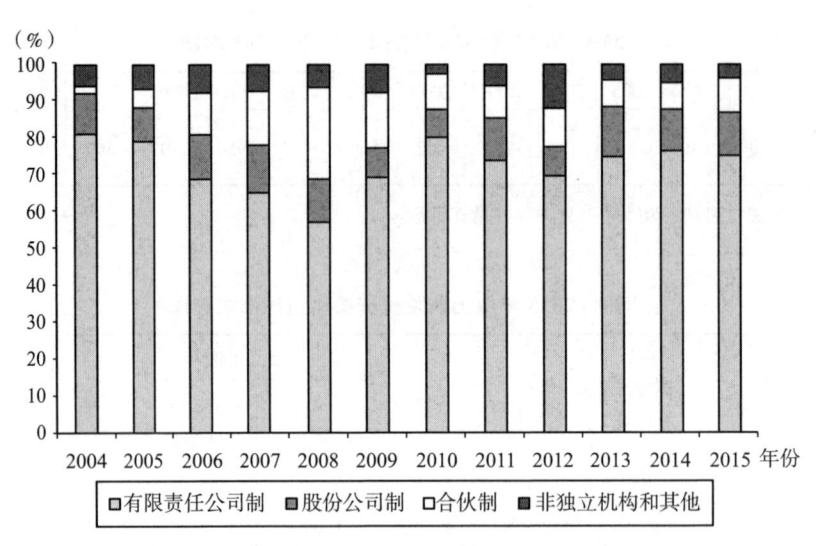

图 9-17　2004~2015 年中国各类型风险投资机构数量占比变化趋势

由以上图表可知，第一，近 10 余年，我国风险投资机构所采用的主要组织形式是公司制，一般占风投机构总量的 80% 左右，部分年份该比例甚至接近 90%，公司制中又以有限责任公司制为主，其次是股份公司制；第二，除公司制以外，近年来合伙制风险投资机构也日渐兴起，但是非独立机构（金融附属机构和上市公司/集团附属机构）以及其他形式风险投资机构的数量仍然很少。

从每年新募集的风险投资基金的组织形式的角度进行分析，也能得到一些重要结论。

表 9-10　　　2008~2015 年中国新募集风险基金组织形式类型分布　　单位：家

年份	有效样本数	有限合伙制	公司制	信托基金制	其他
2008	84	43	33	4	4
2009	123	31	83	4	5
2010	131	61	60	2	8
2011	112	78	32	0	2
2012	40	23	14	2	1
2013	29	20	7	0	2
2014	67	47	17	2	1
2015	103	70	29	4	0

数据来源：2003~2015 年《中国风险投资年鉴》。

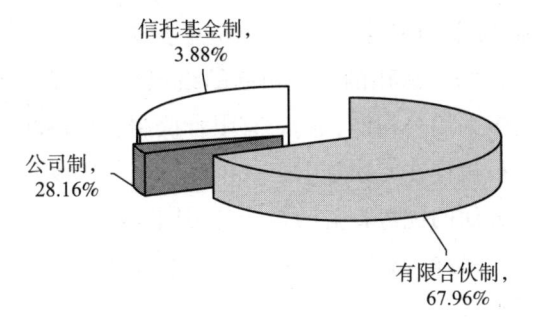

图 9-18 2015 年中国新募集各类型风险基金占比

信托基金制，3.88%
公司制，28.16%
有限合伙制，67.96%

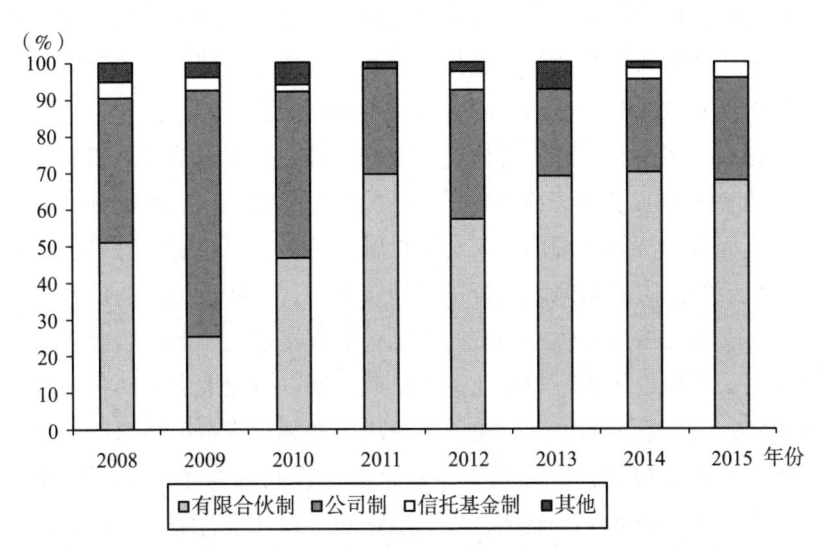

图 9-19 2008~2015 年中国新募集各类型风险基金占比变化趋势

从以上图表可知，我国从 2008 年开始，尤其是在 2010 年以后，新募集的风险投资基金中主要以有限合伙制为主，其占比在 60% 左右；其次是公司制，而信托基金制的应用并不广泛。根据这一趋势，有限合伙制将有可能成为我国未来风险投资机构的主流组织形式。

三、代表性国家或地区的组织形式分析

（一）美国

由上节有关美国的数据可知，美国风投机构组织形式经历了由以公司制为

主到以有限合伙制为主的变化过程。1946年美国成立第一家风险投资公司（美国研究与发展公司），采用的是公司制的组织形式。此后的40余年，美国风险投资机构仍大多采用公司制，同时有限合伙制也在逐渐兴起。在这一时期内，有限合伙制风投机构在专家理财、规模经营、分散风险、科学决策、解决委托—代理问题等方面的优势日益凸显，与美国新经济形态下高新技术产业发展的需求日渐吻合。最终，有限合伙制在20世纪80年代后期成为美国风险投资机构的主流组织模式。

从公司制到有限合伙制的转变符合美国的实际国情。美国资本市场、法律体系、中介服务机构的不断发展与完善为该国建立起了较完善的经济与制度环境，这有利于降低有限合伙制的选择成本和监督成本，使激励约束机制和选择监督机制得到有效结合，从而有限合伙制得到迅速普及。

美国存在许多有利于有限合伙制发展的条件，主要包括以下四个方面。

（1）在融资制度方面。美国融资制度有如下特点：①政府规范市场。即由政府制定完备的法律法规体系来约束投融资活动，但政府一般只通过类似实施相关货币政策的方式对风险投资进行间接干预，风险投资活动仍主要由市场机制调节；②直接融资占优。即政府鼓励企业直接进入股票市场或风险投资市场寻求融资，并且由于银行与企业关系松散，所以企业大多倾向于向风险资本家寻求融资；③信息透明度高。美国部分法律法规对资本市场的信息公开性以及资产流动性做了规定，这有利于促使金融资产间的竞争，进而降低融资成本，并且提高了融资效率。显然，以上融资制度有利于有限合伙制中资金与知识的结合、风险资本家控制权与投资者剩余索取权的匹配。

（2）在资本市场方面。美国NASDAQ市场有效地降低了有限合伙制选择、监督和退出的成本。具体表现在：①1970年出现的NASDAQ市场，凭借其宽松的上市条件和快捷的电子报价系统，不仅能为高新科技类中小企业提供融资，而且为有限合伙制中企业控制权由风险资本家到风险企业家的顺利转移以及风险资本的迅速退出提供了通道，有效地降低了交易成本。②NASDAQ市场有三层严格的市场监管机制：第一层，美国证监会委托全国证券交易商协会（NASD）和交易所直接监管。证监会本身不对资本市场进行日常监管，但为了有效监督资本市场，证监会的市场监管部和执法部门会对NASD、交易商和经纪商进行随时跟踪，并检查任何异常违规行为。此外，证监会还会对交易商、经纪商的财务状况进行定期和不定期检查。第二层，NASD的监管。一方面，NASD要发挥行业自律作用；另一方面，NASD要配合其他执法机构对

NASDAQ 市场品质、规则遵守、交易及市场的完整性进行监管。第三层，NASDAQ 市场监管部的监管。这类监管的对象主要是投资发起人，具体包括了对股票价值量、信息披露、市场交易活动、佣金和交易报告等方面进行实时监控。三层严格的市场监管机制有效提高了信息透明度，有利于降低有限合伙制外部投资人的选择和监督成本。

（3）在法律体系方面。美国在投融资方面拥有堪称世界上最健全的法律体系，包括《公司法》、《破产法》、《劳动法》、《证券法》和《企业兼并条例》等等。为了促进风险投资业的发展，美国政府还颁布了《小企业投资法》、《收入法》、《ERISA"审慎人"规定》、《小企业投资促进法》、《ERISA"安全港"法规》、《有限合伙制企业法》、《经济恢复税法》、《股票选择权促进法》、《信贷担保法》等一系列相关法律法规。这些法律一方面为有限合伙制投资人提供了税收方面的优惠，降低了有限合伙制的运营成本；另一方面这些法律条款类似"公共产品"，由国家统一提供，从而减少了有限合伙制相关当事人的协商成本。此外，美国风险投资行业内存在众多自律机构、科研项目评估机构、技术经纪机构以及会计与法律服务机构等相关中介机构，有利于降低有限合伙制利用资本市场界定和保护知识产权的费用。

（4）在人力资本方面。美国拥有众多世界一流的高等院校和研究机构，在该国自由开放、鼓励创新的文化氛围影响下，培养出了一大批拥有科学前瞻力的高科技人才以及具有敏锐市场洞察力的风险资本家，这些高素质人才的出现也有效推动了有限合伙制的发展。

（二）英国

英国风险投资机构存在多种组织形式，主要包括了有限合伙制、英国投资信托公司、风险资本信托、平行基金、英国未授权豁免基金、单位信托以及在英国的外国公司和外国单位信托等，其中信托基金制最为普遍，其次是有限合伙制。呈现出这一特点的主要原因在于英国发达的信托法制体系以及政府政策的倾斜。

首先，在信托法制体系方面。信托最早起源于 18 世纪的英国，为了充分发展信托业，英国在未来的几百年间建立起了完善的信托法制体系，使英国成为世界上信托业发展最为成熟的国家之一。在风险投资方面，英国在 1995 年颁布了《风险投资信托法规》，为信托制风险投资基金在英国的发展奠定了法律基础，从此创业投资信托制在英国的风险投资机构中开始得到广泛应用。

2002年，英国政府对以上法规进行修订，进一步规定了风险投资信托机构以及信托基金的个人投资者均可享受不同形式与程度的税收减免。

其次，在政府政策方面。一方面，政府着力于吸引个人投资者将资金投入到风险投资信托基金当中；另一方面，政府还注重引导信托基金将风险资金投资于高新技术产业。部分具体政策包括了英国可以通过上市手段在市场上发行信托基金的股票，由此拓宽风险投资信托基金投资者的退出渠道；在税收优惠上，信托制风投基金的资本利得税可以减免或延期缴纳、个人所得税可减免等。当然，信托制基金在享有税收优惠的同时也受到部分限制。例如，风险投资信托基金的股票持有者在转让其持有的股份时，需恢复其资本利得税的缴纳；若投资者在3年内转让其持有的股份，投资者需补交原已被减免的资本利得税或个人所得税等。

（三）日本

日本风险投资机构的主流组织形式是公司制，公司制中又以金融机构的附属风险投资公司为主，形成这一现状的主要原因如下：

首先，相关法律的颁布和政策的实施是形成日本以公司制为主要风险投资机构组织形式的根本原因。2005年日本正式颁布《公司法》，并在2006年开始正式实施，此前日本公司法制度一直规定在日本商法典中，有关公司法的条例及法规为公司制风险投资机构的设立与发展提供了有利条件。虽然日本在1998年出台的《投资事业有限合伙制法》使有限合伙制风险投资机构得到法律支持，但是由于日本的风险投资机构主要以事业部制为其组织结构，各种工作要求不同的部门来完成，容易造成决策效率低下、权责不清、激励机制难以发挥作用等一系列问题，从而削弱了有限合伙制的优势，使得真正意义上的有限合伙制在日本难以得到普遍应用。此外，政府的贷款贴息与担保等政策也倾斜于公司制风投机构。

其次，日本风投公司主要以金融机构附属型为主与该国经济发展环境密切相关。第二次世界大战以后，日本经济重建要求对稀缺资本进行有计划的配置，在政府干预下银行体系得到迅速扩张，进而形成了一个以银行等金融机构为主导的融资体系，银行与企业间有很强的依存关系。在这种经济背景下，日本形成了特有的银企关系，风险投资与银行、证券、保险公司密切合作，管理层也基本由这些机构委派人员担任或由机构直接控制，最终形成了日本风投机构多为金融机构的附属公司或投资子公司。

最后，日本的民族文化偏于保守，冒险精神不强，处事态度过于循规蹈矩，从而导致了日本投资行为也相对保守，进而使有限合伙制、信托基金制在日本难以得到普及。

（四）以色列

在以色列风险投资业发展早期阶段，由于政治形势动荡、经济税收政策僵化、外汇管制严格以及中东战乱等诸多不利因素，增加了投资的风险。在这种情况下，为了支持新技术领域的研发工作，以色列政府一方面对新技术研究给予补贴、取消部分政策限制以及减弱外汇管制；另一方面相继成立部分政府风险基金以引导私人资本的进入，从而促进风险投资业的发展，以此为本国高新技术产业的发展提供资金。

以色列风险投资机构以有限合伙制为主，而政府参与有限合伙制风投基金是该国风险投资业发展的最大特点之一。以色列风投基金的基本模式是以政府为基础的"政府＋民间资本＋海外资本"的"1＋2"模式，即由政府发起组建风险基金，并吸引大量的国内外私人资本的加入，以此成立混合基金。在该模式下，政府发起组建的风投基金以引导基金为主，带动其他风险资本来扶持高新科技产业发展，而政府本身并不直接参与有限合伙机构的管理和运作，而由专业的风险投资家来负责风险投资活动，在风投基金发展成熟以后，政府随即退出。显然，这种模式的有限合伙制风险投资基金的组建有利于以色列风险投资业的发展。一方面，政府对风险基金的支持可以降低其他风险资本参与投资的风险，这有利于吸引更多的海外私人风险资本加入风险基金。有数据显示，在以色列风险投资业的起步阶段，有接近70%的风险资本来源于海外，而进入21世纪以后，海外资本占比仍高于50%。另一方面，采用有限合伙制可以促进本地风险投资专家与世界风险投资团队的密切合作，从而提高以色列风险投资的专业化水平，并便于及时接触新颖的投资理念，从而提高风险投资的成功率。

此外，在以色列富有创造力和灵活性的文化氛围下，培养了大量优秀的企业家、律师、会计师、审计师和银行家等专业人才，为有限合伙制的发展提供了大量人才储备。而政府着力支持建立的中介机构也大大提高了市场信息透明度，有效缓解了合伙人之间的信息不对称问题。

（五）中国台湾

台湾地区出于对自身实际环境的考虑，其在刚开始发展风险投资业的时候并未完全照搬美国的组织形式与管理模式，而是不断探索出一套适合当地风险投资发展的组织管理模式，也就是信托基金制。在台湾地区信托基金制的组织形式下投资者设立创业投资公司或基金，采用委托管理方式，将其资金委托给专业的基金管理公司或其他创投公司来进行管理和经营。信托基金制将有限合伙制中"资本+人"的一体组合分离成"资本"+"人"两个实体，并在两个实体间签订委托管理合同，规定各方需要承担的法律义务，基金管理人和托管人明确分工且互相制衡，从而有效降低因法制和信用缺乏所带来的风险。

台湾地区的风险投资机构之所以没有效仿美国采用有限合伙制，主要与当地的立法有关，主要表现如下：

首先，台湾地区的"公司法"并不承认有限合伙制机构的法人资格，而民法中合伙制所承认的也只是部分的而非完全的有限合伙关系，即仅允许隐名合伙人承担有限责任，其他合伙人仍然需要承担无限责任。此外，根据早期台湾从事风险投资业的相关准入标准，合伙机构并不在该标准之内，即无法以有限合伙的形式进行风险投资。

其次，台湾地区颁布的"促进产业升级条例"给予了创业投资很大程度的税收优惠，可以有效缓解股份有限公司的双重纳税问题。因此，台湾地区的风险投资业一开始大多采用股份有限公司的形式。但随着台湾地区信托业的飞速发展以及1996年"信托法"以及2000年"信托业法"的相继颁布，政府要求投资公司转型为专业信托投资公司，使得台湾地区的风投机构组织形式逐渐转变为以信托基金制为主，而信托制中又主要包括了委托基金管理公司和委托其他创投公司两大类。此外，政府还专门制定特别法规，详细规定委托—代理双方的责任、义务及权利，并设计相关的约束与激励机制，从而有效缓解了道德风险问题，降低了代理成本，并调动了委托代理双方的积极性以及提高了投资工作的效率。

（六）中国

由我国风险投资机构的应用现状及其变化趋势的分析结果可知，我国的风险投资机构主要采用的是公司制，而这一现状与中国特殊的法律和经济环境有关。

首先，从法律环境的角度来看，我国一系列相关法律的出台是各种风险投资机构得以出现并发展的基础。部分重要法律法规及其重要影响如表9-11所示。

表9-11　　　　　　　　有关风险投资机构设立的相关法律法规

年份	法律法规	主要影响
1993	《公司法》	允许采用有限责任公司、股份有限公司以及大公司附属投资机构的组织形式
1994	《深圳经济特区创业投资条例》	最先涉及到有限合伙制的内容,但并未明确规定可采用有限合伙制的形式
1997	《中华人民共和国合伙企业法》	为风险投资机构采取普通合伙企业的形式提供了法律基础
2001	《中关村科技园区条例》	明确规定园区中的风险投资机构可以采取有限合伙制的形式
2001	《信托法》、《投资基金法》	为信托基金制风险投资机构在我国的发展奠定了法律基础
2006	《〈中华人民共和国合伙企业法〉(修订草案)的说明》	在全国范围内,初步允许在普通合伙形式之外可以通过有限合伙制的形式成立风险投资机构
2014	《私募投资基金监督管理暂行办法》	明确私募投资基金可采用公司型、合伙型和契约型三种不同的组织形式
2014	《关于清理规范税收等优惠政策的通知》	给予限合伙企业税收优惠,促进了有限合伙制风险投资机构的快速发展
2014	《私募监管办法》	进一步肯定信托制风险投资机构的合法性,使信托制基金的应用得到推广

尽管各种组织形式的风险投资机构在我国发展都已经具备了一定的法律基础,但目前我国的风险投资机构主要还是采用公司制的形式,其中以有限责任公司为主,股份有限公司为辅,造成这一现状的主要原因如下:

第一,风险投资活动具有高不确定性、高风险的特点,而法律规定普通合伙企业中的合伙人均需承担无限法律责任,显然这不利于普通合伙企业筹募风险资金,从而阻碍了这种组织形式在风投业中的应用。

第二,理论上,有限合伙制能够实现最有效的激励、约束及成本控制,但在中国其并未成为风险投资机构主要组织形式的最重要原因是法律法规的不完善,其次是因为我国不能像美国的有限合伙制那样得到税收政策上的优惠。尽管目前已有部分国家或地方性法规涉及到有限合伙制,但是这些法律法规的适用范围较窄,实施力度也不够,并且这些法律法规都尚未涉及有限合伙制中参与各方之间明确的权利和义务关系等重要内容。可以说,中国目前还没有完善有效的法律法规以规范有限合伙制风投机构的运作。相关法律制度的缺失严重阻碍了有限合伙制在我国的发展。例如,2002年5月,我国第一家有限合伙制风投机构（天绿创业投资中心）就因不合法而关闭。

第三，我国专业化风险投资人才也相当匮乏，这导致有限合伙制风险投资机构当中的有限合伙人（投资者）对普通合伙人（资本运作者）缺乏信任，进而难以建立起有效的有限合伙关系。并且我国投资者对有限合伙制缺乏清晰的认识和了解，对该形式的接受度并不高，这也是较少采取该种组织形式的原因之一。

第四，虽然我国的《信托法》已经颁布并且生效，但中国的金融信托业还没有成为一个独立的产业，信托风险投资基金尚处于还没起步或刚刚起步的阶段，从而出现了较少采用信托基金制的现状。

值得注意的是，我国现有的大部分风险投资公司都具有政府背景，部分公司的政府投资高达80%以上。这类由政府主导的风险投资公司一般由政府发起设立，注册资本来源于财政拨款，其主要的管理人员也多由政府任命。从该类机构的具体运作来看，许多政府投资设立的风险投资公司归政府所有，但政府较少参与风险投资的实际运作，而是将其资金交由专业的风险投资管理公司来进行投资活动。在这种运作模式下，风险资本的经营权与所有权得以分离，风险投资公司致力于风险资本的筹募、设计恰当的股权分配结构以及资产债务比例、股本的扩张、投资的审核与决策等，而专业的风险投资管理公司则负责风险企业或项目的日常管理和监督。当然，这种模式也存在一些弊端，例如，风险投资公司功能的弱化，要求专业的风险投资管理公司具有强有力的业务能力，并且要求投资管理人员兼备专业的技术背景、良好的企业管理能力和娴熟的资本运营技巧等。

第三节　代表性风险投资机构的组织形式分析

一、美国红杉资本

（一）公司简介

红杉资本于1972年在美国硅谷成立，是美国最著名的风险投资机构之一，被称为风险投资业内的传奇以及"创业者背后的创业者"。在公司成立至今的

40多年中，红杉资本投资了众多创新型知名企业，如苹果、谷歌、雅虎、领英等，并取得了巨大的成功。

红杉资本自成立以来，其主要的投资领域集中在科技与传媒业、消费品与现代服务业、医疗健康产业、环保与新能源业及先进制造业等领域，其投资对象主要是一些具有代表性的高成长企业。此外，比起投资于已有一定发展规模或经验丰富的大企业，其更倾向于投资那些备受争议、具有高度不确定性的高科技初创企业，并通过对风险企业进行适当管理与监督，最终取得高额投资回报。

（二）公司发展概况

红杉资本历经40余年的发展，现已在美国、印度、中国和以色列等多个国家与地区设有风险基金和成长基金。据统计，红杉资本管理的资产已超过120亿美元，名下已有30多支基金，目前投资的公司也多达1000家，其中已有400多家成功上市，200多家通过兼并或收购方式顺利退出。并且，在NASDAQ股票市场中有超过20%的市值由红杉资本投资的企业所持有。首先，在红杉资本过去的投资历史当中，若以8年作为一个回收周期，其已完全收回的6号与7号基金年化内部回报率分别为110%与174.5%，远远高于行业15%~40%的内部平均回报率。其次，红杉资本第13期和第14期风投基金的年投资回报率都超过了85%，这一现象也是业界绝无仅有的。当然，红杉资本也存在投资失败的案例，例如，2000年由于受到互联网泡沫破裂的影响，红杉资本所投资的照片应用Color公司、在线杂货零售商Webvan公司以及eToys公司相继破产，均给其造成了巨大损失。

在经济全球化的浪潮中，红杉资本也不忘把握住中国这个巨大市场。2005年9月，红杉资本协同张帆（德丰杰全球基金原董事）以及沈南鹏（携程网原总裁兼CFO）共同创建了红杉资本中国基金，该基金有效地结合国际投资视野与本土创业经验，从而得到迅速成长。目前，红杉资本中国基金已在北京、广州、上海、香港与苏州设立办公室，管理着9支基金（约40亿元）以及高达24亿美元的其他资本，投资的公司已经超过了150家，其中包括了奇虎360、阿里巴巴、新浪网、京东商城和美团网等具有高增长潜力的互联网企业。此外，近年来，红杉资本还投资了部分消费品行业（如匹克运动）和服务行业（如万达影城、力美广告），均获得了可观的投资回报。受2015年中国股票市场和金融市场巨幅波动的影响，红杉资本在中国的进一步筹资受阻，但其凭借已有投资及颇高的投资回报抵消了部分股市动荡造成的负面影响。因此，总体而言，红杉中国受当前经济波动的影响不大。

（三）组织结构分析

红杉资本作为美国最典型的风险投资机构，其内部组织形式是以有限合伙制为基础的，具有有限合伙制风险投资机构最为典型的组织结构，如图9-20所示。

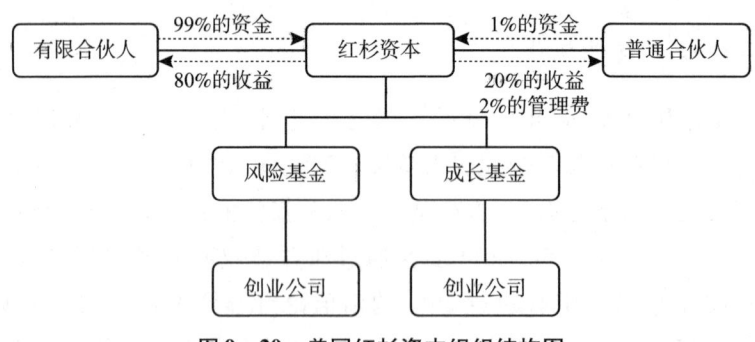

图9-20 美国红杉资本组织结构图

同所有的有限合伙制基金一样，红杉资本用于投资的风险资金大约99%来自于有限合伙人，资金来源主要包括了养老基金、捐赠基金以及大学基金等等，由普通合伙人提供1%左右的资金，并由普通合伙人对红杉资本进行日常管理与运作。而在投资收益方面，则由有限合伙人分享近80%的收益，普通合伙人则享有20%左右的收益以及相当于基金筹资总额2%左右的管理费用。在具体投资活动过程中，公司内部会分设多个二级基金，主要分为风险基金和成长基金两大类，并在总公司一定的监管与干预下，由这些基金进行独立投资。

值得注意的是，以上所说的有限合伙人与普通合伙人的投资比例与分享收益比例并非是固定不变的，只是平均水平上的比例。例如，红杉资本在2003年成立了第11期风险投资基金，该基金从以其他基金会以及大学等机构合伙人为主的投资者手中募集到3.87亿美元的风险资金，历经11年的投资发展，第11期风投基金的净收益和年收益率分别达到了36亿美元和41%，在对投资收益进行分配时，红杉资本按照7∶3的比例分配给有限合伙人与普通合伙人，其收益分别为25亿美元与11亿美元。

二、日本集富风险投资公司

（一）公司简介

成立于1973年的日本集富风险投资公司（JAFCO公司），是一家典型的以证券公司为主导的公司制风险投资机构，它是以野村证券为主导，并联合三菱东京UFJ银行以及日本生命保险公司投资成立的。就其业界地位来看，它是日本最早成立的风险投资公司之一，是目前日本最大的风险投资机构，也是目前亚太地区风险投资行业的领先品牌之一，其在专业从业人数和投资金额方面都处于绝对的领先地位。

JAFCO公司主要的投资领域包括了环保技术开发、半导体、计算机、软件、网络通信、新材料和IT服务等高新技术产业。该公司主要的投资对象是有一定技术支撑且具有巨大发展潜力的创业企业，与此同时，该公司也会投资部分管理运作得当、业务和收益稳定以及投资风险较小的成熟期企业。JAFCO公司在从事具体投资活动时，除提供资金支持以外，对于所投资的企业还会协助其进行市场研究、联系生意伙伴、提供决策或战略咨询等。

（二）公司发展概况

JAFCO公司自20世纪70年代成立以来，历经40余年良好和快速的发展，取得了一系列卓越成绩，在日本的风险投资业一直保持着极强的竞争活力。最终，该公司于1987年被列入日本股票二板市场（OTC市场），于2001年在日本东京股票交易所上市。

目前，JAFCO公司所拥有的专业风险投资人员多达387名，拥有的风险投资资金高达689亿日元，已然发展成为日本最大的风险投资机构之一。在这样的发展规模下，现今JAFCO公司每年都要对2000~3000个投资计划进行评估，并在这些投资计划中选择200~250个较好的计划进行投资。目前，JAFCO公司总共投资日本和海外公司3500家，其中部分公司在近年来也逐渐成功上市。有数据显示，截至2007年7月，JAFCO公司投资的公司中有817家公司进行了首次公开发行，从区域分布情况来看分别为：日本656家，美国51家，亚洲其他国家92家以及欧洲18家。为了增强自身在风险投资领域的竞争力，该公司于1998年4月成立了一个特殊任务小组，在专注于风险投资工作的同时为信息技术行业和生命科学行业的风险企业提供管理上的帮助。

值得一提的是，JAFCO 公司在亚洲设立的特别分支机构——集富亚洲（JAFCO ASIA）分别于 1990 年和 1992 年在新加坡和中国香港相继成立，并设立新加坡、韩国、菲律宾以及中国香港、中国台湾、北京等多个办事处，专注于中、早期科技投资。目前，集富亚洲募集基金总额超过 9 亿美元，在亚太地区的投资已超过 7 亿美元，投资项目多达 260 余个，其中超过 110 家公司已成功上市或出售。2001 年，集富亚洲集资 1.78 亿美元，设立集富创业亚洲科技基金，并开始在中国大陆地区进行投资，目前已投资 11 个高科技项目。

（三）组织结构分析

JAFCO 公司是一家典型的金融机构附属的风险投资公司，自它成立之初，就以野村证券公司为主导。根据 1998~2008 年的野村证券公司对 JAFCO 公司的持股比例以及 JAFCO 公司的职员来源（如表 9-12、图 9-21 所示）的相关数据可以得知，野村证券在 JAFCO 公司的持股比例很大且呈现逐年增加的态势，目前已高达 22.4%；而 JAFCO 公司中来自于野村证券的职员比例虽有下降，但仍保持在 50% 以上。所以说，JAFCO 公司是由野村证券为主导的风险投资机构。

表 9-12　　野村证券的持股数与来源于野村证券的职员数所占比例　　单位：%

年份	1998	1999	2000	2001	2002	2003	2004	2005	2006	2007	2008
持股比例	3.6	3.7	7.5	16.4	16.9	20.5	20.5	20.4	21.1	21.9	22.4
野村证券出生的职员比例	77.8	66.7	68.8	68.8	60	50	50	53.8	55.1	52.3	58.2

资料来源：Handbook of Ventare Capital。

就 JAFCO 公司的内部组织结构来看，在 1998 年 3 月以前，该公司拥有 13 个多功能部门来负责公司日常运作，比如销售、工业分析、投资战略、咨询、投资计划等部门。1998 年以后，JAFCO 公司就其组织结构进行了改革，具体新的组织结构如图 9-22 所示。

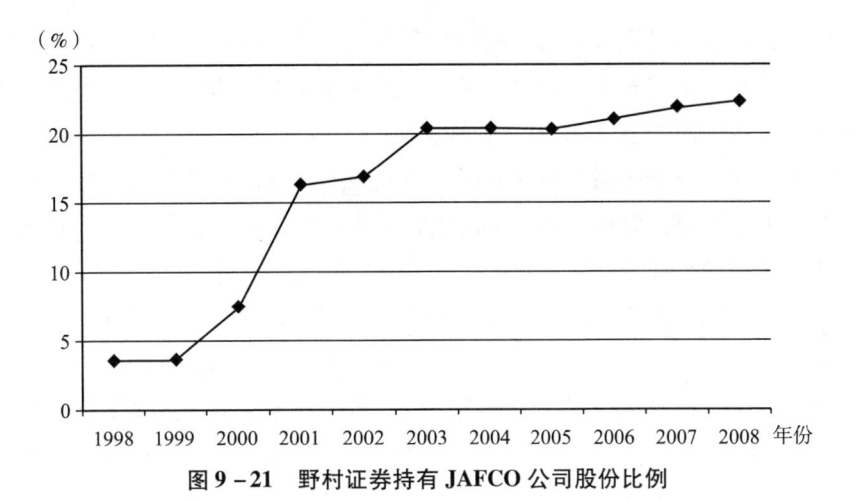

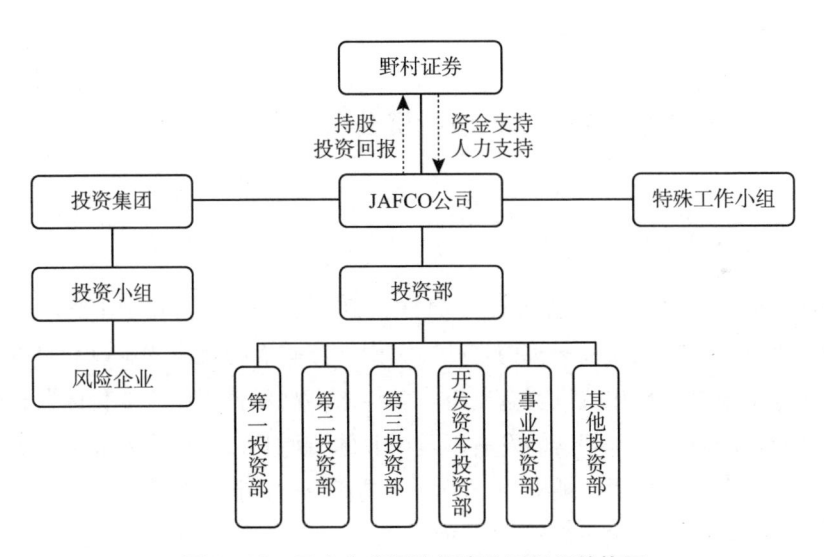

图 9-21　野村证券持有 JAFCO 公司股份比例

图 9-22　日本集富风险投资公司组织结构图

首先，JAFCO 公司把原来的 13 个多功能部门改制为若干个投资集团，每个投资集团下设有多个投资小组。在新的组织结构中，每一个投资小组有权在目标范围内和主要的技术领域进行投资，并对投资项目集中进行管理和运作。具体而言，投资小组可以对自己的项目进行调查、分析、评估并做出相应的投资预算，从而使各个小组可以独立核算自身的投资收益或绩效。换句话说，每个小组本质上相当于一个小的风险投资公司。

其次，JAFCO 公司在新的组织结构下还设立了多个投资部，各投资部分工非常明确，由第一投资部、第二投资部负责风险投资工作，第三投资部负责对新兴产业进行孵化，开发资本投资部主要是对中等企业进行投资，事业投资部则负责处理各种回购以及 MBO（管理层收购）等问题。

此外，为了便于公司有效调整投资方向或投资领域，该公司还特别设立了额外 8 个工作小组，以便于密切关注生物技术、生命科学、信息技术和网络通信行业的技术动态和行业发展情况。

日本集富风险投资公司组织结构的改革和调整，使公司内部分工明确、各项投资活动有条不紊地进行，从而取得了巨大成功。当然，这种组织机构仍然存在公司制风险投资机构固有的弊端，如对风险投资决策的过多干预、决策程序复杂化、投资行为僵化、激励不足以及委托—代理问题等。这样，风险投资活动有可能会弱化为普通投资，难以实现风险投资的投资绩效，从而背离了风险投资的初衷。

三、中国江苏高新技术风险投资公司

（一）公司简介

江苏高新技术风险投资公司（简称"高新公司"）成立于 1992 年 7 月，是我国最早设立的风险投资机构之一，它由江苏政府特批设立，设立目的在于为高新技术成果的转化提供资金支持。多年来，高新公司以专业化的股权投资方式不断推动我国技术创新的发展以及产业的转型升级，逐步发展成为国内一流的现代金融投资集团，被誉为"中国最具竞争力创投机构"。

江苏高新技术风险投资公司自创立以来，其投资领域主要包括了电子信息、新材料、生物科技及新医药和机电一体化等行业，而其重点投资对象则是科技型创业企业和高新技术产业化项目。

（二）公司发展概况

目前，高新公司的业务主要分为四部分：完全市场化的私募股权投资业务，主要指 VC、并购以及天使投资等；半市场化的财政资金投资业务，主要指对于政府部分财政资金的管理与投资；推动高科技成果转化业务，特指对高技术初创企业的资金支持；专业化运营业务，如运用专业化手段管理不动产基金等。具体的工作包括了证券投资管理及咨询、资产托管业务、省级风险投资基金的管理与投资等。目前，高新公司已拥有 200 多人的专业投资与管理团队；管理的托管资金高达 9 亿元人民币；所组建的 66 支基金的资金规模已超过 600 亿元；投资的创业企业已近 700 家，其中已有超过 80 家企业成功上市，也有一部分企业已成为国内科技创新企业的典范。

江苏省批准设立高新公司的最初目的是推动该省高新技术产业的发展，有数据显示，该公司的成立确实对高新技术产业的发展做出了巨大贡献。例如，根据 2000 年的统计数据，高新公司在 2000 年以前投资了国家火炬计划项目、"863" 计划项目以及 "九五" 重点科技攻关项目等共 34 个高新技术项目，投资总额高达 1.2 亿元。此外，该公司为便于服务省内科技型初创企业，积极投资设立了省高新技术创业服务中心，为该省高新技术的发展创造了良好的条件。

高新公司在 2000 年 5 月收购了江苏鑫苏投资管理公司，并对公司整体结构进行了重组。同时公司还引入了新一批金融投资和资本运营等方面的高素质人才，壮大和强化了自身的投资与管理团队，并进一步积累了投资管理经验。同年，江苏省政府将 6.5 亿规模的 "江苏省科技发展风险投资基金" 交由该公司来负责管理与运作，该公司运用这笔资金联合境内外风险资本建立共同基金，可以进一步带动投资于创投基金和创业企业的投资资金规模分别可达 22 亿~24 亿元和 70 亿~100 亿元。

（三）组织结构分析

江苏高新技术风险投资公司是以公司制为基础的风险投资机构，但其实质上又是以政府为主导的风险投资公司，所以政府会对公司的日常管理进行较多干预和监督，甚至会对公司运作风险基金的主要方式也做出相关规定。例如，江苏省政府就有文件规定高新公司基金运作的主要方式如下：第一，为推动高新技术产业的发展，允许公司基金联合国内外民间及商业风险资本、地方政府资金等多方资金主体成立新的创业投资公司或基金，将资金投资于科技型初创企业；第二，由高新公司选择一个或多个专业的投资管理公司，以委托—代理的方式将公司风险资金委托给这些专业化公司进行管理与投资，以降低自身非专业化投资带来的风险。当然，除了基金运作方式受限以外，高新公司的投资权限、管理职责以及具体考核指标都会受到来自政府方面的影响。高新公司具体的机构运作模式如图 9-23 所示。

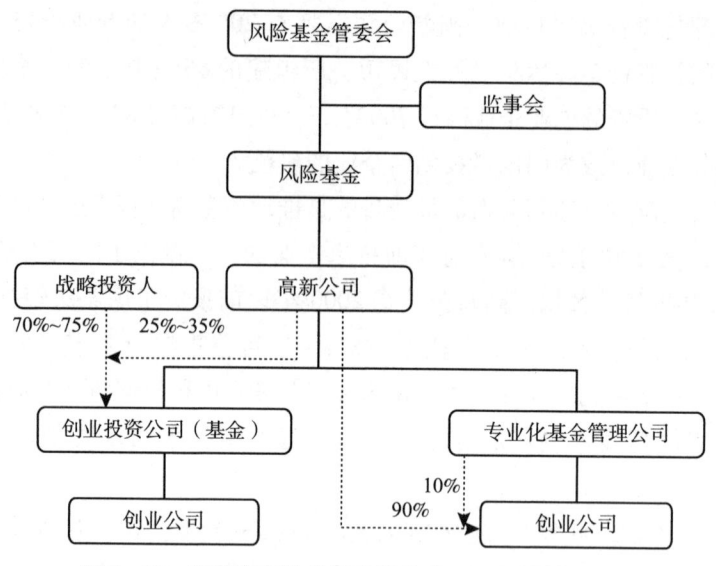

图 9-23　江苏高新技术风险投资公司运作模式架构图

从图 9-23 可以看出，在政府主导模式下，高新公司受到政府过多限制的同时，也得到了政府在资金与政策上的大力支持，并在政府的帮助下取得了更高的投资效率。此外，高新公司在从事具体的投资活动时，一般会联合其他战略投资人或专业化基金管理公司，因而只需支付风险资金的 90% 或更低，降低了其单独投资所面临的风险。但是，在该种组织形式下，由于受到政府的牵制过多，其发展规模、投资领域及范围也会有所限制。

第四节　不同组织形式的制度安排比较分析

一、组织设立

有限合伙制风险投资机构要依据《合伙企业法》以及其他相关法律法规来设立，但其涉及到的许多具体事项都可以通过有限合伙人与普通合伙人协商确定，所以它的设立较为方便与灵活。第一，在出资方面，有限合伙制风投机构通常先由普通合伙人发起设立，并提供 1% 的资金，其余 99% 的资金则向有限合伙人募集，并且每个有限合伙人的最低出资额不少于 100 万美元。但事实上普通合伙人有动机提供超过1%的资金,有数据显示,美国61%的有限合伙机构的普通合伙人提供了超过1%的资金。第二,在合伙人来源方面,普通合伙人一般包括高新技术开发人员、有经验的企业家、IT软件产品设计专家、专业投资家和银行家等,这些人一般都具备独特的人力资本,足以全权负责基金的运作和管理,能甄选出有潜力的投资项目,并在最后取得成功;有限合伙人则主要由拥有大量富余资金的个人、养老金、捐赠基金、保险公司、大型企业、银行以及国外投资者等组成。第三,在合伙人数量方面,普通合伙人作为基金的发起者,一般不对其数量进行限制;有限合伙人的数目会根据预期募集资金总额的多少来设定,一般是10~30人。第四,在基金投资项目方面,每个风险基金所投资的企业或项目一般是10~50个,每年投资2~10个新项目。风险基金刚成立的3~5年属于积极投资新项目的投入阶段,该阶段以后不再投资新项目,而着重对已投资项目追加投资并进行管理,以加快风险项目的发展,实现投资回报。第五,在新基金的募集方面,有限合伙风险投资机构在基金的投入阶段完成后,每隔3~5年就开始筹集新的基金。这样,风险投资机构一般会同时管理几个风险基金,这些基金在法律和管理上完全独立,每个基金都处在不同的运作阶段,互不牵连。因此,一些著名的风险投资机构往往可以在10~15年的时间里,连续募集6~7个基金。如表9-13所示,对三类风险投资机构的设立进行了简单对比。

表9-13 风险投资机构组织形式设立比较

	有限合伙制	公司制	信托基金制
法律基础	《合伙企业法》有限合伙协议	《公司法》	《信托法》三方契约
投资者范围	有限合伙人 普通合伙人	个人 机构 母公司	个人 机构
投资者限制	10~30人	2人及以上	无限制
投资额度限制	至少100万美元/人	最低注册资本要求	信托基金规模有要求

公司制风险投资机构的设立必须严格按照《公司法》的章程来进行,设立条件严格,有股东人数和最低注资要求,审批程序较为复杂,所以它的设立难度很大。

信托基金制风险投资机构主要是基于《信托法》来设立的,投资人、基金管理人和基金托管人三方以信托合同为基础，以书面化、法律化的形式来约束和规范各当事人行为，并且在其规模大小的设定上有严格要求。

二、责权分配

在有限合伙制中，普通合伙人拥有基金的运营权及部分投资回报受益权，同时要承担无限法律责任，但有限合伙风险投资机构一般不借债，故其面临资不抵债的风险很小，无限责任的后果也不严重。而有限合伙人则享有基金所有权与主要的投资回报受益权，虽然有限合伙人不能过多地参与机构管理，但其拥有在契约终止前解散合伙企业、更换普通合伙人、延长风险机构存续期限、投资决策投票权等权利，同时承担有限法律责任。

在公司制中，投资者作为公司的股东享有公司资产受益权、重大决策参与权和选择董事会的权利，可以对风险投资家进行监督、更换或解雇经理人等，但其不能直接参与公司的经营与管理；风险投资家或公司管理者则负责具体的投资活动。股东以自身的出资额为限承担有限责任；而公司经理人如果违反了公司章程或者《公司法》规定的相关法律规范、未能履行其忠诚、善管等义务时，他们将承担赔偿损失、降薪、罚款、记过甚至罢免职务等责任。但管理者需承担的责任与其经营绩效关系不大，正常情况下的投资失败并不要求个人对公司股东负责。

在信托基金制中，信托财产的所有权和经营权同时转让给基金管理人，从而导致风险资金所有权与受益权的分离。信托合同一旦签订，受托人（管理者）即享有风险资金的所有权，可以相对独立地运用基金资金进行投资，而当投资产生收益时，委托人（投资者）则有权享有该投资收益。在承担法律责任方面，各方主体均只承担有限责任。首先，在所投资的风险企业方面，受托人（基金管理人）以投资额为限承担有限责任，享有同公司普通股东一样的法律保护；其次，在信托风险基金方面，一般基金管理人和基金托管人都不出资，所以他们不对基金的债务和亏损承担任何法律责任，而只分别对基金资金进行投资管理与保管监督，只有在违反了信托合同条款或者出现了重大失职行为时才需要承担相应责任；最后，投资人以其出资额为限对信托基金负责，基金委托人、基金管理人以及基金托管人三者的债务关系也与该信托基金无关。表9-14对三类风险投资机构权责分配特征进行了简单对比。

表 9-14　　　　　各类型风险投资机构权责分配特征比较

	有限合伙制		公司制		信托基金制		
	有限合伙人	普通合伙人	股东/母公司	经理人	投资人	管理人	托管人
权力	所有权 受益权 监督权	所有权 受益权 经营权	所有权 受益权 决策权 监督权	经营权	受益权	所有权 经营权	保管权
责任	有限	无限	有限	有限	有限	有限	有限

三、约束机制

风险投资机构在赋予风险投资家权力的同时，也要设计有效的约束机制使他们尽可能实现投资收益最大化，缓解风险投资活动的道德风险问题。

在有限合伙制中，风险投资家受到多种约束：(1) 声誉约束。普通合伙人必须努力实现投资成功，建立良好声誉，以便其在日后筹集更多新的基金以及获得有限合伙人的后续投资（尤其是在分阶段投资中）。(2) 无限责任约束。普通合伙人负责风险资本的经营和管理，要求其对机构的亏损和债务承担无限责任，一旦投资决策失误导致企业资不抵债，那么管理者有义务用自己的其他资产偿还债务，这使得风险投资家在进行具体投资活动时更加谨慎。(3) 管理费用约束。有限合伙协议规定将风险资金总额的2%~3%作为管理费用，若普通合伙人的日常支出多于特定额度，投资者也没有义务再向其支付额外费用，从而可以有效约束普通合伙人控制管理成本。(4) 出资方约束。普通合伙人除了受到基本的法律监管之外，还受到有限合伙人的监管，有限合伙协议中也会制定相关条例对其进行约束。(5) 会计报表约束。考虑到风险投资活动所投资的企业或项目一般都具有高不确定性和高风险性，并且对于这些企业或项目的价值和风险评估又相当困难，因此，所有的有限合伙人都要求普通合伙人提供有关被投资企业价值的评估报告和投资进展的定期报告。(6) 其他约束。有限合伙协议还规定：只有在有限合伙人收回投资以后，普通合伙人才能参与收益分配；禁止普通合伙人投资于他们自己管理的公司；禁止普通合伙人将有限合伙机构的资金和自己的资金同时投资于同一风险企业或项目等。

在公司制中，同样存在多种约束：（1）出资人约束。在公司制风险投资机构中，投资者具有较大的决策权、控制权和监督权，公司股东大会、董事会、监事会和经理会可以对公司进行集中管理和监督。风险投资家的投资决策直接关系到公司的绩效，如果因为公司经理人的工作不努力而导致投资失败，那么投资者有权对其进行处罚，甚至撤销其职务。（2）经理人市场约束。董事会在经理人市场上选择任用经理人，因此只有拥有良好声誉和投资业绩的风险投资家才能获得他们想要的职位与薪酬，以此来约束他们努力工作和提升自身竞争力，建立更好的履历来吸引投资人。（3）法律约束。法律对于公司制风险投资机构的各方面都有更加明确的规定与要求，风险投资家的行为也受到法律条文的严格限制，一旦违反相关规定，就必然会受到相应惩罚。（4）会计报表约束。大多数公司制风险投资机构是公开上市的，并且公司股东数量较多，所以要求公司运作具有高度的透明性。因此，在公司制下，风险投资机构每年必须定期报送完整的会计报表和财务资料，保证信息的透明度和可获得性。

信托基金制风险投资机构中也存在多种约束：（1）法律约束。在信托基金制中，对于投资者、基金管理者和基金托管者都有明确的法律规定，各个参与主体只有在满足相关规定以后，该机构才能得以运作。（2）契约约束。风险资本家作为受托人，其行为严格受到信托合同的约束，若有违反合同的行为出现，则要接受罚款、降薪和撤职等不同程度的处罚。（3）信誉约束。投资人是否投资取决于对风险投资家的信任程度，风险投资家的信誉越好，可募集的资金就越多。并且在开放式的信托基金当中，信托人的风险资金是分阶段投入的，风险资本家只有取得好的工作表现，才能募集到后期资金。（4）资本市场约束。开放式基金投资者可以随时申购和赎回基金，因此，开放式基金管理者必须努力工作以取得让投资者满意的投资回报，否则他将面临被投资者抛弃的风险。（5）外部约束。在信托基金制下，风险资金的所有权和经营权都集中于基金管理人，投资者（委托人）无法对基金管理人（受托人）的投资决策与投资行为进行有效监管。因此，信托基金的运作和管理会受到来自外部金融监管机构（比如银监会、证监会及其分支机构等）的限制，以此来保护投资人的利益，获得高于有限合伙制和公司制的安全性和公信力。

表9-15对三种风险投资机构的约束机制进行了简单对比。

表 9-15　　　　　　　　风险投资机构约束机制比较

约束机制	有限合伙制	公司制	信托基金制
	（1）声誉约束 （2）无限责任约束 （3）管理费用约束 （4）出资方约束 （5）会计报表约束 （6）其他约束	（1）出资方约束 （2）经理人市场约束 （3）法律约束 （4）会计报表约束	（1）法律约束 （2）契约约束 （3）信誉约束 （4）资本市场约束 （5）外部约束

四、激励机制

风险投资活动的成功少不了高素质专业人才的参与，从而有必要设计一套有效的激励机制来吸引这些人力资本，并鼓励其发挥最大效用。主要可以从经济利益和权力地位两个方面来分析。

1. 有限合伙制下

（1）经济利益激励。普通合伙人的报酬主要来源于管理费和投资收益提成，管理费一般为基金资金总额的 2% 左右，收益提成一般为投资回报总额的 20% 左右，是管理者最大的经济收益来源。在实际的报酬支付过程中，大部分有限合伙制基金规定必须在有限合伙人收回全部累计投资之后，普通合伙人才有权参与利润分配；一半以上的风险投资机构要求将当年已实现的全部利润进行分配，部分机构由普通合伙人来决定是否进行利润分配。普通合伙人所获收益分配可以选择有价证券、现金支付或二者组合的多样化形式。当然，还可以使用期权股权这种长期激励方式，即风险投资家有在未来以一定的价格购买股票的选择权。以上三种经济利益来源均能激励风险投资家努力实现自身及投资者收益的最大化。（2）权力地位激励。在有限合伙机构中，普通合伙人全权负责风险资本的运营和管理，拥有风险资本的实际控制权；普通合伙人还有权根据有限合伙协议要求和监督投资者按时交付允诺资金；一般情况下，普通合伙人取得的收益越高，有限合伙人的干预就越少，他将持续获得较大的权力和较高的地位。

2. 公司制下

（1）经济利益激励。公司制中一般会根据经营者绩效建立年薪制、奖金制或股票期权等激励方案，且激励方案在公司永久存续期内可以随时加以调整。但是，当风险投资家投入相同的努力程度时，相对于有限合伙制中普通合伙人所能享有的 20% 左右的投资收益，这些报酬明显缺乏激励作用。在具体报酬支付时，公司的投资收益既可以即期向股东、经理人分配，也可以留存继续下一轮投资，然后再分配。（2）权力地位激励。在公司的治理结构中，公司经理人的权力受到股东大会和董事会的限制，使其缺乏独立性和创造性，难以吸引到优秀的风险资本家的加入，但是由于对经理人权力的有效控制，也极大地减少了信息不对称和道德风险问题；尽管经理人权力有限，但其声誉与业界地位仍可为其职业发展带来好处。

3. 信托基金制下

（1）经济利益激励。信托基金制中，基金管理人和基金托管人一般都不出资，他们同普通合伙人一样分别获得固定比例的管理费和托管费，有时也可分得部分投资收益，但报酬支付总额一般会低于普通合伙人，故其激励作用有限。因此，信托制基金近几年也在逐步改进其报酬支付方式，尽可能使受托人报酬和投资绩效对等，以便起到更好的激励效果。（2）权力地位激励。信托制中，投资者没有任何干预权，而由基金管理人享有信托财产的所有权与经营权。因此基金管理人的权力与地位极高，故其也有激励做好投资管理工作，以便在日后持续筹募到新基金而不断享有这些权力。

表 9-16 对三种风险投资机构的激励机制进行了简单对比。

表 9-16　　　　　　　风险投资机构激励机制比较

		有限合伙制	公司制	信托基金制
激励机制	经济利益激励	（1）管理费用 （2）利润分配 （3）期权股权	（1）年薪制 （2）奖金 （3）期权股权	（1）管理费用 （2）业绩报酬
	权力地位激励	（1）有风险资本实际控制权 （2）受有限合伙人的部分干预	（1）没有风险资本实际控制权 （2）受股东大会/董事会的限制	（1）全权经营管理 （2）投资者无权干预

五、存续期限及资本退出方式

有限合伙制中的合伙关系通常维持 10 年，也可延期，每次延期 1~2 年，最多 4 年。据调查，在美国，寿命长达 7~10 年的风投机构占比约为 72%，虽然有限合伙协议一般都有延长风险基金存续期限的条款，但在所有有限合伙协议中，有 52% 的协议规定要征得有限合伙人的同意才能调整基金寿命，48%

的协议规定由普通合伙人全权决定，一般的延长期是3年，最长为4年。一般情况下，有限合伙制的投资人可以随时撤资，这有利于保护有限合伙制投资人的合法权益，但不利于企业投资基金的稳定。当然，也存在单个普通合伙人退伙导致整个有限合伙制基金提前解散的可能性。在机构运作后期主要通过风险企业的上市、并购等形式实现资本退出。

公司制风险投资机构除非破产或被兼并，否则其可以长期存续下去，这样可增强潜在投资者对它的信心。在资本退出方面，公司制的股票可以转让，但不能撤出，这样有利于降低风险，但由于股票流动性过大，对运行初期的风险投资项目也会造成不利影响。

信托基金制风险投资机构的信托期限较短，其延续时间一般为1~2年，委托人只有事先撤销权，在信托基金成立以后，不再拥有中途废止、撤销信托关系的权力；而受托人在接受委托后，不得任意离职，也无权单方面终止信托关系；信托基金的存续期限不得因委托人的撤销或受托人的更迭而中断。信托基金寿命较短，一方面，出资人期望在短期内获得投资回报，对于长期投资缺乏信心；另一方面，信托机构目前的投资决策能力、企业品牌声誉尚未完全建立，难以取得投资者的信任。由于风险投资活动的投资周期长、风险资金流动性差，为保证风险投资活动的顺利进行，在组建信托基金时大多采用封闭式基金的形式，投资结束后通过赎回的方式退出。

表9-17对三种风险投资机构的存续期限和资本退出方式进行了简单对比。

表9-17　　　　　风险投资机构存续期限和资本退出方式比较

	有限合伙制	公司制	信托基金制
存续期限	10年（最长不超过14年）	永久	1~2年
资本退出方式	IPO上市 再收购	股权转让	赎回

第五节　不同组织形式的绩效分析

一、融资能力

风险投资活动的运作必须要有大量的资金做支撑，因此，能否顺利融资是风险投资机构最终能否获得收益的前提和关键所在。作为出资者，其目标就是投资收益最大化，故风险投资机构要想募集到大量资金就必须使投资者接受收益和风险的不确定性。

在有限合伙制中，首先，有限合伙人只以所投资的额度为限对机构承担有限责任，不直接参与经营，获得的收益高达80%，加上税收优势，其获得的最终收益比较高。其次，在缴付资金时，资金可以用现金或本票的方式来支付，并且在机构成立初期，有限合伙人只需投入资金总额的25%~33%，其余资金可以在后期分期投入。最后，在合伙企业设立时没有规定注册资本，所以有限合伙机构可以不间断地持续融资，且资金来源固定，可以避免政策上的限制和繁琐的核准程序，节约再融资成本，融资能力强。但是，有限合伙制的投资人数有限，且风险资金的分期投入也不利于投资过程的及时整合。

对于公司制来说，尽管股东也仅承担有限责任，但根据利润分配原则及税收规定，股东能获得的利润相对较少，而所受限制却比较多，如注册资本的规定要求股东须将资本一次性投入到公司，若要再融资需履行增资程序，其资金和时间成本都相对较高。当然，公司制下还可以通过发行股份来募集资金，以此来吸收社会闲散资金和及时投资，但资金筹集速度仍然较慢。此外，若风险投资公司为上市公司，那么该公司的股票只能转让而不能撤出。

在信托基金制中，出资模式单一，在信托基金正式成立之前，要求投资人（委托人）一次性全额出资认购所有信托单位，该认购过程一般由商业银行来代理完成，资金募集完成以后须托管于银行等金融机构。在信托基金存续期间，由于目前尚无相关法律规定信托基金成立后的增资行为，所以信托基金的增发比较便捷。由于投资人无权干预风险资本的具体运作，也不再拥有风险资本的所有权，投资人的投资决策和投资数量完全基于对管理人的信任程度。因此，基金管理公司及基金管理人的投资历史和声誉是其能否成功融资的关键所在。此外，由于投资人仅承担有限责任，并且信托基金受到的外在监管更为严格，也会为信托基金融资带来部分优势。

表9-18对三种风险投资机构的融资能力进行了简单对比。

表 9-18　　　　　　　　　风险投资机构融资能力比较

		有限合伙制	公司制	信托基金制
融资能力	优势	(1) 出资人承担有限责任 (2) 收益高达利润分配的 80% (3) 只需缴纳个人所得税 (4) 资金来源固定 (5) 可分期投入降低风险 (6) 资本筹集快 (7) 无注册资本要求 (8) 增资程序简单	(1) 出资人承担有限责任 (2) 可发行股票集资 (3) 股东利润较高 (3) 对资本运作的控制权大	(1) 出资人承担有限责任 (2) 只需缴纳个人所得税 (3) 享有其他税收优惠 (4) 机构受外界严格监管 (5) 增资程序简单
	劣势	(1) 出资人干预权较少 (2) 出资人数有上限 (3) 有最低出资要求 (4) 分期投入不利于资金整合	(1) 分享收益是受多种限制 (2) 有注册资本规定 (3) 资金要求一步到位 (4) 双重征税问题 (5) 资金筹集较慢 (6) 增资程序繁复	(1) 出资人无干预权 (2) 出资模式单一 (3) 资金要求一步到位 (4) 强依赖于管理者信誉 (5) 信托关系较松散

二、运作成本

风险投资机构的运作成本一般包括税务成本和日常经营成本两大部分，成本的高低也是影响风险投资基金组织形式选择的重要因素。

有限合伙制企业不是一个法人实体，不属于企业所得税的纳税主体，所以不必缴纳公司所得税，但是各合伙人获得的投资收益及其他收入要按规定缴纳个人所得税。当然，在相关规定下，合伙人为减少当期的应缴税收，可以要求合伙机构通过配置部分有价证券等方式来分享投资收益。另外，在日常开销方面，有限合伙制采取的是每年支付固定比例的管理费用（筹资总额的 2% 左右），这笔费用涵盖了当年有限合伙机构的办公室租金、员工工资、律师及财会费用、通信费等方面的一切开支，如果普通合伙人的日常开支超过了这一数额，有限合伙人也不再支付其余超额费用，这样既防止了普通合伙人滥用管理费，也降低了投资者对管理费用使用情况的监督成本，实现对日常管理费用的有效控制。

公司制风险投资机构受公司法约束，存在双重纳税问题，即企业既需要缴纳公司所得税，同时投资者及管理者还须缴纳个人所得税。因此，风险投资公司需要承担较大的税收负担。此外，在《公司法》和《劳动法》等法律法规的限制下，风险投资公司享有的契约自由相当有限，一般不允许其事先支付固定的公司管理费用，由此也会造成管理和监督成本的增加。综上，公司制的税务成本和日常经营成本均较高。

对于信托基金制而言，信托基金实质上是一笔集合财产，它不是单独的纳税主体，故不必缴纳公司所得税。并且在很多国家或地区的税收优惠政策下，信托基金制下的个人投资者不用缴纳或缴纳极少的个人所得税。例如，在英国，信托基金的投资收益不要求缴纳资本增值税；在日本，信托基金在一定条件下不要求缴纳任何所得税，但是个人投资者取得的投资收益超过某一限度时必须缴纳35%的个人所得税，而法人投资者也要缴纳20%的企业所得税；在台湾，投资者由信托基金取得的投资收益也享有税收优惠。总体而言，信托基金由于不是法人实体，一般无须缴纳企业所得税，个人收入所得税的征收因不同地区而异，并在税收方面享有较多优惠政策。在管理费用方面，信托基金一般也是通过向基金管理人和托管人分别支付固定数额的年度管理费和托管费，以此来控制或降低风险基金的日常开支。

表9-19对三种风险投资机构的激励机制进行了简单对比。

表9-19　　　　　　　风险投资机构激励机制比较

		有限合伙制	公司制	信托基金制
运作成本	税务成本	(1) 征收个人所得税	(1) 企业所得税 (2) 个人所得税	(1) 个人所得税的征收不确定（因国家和地区而异） (2) 享有较多税收优惠政策
	日常开支	(1) 管理费用固定 (2) 监督成本低 (3) 能有效控制日常开支	(1) 管理费用不固定 (2) 监督成本高 (3) 不能有效控制日常开支	(1) 固定管理费和托管费 (2) 监督成本较低 (3) 能较有效控制日常开支

第六节　我国风险投资机构组织形式的展望

一、我国风险投资机构组织形式发展的突出问题

目前，我国的风险投资机构仍以公司制为主，有限合伙制的普及条件尚不成熟，而信托基金制仍处于发展的起步阶段。在风险投资的资金来源上，主要

还是以政府资本为主,其投资金额高达市场投资总额的80%,而民间资本的参与率还比较低。以政府主导或引导、以公司制为主要组织形式的风险投资现状还存在较多问题,集中表现在以下方面。

(1) 两权分离难,决策权受限。在公司制下,公司的所有权归股东所有,而经营权归职业经理人(专业风险投资家)所有,从而造成两权分离的困境。一方面,投资者通过股东会及董事会直接影响和控制经理人的决策,左右甚至掌控着公司的投资战略、管理和经营;另一方面,公司内部实行董事会领导下的总经理负责制,实际上是所有权对经营权的制约,从而增加了公司决策层次,进而降低了决策效率。中国的政府主导型或引导型基金,其经营权和投资决策权受到的限制更明显,决策的审核层级更繁复,受到的非专业干预也更多。

(2) 短期投资多,投资回报低。风险投资是一项周期较长(一般为7~10年)的投资活动,且伴随巨大风险。在我国现实的风险投资过程中,很多公司股东均着眼于短期利益,而非在长期内获得最大投资回报,他们会要求公司在短期内创造利润并分红。部分公司甚至将经理人的工资、奖金与公司年度利润挂钩,经理层在面对过高的短期回报压力时,不得不做出违反风险投资行业惯例的一系列短期行为,包括将资金投入股票证券市场、房地产市场以及开展投资银行业务等其他可以赚取快钱的领域,这就违背了风险投资基金成立的初衷,造成低回报甚至投资损失。此外,在有政府参与的风险基金中,为应付政府每年的绩效考核以及经理人政治职务的升迁等,公司有更大动机投资于在短期内可以获得投资回报的企业或项目,从而导致较低的投资回报率。

(3) 激励机制差,专业人才少。首先,风险投资活动的成功取决于丰富资金与专业人才的有机结合。而在公司制的收益分配制度下,过多地将投资收益倾斜于资金提供者(股东),而经理人在分享收益时却受到诸多限制,将难以激励专业的风险经理人充分发挥其才能。其次,我国现有的专业风险投资家极其匮乏,这不仅与亟待完善的相关激励机制有关,而且还与我国的教育体制以及浓厚的从政氛围有关。当然,在由政府主导的风险基金中,部分甚至全部经理人均由政府任命,但其实这些经理人在风险投资方面的专业知识是有所欠缺的,并且这些经理人可能更倾向于通过"关系"或其他渠道来得到上级肯定,而非专注于风险投资活动,从而增加了投资绩效低下的可能性。

(4) 税收负担重,吸引投资难。所有的公司制风险投资机构均需面对双重纳税问题,从而削减了投资者的投资回报与投资动机,造成了公司制在吸引自然人股东上的竞争劣势。当然，在政府参与投资的模式下，可以有效缓解风险投资机构筹资困难的问题，但是，由于政府的干预权较大，并且其投入的资金有"专款专用"的部分要求，从而极大地削减了基金管理者在进行风险投资时的自主权。

(5) 评估体系差，主观性过大。风险投资活动具有高度不确定性，投资决策的小失误也可能带来巨大投资损失，因此风投机构有必要建立规范有效的投资决策、项目运作与监督机制，准确评估和有效降低投资风险。显然，由于我国的风险投资公司成立时间不长，发展尚不成熟，所以在这方面存在诸多不足。例如，我国的风险投资公司大多都尚未完全建立起完善的风险投资项目评估指标，以及未能借助相关指标来测算项目的风险和未来可能实现的收益；风险投资公司缺乏"通才"型的专业风险投资家，在未建立起科学而完整的项目选择、评估和运作制度的情况下，仅凭经营者和少数专家的意见来决定是否投资以及投资去向，使得投资的主观性较强。

二、我国风险投资机构组织形式选择的相关建议

尽管公司制风险投资机构在我国风险投资业中的应用存在很多问题，但是就我国目前市场经济不完善、法制环境不健全、社会信用体系未建立的实际情况而言，在我国大量采用有限合伙制或者信托基金制的风险投资组织形式是不切合实际的。然而，从长远角度出发，根据美国、欧洲等发达国家风险投资业发展的经验，我国最终应该建立起以有限合伙制为主要组织形式的风险投资体系。因此，在我国风险投资组织形式和治理结构的未来选择问题上，一方面，我国要采取相关政策手段逐渐引导风险投资机构采用有限合伙制的组织形式；另一方面，也要结合我国的具体国情，不可照抄照搬，更不能操之过急。

首先，努力营造信托基金制在我国发展的良好经济与法制环境，促使信托基金制成为我国风险投资机构由以公司制为主向以有限合伙制为主的过渡组织形式。信托基金制的引入可以降低伴随公司直接投资而来的高成本和高风险。在信托基金制下，风险投资公司作为一家风险基金，通过委托合同或契约，将风险资金委托给专业的投资管理机构，由专业的风险投资人员负责资金运营与管理，既可以弥补专业人员缺乏的现状，又可以在投资决策上取得更大的主动权，从而实现更好的投资效益。在这一机制设计下，转型后的风险投资公司类似于有限合伙制中的有限合伙人，他们是风险基金的所有者；专业的投资管理

机构类似于有限合伙制中的普通合伙人，他们是风险基金的管理与运作者。通过签订委托合同，明确各参与主体的权力与义务，并建立有效的利润分配与监督机制，以实现代理关系上的有效激励与约束。

其次，尝试将有限合伙制应用于风险投资发展相对成熟的地区，形成示范企业或区域以后再在全国范围内进行推广，最终在我国建立起以有限合伙制为主的风险投资体系。目前，在我国北京、上海、深圳等多个地区，风险投资业的发展是相对比较成熟的，所以可以先尝试在这些地区建立有限合伙制，加强和完善有利于建立有限合伙制的法律法规体系，例如，规范有限合伙人范围、实行有限合伙人登记管理制度、完善中介服务体系和建立配套的风险资本退出机制等等。此外，在专业人才供给方面，我国应尽量避免由法人来充当普通合伙人，注重培养拥有复合型知识的风险投资家以及设计良好的报酬支付激励机制等等。在风险资金筹募方面，我国要培育多元化市场参与主体，积极从私人资本、机构投资者、国内大型企业和政府资金等多方主体融资，拓宽资金来源，并在此基础上，尽可能降低政府的主导地位。

最后，在目前我国风险投资机构以公司制为主要组织形式的实际情况下，我国仍然可以通过采取部分措施来提高风险投资效益。例如，在对经理人激励机制的设计上，可以降低其基本工资，提高其收益分成，或者给予其部分认股选择权；在公司的投资范围方面，可以在公司章程中明确规定必须将固定比例的资金投资于高新技术产业等；在公司项目投资运作程序中，可以引入阶段化投资机制，以减少集中投资带来的风险。值得一提的是，我国的风险投资业目前仍处于发展的初期阶段，在这一阶段，政府有必要对其发展进行扶持，但是，政府的参与应以引导民间资本参与风险投资业为主，从而起到示范和带动作用，而非占据风险投资的主导地位。理想模式应该是：企业和私人出大部分资金，政府出小部分资金，并聘请专业的风险投资人员进行风险投资的运作。在这一模式下，政府可以采用资助、补贴、拨款等方式对风险投资公司进行扶持，并避免政府的过多干预，尽可能由专业风险投资家做出投资决策。随着风险投资业的不断发展以及资本市场的不断完善，政府应该逐渐从中退出，使民间资本成为风险投资的主体，建立起民营模式的风险投资公司。

第十章　政府引导基金*

第一节　国外政府引导基金的主要运作模式

为了促进风险投资的发展，一些国家和地区也相继提出了由政府设立基金来引导社会资本投入初创期企业（尤其是中小高科技企业的早期阶段），从而扶持创业企业的发展。其中，美国的 SBIC 计划、以色列的 YOZMA 计划、澳大利亚的 IIF 计划和 PSF 计划是较为经典的政府引导基金案例，也相对比较成功。而相反，政府风险投资基金与私人风险投资基金相竞争，也会引发对私人资本的挤出，从而可能导致项目失败，如加拿大的 LSVCC 计划。

一、美国的 SBIC 计划

美国是世界上高新技术产业最发达、创业投资最盛行而且得益最大的国家，也是现代创业投资的发源地。进入 50 年代末期后，美国意识到支持从事新技术小企业的重要性，1958 年通过小企业投资法，形成 SBIC 计划。

（一）SBIC 的政策环境

1958 年，美国国会为了给国内小企业公司注入持久的资金活力，通过了成立小企业投资公司计划（small business investment corporation，SBIC）的法案。美国小企业管理局（SBA）并不向企业直接提供资金，而是通过与私人投资者共同出资，并组成专业管理投资基金（称为"SBICs"）为小企业融资，

---

* 本章由暨南大学产业经济研究院朱丽娟执笔。

解决美国小企业融资困难的问题。小企业投资公司是由私营企业家自发成立、自主管理并独立行使投资决策权，专门针对小企业进行投资的投资公司。SBIC计划的出现培养了一批批创业投资专业人才，推动了创业资本市场的发展。

（二）SBIC的资金来源

SBIC的资金主要来源于政府的匹配杠杆资金、SBA通过发行政府担保债券和参与型证券在资本市场筹集的资金以及私人资本三部分。优惠贷款包括SBIC提供的杠杆资金以及SBIC通过发行政府担保债券、政府担保参与证券来获得社会资金。相比较而言，美国风险投资的资金来源以养老基金为主，机构资金和产业资本是目前美国风险投资的两大来源。

（三）SBIC的运作模式

SBIC自成立以来，随着美国国内经济形势的变化，其运行模式也不断调整。迄今为止，其运行模式主要有两种：第一阶段是1958～1994年，提供优惠短期贷款模式；第二阶段是1994年以后的债券融资担保模式。如图10-1所示。

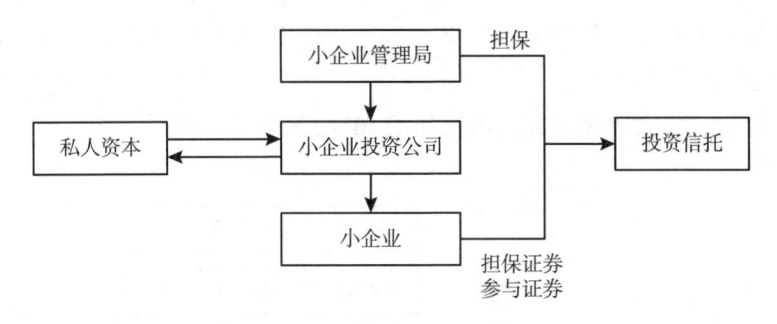

图10-1　SBIC的运作模式

1. 优惠短期贷款模式

具体的操作是：中小企业投资公司每投入1美元自有资本，SBA就为其提供4美元的低息贷款，然后获得低息贷款的中小企业投资公司向具有潜力的中小创业企业提供债券或者股权融资，解决中小创业企业融资难的困境。

2. 融资担保模式

如表10-1所示，融资担保模式又包括债券担保和参与型债券两种模式，其中债券担保模式主要是指 SBA 以其政信用为中小投资公司提供债券担保，由于是政府信用，保证了债务的评级较高，成本比较低。中小企业的发债规模可以超过其自有资金的 3 倍。这样就广泛地调动社会资金流入创业投资机构，实现了资金的杠杆效应。

表 10 - 1　　　　　　　　债券担保和参与型债券的模式对照表

债券担保	参与型债券
SBIC 可获得 3 倍于私人缴付资本的杠杆资金	SBIC 可以获得 2 倍于私人缴付资本的杠杆资金
10 年期不分期偿还；每半年付息一次；可以在任何时候赎回，前 5 年中，第一年罚金为 5%，以后每年下降 1%，第 6 年开始不需付罚金	债券期限为 10 年
利息率比 10 年期国债利率高 1.25% ~ 1.5%，目前大约为 6.5%	在其累计盈利之前，由小企业管理局代为支付每半年支付一次的债券利息，实现累计盈利后，再按复利偿还 SBA 预先支付的利息
每年付给 SBA 1% 管理费，当 SBA 批准一笔 5 年内杠杆资金额度时，要收取 1% 的承诺费。资金拨付需付 2% 使用费，以及 0.5% 承销费	SBA 可以获得 SBIC 约 10% 的利润分配

参与型债券模式是指 SBA 以有限合伙人股份、优先股和根据盈利支付债券三种形式购买或担保 SBIC 发行的债券。这使得 SBIC 可以获得 2 倍于私人缴付资本的杠杆资金。

SBIC 运作模式的绩效评价指标如图 10 - 2 所示。

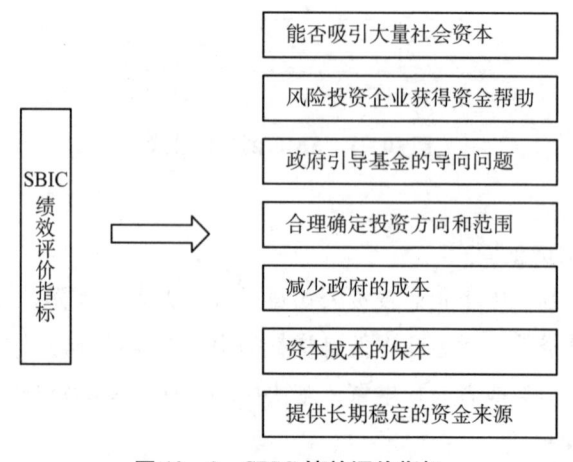

SBIC 绩效评价指标 →
- 能否吸引大量社会资本
- 风险投资企业获得资金帮助
- 政府引导基金的导向问题
- 合理确定投资方向和范围
- 减少政府的成本
- 资本成本的保本
- 提供长期稳定的资金来源

图 10 - 2　SBIC 绩效评价指标

二、以色列 YOZMA 计划

以色列成立的 YOZMA 基金的成功实施，促进了本国创业投资（VC）事业和高新技术产业的快速发展，进而带动了本国经济的突飞猛进，使得以色列被誉为"第二硅谷"。

（一）YOZMA 基金的设立

尽管在 1992 年之前，以色列国内已有风险投资的存在，但在此阶段以色列的风险投资产业并不成型，急需一系列政策引导推进风险投资的发展。与此同时外部环境也发生了巨大的变化，经济全球化兴起，NASDAQ 市场的发展使得很多外国企业很容易在成熟的美国资本市场融资，通讯市场的去监管化等为风险资本提供了良好的赢利空间。从以色列国内来看，奥斯陆和平协议的签署、受过良好教育的苏联移民的涌入、大批高素质人才从美国回归以色列以及以色列政府出台的一系列鼓励创业和创新的政策等都为以色列发展风险投资产业提供了良好的机遇。1993 年 1 月以色列设立了 YOZMA 基金。进入 20 世纪 90 年代，YOZMA 基金的成立标志着以色列创业投资业的起飞。

（二）YOZMA 基金的资金来源

YOZMA 基金旨在扶持以出口为主的以色列高科技企业的成长以及吸引境外的创业资本基金。以色列国内的资源和市场十分有限，所以计划将市场定位于海外市场，非常注意吸引海外资金，以弥补国内创业资本的不足。以色列的公司是在国外市场进行筹集资金，生产产品，然后销往国外。在引进海外资金的同时，以色列政府也从海外成功的投资运作经验中不断学习，不断地完善风险投资机制。海外投资在以色列风险投资的比重越来越大，2012 年海外投资已经占到以色列整个风险投资的 82%，充分利用了海外资源，扩大了以色列风险投资的资金规模，推动了以色列科技型中小企业的发展壮大，带动了国内风险投资行业的发展。

（三）YOZMA 基金的运作模式

YOZMA 基金的运作包括两部分：其一是直接投资，即以 2000 万美元直接投资处于初创期的中小高科技企业,从而引导民间资本进入创业资本市场,并投资于早期的创新企业;其二是成立子基金,即以8000万美元与国际知名的金融机构合作发起成立十个子基金,这一形式的后续发展,引起人们的普遍关注。

YOZMA基金之所以取得如此成功,与它的运作模式有着密不可分的联系。YOZMA基金由专门的创业投资管理公司负责管理基金的日常运作,具体做法:将基金资产分为两个部分,其中20%由基金直接投资,80%则与其他资本共同组建了十只子基金。子基金的运作包含出资、投资、退出三个阶段。如图10-3所示,在出资阶段,基金的40%是由政府出资,其余60%则是由所吸引得民间资本和国际资本等商业性资本投入构成;在投资阶段,政府并不参与管理,而是与其他出资人一起聘用专业管理人对投资业务进行管理;在退出阶段,政府根据事前的承诺和约定价格,及时退出。

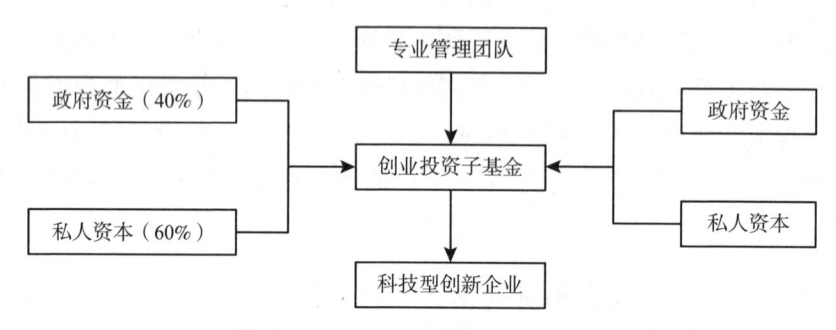

图10-3 YOZMA基金的运作模式

在以上的运作模式中,政府重点作了如下设计:一是在投资安排上,以直接投资为投资取向,体现政府的投资原则和政策导向,为"子基金"做产业和企业的选择引导;二是在"子基金"的股权安排上,政府对所投入的40%份额做出退出承诺,即承诺在投资的五年之内,私人、国际投资者可以通过一个确定的期权价格(一般以成本价加5%~7%的收益水平定价)回购政府股份;三是在组织安排上,"子基金"采用有限合伙制,政府和其他出资人作为有限合伙人承担出资义务,共同聘请专业管理团队,作为普通合伙人负责投资管理业务;四是在基金的引资安排上,力求拓展海外市场,吸引国际资本。

（四）YOZMA 的实施效果

YOZMA 引导基金的创立刺激了以色列风险投资产业的发展。到 20 世纪 90 年代的下半段，风险投资产业在以色列已经成为一个重要的产业，同时一些国外的风险投资机构开始对以色列的创业企业进行直接投资，很多知名的国外风险投资机构在以色列建立了办公室，YOZMA 的"子基金"得到了迅速的发展。大多数 YOZMA"子基金"已经发展成为 3 支或更多的基金，由更多的职业基金经理进行管理。以色列政府对创业投资行业的发展做出了很大的贡献。

三、澳大利亚 IIF 计划和 PSF 计划

澳大利亚的中小企业一直以来都存在着融资难的问题，导致许多中小企业（尤其是技术型中小企业）的发展遇到瓶颈。为促进创业投资产业的发展，澳大利亚政府先后设立了两个引导基金，包括 1977 年开始实施的澳大利亚创新投资计划（IIF）和 2001 年的"前种子期政府创业投资项目"（PSF）。并且在 1992 年通过了 PDF 法案（《组合发展基金法案 1992》），其目的是为逐渐发展起来的创业企业发展长期股权资本市场，并提供优惠的税收政策。

（一）澳大利亚 IIF 引导基金

1997 年 3 月，澳大利亚设立了 IIF 引导基金，采取股权投资的运作方式，目的是帮助小型高科技企业融资。该引导基金的目标包括：通过提供资本和管理支持，出资鼓励科技企业的发展，促进研发成果的产品化和商业化；并培育一个能够自行运转的、早期科技型的创业投资产业；建立一个中期"循环基金"；培养具有投资早期创业投资企业经验的基金管理人队伍。IIF 本身不直接对创业风险企业进行投资，而是与私人部门共同设立混合基金。

（二）澳大利亚 PSF 引导基金

2001 年 1 月，澳大利亚政府成立了"前种子期政府创业投资项目"（PSF）。PSF 与 IIF 计划的运作方式类似。针对更大的投资风险作出相应地调整。该计划自 2002 年开始正式运作，目标包括：通过提供资金和管理的支持，

帮助由大学和公共研究部门进行研发活动的商业化；鼓励私人部门投资者投资于科研成果商业化；为科研成果的商业化，建立大学、公共研究部门、融资机构和企业的联系；在大学和公共研究部门中培养企业家技能和知识产权技能的形成；鼓励大学和公共研究部门将其研究成果商业化。

四、加拿大 LSVCC 计划

加拿大的风险投资起步较晚，但是较高的起点使得其能够形成自己的比较优势。但是，加拿大的 LSVCC 计划并未取得预期的成功，提供了一个可供借鉴的失败案例。

（一）LSVCC 基金的政策背景

20 世纪 80 年代，一种有别于传统有限合伙制的新型组织形式——LSVCC 在加拿大魁北克省兴起，90 年代早期被引入其他省份。劳工保证创业投资基金（LSVCC）法案规定，必须依照《加拿大商业公司法》并由两个或两个以上工会（或代表两个或两个以上省雇佣员的工会）组织发起，向联邦申请登记 LSVCC。作为公私合营的混合基金，LSVCC 由工会组织独立管理，且享有减免税收的优惠政策。

（二）LSVCC 基金的资金来源

LSVCC 的资金主要来源：工会组织的产业工人资金、银行金融资本、各类公司和传统资金、政府的国有资本及私人资本等，其中主要为工会组织的产业工人资金。筹资时间集中为每年 4 月 30 日的前三个月内，这样虽然便于投资者申报次年的税收优惠，但同时会产生筹资时间和投资机会不匹配的情况，进而引发闲置资本的问题。

（三）LSVCC 基金的组织形式

风险投资基金的组织形式大致可分为三类：合伙制、公司制和信托制。不同国家有不同的组织形式。LSVCC 以公司制为主，但也有一些差别，LSVCC 的基本组织结构表现为：基金的发起人由工会来充当，他们通过持有一种特定的股票从而获得基金的一定所有权，但是这种特定的股票并没有获取基金分红的权利，当然在基金破产清算时也不享有剩余索取权。不过，作为基金的发起人，工会可以获得一定比例的报酬。同时，工会也有权任命公司董事会的大多数人，但不负责基金的日常经营管理。LSVCC 基金由管理人员和咨询人员组成专业管理团队按照契约规定进行管理运作。

（四）LSVCC 基金的失败

（1）代理问题。LSVCC 的投资者可获得税收补贴，所以即使基金不获利，投资者仍能获得可观的收益。而且 LSVCC 存在着所有权和经营权分离的现象，容易引发委托—代理问题。在 LSVCC 中，由于投资者大多是出资额较小的个人，难免会产生"搭便车"的现象。LSVCC 基金对管理层采取的激励机制类似于有限合伙制基金，但由于管理层受制于拥有选举权的工会，因此激励效果也并不明显。由此可见，LSVCC 基金的管理效率较低，激励机制不能有效发挥作用，非常容易引发较高的代理成本，使得 LSVCC 基金的运作成效较低。

（2）挤出效应。加拿大在引入 LSVCC 后，本国的风险投资资本总量急剧上升，其中对初创期企业的投资额度增长最为明显。但同时 LSVCC 基金对其他类型的风投基金有挤出效应，这种挤出效应已经造成政府每年 10 亿加元的风险投资资本损失（Cumming，2002）。

（3）税收负担。为了吸引私人资本对 LSVCC 的投资，加拿大各地区对参与此基金投资的个人提供了可观的税收优惠。优惠的税收政策有利于吸引个人参与投资，但却加大了政府的税收负担。

第二节　我国政府风险基金的发展

1985 年开始，我国就尝试探索使用国有资本，政府直接出资扶持创业企业的发展，以期能够改善我国风险投资不足、中小企业融资困难的局面。但是，在政府直接用财政出资设立创业基金投资初创期项目时，往往由于缺乏管理经验和过度监管，没能很好地促进企业的成功，也不能收到很好的投资回报。并且在运作过程中没有建立起有效的收益激励机制以及风险约束机制，所以很难发挥出财政资金杠杆放大作用。

2005 年后，我国政府总结经验教训，开始探索适合各个地区经济发展状况的管理办法。2008 年起开始借鉴国际上其他国家的成功模式，如美国、以色列、澳大利亚等国家的经验，我国开始尝试由政府出资设立创业投资引导基金，从而引导社会上的私人资本进入创业投资市场。政府引导基金的设立，政府出资但不参与管理，这既避免了政府过分干预市场运作的缺陷，又能够充分发挥财政资金的"杠杆效应"，有效地解决了仅仅依靠市场进行金融资产配置而引发的"市场失灵"问题，极大地促进了风险投资的发展。并且有了政府这个强大的后盾，越来越多的社会闲置资本开始进入创业投资市场，也给经济发展注入了源源不断的新活力。

政府风险投资引导基金的出现标志着政府促进创业投资发展方式的转变，是中国创业投资事业发展的重要里程碑。从理论上说，政府风险投资引导基金是为了解决风险投资行业发展中的"市场失灵"问题而产生的。在中央和各地区的政策鼓励下，我国各地政府近年来都分别出资设立了一系列的政府引导基金，并且推出一系列相关的管理办法，政府的出资规模也呈逐年递增趋势。

从图 10 – 4 中 Venture 和 Growth 在 2008 年之后的总投资金额以及投资案例数可以看出，在此期间风险投资和成长型资本的总投资金额（18001.37 亿元）以及投资案例数（3494 支）分别占各类基金募集总额的 71% 和 84%，从而印证了政府引导基金的规模不断增加的现状。

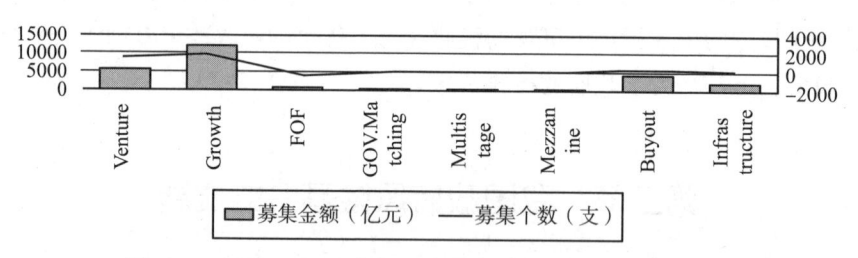

图 10 – 4　2008 ~ 2015 年创业投资机构各类型基金募集情况

数据来源：wind 资讯，中国 PEVC 库，2016.09。

一、政府引导基金的界定及特征

政府引导基金的界定参照《关于创业投资引导基金规范设立与运作的指导意见》（下文中简称《指导意见》）的相关规定，该《指导意见》是三部（国家发改委、财政部和商务部）在 2008 年发布的。《指导意见》将创业投资引导基金具体定义为："由政府出资设立，并按市场化方式运作的政策性基金，主要通过扶持创业投资企业发展，引导社会资金进入创业投资领域。引导基金本身不直接从事创业投资业务。"

广义上的引导基金也称为政府产业引导基金、创业投资引导基金以及科技型中小企业创新基金，是由政府设立的政策性基金。狭义上的引导基金主要是指政府创业投资引导基金。

根据《指导意见》的要求，引导基金的三个特点分别是："不以营利为目的、不直接参与创业投资和市场化的有偿方式运作"。

二、政府引导基金的资金来源

根据《指导意见》要求，引导基金的资金来源主要为：专项资金（为了扶持创业企业发展而设立的资金），基金本身的投资收益，社会上的闲置资本（主要为私人资本）以及个人、企业和社会无偿捐赠的资金等，其中主要为国内投资。

由图 10-5 和图 10-6 中可以看出，2008 年以来，无论是从募集金额还是募集数量来看，创业投资机构新募集基金中外资占比总体都呈现逐年下降的趋势，2015 年以后急剧跌至 5% 以下，创业投资基金资金来源越来越倾向于国内资本。

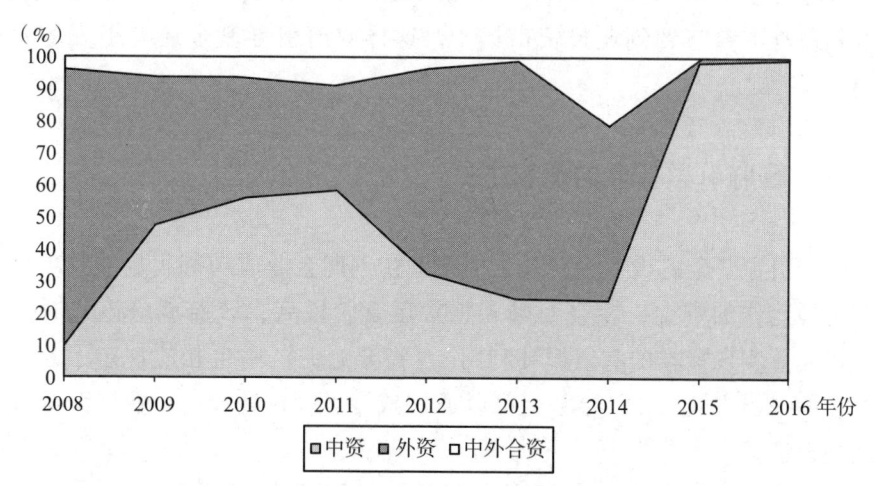

图 10-5　2008~2016 年创业投资机构新募集基金情况比较（按募集金额）

数据来源：wind 资讯，中国 PEVC 库，2016.09。

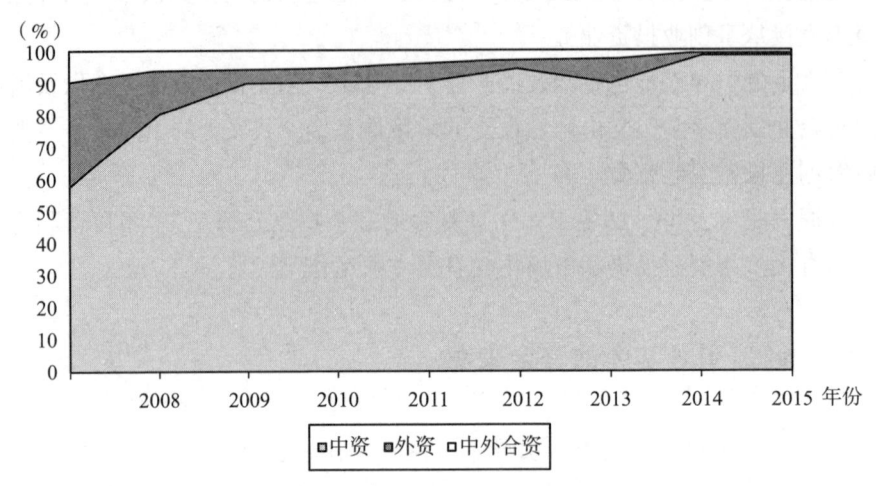

图 10–6　2008~2015 年创业投资机构新募集基金情况比较（按募集个数）

数据来源：wind 资讯，中国 PEVC 库，2016.09。

我国风险投资发展历史较短，传统计划经济下投融资体制因素的制约仍然很严重。我国风险投资的来源主要还是政府的财政资金、国有单位、大型企业的自筹资金以及与高新技术产业相关的金融机构的募集资金，而民间投资和私人资本所占的比重仍然偏低。因此，在出资设立母基金、吸引社会资金进入方面，政府还应根据各地具体情况采取相应的激励和补偿机制，使其能够撬动更多的私人资本参与到创业投资市场中，这样政府引导基金还有很大的发展空间。

三、政府引导基金的退出方式

政府引导基金的设立主要是为了帮助初创期企业成功筹集足够其项目启动和发展运作的资金，在企业进入正常运营阶段后，政府就应该适时地退出，以充分实现资本的有效循环利用。《指导意见》中也相应规定了政府引导基金的退出方式："引导基金可以通过减持、股权转让、企业回购等多途径实现退出。"

我国政府风险投资引导基金的主要退出方式为以下三种：

（1）公开市场上市（IPO），这是一种比较成功的退出方式，引导基金将其所持有的创业企业股份按照市场化的方式转让出去，因此获取收益。

（2）清算退出，引导基金所投资的创业企业到期后清算退出。由于政府引导基金是非盈利性的专项基金，其退出时继续坚持"让利于民"和"保本"的原则，一般来说单只基金从设立到退出其间历时为 5～10 年。

（3）M&A（Mergers and Acquisitions）即企业并购，从图 10-7 和图 10-8 中也可以看出，自 2014 年开始，无论是从退出金额还是退出案例数来看，M&A 都已逐渐成为创业投资的主要退出方式。

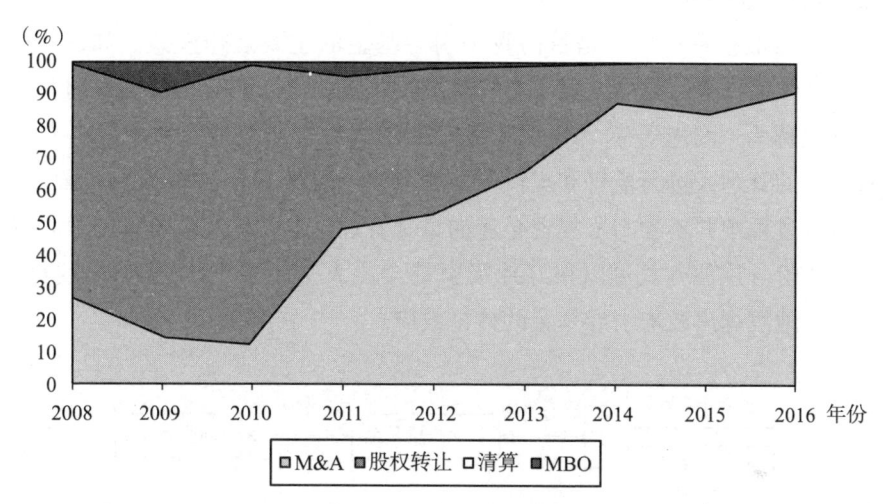

图 10-7　2008～2016 年创业投资退出方式情况比较（按退出金额）

数据来源：wind 资讯，中国 PEVC 库，2016.09。

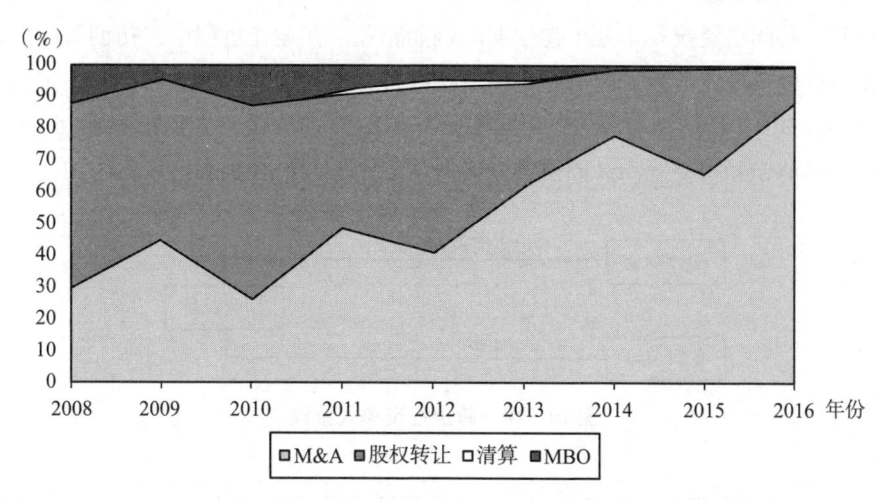

图 10-8　2008～2016 年创业投资退出方式情况比较（按退出案例数）

数据来源：wind 资讯，中国 PEVC 库，2016.09。

四、政府引导基金的运行模式

《指导意见》中指出：政府引导基金的运行原则为"政府引导、市场运作、科学决策、风险防范"。根据这一原则，我国各地纷纷设立政府引导基金，但各基金运作的模式不尽相同，主要包括参股投资模式、跟进投资模式、融资担保模式和风险补助模式等类型。

（1）参股投资模式，是目前我国引导基金的主要运作模式。如图10-9所示，具体运作方式是由政府基金和企业投资机构进行联合投资创立创业投资基金（又称为"母基金"），再以子基金的形式投资于创业企业，并由专门且富有经验的管理人进行监管和提供增值服务（一般为风险投资家），而政府在整个投资过程中并不参与所投资企业的日常管理，也就是说政府只持有股权而不控制股份。这种方式可以很好地吸引社会上大量闲置资本进入创业投资市场，有效地发挥出政府引导基金的杠杆效应。

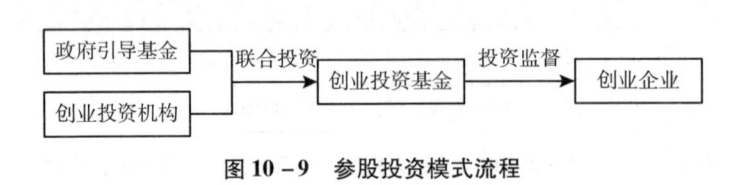

图10-9 参股投资模式流程

（2）跟进投资模式，具体的运作流程参见图10-10，是由创业投资公司与引导基金共同出资投资于处于初创期的创业企业。在运作过程中，初创阶段的创业企业可以根据业务发展的需要申请再次融资，那么引导基金可以按照一定的比例（一般低于创投公司投资额的50%，且不能超过300万人民币）跟进投资，此时创投公司和引导基金共同出资所占股份交由专业的管理人员进行管理。

图10-10 跟进投资模式流程

①融资担保模式，流程如图10-11所示，借鉴美国小企业投资计划的担保模式，主要是指政府对需要融资的创业企业进行担保，使得风险投资机构能

够出资投入该创业企业,从而解决单纯依靠企业自身状况而有可能募集不到足额启动资金的问题。不过这种融资模式需要配备完善的信用评估机制,防范信用风险。目前我国还并不具备这样的条件,所以通常会与其他模式结合使用,从而更好地发挥作用。

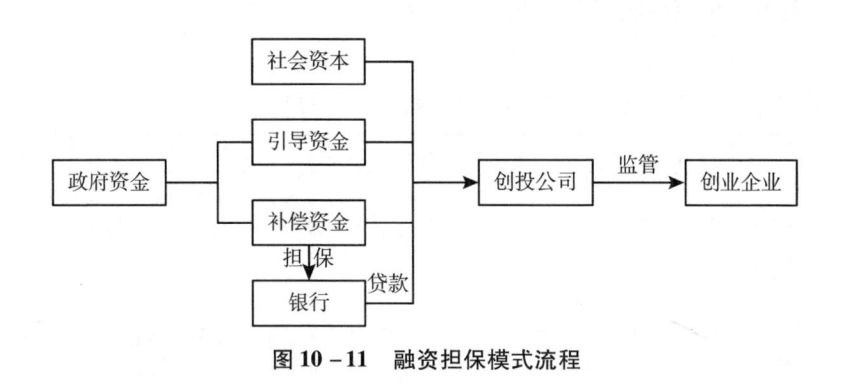

图 10-11 融资担保模式流程

②风险补助模式,风险补助资金主要用于弥补中小高科技企业的创业投资损失。《引导基金管理暂行办法》规定:"引导基金按照最高不超过创业投资机构实际投资额的5%给予风险补助,补助金额最高不超过500万人民币。"

第三节 中国政府引导基金发展现状

我国国有资本介入创业投资市场已有20多年的历史,自2005年我国政府开始尝试设立政府引导基金,各地区也纷纷根据当地的具体情况出台了相关的管理办法和优惠政策,由政府出资吸引社会资本进入创业资本市场,以求促进高新技术产业的发展,解决初创期和种子期中小高新技术企业融资难的问题。

我国政府引导基金的发展可以大致分为以下四个阶段:2002~2006年的探索起步阶段、2007~2008年的快速发展、2009~2013年的规范化运作阶段以及2014年至今的蓬勃发展阶段。随着我国创业投资引导基金的政府引导作用日益增强、运作模式日趋完善,政府风险投资引导基金的发展也已步入了繁荣时期。

一、引导基金的政策环境

我国政府引导基金的蓬勃发展离不开相应政策法案的出台和实施。表 10-2 中具体列出了相应的法律法规和管理办法。

表 10-2　　　　　　　　　政府引导基金相关法律法规

法律与法规	颁布时间	主要内容
《创业投资企业管理暂行办法》	2005 年	国家与地方政府可以设立创业投资引导基金，通过参股和提供融资担保等方式扶持创业企业的设立与发展
《国家中长期科学和技术发展规划纲要（2006~2020 年）》	2006 年	鼓励有关部门和地方政府设立创业风险投资引导基金，引导社会资金流向创业风险投资企业，进而引导创业风险投资企业投资处于种子期和起步期的创业企业
《科技型中小企业创业投资引导基金管理暂行办法》	2007 年 7 月 6 日	利用阶段参股、跟进投资、风险补助和投资保障等方式，支持科技型中小企业自主创新
《关于创业投资引导基金规范设立与运作的指导意见》	2008 年 10 月 18 日	促进创业投资引导基金的规范设立与运作，扶持创业企业发展
《境内证券市场转持部分国有股充实社会保障基金实施办法》	2009 年 6 月 19 日	首次公开上市的含国有股份的股份有限公司，按公开发行总股份的 10%（但不高于国有股东实际持股数量）由全国社会保障基金理事会转持
《科技型中小企业创业投资引导基金股权投资收入收缴暂行办法》	2010 年 12 月 9 日	收入收缴办法：收入上缴中央国库，纳入中央一般预算管理
《关于豁免国有创业投资机构和国有创业投资引导基金国有股转持义务有关问题的通知》	2010 年 10 月 13 日	对于符合条件的国有创投机构和国有创投引导基金，投资于未上市中小企业形成的国有股，可申请豁免国有股转持义务
《新兴产业创投计划参股创业投资基金管理暂行办法》	2011 年 8 月 17 日	明确提出中央财政参股基金集中投资于节能环保、信息、生物与新医药、新能源、新材料、航空航天、海洋、现金装备制造、新能源汽车、高技术服务业战略性新兴产业和高新技术改造提升传统产业领域
《关于促进股权投资企业规范发展的通知》	2011 年 11 月 23 日	投资者为集合资金信托、合伙企业等非法人机构的，应仔细核查最终的自然人和法人机构是否为合格投资者，并认真计算投资者总数，但投资者为股权投资母基金的除外

二、我国引导基金的发展规模

2015 年以来，中国政府风险投资引导基金规模和数量增长迅猛。2015 年初，国家设立了出资总额高达 400 亿元的国家新兴产业创业投资引导基金，而后又增设出资额为 600 亿元的国家中小企业发展基金，由此可以看出，政府越来越重视引导基金在推动"创业创新"和促进高新技术产业发展中的重要作用。各级地方政府也在国家各项政策的积极推动下，相继出台了相应引导基金管理办法并成立专项基金，用以撬动更多的私人资本进入创业投资市场，发展创业创新企业，促进各地区的经济发展。

由图 10 – 12 可以明显看出，2014 年以来，中国政府引导基金规模和数量的增长趋势势如破竹，进入了一个新的快速发展时期。

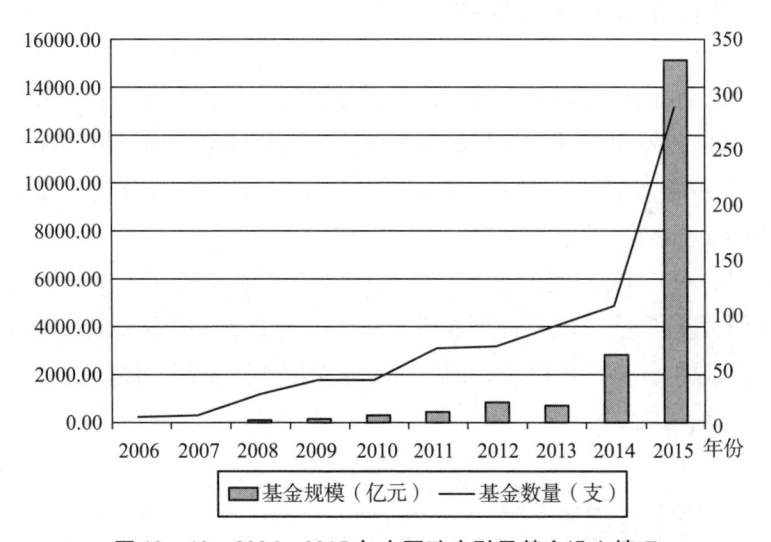

图 10 – 12　2006 ~ 2015 年中国政府引导基金设立情况

数据来源：私募通 2016.01。

由图 10 – 13 可以看出，尽管在 2011 ~ 2013 年间，由于宏观经济下行和资本市场低迷，我国的创业投资引导基金出现短期的下降，但从总体来看，投资规模和数量都呈现增长趋势，因而创业风险投资市场潜力巨大。城乡接合部经济的振兴、传统产业的转型升级等都离不开风险投资。风险投资在 2014 年之后的发展趋势也刚好印证了这一观点，并且自 2015 年开始，创业投资基金增势迅猛，呈现良好的发展趋势。

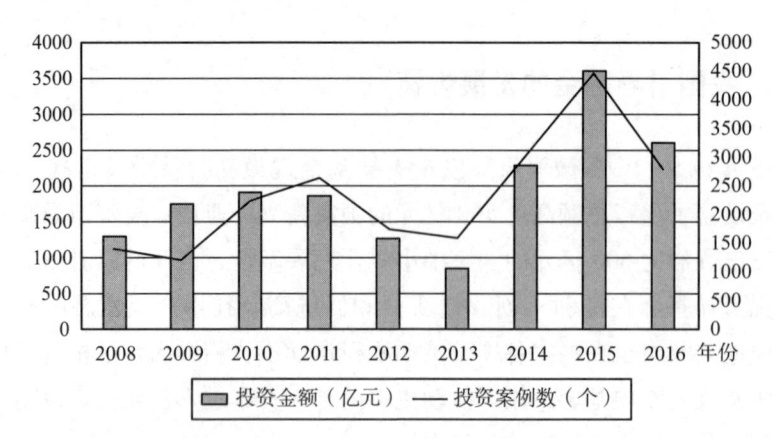

图 10-13　2008 年 1 月~2016 年 9 月创业投资基金投资情况

数据来源：Wind 资讯，中国 PEVC 库 2016.09。

三、我国引导基金投资的地域分布

近年来，我国地方政府也纷纷设立引导基金，制定并出台了一系列适应本地区政府风险投资引导基金发展的管理办法和引导政策。通过撬动社会资本进入创业投资市场来带动本地区经济发展，已成为各地方政府促进产业发展，提高政府资金运用效率的重要手段。

由图 10-14 可以清楚地看出华东地区和中南地区（同时涵盖了长三角和珠三角两个发达经济区域）的创业引导基金，无论是在投资金额还是投资案例上都具有明显的优势。可以说，创业引导基金的快速发展与经济的飞速发展密切相关，相辅相成。

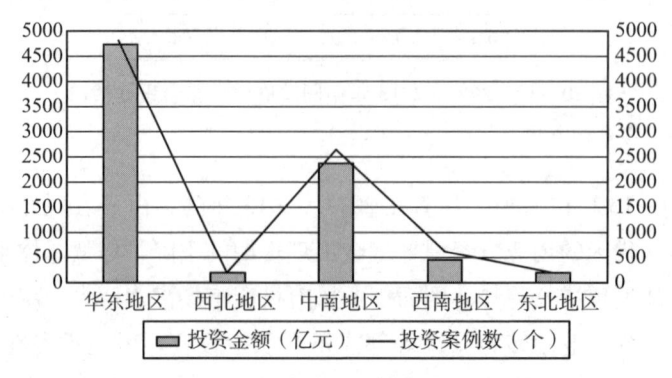

图 10-14　2008~2016 年政府引导基金设立地域分布情况

数据来源：Wind 资讯，中国 PEVC 库，2016.09。

四、我国引导基金的行业分布

在我国，政府引导基金成为政府扶持产业发展、参与市场化进程的一种方式。引导基金所扶持的创业企业具有一定的政策导向性，主要投向符合国家产业政策、高新技术产业化和具有良好发展前景的新兴产业，如信息技术、金融服务业、医疗保险及新能源等。

由图 10-15 可以看出信息技术和金融行业是创业投资基金募集金额及案例数分布最密集的两个行业。信息技术行业是高科技产业的重要一环，由此可见，高新技术产业的发展与创业投资基金的发展密切相关，互相促进。

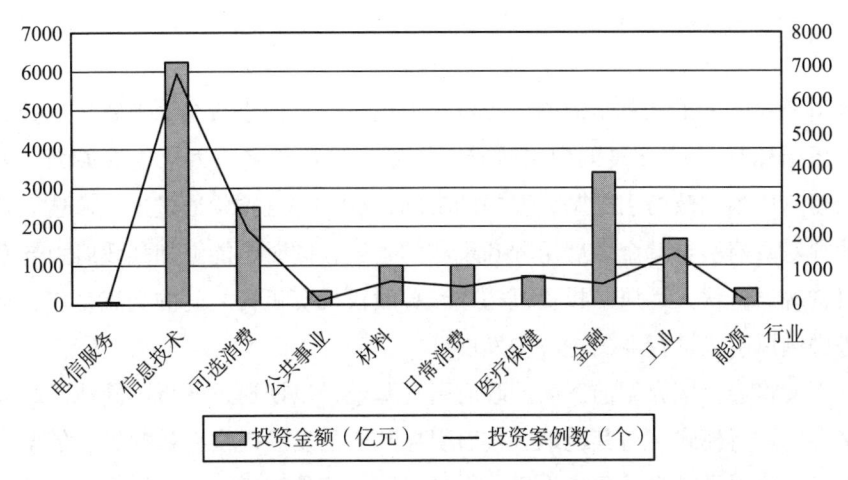

图 10-15　2008 年 1 月~2016 年 9 月创业投资基金行业分布情况

数据来源：Wind 中国，PEVC 库，2016.09。

第四节　我国重点区域的代表性政府引导基金

清科集团公布 2015 年度中国政府引导基金年度排名榜单（如表 10-3 所示），其中中关村、重庆市和深圳市设立的创业投资引导基金分别取得了"2015 年中国政府引导基金 20 强"的前三名。

表 10-3　　　　　　2015 年度中国政府引导基金排名

排名	政府引导基金名称	排名	政府引导基金名称
1	中关村创业投资引导基金	11	上海嘉定创业投资引导基金
2	重庆市产业引导股权投资基金	12	中关村天使投资引导基金
3	深圳市创业投资引导基金	13	浙江省转型升级产业基金
4	厦门市产业引导基金	14	上海市天使投资引导基金
5	山东省股权投资引导基金	15	青岛市市级创业投资引导基金
6	北京市中小企业创业投资引导基金	16	贵州省创业投资引导基金
7	广东省战略性新兴产业创业投资引导基金	17	深圳市福田引导基金
8	上海市创业投资引导基金	18	中关村现代服务业引导基金
9	杭州市创业投资引导基金	19	重庆市天使投资引导基金
10	国家科技成果转化引导基金	20	湖北省创业投资引导基金

资料来源：私募通，2016.01。

清科集团分别从基金规模、投资、退出等各方面进行全面考察，选择相应的参考指标对 2015 年度的中国政府引导基金进行排名。力求能够最大限度地反映现阶段中国政府引导基金发展的实际情况，并且希望通过这次评选能够加深业界对政府引导基金发展历程和现状的了解，同时也能够加强政府引导基金与机构普通合伙人、风险投资机构或私募股权投资机构之间的交流合作，从而促进中国风险投资行业的进一步发展。

下文将会分别介绍前三名的政府引导基金，以期通过分析不同地区政府引导基金的运行模式，对其他地区政府引导基金的发展提供有效的经验借鉴，充分发挥政府引导基金的积极作用，促进我国经济的健康、快速发展。

一、中关村创投——第一只引导基金

2002 年 1 月，中关村创业投资引导资金（当时还没有"引导基金"的概念）设立，政府首次尝试以跟进投资的方式，来鼓励创业投资机构对园区内的中小高新技术创业企业进行投资。这也是我国第一只创业引导基金。

（一）基金运作模式

自 2006 年以来，中关村创投一改以往跟进投资的方式，而以母基金的形式与其他专业基金管理公司合作，通过成立专门的创投基金，对创新创业企业实体进行投资。

（二）基金规模

截至 2013 年底，该引导资金设立的创投基金已累计投资创新创业企业 151 家，投资总额超过 38 亿元。在已投资企业中，中关村示范区企业共 101 家，占投资项目总数的 67%，投资金额占投资资金总额的 50%，引导资金对示范区的投资引导效果显著。据介绍，在上述已投资企业中，已有 4 家企业实现 IPO，1 家企业已通过上市审核拟近期 IPO，有 8 家企业已报送证监会进行 IPO 审核，具备 IPO 条件并计划申报上市审核的还有 40 多家。

从财政资金的杠杆作用角度看，中关村创投投资的 29 家创投基金总规模约是引导资金承诺出资总额（8.2 亿元）的 13 倍，引导放大效果显著。

（三）存在的缺陷

2006 年之前中关村创投基金跟投的项目中有很大部分并不成功，一些企业经营状况不佳，甚至陷入连续亏损状态。这主要是由于基金创立初期缺乏经验，在项目和企业筛选方面不够专业。之后通过改变投资模式，用更加市场化的手段和方式与国内专业的基金公司合作，因而取得了比较好的效果。中关村创投在工作中也遇到了引导与市场双重目标的协调问题，为进一步增强与市场机构的对接，提升市场机构在战略性新兴产业领域的活力，还需要进一步扩大合作对象的范围、创新不同对象的合作模式以发挥引导基金对市场资金和管理能力的引导作用。

二、重庆市产业引导股权投资基金

重庆是我国西部唯一的直辖市，同时也是西部重要的经济增长极。近年来，为了推进重庆市经济结构调整，促进产业升级，优化市场资源配置，创新财政资金分配方式，充分发挥国有资本的引导作用，重庆市设立了重庆产业引导股权投资基金。

（一）政策环境

近年来，重庆市不断出台相应的政策及管理办法，大力发挥财政资金的引导作用，并加强银企合作，增强风险投资行业的融资能力。同时，政府通过科技贷款贴息、担保、保险等方式，降低高新技术企业的融资成本，分散投资风险，使风险投资的发展步入新阶段。2014年5月，重庆市成立了产业引导股权投资基金有限责任公司。该公司严格按照《指导意见》中规定的政府引导基金"政府引导、市场运作、科学决策、防范风险"的原则，整合政府产业扶持资金，通过市场化的合作机制，吸引私人资本和专业的管理人共同设立专项投资基金，引导和促进私人资本投入工业、农业、现代服务业、科技、文化和旅游六大产业。

（二）资金来源

根据《指导意见》的要求，我国地级市以上人民政府有关部门可以根据创业投资的发展需要和财力状况设立引导基金，其资金来源包括政府出资和社会募集资金（商业性资金除外）。其中政府出资主要为支持创业投资企业发展的财政性专项资金。社会资金来源主要为金融系资金、全国性资产管理机构资金、央企资金和跨境人民币资金等。

（三）运作模式

《指导意见》中规定产业引导基金总体上以市场化"母基金"方式运作，通过公开招募优秀基金管理公司合作组建专项基金进行项目投资，产业引导基金原则上不直接投资具体项目。

重庆市产业引导股权投资基金的投资阶段包括初创期、发展期、扩张期、成熟期、pre-IPO期等，大大增加了基金市场的投资机会。而且产业引导股权投资基金注重：大力促进科研成果产业化，推动科技成果股权化，助力大众创业、万众创新；教育、卫生、文化领域一些投资不大的市场化项目，以及部分有市场、有效益的传统产业。

目前，重庆市政府股权投资基金已经形成了两大体系：一是支持包括工业、农业、现代服务业、科技、文化和旅游在内的六大产业，储备项目600多个，已与社会资本合作设立21支专项子基金；二是重点关注六大产业中有良好市场前景的新兴领域，或者传统产业中有规模、有效益的领域。2015年5月，重庆战略性新兴产业股权投资基金正式成立，该基金由重庆产业引导股权投资基金和重庆市属国有企业共同出资设立，母基金初始资金规模约255亿元。

三、深圳市创业投资引导基金

深圳市的高新技术产业自 20 世纪 90 年代以来，取得了快速发展。高新技术产品的产值占工业总产值的比重超过 50%，高新技术企业累计达上万家，这极大促进了深圳经济的飞跃式发展。深圳市创业投资有限公司的成立目的是支持高新技术产业的发展。

（一）基金的设立

深圳市是我国风险投资发展最早，也是 VC 最活跃的地区之一。为了支持高新技术产业的发展，深圳市政府提议，联合各大公司出资成立了深圳市创业投资有限公司，深创投按照公司制成立，组建了专门的管理团队。深圳市创投引导基金的目的是发挥政府资金杠杆放大效应的作用，引导社会资本投资战略性新兴产业，特别是处于初创期、成长期的创新型企业。子基金所投项目领域全部为国家和深圳市重点鼓励扶持的战略性新兴产业，并形成较好的社会效应，显现引导和鼓励作用，成为深圳市现有战略性新兴产业发展支持政策的有益补充。

（二）运作模式

深创投严格按照"政府引导、市场化运作、以政策为导向、不以营利为目的"的方针运作，董事会也坚守"持股而不控股、出资而不干预管理"的原则，引导基金按照母基金方式运作。其采用参股模式，出资比例一般不超过 30%，与社会资本共同发起设立创业投资基金，并委托专业的创业投资管理机构（深创投成立的管理公司）进行管理。经营团队严格按照深创投的投资理念和市场化模式运作，汇集国内外相关人才组成专业的投资管理团队，将长期与短期经营相结合，使得深创投取得优异成绩并在风险投资业声名鹊起。

（三）运作优势

深创投的运作优势在我国创业投资的启动阶段，具有良好的示范效应，其优势主要表现在资本的放大作用上。具体为：资本金的放大、区域放大、股权资本的放大和创业资本的放大。

为更好地提供政府引导基金增值服务、打造子基金交流互动平台，经报市政府同意后，市创投办牵头正式设立深圳市新兴产业创投基金联盟，以更紧密的方式将政府相关部门、子基金、项目企业等资源有效的集成在这一平台。联盟形式交流平台的建立，一方面，便于组织政府项目源，积极向各参股子基金推介，吸引子基金更多投资于深圳本地项目，同时子基金管理机构在平台内交流经验、挖掘更多资源，寻求更大的投资机会；另一方面，联合市各有关部门，根据各子基金需求，为子基金所投资项目提供相应帮助和服务，通过软环境的提升来吸引更多优秀创投机构落户深圳。联盟将以"资源共享、优势互补、利益互动、共同发展"为宗旨，通过搭建开放式的信息和资源平台，促进联盟各机构在项目、资金、信息、人才、风险防范等领域的交流与合作，提供企业推介、项目评估、投资撮合和投资退出等创业投资整个过程所需的全方位、立体化服务。

第五节　国内外政府引导基金的比较及启示

从国际经验来看，美国、以色列和澳大利亚拥有最典型的政府引导基金运作模式，因而极具借鉴价值。另外，加拿大的失败案例更是宝贵的反面教材，我国能够从中吸取经验教训，保障政府引导基金的顺利落地并达到预期效益。

一、国内外引导基金的比较分析

美国、以色列和澳大利亚政府引导基金是比较成功的三大经典模式。当然，在政府风险投资引导基金的发展过程中，一些国家和地区也并非总是成功的。失败的经验教训同样值得我们学习，从而更好地规避可能会出现失败的运作方式，探求成功的方式方法。对我国政府风险投资引导基金的发展具有很好的借鉴意义。

（一）政府不直接参与投资活动

美国的 SBIC 采用融资担保的模式，政府并不直接参与经济活动，而是提供法律框架和依据，以达到保证创业投资高效运转的目的。同样，以色列能够在不利的环境下创造出经济发展的奇迹，得益于以色列政府对创业投资的支持。通过发挥政府资金的杠杆作用，引导民间资本进入创业投资领域，形成了比较完善的创业投资引导基金和商业基金的良性互动模式，并取得了良好效果。

澳大利亚的 IIF 基金与以色列的 YOZMA 基金具有相似性，两者都采用基金参股模式，即主要通过引导基金参股民间资本，设立商业性风险投资机构，政府不直接参与投资决策，绝大部分投资收益归私人投资者所有（投资收益让利于民），基金政策引导效果良好。从以色列和澳大利亚成功导入创业投资的发展模式可以看出，政府引导基金发展过程中政府的作用是至关重要的。因此，从各国成功的经验中我们应该学习相应的政策和法规，积极寻求适合我国国情的发展之路。

（二）合理的基金组织形式

加拿大 LSVCC 计划尽管整体上没能使本国的创业投资基金得到良好的发展，但是在组织形式的选择以及对运作过程中出现的代理问题和挤出效应的处理方面给我国提供了很好的参考。加拿大政府对 LSVCC 给予了可观的税收优惠，使之成为加拿大规模最大的风险投资基金，但却也成为该国经营业绩最差的基金组织形式，而且对其他的同种类基金产生了巨大的挤出效应。

从可持续发展的角度看，我国在实践过程中也不能盲目地追捧有限合伙制，而是要通过认真研究其特殊的治理结构和激励机制，从失败的案例中吸取经验教训，取其精华、去其糟粕，寻找既适合中国国情，又能最大化风险投资基金运营效率的组织形式，实现风险投资整体制度安排与特定产业创新模式的完美契合。

虽然各国政府引导基金的运作模式千差万别，但通过设立政策性创业投资引导基金，引导民间流动资本进入创业资本市场并设立创业投资基金，是创业投资发达国家和地区的一致共识。引导基金设立的初衷，就是将公共资本的配置决定权、剩余控制权和剩余索取权适当让渡给私人风险资本，以作为对私人风险资本的补偿，并吸引更多私人风险资本的进入，发挥财政资金的杠杆放大效应，增加创业投资资本，特别是初创期创业企业的资本供给，解决单纯通过市场机制无法实现创业投资资本有效配置的功能缺陷问题。

二、我国政府引导基金发展的突出问题

我国政府风险投资基金在发展的过程中取得了很好的成绩，同时，也面临

很多问题。主要有：存在寻租问题；运营效率低下；利益冲突；投资规模较小；严重的政策导向性。

（1）寻租问题。监管的不到位，容易使得"寻租"问题显现。这也是由政府引导基金的运作模式特点所决定的，一方面，引导基金的资金来源主要是地方财政，这使得中小高科技企业在融资时受到严重的地域限制；另一方面，为分散投资风险，引导基金的投资相对分散。正是引导基金的这些特点，在一定程度上导致了寻租腐败的产生。另外，监管的缺失也极易造成非法集资的蔓延，扰乱资本市场的正常秩序，因此，严格有效的监管制度的设立及实施，是解决"寻租"问题的关键所在。

（2）运营效率低下。由于政府引导基金带有严重的"国有"色彩，市场化水平较低，因而在日常运营管理中倾向于沿用国有资产的管理模式，降低了引导基金投资的灵活性和有效性。而市场化的引导基金是私募股权投资行业向专业化细分的产物，是具有丰富经验的行业精英，其在基金的筛选、投资组合的分配、风险管理和基金的监控等方面都具有较高的专业化水平。2014年5月21日，国务院总理李克强在国务院常务会议中提出了"成倍扩大引导资金规模"和"完善市场化运作机制"两点要求。由此可见，政府引导基金向市场化转型是大势所趋，并且市场化也会为引导基金自身提供长久发展的源动力。

（3）存在利益冲突。政府引导基金参与创业投资市场，其中作为项目参与者的政府、风险投资机构和创业企业三者的目标存在分歧，政府是为了最大化社会收益，不以自身的营利为目标，风险投资机构和创业企业以最大化自身收益为目标，因此在政府和创投机构间存在利益冲突。创投机构对于政府引导基金的利益诉求分配机制大致分为三种：一是对于完全要求本金安全的政府引导基金，在基金清盘或分红时，优先给予本金支付或利息支付；二是若政府愿承担部分风险，能参与投资分红，同时VC能在4~6年内按最早的出资额或出资原值加上利息，回购政府在合资基金的股份；三是若政府愿与创投机构共同承担风险及收益，通常投资机构会留下半数的投资收益。但在政府引导基金的市场化运作过程中，政府以资本安全为先，而创投机构追求更高的投资回报，导致"利益共享，但风险不共担"的局面出现，也会严重影响基金的运作效率。

（4）政府引导基金规模偏小。根据清科集团旗下私募通统计，截至2014年底，中国股权投资市场LP可投资本量共计8849.91亿美元，而政府引导基金的可投资本量为175.32亿美元,仅占总投资规模的2.0%。由此可见,我国政府设立的引导基金规模普遍偏小,特别是在一些欠发达地区,引导基金的规模更小,无法起到其应有的引导作用。除此之外,目前国内引导基金的主要资金来源为政府财政,仅有一小部分有国家开发银行等政策性银行参与,募资渠道狭窄,有待扩充。

(5)作为来源于地方政府财政资金的引导基金,资金使用往往带有很强的地方政策性色彩。一般而言,政府引导基金参股的创业投资基金都有一些约束条件,如地方政府要求与其合作投资的创业投资企业的管理团队在多地设立分支机构,投资范围仅限于本地等。这不仅不利于对存在高潜在收益项目的投资,易出现"择地而不择优"的现象,而且不利于吸引和培养优秀的投资管理机构。如果这种状况一直持续下去,就会造成引导基金的资金沉淀、闲置等现象,其应有效用难以得到发挥,政府资金的引导作用也会受到严重制约。

三、政府引导基金规范发展方向

在政府引导基金与生俱来的"国有"标签下,其在运作过程中很难褪掉国有的色彩,走向市场化便成为其发展的必由之路。市场化的概念又包括募资市场化、投资市场化与激励机制市场化。

(1)募资市场化。募资市场化是指引导基金出资主体可以多元化,如引入市场化的资金共同设立母基金,这样可使得引导基金的杠杆作用加倍放大。如元禾已成功引入国开行作为其管理的国创元禾母基金(50亿元)和国创开元母基金(100亿元)的出资人,这两支基金的主要出资结构为国开金融50亿元、社保基金50亿元、华为集团5亿元;另外,如规模5亿元的上海闵行区创业投资引导基金,其资金来源也是由财政资金和社会资本共同构成。

(2)投资市场化。引导基金投资的地域限制严重影响了自身的发展,因此如何逐渐突破地域限制是其吸引优质子基金的关键所在,并且也会对提升资金回流速度、保证引导基金整体的运作成效起到积极的作用。同时,加强对市场的了解、提升专业的项目价值判断、明确跟投意向以及增强与子基金在优质项目上出让份额的谈判能力等,都将成为引导基金投资市场化的主要路径。

(3)激励机制市场化。引导基金缺乏有效的激励机制,使得本来就不够专业的基金管理团队成长空间有限。因此，将引导基金交由市场化引导基金去管理，运用市场化机制引导社会各界资本进入创业投资市场，并且激励政府、风险投资机构和企业家全力以赴，努力实现投资项目收益最大化。进而促进我国风险投资事业的健康发展，推动我国经济增长和加速实现产业转型升级。

第十一章 税收补贴[*]

本质上来看，税收补贴是政府对高科技企业或风险投资者的一种利益补偿。这种补偿可以降低投资者的预期投资成本，从而增加投资积极性。

目前，很多发达国家已形成完善的风险投资税收补贴政策体系。我国从2002年左右开始对风险投资业实施税收补贴政策，但收效甚微。特别是我国正处于风险投资的起步发展阶段，急需税收补贴政策的有效支持。本章旨在研究税收补贴对风险投资的影响以及我国税收补贴政策存在的问题。本章的研究思路是：先明确税收补贴的界定，再分别分析国内外的税收补贴政策及其影响，最后通过借鉴国外成功经验，发现我国税收补贴政策的问题并提出解决办法。

第一节 税收补贴概述

一、税收补贴的界定

税收补贴即税收优惠与补贴。在国际上，两者具有包含关系。国际上所说的补贴不仅包括税收优惠，还包括政府贷款、政府采购以及股权投资等一系列对风险投资者或风险投资企业有利的政策支持。但有的国家对补贴的界定则不同，认为补贴仅限于政府无偿向接受者提供资金支持，以便于将补贴与其他财政支持区分开，进行精细管理。因而补贴的界定有广义和狭义之分。

---

[*] 本章由暨南大学产业经济研究院何思依执笔。

(一) 广义的补贴

根据世界贸易组织（WTO）《补贴与反补贴措施协定》（SCM）的规定，补贴是指一成员方政府或任何公共机构向特定的企业（一个或一组企业）提供的财政资助以及对价格收入的支持，以直接或间接增加从其领土出口某种产品或减少进口某种产品，或者对其他成员方利益形成损害的政府性措施。简单地说，补贴是由一国政府或任何公共机构提供，使接受者得益的财政资助。

财政资助的方式主要包括：

第一，涉及直接的资金转移（如赠款、贷款或投股）、潜在的资本或债务的直接转移（如贷款担保）；

第二，放弃或未征收的政府税收，如税收抵免之类的财政鼓励；

第三，提供一般基础设施以外的货物和服务，或采购货物；

第四，政府向筹资机构付款及授权或指示私营机构提供财政资助；

第五，任何形式的收入或价格支持。

(二) 狭义的补贴

狭义的补贴即政府补助，按照我国《企业会计师准则第16号——政府补助》，是指企业从政府无偿取得货币性资产或非货币性资产，但不包括政府作为企业所有者投入的资本。政府如以企业所有者身份向企业投入资本，将拥有企业相应的所有权，分享企业利润，在这种情况下，政府与企业之间的关系是投资者与被投资者的关系，属于互惠交易，而不是政府的补助行为。

政府补助准则规范的政府补助有两个条件：

第一，无偿性。无偿性是政府补助的基本特征。政府并不因此享有企业的所有权，企业将来也不需要偿还。这一特征将政府补助与政府作为企业所有者投入的资本、政府采购等政府与企业之间双向、互惠的经济活动区分开来。

第二，直接取得资产。政府补助是企业从政府直接取得的资产，包括货币性资产和非货币性资产。比如，企业取得的财政拨款，先征后返（退）、即征即退等方式返还的税款以及行政划拨的土地使用权等。按照政府补助准则，不涉及资产直接转移的经济支持，比如政府与企业间的债务豁免，除税收返还外的税收优惠，如直接减征、免征、增加计税抵扣额、抵免部分税额等均不属于政府补助。

(三) 税收优惠的界定

税收优惠是指为实现一定的财政、经济、社会目的而设置的免税和减税。但税收返还涉及实际的政府资金转移，属于政府补贴。税收优惠政策通常包括优惠目的、优惠对象、优惠方式、优惠力度和限制条件等基本要素。为了更有效地激励风险投资，政策制定者设定每个要素时都需要考虑风险投资行业的特征：一是要找准最有需要的优惠对象；二是优惠方式要与风险投资模式相适应；三是优惠力度要符合风险投资的发展阶段与现实需求。

二、税收补贴的分类

(一) 税收优惠的分类

税收优惠的分类标准有很多。如表 11-1 所示，按照不同的优惠方式，税收优惠可划分为不同类别。

表 11-1　　　　　　　　税收优惠分类

类别	具体形式	说明
税基式优惠	税收扣除	允许纳税人将某些支出或费用全部或部分地从税基中扣除
	亏损结转	允许纳税人用纳税年度的亏损冲抵以前年度的盈利（向前结转）或以后年度的盈利（向后结转）
税率式优惠	优惠税率	税率为零或者降低税率
税额式优惠	直接的免税和减税	直接免交或冲减应纳税额
	税收抵免	允许纳税人用某些特定的支出冲抵其应纳税额
时间式优惠	加速折旧	允许纳税人在固定资产使用初期提取较多折旧。其实质是税款缴纳时间向后推移
	延期纳税	允许纳税人延期缴纳应纳税款，相当于为纳税人提供无息贷款

其他的分类方式：以税收优惠的目的为标准，分为财政性优惠、政策性优惠、管理性优惠和外交豁免；以税收优惠的存续时间为标准，分为常规性优惠、期间性优惠、过渡性优惠和临时性优惠；以税收优惠的管理权限为标准，分为全国性优惠、地方性优惠。

(二) 补贴的分类

通常,政府补贴可以按照用途不同,分为投资补贴、研发补贴、产品补贴和亏损补贴等。但比较权威的分类方法是,如表 11-2 所示,依据我国政府补助准则应用指南的解释,把政府补贴分为财政拨款、财政贴息、税收返还和无偿计划拨非货币性资产。

表 11-2　　　　　　　　　　政府补贴分类

类别	说明
财政拨款	(1) 政府为了支持企业而无偿拨付的款项 (2) 通常具有严格的政策条件,只有符合申报条件的企业才能申请划拨,同时规定了资金的具体用途
财政贴息	(1) 政府对承贷企业的银行贷款利息给予的补贴 (2) 补贴对象通常是符合申报条件的某个综合性项目,包括设备配置、人员培训、研发费用、人员开支、购买服务等,也可以是单项的,如仅限于固定资产贷款项目
税收返还	(1) 政府按照国家规定采取先征后返(退),即征即退等办法向企业返还税款,属于以税收优惠形式给予的一种政府补助 (2) 注意:除了税收返还之外,税收优惠还包括直接减征、免征、增加计税抵扣额、抵免部分税额等形式。这类税收优惠体现了政策导向,但政府并未直接向企业无偿提供资产,因此不作为政府补助处理
无偿划拨非货币性资产	主要有无偿划拨土地使用权、天然起源的天然林等,这种情况较少

三、税收优惠与补贴的比较

税收优惠和补贴均是政府对中小高科技企业或投资机构的一种补偿,但两者的补偿方式又有不同,税收优惠并不涉及资产的直接转移,而补贴是企业直接从政府获得资金支持。具体的,从预算控制、执行难度、影响效果方面来看,税收优惠和补贴政策有各自的优缺点,如表 11-3 所示。

表 11-3　　　　　　　　税收补贴政策的优缺点对比分析

	优点	缺点
税收优惠	(1) 激励范围广 (2) 避免繁琐的事前预算 (3) 政府干预少,企业可以自行选择最有效的研发投资项目 (4) 激励企业更重视利润而非研究结果 (5) 避免政府的不正当分配和寻租行为 (6) 较低的计划、分配和管理等行政管理成本	(1) 预算控制差 (2) 企业存在道德风险,选择私有回报最高的研发项目 (3) 企业可能将其他非研发支出列为研发支出以套取公共资源

续表

	优点	缺点
直接补贴	(1) 适用于为达到特定目标的高风险研发项目； (2) 适用于研发投资社会回报和私有回报差距较大的研发项目； (3) 难以达到研发补贴资源的最优配置； (4) 可应用于特定技术和特定领域，以克服经济或行业部门的周期性弱点； (5) 容易控制预算	(1) 行政成本高； (2) 履行公正的程序难度大； (3) 影响范围有限； (4) 易滋生寻租行为

第二节 税收优惠政策分析

虽然各国都对风险投资业制定了税收优惠政策，但不同国家的税收优惠力度与侧重点有所不同。

一、发达国家的税收优惠政策

（一）美国

目前，美国的税制结构以所得税为主体，对风险投资的税收优惠主要表现为资本利得税和所得税优惠，优惠力度大，优惠方式以降低所得税税率、加速折旧、投资抵减、亏损结转等为主。

1. 美国现行的风险投资税收优惠政策

具体如表11-4所示。

表11-4　　　　　　　美国现行的风险投资税收优惠政策

税收优惠目的	主要税收优惠政策及内容
刺激企业研发投入	(1) 企业投资于科学技术研究与开发的费用若超过一年或几年的平均值时，超过部分可享受25%的所得税抵免； (2) 用于技术更新改造的设备投资可按其投资额的10%抵免当年应缴所得额； (3) 研发投入增加值的20%可退税； (4) 委托研发机构进行基础性研究开发费用的65%可直接从应纳所得税中抵免，新增研发费用的20%可直接冲减应税所得额，若当年没有盈利，则抵免额和费用扣除可往前追溯3年，往后结转5年； (5) 在研发领域实行永久税费优惠

续表

税收优惠目的	主要税收优惠政策及内容
鼓励设备革新	(1) 对企业进行新设备投资给予加速折旧； (2) 对中小企业投资购买新的设备进行税收抵免
推动自主创新	允许中小企业风险投资损失税前列支，资本利得税率目前不超过20%
扶持科研机构	政府下属的科研机构、大学从事公益性科研活动的独立科研机构、从事公共安全检测的非营利机构、从事有关人类疾病与健康以及农业方面技术开发的非营利机构等可享受免税待遇

2. 税收政策变化对风险投资的影响

美国风险投资的发展与其风险投资税收政策的变化有着不可分割的关系，每一次税收立法的改变都极大地影响着风险投资行业。最具代表性的是资本利得税政策的调整。

美国对资本利得税率的几次重大调整如下：

第一，1957年美国将资本利得税税率由25%提高到27%。至1969年初，美国的风险投资总额达到1.71亿美元，美国由此进入了第一次风险投资浪潮。

第二，20世纪70年代中期美国政府将资本利得税率提高到49%，导致1975年风险投资规模出现了大规模削减。

第三，为了支持风险投资，美国1978年通过《税收法》将风险投资收益的税率从49%下降到28%。由此，1979年美国的风险投资资金增长了40%。

第四，20世纪80年代，美国国会通过《经济复兴税法》将资本利得税率从28%降至20%，同时将研究开发投资税率从49%减至25%，对开发研究用仪器设备实行快速折旧，折旧年限为3年，是所有设备年限中最短的。经过上述调整，美国在80年代初期实现了风险投资以每年大约46%的幅度增长，其中大部分资金投入到电子技术领域。

第五，1993年克林顿政府签署"五年削减赤字法案"，将长期资本利得税率降到28%，同时对风险投资的个人实行税收减免，对持有高科技小型企业股份五年或五年以上的，其资本收益仅按14%课税。这些规定，均有效促进了高科技风险投资业的发展。

第六，2003年美国为应对连续几年的经济衰退，颁布《就业与经济增长税收减免协调法案》，宣布再次将资本利得税从20%降到15%，明显地提高了投资者的积极性。

通过以上六次重大调整，美国风险投资迅速发展壮大。从历史来看，1969～1992年是美国风险投资的起步和发展期，图11-1反映了这段时期资本利得税对美国风险投资的影响，可以看到对资本利得税的几次调整都引起了美国风险投资筹资额的显著变化，且两者呈负相关的关系。

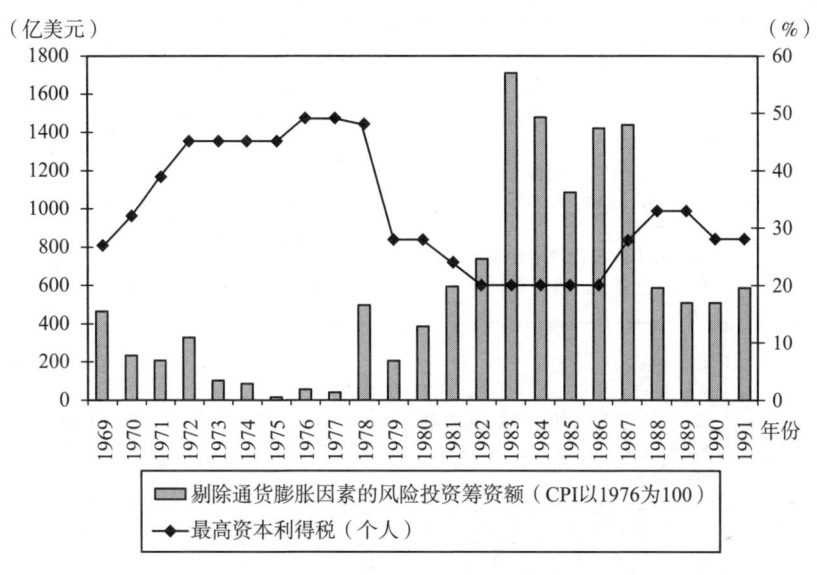

图11-1　美国风险资本筹资额与资本利得税率

数据来源：Stephen Moor and John Silvia, the ABCs of the Capital Gains Tax, 1996。

（二）英国

英国的税制结构以所得税、增值税和社会保障税为主，在鼓励风险投资的税收政策方面，主要有1994年开始实施的风险投资计划（venture capital scheme，VCS），并取得了良好的政策效果，成为各国争相模仿的典范。

风险投资计划（VCS）着重鼓励对小企业进行投资，为符合条件的风险投资者提供税收优惠。该计划包括若干子计划，其中最主要的三个部分为：企业投资计划（enterprise investment scheme，EIS）、种子企业投资计划（seed enterprise investment scheme，SEIS）和风险投资信托计划（venture capital trust scheme，VCT），分别为不同类型的个人投资行为"量身定制"了税收优惠，同时又根据不同情况设置了严格的限制条件。其中前两个计划针对天使投资，后一个计划针对创业投资。

1. 企业投资计划（EIS）的税收优惠

英国从 1994 年开始实施 EIS（详见表 11-5），对购买小企业新发行股票的个人投资者给予个人所得税收优惠，但前提是必须满足特定条件。

表 11-5　　　　　　　　企业投资计划（EIS）的税收优惠

优惠内容	（1）个人投资者可按其投资额的 30% 获得税收抵免，冲抵应缴纳个人所得税，且不足抵免部分可向前结转，但每人在一个纳税年度的抵免额不能超过 100 万英镑； （2）个人投资者转让已持有三年以上的股票，所获资本利得免税，但免税额有上限限制； （3）资本损失可抵普通所得。个人投资者在持股三年后转让被投资企业股份，若发生资本损失，可抵扣当年资本利得，不足抵扣部分还可抵扣当年和以前纳税年度的普通所得； （4）若个人投资者转让某项资产获得了资本利得，并用此资本利得再投资符合 EIS 条件的小企业，此资本利得可延期到再投资 EIS 小企业股票也发生转让时纳税
限制条件	风险企业： （1）从事合格业务，包括对业务有益的研发活动； （2）不得从事房地产业、投资业、金融保险业、资产租赁、法律会计咨询、煤铁开采、伐木业、园艺农业、造船业、旅馆业等相关产业； （3）非上市； （4）不受其他公司控制，也不控制其他公司； （5）股权融资前总资产不超过 1500 万英镑，之后不超过 1600 万英镑； （6）全职员工不超过 250 人； （7）经营活动可不在英国，但在英国须有永久机构； （8）公司财务不处于困境（表现为能依靠自身或外部的市场力量阻止损失等）； （9）在过去一年中通过 EIS、VCT、SEIS 和任何政府资助的风险投资融资规模不超过 500 万英镑 个人投资者及投资活动： （1）持股时间：个人投资者应当自投资所属纳税年度次年 1 月 31 日起的五年内做出上述优惠申请，也可在收到企业 EIS 表格后即可申请。但自股份购买之日起的三年内，如果出现申请条件不满足的情形，已享受的税收减免将被撤回。 （2）通过 EIS 对一个小企业的投资额最多为 100 万英镑。 （3）在认购企业股份前两年和认购后三年，本人及其亲属不得与被投资公司或其附属机构、子公司等有经济利益或者雇佣关系

2. 种子企业投资计划（SEIS）的税收优惠

英国政府于 2012 年公布 SEIS（详见表 11-6），提供的税收优惠主要针对购买小型风险企业股票的个人投资者，一定程度上减轻了小型风险企业特有的融资困难。SEIS 与 EIS 的不同在于，SEIS 针对的是规模更小的企业。

表 11 - 6　　　　　　　　　种子企业投资计划（SEIS）的税收优惠

优惠内容	（1）个人投资者可按其投资额的 50% 获得税收抵免，但不足抵免部分不能结转，且每人在一个纳税年度享受优惠的投资额不能超过 10 万英镑； （2）个人投资者在转让被投资企业股票时已经持有 3 年以上，所获资本利得免税； （3）股票转让的资本损失可抵扣普通所得或资本利得，但确认的损失额中须减除投资者已经获得的投资抵免额； （4）对再投资 SEIS 企业的资本利得免税。个人在 2012～2013 年度转让资产取得应税所得并再投资符合 SEIS 资质的企业，再投资额可免资本利得税；若在 2013～2014 年度继续投资，则类似再投资额的 50% 可免资本利得税。但享受优惠的再投资总额不能超过 10 万英镑
限制条件	风险企业： （1）发行股票时，应符合以下条件：未上市；雇员少于 25 人；总资产不得高于 20 万英镑；没有任何来自 EIS 或 VCT 的投资；从 SEIS 获得投资的 3 年内，所获国家资助总额不高于 15 万英镑；已进行一切交易活动的时间不多于 2 年；在开始新交易活动之前不得进行其他任何交易活动； （2）自股票发行之日起，企业应当持续符合以下条件：为英国居民企业，或在英国有常设机构；若是单独一家企业，必须进行正当的交易活动；不得自己控制或与其他相关人士一起控制不符合资质的其他企业；必须拥有良好的财务状况；从事合格商业活动；股票发行之日至终止之日期间，企业所进行的新合格交易活动或与之相关的研发活动必须由本公司自己进行或者由符合资质的母公司控股 90% 以上的子公司进行
	个人投资者： （1）投资者并不仅限于英国居民，但必须是英国个人所得税纳税人； （2）股票发行之日起的三年之内，投资者不得被该企业雇佣；但公司主管并不视为被雇佣； （3）公司成立之日至股票发行第三年期间，投资者与该企业没有实际利益关系； （4）投资者不能出于与企业实际利益人有互惠的投资安排而认购企业股票； （5）从公司成立之日到股票发行第三年期间，投资人不能接受任何贷款； （6）投资人不能出于逃税或非纯商业目的（如兼并）而认购股票

3. 风险投资信托计划（VCT）的税收优惠

VCT 自 1995 年开始实施，对符合条件的风险投资公司及个人投资者提供税收优惠（详见表 11 - 7），希望鼓励个人投资者购买符合条件的风险投资公司的普通股票，间接投资于众多非上市小企业。符合条件的风险投资公司是指经过 HMRC 批准的风险投资信托公司（VCTs），其业务主要是向未上市的小企业提供股权投资或信贷资金。

表 11-7　　　　　　　风险投资信托计划（VCT）的税收优惠

优惠内容	VCTs 的公司投资者：投资合格的小企业所获得的资本利得均免征公司所得税
	VCTs 的个人投资者： （1）投资额的 30% 可以作为税收抵免额冲抵当年应纳个人所得税，但享受优惠的投资额不能超过 20 万英镑，且持股时间至少为五年； （2）对于享受了税收抵免的 VCTs 股票，个人投资者从基金获得的相关股息收入免征个人所得税； （3）对于享受税收抵免的 VCTs 股票，个人投资者持有相关股票满五年以上，股票转让所得免征资本利得税
限制条件	合格 VCTs 需满足的主要条件包括： （1）非封闭公司，且 70% 以上的资金持续用于合格公司的股权投资； （2）投资多个企业，且对每个企业的投资额不能超过基金总额的 15%； （3）所投公司接受 VCTs 以及政府资助的年度投资总额不能超过 500 万元； （4）所投小公司条件与 EIS 中要求的合格公司条件基本相同

二、新兴国家和地区的税收优惠政策

韩国、新加坡、印度和中国台湾是亚洲乃至世界范围内自主创新能力比较强的国家或地区，为支持科技进步和自主创新，鼓励风险投资，他们均制定了一系列税收优惠政策，并取得了显著成效。

（一）韩国

韩国的税制结构以增值税和所得税为主体，对于风险投资与高科技产业的税收优惠主要体现在税收减免、税收扣除、加速折旧、实行技术开发准备金制度以及设立自由贸易区等几个方面（详见表 11-8）。

表 11-8　　　　　　韩国风险投资主要税收优惠方式及主要条款

优惠方式	主要条款
免税	（1）对于企业研发机构开发新技术或新产品所需的物品，因国内难以生产而从国外进口的，免征特别消费税，并减免关税； （2）法人购置的土地、建筑物等不动产，如果由企业的研究机构使用，则 4 年内免征财产税和综合土地税； （3）对拥有尖端技术的外国高科技企业给予 7 年的免税期，免税期满后的 5 年内还可以享受 50% 的所得税减免，对在国内工作的外国科技人员，5 年内免征个人所得税

续表

优惠方式	主要条款
减税	(1) 对于先导性技术产品或有助于技术开发的新产品，在进入市场初期实行特别消费税暂定税率，前4年按照基本税率的10%纳税，第5年按照基本税率的40%纳税，第6年按照基本税率的70%纳税，第7年起恢复原税率； (2) 对于技术密集型中小企业和风险投资企业，在创业的前五年减半征收企业所得税，并给予50%的财产税和综合土地税减免，其创业法人登记的资产和创业两年内获取的事业不动产给予75%的所得税减免
税收扣除	(1) 企业研究人员的人员经费、技术研发费及教育培训费等，可在所得税前扣除，并允许在5年内（资本密集型企业为7年）逐年结转； (2) 企业购置用于技术研发的试验设备，可按投资金额的5%（国产设备则为10%）享受税金扣除或按照购置价款的50%（国产设备则为70%）实行加速折旧
加速折旧	对国内研发的新技术实现产业化所需的设备投资，给予投资金额3%（国产设备则10%）的税金扣除或按照购置价款30%（国产器材则为50%）实行特别折旧
技术开发准备金制度	企业可按照销售收入总额的3%（技术密集型企业为4%，生产资料企业为5%）在税前提取技术研发基金，用于高新技术的研发
设立自由贸易区	对自由贸易区内高新技术投资者的财产税减征50%，并减免其进口的研究设备的关税。在区内投资1000万美元以上的高新技术企业，对其实行个人所得税和公司所得税"两免三减半"的税收优惠政策

（二）新加坡

新加坡的税制结构以所得税为主，对于风险投资领域及高新技术产业的税收优惠主要体现在税收减免、税收扣除、加速折旧及设立科研开发准备金制度等方面（详见表11-9）。

表11-9　　新加坡风险投资主要税收优惠方式及主要条款

优惠方式	主要条款
免税	(1) 拥有先进技术和研发能力的新兴工业企业以及高科技风险投资可享受五至十年的免税期； (2) 拥有先进技术的外国公司在新加坡投资设厂，可以享受五至十年的减免税优惠
减税	(1) 对生产高附加值产品的产业减免10%的所得税，减免期限最长可达20年； (2) 本国公司向政府批准的高新技术工业项目投资，如果该投资项目发生亏损，可以从公司收入中免缴相当于投资金额50%的所得税
降低税率	对于高新技术产品制造企业仍给予五至十年的低税率优惠

续表

优惠方式	主要条款
税收扣除	(1) 科技开发企业可以从应纳税所得额中扣除固定资产投资额的50%，并可无限期后转； (2) 企业除建筑和设备之外的科研开发费用可按其费用额的两倍从应纳税所得额中扣除，从事研发的公司的研发费用也可以享受双倍的税收扣除
加速折旧	新加坡的设备折旧年限通常为三年，对于高新技术产业、新兴工业的机器设备，企业为科研开发投入的固定资产可一次性提取50%的初次折旧
科研开发准备金制度	符合条件的公司经批准可以按照应税所得额的20%提取科研开发准备金，这笔准备金必须在三年内使用

（三）印度

印度的税制结构以所得税为主，对风险投资和高科技产业的税收优惠主要体现在税收减免、税收扣除与加速折旧，以及征收研究开发税并设立技术开发应用基金等方面（详见表11-10）。

表11-10　　　　印度风险投资主要税收优惠方式及主要条款

优惠方式	主要条款
免税	(1) 通过认证的企业为技术研发所采购的国产物品免征货物税； (2) 获得科技部认证的科研机构用于研发的设备和零部件等免征进口关税； (3) 研发机构取得的收入，仍用于研发与创新活动的，免征所得税，承担国家专项研究计划的研发支出可加量免征125%，承担该计划的国家实验室和高等院校的负责人也可获得个人所得税的加量免税； (4) 企业采用本国技术或在欧盟、美国及日本取得的专利技术而设计制造的产品，三年内免征商品税； (5) 对长期风险投资者的资本利得和红利收入全部免税； (6) 外国投资者投资高新技术产业园区内的企业，可以在投产的八年内任选五年免缴所得税
减税	从事科技研发活动的公司，自确认之日起五年内减征所得税
税收扣除	(1) 企业支付给科研机构的研发费用以及企业的研发机构在科研开发项目上的全部支出可以享受100%的税前扣除； (2) 信息技术企业技术研发的投资可按当年发生的研发费用给予125%的超额扣除
加速折旧	采用本国技术和设备建立的企业，该设备可按照40%的比率实行加速折旧
征收研究开发税并设立技术开发应用基金	(1) 企业引进国外技术，将按照引进费用征收5%的研发税，用于设立技术开发和应用基金，以资助国内企业从事科技研发、创新成果转化和引进技术的消化活动； (2) 对公营和私营企业征收"研究和开发税"，如果企业将其营业收入的2%用于研发，就无须缴纳该税

（四）中国台湾

台湾地区现行的税制结构以所得税为主，对风险投资和高科技产业的税收优惠主要表现在税收减免、税收惩罚、税收扣除、税收抵免、加速折旧和直接针对风险投资者的税收优惠等六个方面（详见表 11-11）。

表 11-11　　　　台湾地区风险投资主要税收优惠方式及主要条款

优惠方式	主要条款
免税	（1）企业引进或使用国外的专利权等，可减免营利事业所得税，新办科学工业企业免征一年的所得税； （2）科学工业园区的企业可以全部免征进口税、货物税、营业税和土地税，五年内免征营利事业所得税，外销产品免税，且期满后可以享受最高税率为 20% 的低税率政策； （3）公民以个人创作发明的专利权提供或出售给台湾地区内公司使用而获得的收入免于计入综合所得额课税；对从事科技和学术研究的机构和人员给予所得税、营业税和财产税等多方面的减免税优惠，并对应聘的台湾地区以外科技人员予以免税待遇
税收惩罚	台湾地区"税法"规定企业必须提取一定比例的营业额用作企业的研发开支，否则将给予惩罚性的税收待遇
税收扣除	企业引进新技术、新产品支付的专利费、许可证费等可在所得税前扣除，中小企业为改进生产技术、开发新产品而支付的研发和实验费用准许在当年应税所得中扣除
税收抵免	（1）企业引进新技术、新产品支付的专利费、许可证费等可在所得税前扣除，中小企业为改进生产技术、开发新产品而支付的研发和实验费用准许在当年应税所得中扣除； （2）企业投资于自动化设备、科技研发和人才培训，可按投资额的 5%~20% 抵免其应纳所得税额，且可在以后四年内逐年结转； （3）企业可按照购买新设备支出的 15% 抵免再投资年度新增所得应缴纳的所得税
加速折旧	台湾地区对用于科技研发、产业升级和改善生产的机器设备，根据情况可以比法定的固定资产使用年限缩短两年或缩短一半计算折旧，折旧年限缩短后不满一年的直接记入成本费用
对风险投资者给予直接优惠	（1）新设立的风险投资企业，自开始营业之日起 5 年内免征营利事业所得税； （2）增资扩展的风险投资企业，五年内就其新增所得免征营利事业所得税； （3）投资于创业事业的公司，其投资收益的 80% 免于计入当年度营利事业所得税； （4）外商投资于高科技风险行业的，可以按投资额的 20% 在税前抵扣应税所得，技术先进的重要企业可按投资额的 30% 税前抵扣应税所得，并允许在此后五年内继续抵扣； （5）对投资于高科技产业的公司实行退税 20% 的制度

三、我国的税收优惠政策

我国的税制结构以增值税和消费税等流转税为主,所得税所占比例较小。对风险投资的税收优惠主要有以下四个特点:以企业所得税优惠为主;全国性优惠较少,主要是地方性优惠;对风险投资企业的税收优惠较少,主要对高科技企业实施优惠;缺乏系统性。以下分别从国家和地方两个层面来分析我国的税收优惠政策。

(一)国家层面

1. 风险投资企业的税收优惠

2002年以来,为鼓励设立风险投资机构和促进风险投资机构投资中小高科技企业,我国先后发布了多项税收优惠政策(见表11-12)。其中,2007年的《关于促进创业投资企业发展有关税收政策的通知》和2009年的《关于实施创业投资企业所得税问题的通知》明确了对公司制风险投资的税收优惠,规定只要投资于未上市的中小高科技企业满两年,其风险投资公司即可按出资额的70%抵扣企业所得税。通过图11-2,我们可以发现2007年和2009年均见证了风险投资额的一轮上涨,可见税收优惠能够有效提高投资积极性。

表11-12　　　　　　国家层面的风险投资税收优惠政策

文件名称	出台时间	主要内容
《中华人民共和国中小企业促进法》	2002年	提出通过税收政策鼓励各类依法设立的风险投资机构,增加对中小企业的投资
《关于外商投资创业投资公司缴纳企业所得税有关税收问题的通知》	2003年	为外商投资风险投资企业明确了有关税收问题
《关于促进创业投资企业发展有关税收政策的通知》	2007年	对投资中小高科技企业的风险投资企业给予税收优惠
《关于实施创业投资企业所得税问题的通知》	2009年	放宽了上述税收优惠的条件,对高科技企业的研发投入和产品收入不作要求
《关于有限合伙制创业投资企业法人合伙人企业所得税有关问题的公告》	2015年	对投资中小高科技企业的有限合伙制风险投资企业给予税收优惠

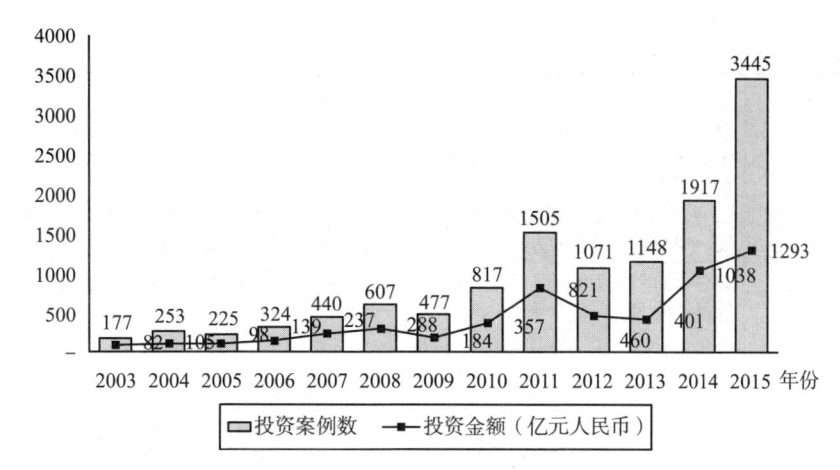

图 11-2　我国风险投资市场投资情况

数据来源：清科研究中心。

2. 高新技术企业的税收优惠政策

目前来看，我国对高新技术企业或其研发项目的税收优惠，主要有三类，分别是：税率式优惠，高新技术企业可以享受 15% 的优惠税率；税基式优惠，企业 R&D 投入符合条件的部分可享受加计扣除 50%；税额式优惠，企业技术转让所得可享受免征或减半征收企业所得税的优惠。

从优惠目的来看，主要表现为：支持企业技术研发活动；推动科技成果向生产力转化；促进高新技术产业及相关企业的发展；鼓励科研机构发展。具体如表 11-13 所示。

表 11-13　　　　　　　我国对高新技术企业的税收优惠政策

目的	主要条款
支持企业技术研发活动	企业拥有并用于生产经营的主要或关键的固定资产，由于技术进步，产品更新换代较快的固定资产和常年处于强震动、高腐蚀的固定资产，可以缩短折旧年限或者加速折旧
	企业为开发新产品、新技术、新工艺发生的研究开发费用，未形成无形资产计入当期损益的，在据实扣除的基础上，以研发费用的 50% 加计扣除；形成无形资产的，按无形资产成本的 150% 摊销
	对有关部门核定的科学研究、技术开发机构（包括外资研发机构），2010 年 12 月 31 日前，在合理数量范围内进口国内不能生产或者性能不能满足需要的科研开发用品，免征进口关税和进口环节增值税、消费税。同时，对内外资研发机构采购国产设备全额退还增值税

续表

目的	主要条款
支持企业技术研发活动	(1) 对国内企业为生产国家支持开发的重大技术装备和产品而确有必要进口的关键零部件及原材料,免征进口关税和进口环节增值税,同时取消整机和成套设备的进口免税政策; (2) 对国产装备尚不能完全满足需求仍需进口的,经严格审核,以逐步降低优惠幅度、缩小免税范围的方式,在一定期限内继续给予进口优惠政策
推动科技成果向生产力转化	对单位和个人从事技术转让、技术开发业务和与之相关的技术咨询、技术服务业务取得的收入,免征营业税
	对居民企业技术转让所得在一个纳税年度内不超过500万元的部分,免征企业所得税;超过500万元的部分,减半征收企业所得税
	(1) 对科研机构、高等学校转化自有科技成果,以股份或出资比例等股权形式给予个人奖励,获奖人在取得股份、出资比例时,暂不缴纳个人所得税; (2) 提高高科技产品出口退税率,同时对出口计算机软件实行免税政策; (3) 对符合条件的生产企业出口的船舶、大型成套设备,实行"先退税后核销"办法
促进高新技术产业及相关企业的发展	(1) 对境内新办软件(集成电路设计)企业,自获利年度起,享受企业所得税"两免三减半"(前两年免征,后三年减半征收)优惠政策;对符合条件的集成电路生产企业,享受企业所得税减免政策;对增值税一般纳税人销售其自行开发生产的软件产品,实行增值税税负超过3%部分即征即退政策,所退税款由企业用于研究开发软件产品和扩大再生产,不作为企业所得税应税收入,不予征收企业所得税; (2) 增值税一般纳税人随同计算机网络、计算机硬件和机器设备等一并销售其自行开发生产的嵌入式软件,符合条件的,也可以享受软件产品增值税优惠政策;软件(集成电路设计)企业的职工培训费用,可按照实际发生额在计算应税所得额时扣除;企事业单位购进软件,符合规定条件的,其折旧或摊销年限最短可为两年; (3) 集成电路生产企业的生产性设备的折旧年限可以适当缩短,最短为三年;对集成电路生产企业、封装企业的投资者,或者国内外经济组织投资集成电路生产企业、封装企业的,实行企业所得税再投资退税政策; (4) 对国家规划布局内的重点软件企业,如当年未享受免税优惠的,减按10%的税率征收企业所得税
	对符合条件的小型微利企业,可享受减按20%的税率征收企业所得税优惠
	国家需要重点扶持的高新技术企业,减按15%的税率征收企业所得税。同时,其发生的职工教育经费不超过企业工资总额8%的比例,据实在企业所得税前扣除;超过部分,准许在以后的纳税年度结转扣除
鼓励科研机构发展	对非营利性科研机构自用的房产、土地,免征房产税、城镇土地使用税
	对经国务院批准的原国家经贸委管理的10个国家局所属242个科研机构和建设部等11各部门(单位)所属134个科研机构中转为企业的科研机构和进入企业的科研机构,从转制注册之日起七年内免征科研开发自用土地、房产的城镇土地使用税、房产税

(二) 地方层面

为吸引更多的风险资本,提升本地竞争实力,我国各地方政府相继出台各种各样的税收优惠政策。表11-14列出了我国部分地区主要的风险投资税收优惠，优惠方式主要有以下六种：对股息、红利免征企业所得税；降低企业所得税率；税收抵免；减免营业税；免房产税；研发费用加速摊销。

表 11-14　　　　　　我国部分地区主要的风险投资税收优惠

地区	法规依据	相关规定
北京	(1)《关于促进股权投资基金业发展的意见》（京金融办〔2009〕5号） (2)《北京市关于进一步促进高新技术产业发展若干规定的通知》（京政发〔2001〕38号）	(1) 合伙制股权基金从被投资企业获得的股息、红利等投资性收益，属于已缴纳企业所得税的税后收益； (2) 合伙制股权基金的普通合伙人以无形资产、不动产投资入股或股权转让，不征收营业税； (3) 对符合条件的公司制管理企业，自其获利年度起，由所在区县政府前两年按其所缴企业所得税区县实得部分全额奖励，后三年减半奖励； (4) 高新技术企业研制开发新技术、新产品、新工艺当年所发生的各项费用和为此所购置的单台价值在10万元以下的试制用关键设备、测试仪器的费用，可一次或分次摊入成本；购买国内外先进技术、专利所发生的费用，经税务部门批准，可在两年内摊销完毕； (5) 高新技术企业当年发生的技术开发费比上年实际增长10%以上（含10%）的，当年经主管税务机关批准，可再按技术开发费实际发生额的50%抵扣当年应纳税所得额； (6) 对单位和个人在本市从事技术转让、技术开发业务和与之相关的技术咨询、技术服务取得的收入，免征营业税；对从事软件著作权转让业务和软件研制开发业务，比照技术转让与技术开发业务免征营业税； (7) 北京市注册的创业投资机构，对本市认定的高新技术成果转化项目投资超过当年投资总额70%的，其当年缴纳所得税地方收入部分的50%，由财政安排专项资金支持
天津	(1)《促进股权投资基金业发展办法》（津政发〔2009〕45号） (2)《天津经济技术开发区鼓励风险（创业）投资的暂行规定》第十条	(1) 基金管理机构自缴纳第一笔营业税之日起，前两年由纳税所在区县财政部门全额奖励营业税地方分享部分，后三年减半奖励营业税地方分享部分； (2) 基金管理机构自获利年度起，前两年由纳税所在区县财政部门全额奖励企业所得税地方分享部分，后三年减半奖励企业所得税地方分享部分； (3) 基金管理机构购建新的自用办公房产免征契税，并免征房产税三年； (4) 设立在开发区内的风险投资机构，对开发区认定的高新技术企业进行的投资，对其股份分利所缴纳的企业所得税开发区留成部分，"泰达技术发展金"给予100%的财政扶持，对其他计税利润所缴纳的企业所得税开发区留成部分，"泰达科技发展金"五年内给予50%的财政扶持； (5) 设立在开发区内的风险（创业）投资机构，对高新技术企业和项目的投资额占其总投资额的比重不低于70%的，可享受开发区鼓励高新技术企业的优惠政策

续表

地区	法规依据	相关规定
上海	(1)《关于本市股权投资企业工商登记等事项的通知》（沪金融办通〔2008〕3号） (2)《关于本市股权投资企业工商登记等事项的通知》（沪金融办通〔2011〕10号） (3)《上海市促进高新技术成果转化的若干规定》	(1) 在上海市注册的创业投资机构，其投资于认定的高新技术成果转化项目、高新技术企业或政府支持的科技计划及产业化项目的资金，累计超过其对外投资总额70%，可比照享受高新技术企业地方优惠政策； (2) 鼓励企业增加技术开发资金投入。企业为开发新技术、研制新产品必须购置的专用、关键的试制用设备、测试仪器所发生的费用，经财税部门认定后，可一次或分次摊入成本； (3) 鼓励外商投资企业加强技术开发活动，外商投资企业当年在中国境内发生的技术开发费比上年增长10%以上（含10%）的，经税务部门批准，允许再按技术开发费实际发生额的50%抵扣当年度的应纳税所得额； (4) 经认定的外商投资技术密集型和知识密集型企业，报税务部门批准，减按15%的税率缴纳企业所得税
深圳	(1)《深圳市人民政府印发关于促进股权投资基金业发展的若干规定的通知》 (2) 2015年2月深圳地税局发布《关于合伙制股权投资基金企业停止执行地方性所得税优惠政策的温馨提示》	(1) 深府〔2010〕103号文中第三条有关地方性所得税优惠政策从2014年12月1日起停止执行； (2) 相关的财政奖励政策继续保留，例如，以公司制（或合伙制）形式设立的股权投资基金，根据其注册资本（或募集资金）的规模，给予一次性500万~1500万元不等的落户奖励
横琴新区（广东）	(1)《珠海市横琴新区鼓励股权投资基金企业及股权投资基金管理企业发展的试行办法》（珠横琴管〔2012〕21号） (2)《横琴新区促进股权投资基金业发展的实施意见》	(1) 法人合伙人从被投资企业获得的股息、红利等投资性收益属于已缴纳企业所得税的税后收益； (2) 对股权投资基金企业及股权投资基金管理企业的高级管理人员，按照其当年个人所得税横琴新区留存部分的80%给予奖励
浙江	《浙江省人民政府办公厅关于促进股权投资基金发展的若干意见》	(1) 新设立的股权投资管理公司，缴纳房产税、城镇土地使用税、水利建设专项资金确有困难的，经省金融主管部门确认并报经地税部门批准，可给予减免； (2) 从省外、境外新引入成立的大型股权投资管理公司，报经地税部门批准，可给予三年内免征房产税、土地使用税、水利建设专项资金
抚州（江西）	《抚州市人民政府办公室关于印发抚州市促进股权投资基金业发展的若干意见的通知》	(1) 股权投资基金及管理企业自缴纳第一笔营业税（企业所得税）之日起，所纳税的地方留成部分，前两年由受益财政奖励80%，其余20%由受益财政对其购房和租房经费进行补贴；从第三年起由受益财政奖励50%，同时按20%由受益财政对其购房和租房经费进行补贴；

续表

地区	法规依据	相关规定
抚州（江西）	《抚州市人民政府办公室关于印发抚州市促进股权投资基金业发展的若干意见的通知》	(2) 合伙人（企业高管人员）缴纳个人所得税的，所缴纳的个人所得税地方留成部分，前两年由受益财政奖励80%，其余20%由受益财政对其购房和租房经费进行补贴；从第三年起由受益财政奖励50%，同时按20%由受益财政对其购房和租房经费进行补贴； (3) 企业上市后，减持实现的所得税在本市缴纳的，按地方留成部分的70%给予奖励
武汉（湖北）	《促进资本特区股权投资产业发展实施办法》	(1) 普通合伙人，以无形资产、不动产投资入股，参与接受投资方利润分配，共同承担投资风险的行为，不征收营业税；股权转让不征收营业税； (2) 除税收优惠外，还有许多财政奖励及补贴
长沙（湖南）	《长沙市人民政府办公厅关于印发〈鼓励股权投资类企业发展暂行办法〉的通知》	(1) 备案企业自开业年度起，前3年缴纳营业税形成的地方留成部分由财政部门依据当时市、区、县（市）两级分享政策给予全额奖励，后两年减半奖励； (2) 自获利年度起，在基金存续期内，由市财政部门依据当时市、区、县（市）两级分享政策按企业缴纳所得税形成的地方留成部分的70%给予奖励； (3) 备案企业投资于本市的企业或项目，由市财政部门按项目退出或获得收益后缴纳的所得税形成的地方留成部分的60%给予奖励
重庆	《重庆市人民政府办公厅关于印发重庆市进一步促进股权投资类企业发展实施办法的通知》	(1) 法人合伙人从被投资企业获得的股息、红利等投资性收益属于已缴纳企业所得税的税后收益； (2) 在合伙制股权投资类企业出资1000万元人民币以上的出资者，其股权投资所得缴纳的税收市级留存部分，由市财政按40%给予奖励；所投资项目位于重庆市内的，按60%给予奖励
马来西亚钦州产业园区（广西）	《广西壮族自治区人民政府关于中国—马来西亚钦州产业园区开发建设优惠政策的通知》	2013年1月1日至2020年12月31日，园区享受国家西部大开发15%税率以及减半征收税收优惠政策的企业，除国家限制和禁止的企业外，免征企业所得税地方分享部分
西藏	(1) 西部大开发政策 (2)《西藏自治区人民政府关于印发西藏自治区企业所得税政策实施办法的通知》（藏政发〔2014〕51号） (3)《西藏自治区人民政府关于印发西藏自治区招商引资若干规定的通知》	(1) 自治区企业统一执行西部大开发战略中企业所得税15%的税率； (2) 自2015年1月1日起至2017年12月31日止，暂免征收自治区内企业应缴纳的企业所得税中属于地方分享的部分； (3) 对采取股权投资方式投资于旅游业、能源产业、特色农林畜产品加工业、藏医药业、民族手工业等特色优势产业的未上市企业满2年以上的，可以按照其投资额的70%在股权持有满2年的当年抵扣该创业投资企业的应纳税额，当年不足抵扣的，可以在以后年度结转抵扣

续表

地区	法规依据	相关规定
拉萨经济开发区（西藏）	《西藏拉萨经济技术开发区优惠政策》	(1) 按10%的税率征收企业所得税；外资企业从获利年度起，前3年免企业所得税，后3年减半征收； (2) 外商投资额在500万美元以上的，从获利年度起，前5年免征企业所得税，后5年减半征收； (3) 产业目录产业或项目，企业年缴纳所得税部分，100万元以下（含100万元），扶持比率为30%；100万~200万元（含200万元），扶持比率为35%；200万~400万元（含400万元），扶持比率为40%；400万元以上，扶持比率为45%（享受了其他所得税减免的企业不适用本条）
新疆	(1) 西部大开发政策 (2) 《新疆维吾尔自治区促进股权投资类企业发展暂行办法》	(1) 符合西部大开发政策的公司制股权投资类企业，执行15%的所得税率的同时，自治区地方分享部分减半征收；不享受西部大开发政策的，减免企业所得税自治区地方分享部分的70%； (2) 合伙制股权投资类企业的合伙人为自然人的，合伙人的投资收益，适用20%的个税政策，自治区按其对地方财政贡献的50%予以奖励； (3) 股权投资类企业取得的权益性投资收益和权益转让收益，以及合伙人转让股权的，依法不征收营业税
喀什（新疆）	《关于印发〈喀什经济开发区促进部分产业发展若干政策的意见（试行）〉的通知》	(1) 公司制股权投资类企业，符合创业投资企业条件的，适用财税〔2011〕112号文；不符合条件，但公司股权70%以上由自然人持有且由自然人承诺在园区缴税的，享受企业所得税"两免三减半"优惠政策；若以上两个条件都不满足，则适用15%所得税率，地方分享部分减半征收； (2) 股东在园区纳税，按实际缴纳地方留成部分的50%给予奖励； (3) 合伙制股权投资类企业缴纳的营业税或增值税，按实际缴税地方留成部分的50%给予奖励；自然人合伙人的投资收益，按20%计征个人所得税； (4) 股东缴税后，按地方留成部分的50%给予奖励

通过表11-14，我们可以发现，相比国家层面，地方层面的税收优惠方式更多样，力度更大，以北京、天津、上海三个城市最为突出。

（三）实施绩效及趋势

根据国家发改委财政金融司和中国创投协会创业投资专业委员会2009~2014年对我国风险投资机构的抽样调查数据，本节将从风投机构的税收负担、优惠范围和优惠程度三个方面来分析我国税收优惠政策的实施效果，并通过与其他类型的支持政策比对，判断税收政策的变化趋势。

1. 税收负担

由图11-3可知，较2009年而言，2014年我国税收负担在20%~30%和30%以上的风投机构数量均有明显增加，总体税收负担略微加重。但从变化趋势来看，各年变化较平稳，2009~2014年税收负担在10%以下的风投机构始终占到50%以上，税收负担在30%以上的机构始终不到10%。整体来看，多数风投机构税收负担较小，且各年分布较稳定，但仍有接近1/3的风投机构税收负担在20%以上。

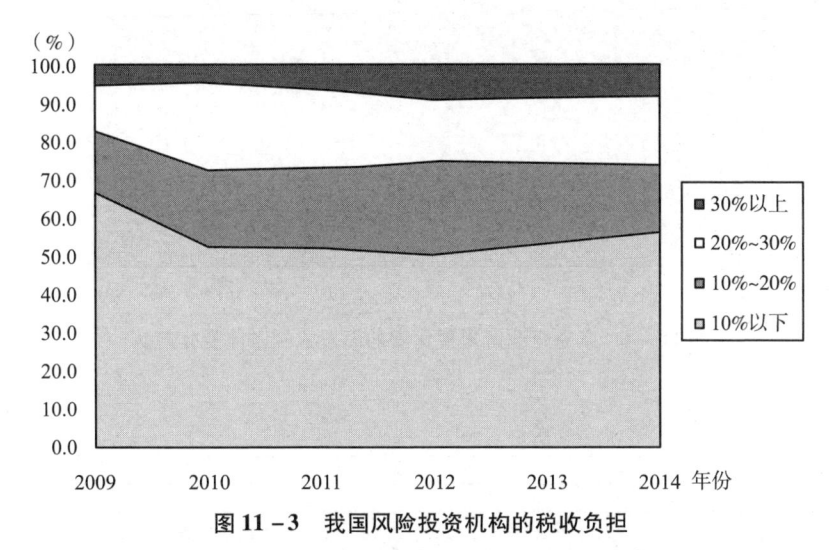

图11-3　我国风险投资机构的税收负担

数据来源：根据国家发改委财政金融司和中国创业投资协会创业投资专业委员会对我国风险投资机构的抽样调查所整理的数据，2009~2014年的有效样本量分别为246、393、784、916、890、1002。

2. 优惠范围

我国现行的专门针对风险投资机构的税收优惠政策主要为企业所得税抵扣。从图11-4来看，2012~2014年享受企业所得税抵扣的风险投资机构比例呈下降趋势，原因可能是有限合伙制风险投资机构比例增加。由于合伙制风险投资机构在2015年《关于有限合伙制创业投资企业法人合伙人企业所得税有关问题的公告》出台之前，无法享受企业所得税抵扣，从而分子增加的速度小于分母，导致比例下降。

3. 优惠程度

优惠程度可以通过税收减免比重来衡量。从图11-5所呈现的情况来看，2011年风投机构税收减免比重（可享受税收抵扣额/应纳税所得额）较2010年显著回落，相比2007年又上升了16.07%。但从实际税收减免比重（实际税收抵扣额/应纳税所得额）来看，风险投资机构实际享受的税收优惠并没有明显增加。这在一定程度上说明，我国针对风险投资机构的税收优惠政策没有起到实质性的作用，税收优惠机制还有待进一步调整和完善。

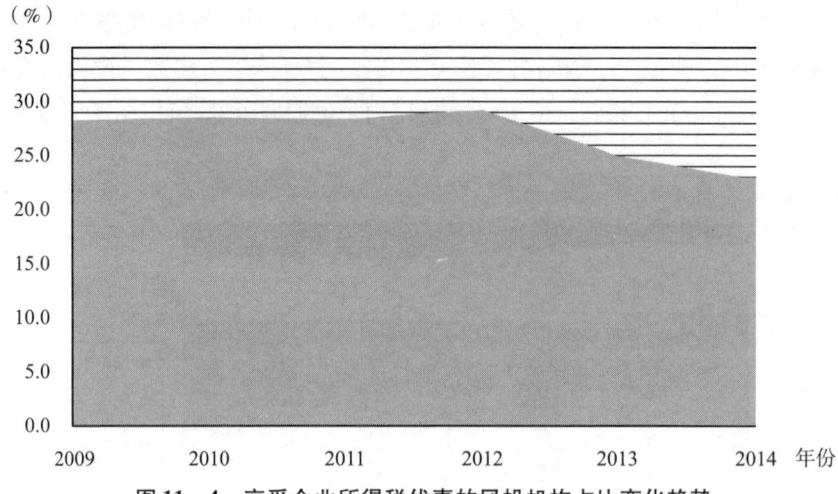

图 11 - 4　享受企业所得税优惠的风投机构占比变化趋势

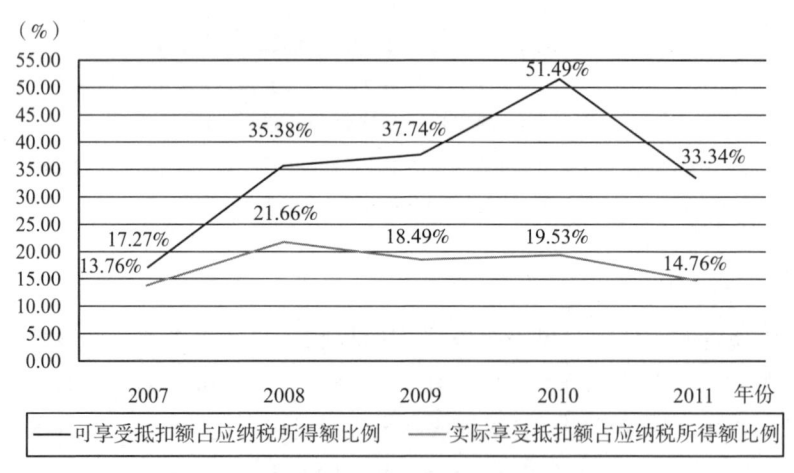

图 11 - 5　风投机构税收抵扣百分比的变化趋势

4. 税收政策趋势

除了税收优惠政策，我国还提出了其他类型的激励措施，如促进信息交流和支持人员培训等。从图 11 - 6 来看，对风投机构的扶持措施主要集中在减免所得税、政府资金支持和加强信息交流等方面。但从 2012 年开始，所得税减免和政府资金支持等财政性政策的覆盖比重逐年下降，而信息交流和支持人员培训等间接扶持措施比重持续上升。据此推测，我国对风险投资行业的扶持，正在从直接财政支持转为间接支持。不可否认，一个有利于风险投资机构健康快速发展的投资环境才能够带给该行业持久的发展动力。

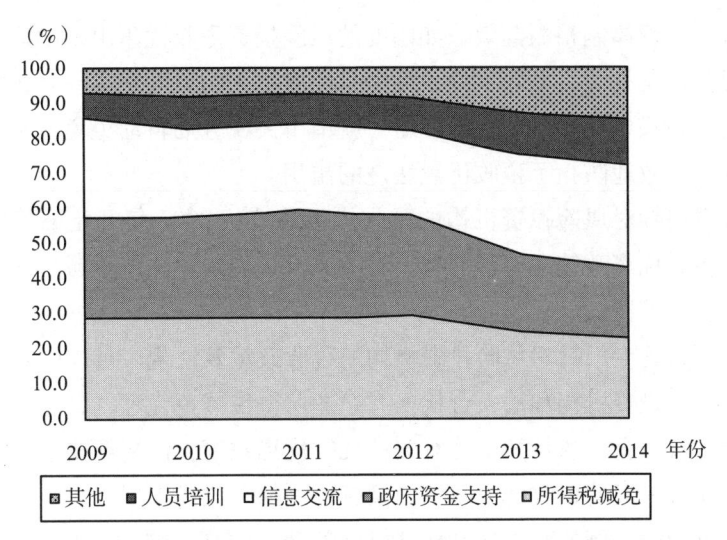

图 11-6 2009~2014 年我国各类风险投资激励政策的比重变化趋势

数据来源：根据国家发改委财政金融司和中国创业投资协会创业投资专业委员会对我国风险投资机构的抽样调查所整理的数据，2009~2014 年的有效样本量分别为 246、393、784、916、890、1002。

因此，通过图 11-6 分析，我们可以得出结论：我国的税收优惠力度整体有所减弱；税收优惠并没有起到实质性的效果。其原因在于，一方面，相关税收优惠机制不够完善，效率有待提高；另一方面，针对风险投资的公共政策开始更加侧重于构造行业整体环境，间接扶持比重上升。

四、国内外税收优惠政策的对比分析

我国发布了不少针对风险投资的税收优惠政策，但并不像美国等发达国家的政策那样行之有效。为了研究我国税收优惠政策与国外的差距，将从税收制度、优惠目标、优惠税种、优惠方式和优惠力度五个方面来对比分析。

（一）税收制度的比较

目前，各国的风险投资税收制度日趋完善。

首先，税收优惠的相关规定主要以法律形式确认，具有较强的权威性和稳定性。如美国 1999 年的《R&D 减税修正法案》、1981 年的《经济减税法》和 1986 年的《税收改革法》，英国 1982 年的《企业扩大计划》。以法律形式确认的税收优惠政策，使得风险投资者的纳税义务相对稳定，风险投资者能够较准确地估计投资回报率。

其次，监管体制精简高效。如印度的风险投资税收优惠由印度证券交易所和中央税务局全权负责监管实施，无论是印度本土的风险资本基金或海外的风险资本基金，只要在印度证交所注册，就由中央税务局自动免税，不需要其他部门批准，有效地防止了税收优惠法规的滥用。

我国专门针对风险投资机构的税收优惠政策从2002年开始陆续公布。目前，相关税收优惠政策还有待完善，有关风险投资的立法严重滞后，极大制约了风险投资的发展。

第一，缺乏专门针对风险投资机构的税收政策及法规。目前国家层面只有对公司制风险投资机构和法人合伙人有企业所得税减免优惠，自然人合伙人只能对照于高科技企业执行和享受有关的税收优惠政策。但高新技术企业由于行业不同，既有一般的税收优惠政策，又有特别的税收优惠规定，风险投资很难有比照的可能性。例如对于从事计算机软件开发的高新技术企业只征收6%增值税的特别规定。

第二，缺乏系统性和严密性。我国对高新技术企业实施的税收优惠政策大多以通知、办法等部门规章的形式颁布，税收优惠体系松散，缺乏严密性和稳定性。由此造成相关权利义务经常处于不稳定状态，不利于风险预期及投资回报的把握。

（二）税收优惠目标的比较

一般来讲，风险投资税收优惠的目标有两类。

一是扩大风险投资的规模，即所有从事风险投资活动的企业或个人，无论盈亏、不分区域，均可以享受优惠税收，旨在吸引更多风险资金。如日本1997年规定处于创业初期的企业发生亏损可以在三年内进行结转。由于该税制只对亏损企业优惠，弱化了激励作用。2000年日本增加了对盈利企业的税收优惠，只向其资本利得的25%征税。

二是提高风险投资活动的成功率，只有项目取得成功的风险投资活动才能获得税收优惠。如印度对长期资本利得全部免税，其红利收入也全部免税。这类风险投资税收优惠能够有效提高投资者的努力程度，提高项目成功率。

目前，我国对风险投资的优惠主要集中在所得税，优惠对象为盈利企业，税收优惠的目标属于第二类。但这种方式的激励效果很有限，特别是在我国微利亏损企业大量存在的情况下，这类企业根本无法享受到以所得税为主要优惠税种的优惠。

(三) 优惠税种、优惠方式和优惠力度的比较

在这个方面,各国的情况基本一致。优惠税种主要集中在资本利得税、所得税、印花税、遗产税和赠与税等几个税种上,优惠力度大,优惠方式主要为税收减免、税额抵扣和加速折旧等。

表 11-15 列出了几个典型国家有关风险投资的主要税收激励措施,可以发现美国、日本、韩国等风险投资高度发达的国家都采取了方式多样的税收优惠,全力支持本国风险投资的发展。

表 11-15　　　　典型国家有关风险投资的主要税收激励措施

	美国	英国	日本	加拿大	新加坡	印度	韩国	中国台湾	中国
降低所得税率	√				√		√	√	√
免所得税	√	√	√			√			
减免其他种类税收			√		√		√		
以其他应税收入冲销风险投资损失(含亏损弥补)	√	√		√	√	√	√		√
加速折旧	√		√		√		√	√	
税收抵免	√	√						√	√
税收抵免权转让	√								
递延纳税	√	√							
对资本或技术投资的税式支出	√		√	√			√	√	
技术开发准备金					√		√		√
对小企业降低所得税率			√	√					√

目前,从优惠税种、优惠方式和优惠力度来看,我国对风险投资的税收优惠存在以下不足:

第一,优惠税种以所得税为主,不符合我国以增值税为核心、流转税为主要地位的税制结构。虽然增值税不一定由企业最终承担,但增值税进项税额仍会在一段时间内占用风险企业的投资资金,造成资源的低效配置。因此以所得税为主的税收优惠作用有限。

第二,优惠方式单一,几乎只局限于税额的定期减免。其他税收优惠方式,如降低税率、加速折旧、亏损结转等,风险投资者只能比照高科技企业在

研究开发阶段的税收优惠。

第三，优惠对象有限。公司制和合伙制投资机构的法人合伙人依法享有企业所得税优惠和亏损补偿，但自然人合伙人无法享有。

在我国目前风险投资发展还不成熟的情况下，以所得税、定期减免为主的税收优惠方式，难以形成强烈的税收刺激，以致民间资本对风险投资仍不了解或持怀疑观望的态度。

综合以上分析，表11－16给出了国内外税收优惠制度的对比结果，可以看出我国的风险投资税收优惠政策还存在很多需要改进的地方。

表11－16　　　　　　　　国内外税收优惠制度的对比分析

	国外	国内	具体表现
确认形式	操作性强、稳定性高	不稳定	国外：以法律形式为主。 国内：办法、通知等部门规章的形式
目标	兼顾风险投资的规模化、群体化、质量	注重风险投资质量	—
优惠税种	多	单一	国外：资本利得税、所得税、印花税、遗产税等。 国内：企业所得税
优惠方式	多	单一	国外：加速折旧、投资抵减、亏损结转、降低税率、定期抵减税额。 国内：定期抵减税额
优惠力度	大	小	—

五、我国税收优惠政策的问题及建议

通过以上对比分析，我国对风险投资的税收优惠政策存在以下三方面的问题。

第一，所得税优惠与税制不相适应，影响范围小。首先，我国促进风险投资发展的优惠税种以所得税为主，不适合我国以增值税等流转税为主体的税制结构，很大程度上限制了优惠政策的作用。其次，我国大量处于亏损状态的中小高科技企业，由于不在优惠对象范围内，难以享受到所得税优惠。

第二，各投资主体税负不相当。这一问题主要表现为公司制风险投资机构存在双重征税以及个人投资者缺乏税收优惠。对于前者，我国对合伙制风险投资机构实行"先分后税",消除了重复征税的问题,但公司制风险投资机构获得的投资利润在缴纳25%的企业所得税之后,剩余利润无论用来转增资本,还是分配给股东,仍需缴纳20%的个人所得税,存在双重征税问题。对于后者,我国对个人投资者的税收优惠与机构投资者存在差异,机构投资者可以享受企业所得税优惠,而个人投资者投资于非上市公司的收入并没有税收优惠,且不能享受损失补偿。

第三,对风险投资者的税收优惠不够完善。我国现阶段为数不多支持风险投资业发展的相关税法规定主要集中于高科技企业,缺乏明确的针对个人投资者的税收优惠,对风险投资企业和机构投资者的税收优惠也不够完善。

针对以上问题,借鉴国外的成功经验,未来的工作重点应该放在:

(1) 完善风险投资税收体系。经验证明,一个完善的风险投资税收体系能够指导风险投资者在募资、投资运作、退出等各环节的计税工作有法可依,其税收优惠才能够充分发挥作用。我国要完善风险投资的税收政策体系,可以通过以下三个步骤展开:第一,制定风险投资法和吸引投资的相关政策,以立法形式对风险投资的主体、资本退出、成果转化等问题予以明确;第二,制定税收的实施细则,将税收政策真正落实到位;第三,以立法的形式降低风险投资业的税负成本,促进风险投资业的快速发展。

(2) 扩大税收优惠的影响范围。目前,我国对风险投资实施的税收优惠影响范围十分有限,要促进投资必须进行广泛的税收优惠。具体做法包括以下三个方面:第一,除所得税优惠以外,增加对流转税或商品劳务税的优惠;第二,增加对亏损结转、加速折旧等优惠方式的运用;第三,优惠对象扩大为符合条件的风险投资企业、个人投资者和机构投资者。

第三节 风险投资补贴政策分析

政府对风险企业或风险投资机构的补贴,起到了为投资项目提供种子资金的作用。一方面,政府补贴分担了风险投资者的投资风险;另一方面,具有引导民间资本的作用,从而带动民间风险投资的发展。本节将对比分析国内外对风险投资的补贴政策。

一、境外的风险投资补贴政策

（一）美国的 SBIR 计划

20 世纪 80 年代，随着中小企业在经济社会发展中的作用日益凸显，美国政府越来越关注中小型企业，尤其是高风险、高收益的科技型中小企业。当时的研究表明，中小企业的创新效率明显优于大企业，只是创新的成本和风险明显超过了其承受能力，因此，这种优势难以转化为现实的生产力。

美国政府于 1982 年出台"小企业创新研究计划"（简称 SBIR），通过竞争性创新补贴来激发中小企业的创新活力，并取得了巨大成功。美国 SBIR 计划目前规定：年研发经费在 1 亿美元以上的 11 个联邦政府机构，每年要拨出 2.5% 的专款资金用于支持风险企业的创新活动。

1. SBIR 计划的执行流程与资助模式

SBIR 计划主要为中小企业在创新技术、产品和服务的起步与研发阶段提供资金支持，并鼓励其市场化。SBIR 计划包括招标、评估和资助三项程序，采用基于中小企业成长路线的三级资助模式。

第一项程序是招标。提供 SBIR 资金的 11 个联邦政府机构每年选出各种研发课题（项目）向公众公开招标，由各中小型企业竞争争取。申请 SBIR 项目的小企业必须符合如下条件：必须是美国公民拥有的、独立的企业；必须是以营利为目的的企业；首席研究员必须是申请企业的员工；申请企业的员工人数不得超过 500 人。

第二项程序是评估。评估标准为企业质量、创新程度、技术含量和市场潜力。联邦政府各机构 SBIR 办公室在收到企业的项目投标书后，交予该项目研究领域五位最权威的专家进行评议和评价。专家们必须签字声明与受评估项目没有经济利益关联。

第三项程序是资助。按照小企业成长路线的不同阶段，SBIR 分三个阶段向中标企业提供资助：

第一阶段：可行性研究阶段。在这一阶段主要帮助受资助企业进行基础研究，确立技术构想和商业预期。本阶段的资助金额最高可达 10 万美元，为时半年。只有圆满完成第一期工作、并通过验收的项目才能获得第二阶段的资助。

第二阶段：产品定型阶段。本阶段周期通常为两年，资助力度可达 75 万美元。资金主要用于支持更广泛的 R&D 活动，以及研究这些 R&D 成果的科技价值和产业化可行性。

第三阶段：产品推广和商业化阶段。SBIR 计划一般不再对进入产品推广和商业化阶段的企业进行资助。本阶段受资助企业往往从原资助机构、私人投资者或资本市场寻找资金。实践中，各个机构已经发展了很多途径来推动这种商业转化。

2. SBIR 计划的优点

第一，项目管理机构健全。SBIR 计划由美国国会授权美国小企业管理局（简称 SBA）全权负责协调与管理。该管理局成立于 1953 年，在全国设有 70 多个地区性的小企业管理办公室，指导 11 个政府部门实施 SBIR 计划，并每年向国会报告实施情况。

第二，建立长效机制，不断调整和改进。1982 年 SBIR 计划最初规定的资助额度为 0.2%，六年后，资助经费额度增长到 1.25%。1992 年，美国国会又制订了《小企业研究与发展促进法》，进一步扩展和改进了 SBIR 计划：一是延长了 SBIR 计划的执行时间；二是提高了政府各部门的资助比例（2.5%）；三是促进 SBIR 计划相关信息的宣传和扩散。2000 年，美国国会又通过《小企业再授权法》，再次将 SBIR 计划延长至 2008 年 9 月，并要求建立 SBIR 计划产出和成果方面的公共及政府数据库，同时授权美国国家研究委员会（NPC）对 SBIR 计划执行的影响进行评估。

第三，定位不同阶段，有效利用资金。企业从研发到经营包括三个阶段，分别是研究开发、成果转化和规模生产阶段。中小型企业在前两个阶段面临的风险更高，融资需求也更大，因而更需要政府层面的大力资助。而规模生产阶段，企业已步入成长期和成熟期，市场风险逐步降低，获得外部融资的机会大大增加。SBIR 计划严格依照了企业研发生产经营活动的线性模式，对于处在前两个阶段的中小企业资助力度较大，而第三阶段不再提供实质上的资金支持。这种模式充分发挥了政府资金的引导和杠杆作用，提高了财政资金的效率和效益。

第四，严格保护企业知识产权。SBIR 计划规定，所有研究成果的知识产权归项目单位，即企业所有。联邦政府可以无偿使用研究成果，但在 2 年内不能公开任何有关发明的信息。在项目结束后 4 年内，不经项目单位同意，联邦政府不能向政府系统外公开研究数据。

3. SBIR 计划的成效及影响

SBIR 计划使美国在激光、生物医药、机器人等领域取得了长足发展，其形成的技术和产品进一步增强了美国在世界范围内的竞争优势。

在美国实施 SBIR 计划的 20 余年里，政府各部门共发布了 268 个招标说明书，征集了 40 万个创新研究课题，资助了 65000 个项目，投入资金 130 亿美元。大约有 20% 的项目在获得第二期经费支持后，其研究成果在商业化方面获得了成功。微软、英特尔等知名大企业在成长的过程中都曾受过 SBIR 的资助。

由于认识到 SBIR 模式的优势，世界很多政府也采取类似方式鼓励和支持中小企业发展。如德国的 PROINNO 计划和加拿大的 IRAP 计划。另外，英国、荷兰、芬兰、瑞典俄罗斯等多个国家都建立了类似 SBIR 的项目计划，并取得不同程度的成功。

（二）英国的 SBIR 计划

2001 年，英国效仿美国的小企业创新研究计划（SBIR），推出本国的小企业研究计划。该计划由当时的英国贸工部主导，英国小企业局（SBS）负责管理，政府部门与研究委员共同参与，从研发经费中拨出部分比例（至少 2.5%）经费，支持中小企业研发。资助对象为员工人数不足 250 人的企业，且满足营业额不足 3400 万英镑或是资产负债表未超过 2900 万英镑等条件。

1. 英国 SBIR 计划成效不佳

2008 年，英国 SBIR 计划实施七年多，但没有取得和美国一样的效果。经评估发现，SBIR 中仅有不到 1% 的项目实现了公共机构最初的技术需求，其余经费只是被用于科研初期，真正用于技术开发的经费比例极低。

英国 SBIR 计划实施效果不佳的原因在于：一是英国政府并未介入创新的引导工作，缺乏经验；二是英美企业的数量和类型有很大差距，特别是科技企业的比例相差很大，简单模仿美国的 SBIR 计划不可行；三是公共机构的研发经费预算不够灵活，在 SBIR 实施过程中，公共机构首先关注的还是规避风险和经费使用实现利益最大化，而不是支持企业创新；四是没有支持 SBIR 实施的政策、制度和法律；五是政府机构人事变动频繁，对 SBIR 的态度不一致。

2. 英国 SBIR 计划的改革

2008 年英国政府对 SBIR 计划进行了改革，并将此项计划归由英国技术战略委员会（TSB）管理。TSB 于 2009 年 4 月推出全新的 SBIR 计划。这次改革的重点在于：一是公共部门强制加入 SBIR 计划；二是各部门在提出技术需求时，应考虑实际可行性，给出具体目标；三是 SBIR 的经费分两个阶段投资，降低风险；四是合作需要以商业合同的形式进行，而不是一次性奖励或补助；五是企业的规模没有明确的限制；六是 SBIR 的宗旨是部门的产品和技术需求，因此，资金不能用于人文科学研究和咨询工作。

改革后的 SBIR 计划与美国的 SBIR 计划相比，保留了一些共同点，但是，根据英国实际情况扩大了资助企业的范围，资助分成两阶段，资助金额也不同。见表 11-17。

表 11-17　　　　美国 SBIR 计划与英国现行 SBIR 计划的对比

阶段	美国 SBIR 计划	英国 SBIR 计划
企业申请条件	500 人以下，至少 51% 股权拥有者是美国公民	任何企业，甚至包括初创企业、大学和非营利机构
第一阶段	6 个月 资金不超过 15 万美元	6 个月 资金 5 万~10 万英镑
第二阶段	两年 资金不超过 100 万美元	两年 资金 25 万~100 万英镑
第三阶段	SBIR 不提供资金，只提供咨询以及帮助寻找其他投资	无

资料来源：http://www.nesta.org.uk/

3. 英国 SBIR 计划改革后的成效

SBRI 计划自 2009 年改革以来，虽然规模不大，但通过有限的政府资金，既促进了企业创新，又获得了技术产品，较有效地促进了中小企业创新。英国 SBIR 2009~2011 年数据统计详见表 11-18。鉴于此，英国在 2013 年发布的财政预算中，提出在 2015 年以前，将 SBRI 的规模扩大为原来的五倍。

表 11-18　　　　英国 SBIR2009~2011 年数据统计

	2009 年	2010 年	2011 年
新课题	23 个	21 个	32 个
新申请企业	1091 个	920 个	1420 个
第一阶段合同率	328 个	124 个	272 个
第一阶段成功率	30.06%	13.47%	19.15%

续表

	2009 年	2010 年	2011 年
第一阶段合同总值	1270.6 万英镑	636 万英镑	1924.2 万英镑
第二阶段合同	5 个	104 个	13 个
第二阶段成功率	1.58%	83.87%	4.77%
第二阶段合同总值	280.8 万英镑	1745.7 万英镑	193 万英镑

(三) 日本的 SBIR 计划

日本在支持中小企业发展方面早已有系统的政策体系，但在援助中小企业技术创新方面一直缺乏有力的措施。在研究了美国的 SBIR 制度后，日本于 1998 年 12 月 18 日颁布了《新事业创出促进法》，对 SBIR 制度做出如下规定：动用国家科学研究经费，以补助金的形式援助中小企业进行可行性研究、开发研究和事业化研究，以促进技术转化。

1. 日本 SBIR 计划的特点

第一，指定研发方向，避免盲目性。在创意萌发阶段，由国家综合国内外的技术、经济及社会状况，提出具体的研究课题，引导创意的发展方向，减少盲目性。创意的产生通常是多方向、细分化、无序性的，为企业指定研发方向的好处在于：一方面，研发结果更符合国家整体发展需求；另一方面，确保了国家财政资金的使用效率。

第二，分阶段补贴，重视市场化阶段。同美国一样，日本 SBIR 计划也是按照技术创新的过程分阶段进行补贴，分为创意萌生、可行性研究、研究开发和事业化（商品化）四个阶段。但不同的是，日本更加重视后两个阶段。前两个阶段，技术未被证明可行，失败率较高，日本一般采取"小额普发"的原则，即单项补贴金额小，批准的项目多，如此可避免对失败项目的过分投入，但涉及面广。后两个阶段，失败率降低，为了防治技术陈旧，必须加快研发速度，加大投入，因而对后两个阶段的补助一般采取"大额集中"的原则。

第三，严格的申请条件限制。除了满足中小企业的资格条件、符合国家提出的技术方向外，申请者还面临其他要求，如申请项目没有从其他政府机关获得资金补助、申请者具备实施核心研究内容的能力、不侵犯他人的知识产权、不发生环境污染、有垫付资金及管理财务的能力等。通过对申请者严格的条件限制，以提高经费的使用效率，保证研究项目的实施可能性以及降低项目的危害性。

第四，后期追踪调查。为了评估政策影响，日本规定，在研究项目结束后，要对获得委托研究费的企业进行追踪调查。具体做法是：对"研究调查项目"来说，在商品化后的第二年、第三年各进行一次追踪调查；对"研究开发项目"来说，在商品化后的第一年实施事后评估，然后在第二年、第三年再各进行一次追踪调查。

2. 日本SBIR计划的实施效果

SBIR制度的实施，为中小企业利用政府力量进行研究开发提供了更大的可能性。另外，SBIR制度的大部分资金来自于多个国家机构管辖的研究开发补助金及委托费，增加了中小企业获得开发资金的渠道。日本推行SBIR制度之后，各指定机构委托给中小企业的研究课题从1999年的277项增加到了2002年的1735项，补助金额也由1999年的110亿日元增加到2002年的280亿日元。

（四）中国台湾的SBIR计划

中国台湾地区中小企业占比在95%以上，且普遍缺乏技术和研发资金。为鼓励这些企业加强研发，借鉴美国小企业创新研究计划的成功做法，中国台湾于1999年由"经济部技术处"开始实施SBIR计划。SBIR计划要求受补贴企业自身筹集的研发资金不得低于补贴数，此即SBIR计划成功与否的标志。

1. 中国台湾SBIR的特点

第一，信息处理外包。中国台湾将SBIR计划的信息搜集和处理事务交由独立第三方执行，不仅执行更专业化，而且可以释放更多精力，将工作重心放在评审、制定中长期规划以及与相关部门协调等决策性事务上。通过公开的信息系统，招标条件、执行内容、双方的权利义务等规定都非常透明。

第二，信息标准化。企业在计划申请、签约、执行、结题和评估等各个阶段提交的各类信息，如补助和自筹资金的总体研发预算、阶段目标、预期效益、执行进度等，SBIR网站都通过统一的格式和参考范例来将其标准化。虽然让企业遵从这些标准的成本很高，但便于SBIR计划的日常管理和决策，也可以较大程度地减小信息自由裁量权及寻租空间。

第三，有效甄别补贴对象。SBIR计划采取三种方式来甄别补贴对象。一是厂商自筹资金比重必须大于50%；二是技术递进式补贴，要申请下一阶段的补贴必须说明前一阶段的成果，从而很大程度上排除没有可行性基础的研发项目；三是企业申请需公示，便于同行监督。在补贴竞争性分配市场上，同业竞争者有激励来举报不具备技术可行性的申请。

第四，定期与不定期检查。SBIR 计划采取两种方式进行检查：一是定期检查，企业应于每一期结束后 10 天内提交研发项目进展报告和经费使用会计报告；二是不定期检查，不定期派员或委派专业机构进行实地查访，以了解计划执行和经费使用情况。检查兼顾补贴资金和自筹资金，这在一定程度上能约束企业以前者代替后者。

第五，严格的违约惩罚机制。补贴契约明确规定了违约情形，一旦违约，管理部门将根据约定解除资助并要求退还已拨付款项，将该企业计入申请黑名单，未来数年内不得申请政府资助。违约情形包括：补助经费挪作他用；无正当理由停止研发计划或进度严重落后；所开发的技术或产品与计划相差过大且可以归责于受补贴厂商；补贴资金存入非专门账户等。

2. 中国台湾 SBIR 的实施成效

中国台湾 SBIR 计划共资助了五个新兴行业：化工、机械、电子、通信和生物产业。经验证据表明，中国台湾的 SBIR 计划在激励企业增加研发投入方面成效显著。

从宏观方面来看，根据中国台湾"经济部技术处"统计，截至 2014 年 11 月底，中国台湾 SBIR 计划共通过了 5608 个创新研发计划，投入补助金额约 101.44 亿元新台币，带动中小企业投入研发经费约 194.46 亿元新台币，二者比例为 1∶1.92，当局研发资助的激励效应显著。

从微观方面来看，研究学者根据对补贴企业进行问卷调查，得出以下发现：第一，R&D 补贴和企业 R&D 支出呈互补性；第二，接受 SBIR 后生物技术企业的 R&D 支出是之前的 1.9 倍；第三，SBIR 计划显著提高了企业的 R&D 投入水平。

（五）其他国家的风险投资补贴政策

1. 法国

法国不仅为中小企业提供一般性补贴，还增加了技术咨询补贴、研究人员补贴和红利补贴：对中小企业的技术咨询费补贴 50%；对于 500 人以下的中小企业，每个研究人员第一年研究经费由政府补贴 50%；对研究人员到中小企业任职超过 2 年者，可获得红利补贴。

2. 德国

德国不仅重视中小企业发展，还为特小型高技术企业提供研发补贴。德国政府科技部发起"新企业技术创新计划",支持成立不到3年、雇员不足10人、处于起步阶段的特小型高技术企业,补贴企业可行性研究费用的90%和研发成本的75%,补贴额分别不超过5.4万马克和90万马克。

二、我国风险投资补贴政策的概况

我国对风险投资的补贴政策主要体现在地区层面。总体而言,各地区出台的补贴政策顺应市场需求,符合国家导向。2008~2010年我国的股权投资市场蓬勃发展,为了吸引投资,各大城市争相出台优惠政策,如北京2009年发布《关于促进股权投资基金业发展的意见》、深圳2010年发布《关于促进股权投资基金业发展的若干规定》等,从补贴、税收方面给予大力支持。2015年为响应政府"大众创业、万众创新"的号召,上海、广东、江苏等地纷纷出台相关政策,鼓励创业,引导社会资本投资种子期、初创期的科技型企业。

如表11-19所示,从目前各地出台的风险投资补贴政策来看,主要包括如下四个方面:第一,促进本地股权投资基金发展,包括落户奖励、募集资金奖励、退出奖励、购房补贴、租房补贴和人才奖励等一系列配套全面的资助;第二,鼓励投资种子期、初创期科技型企业,表现为投资补贴和风险直接补偿等;第三,鼓励各类人才创新创业,表现为创业补贴和投资补贴;第四,加快建设创新创业载体,表现为运营经费补助;第五,促进成果转化,表现为研发补贴和技术成果转化奖励。

表11-19 我国典型城市的风险投资补贴政策

1	北京	《中关村国家自主创新示范区天使投资和创业投资支持资金管理办法》(2014年)
申请条件		(1) 在北京注册,专门从事创业投资业务活动的创业投资公司及创业投资管理公司。 (2) 注册资本金不低于3000万元或受托管理的创业投资资金不低于1亿元人民币。 (3) 公司运作规范,具有科学合理的项目评估标准、投资决策程序及激励约束机制。 (4) 至少有3名具备5年以上创业投资或相关业务经验的高级管理人员承担投资管理责任。 (5) 所投资企业为未上市的中关村高新技术企业,且从企业设立之日起到企业与创业投资企业签订投资协议之日止,不超过5年;所投资企业属于生物医药领域的,从企业设立之日到企业与创业投资企业签订投资协议之日止,不超过8年
补贴额度		(1) 补贴额度为创业投资企业以货币形式对中关村示范区企业的实际投资额的10%,单笔最高补贴100万元。 (2) 一家创业投资企业对同一企业投资申请获得的补贴累计不超过100万元。 (3) 对一家创业投资企业每年的补贴金额不超过200万元。 (4) 对政府引导资金参股的创投基金,按照社会资本在其中的持股比例享受风险补贴

续表

2	上海	《上海市天使投资风险补偿管理暂行办法》（2015 年）
申请条件		（1）2015 年 1 月 1 日后投资于本市种子期、初创期科技型企业的创业投资机构 （2）上述种子期企业，是指成立时间不超过 3 年、职工人数不超过 50 人，且资产总额不超过 500 万元人民币、年销售额或营业额不超过 500 万元人民币。 （3）上述初创期企业，是指职工人数不超过 200 人，且资产总额不超过 2000 万元人民币、年销售额或营业额不超过 2000 万元人民币
补偿额度		（1）投资种子期科技型企业项目所发生的投资损失，可按不超过实际投资损失的 60% 给予补偿；投资初创期科技型企业项目所发生的投资损失，可按不超过实际投资损失的 30% 给予补偿。 （2）每个投资项目的投资损失补偿金额不超过 300 万元，单个投资机构每年度获得的投资损失补偿金额不超过 600 万元
3	深圳	《关于促进股权投资基金业发展的若干规定的通知》（2010 年）
申请条件		（1）股权投资基金的注册资本（出资金额）不低于人民币 1 亿元，且出资方式限于货币形式，首期到位资金不低于 5000 万元。股东或合伙人应当以自己的名义出资。其中单个自然人股东（合伙人）的出资额不低于人民币 500 万元。以有限公司、合伙企业形式成立的，股东（合伙人）人数应不多于 50 人；以非上市股份有限公司形式成立的，股东人数应不多于 200 人。 （2）股权投资基金管理企业，以股份有限公司形式设立的，注册资本应不低于人民币 1000 万元；以有限责任公司形式设立的，其实收资本应不低于人民币 500 万元。 （3）私募证券投资基金管理企业注册资本 1000 万元人民币以上且管理资产在 1 亿元人民币以上
奖励额度		（1）以公司制形式设立的股权投资基金，根据其注册资本的规模，给予一次性落户奖励：注册资本达 5 亿元的，奖励 500 万元；注册资本达 15 亿元的，奖励 1000 万元；注册资本达 30 亿元的，奖励 1500 万元。 （2）以合伙制形式设立的股权投资基金，根据合伙企业当年实际募集资金的规模，给予合伙企业委托的股权投资基金管理企业一次性落户奖励：募集资金达到 10 亿元的，奖励 500 万元；募集资金达到 30 亿元的，奖励 1000 万元；募集资金达到 50 亿元的，奖励 1500 万元。 注：享受落户奖励的股权投资基金，五年内不得迁离深圳。 （3）股权投资基金投资于本市的企业或项目，可根据其对深圳市经济贡献，按其退出后形成地方财力的 30% 给予一次性奖励，但单笔奖励最高不超过 300 万元。 （5）股权投资基金、股权投资基金管理企业因业务发展需要新购置自用办公用房，可按购房价格的 1.5% 给予一次性补贴，但最高补贴金额不超过 500 万元。享受补贴的办公用房 10 年内不得对外租售。 （5）股权投资基金、股权投资基金管理企业新租赁自用办公用房的，给予连续三年的租房补贴，补贴标准为房屋租金市场指导价的 30%，补贴总额不超过 100 万元。 （6）股权投资基金、股权投资基金管理企业以及私募证券投资基金管理企业的高级管理人员，经市人力资源保障部门认定符合条件的，可享受深圳市关于人才引进、人才奖励、配偶就业、子女教育、医疗保障等方面的相关政策

续表

4	广州	《广州市人民政府办公厅关于促进科技、金融与产业融合发展的实施意见》（2015年）
相关规定		（1）对在广州地区注册并投资于广州孵化期、初创期科技企业三年以上的创业投资公司、有限合伙创业投资企业和其他企业投资者，给予投资额5%、最高不超过500万元的补助。 （2）对孵化期、初创期科技企业和科技项目完成引入创业投资或众筹平台股权投资的，按引资额的10%、最高不超过100万元给予一次性补助。 （3）对天使投资失败项目，由风险补偿金按损失额的一定比例给予补偿，对在孵企业首贷出现的坏账项目，由风险补偿金按一定比例对贷款银行本金损失给予补偿，市财政对单个项目的风险补偿不超过200万元。 （4）对科技型中小企业在广州股权交易中心挂牌给予资助，重点支持具备条件的科技企业在新三板挂牌交易，对在新三板挂牌的科技企业分阶段给予挂牌费用补助，对完成股份制改造的一次性补助20万元、券商签约辅导的一次性补助50万元
5	天津	《天津市促进股权投资基金业发展办法》
相关规定		（1）基金管理机构在天津市区域内，新购建自用办公用房，按每平方米1000元的标准给予一次性补贴，最高补贴金额为500万元；租赁自用办公用房的，三年内每年按房屋租金的30%给予补贴。若实际租赁价格高于房屋租金市场指导价，则按市场指导价计算租房补贴，补贴面积不超过1000平方米，补贴总额不超过100万元。 （2）股权投资基金投资于本市的企业或项目，由财政部门按项目退出或获得收益后形成的所得税地方分享部分的60%给予奖励
6	成都	《关于促进经济稳中求进的若干意见》（2015年）
相关规定		（1）对于初创企业及大学生创业团队，将根据获得创投机构投资额给予不超过100万元的补贴；对国内外高校院所科技人才带技术、带项目在我市新领办的企业，给予最高不超过20万元的资金支持；而对于海内外各类高层次人才带技术、带项目、带资金在蓉创办企业，将给予最高不超过100万元项目资金支持。 （2）对新建创业社区、创业苗圃、科技企业孵化器、科技企业加速器、创业基地等众创空间，经认定给予其运营机构最高100万元的经费资助。 （3）对高校设立技术转移转化机构，最高给予20万元的一次性奖励；对高校与在蓉企业联合开展技术攻关、产品研发，每个项目按技术交易额的3%给予高校研发团队每个项目最高100万元补贴；对企业吸纳国内外高校、科研院所技术成果的，按照实际发生技术交易额的3%给予补贴，单个技术合同最高不超过50万元，每家企业单一年度最高不超过200万元

我国各城市或地区风险投资分布不均衡，企业类型差别大，通过地方政府提出补贴政策，能更好地适应当地风险投资和中小企业的发展需要。但同时也带来诸多问题：收集信息成本高，难以统一管理，补贴总量不可测；各地补贴竞争激烈，为吸引投资而补贴过度，扰乱市场秩序；贪污腐败现象滋生。

三、我国风险投资补贴政策的问题及建议

目前，我国各城市或地区为中小高科技企业和风险投资机构提供的补贴，种类多、规模庞大、项目繁杂，但实际效果并不显著。主要的问题在于：各地方政府自行补贴，难以统一管理；缺乏专业的政策绩效评估，不能及时调整政策失误；事前甄别机制不够完善，完全靠事后惩罚，行政成本高；不考虑科技型企业的技术发展阶段，补贴缺乏针对性。

针对以上问题，借鉴其他国家经验，未来的工作重点应该放在：

（1）建立全国统一的补贴管理系统。中央政府主导，委托独立第三方建立全国统一的补贴管理系统。地方政府自主制定补贴政策，但政策发布、补贴申请、审核和发放等重要流程，都需要在补贴管理系统上完成，按照标准化的文本格式录入数据。统一的补贴管理系统同时还是信息发布中心，各地的补贴政策、补贴审核结果、补助金使用报告及处罚公告均在该系统上公示，以接受同行和社会群众的监督。统一的补贴管理系统不仅可以使补贴制度透明化，减少寻租等行政成本，还可以根据系统收集的标准化信息，从宏观上跟踪反馈补贴政策的执行效果，防止政策失误和补贴过度。

（2）完善甄别机制，筛选优质项目。建立事前甄别机制，减少骗补行为，只对有发展潜力的企业或项目进行补贴。目前我国的补贴政策几乎只限定企业类型（高科技）和企业规模（中小型），而对企业的发展潜力和项目质量没有甄别。可通过以下方式甄别：一是引入竞争，企业通过路演或提交研发方案公平竞争，只有最具发展潜力的企业或项目才能够拿到补贴；二是自筹资金投入必须大于政府补助额，从成本收益的角度来讲，只有当骗补的成本大于收益的时候，企业才不会骗补，在这一点上，投入的沉没成本比惩罚威胁更有效；三是分阶段补贴，按照企业的研发过程或者筹资规模可将补贴过程分成几个阶段，只有达到了前一阶段的要求，才能获得下一阶段的补贴。

（3）重视基础研发阶段，鼓励原创。对于企业从研究开发、成果转化到规模生产的三个阶段，政府应重点补贴前两个阶段。研究开发和成果转化为基础研发阶段，不仅资金需求大，而且是原创技术得以市场化的重要阶段。只有大力支持基础研发，才能充分发挥财政资金的支撑作用，鼓励企业自主创新，推出原创性的科研成果，而不是简单地模仿创新。

（4）普惠性补贴与针对性补贴相结合。政府在推出普惠性补贴的同时，

还应根据不同类型的企业细化补贴政策，以提高针对性和有效性。虽然普惠性补贴有利于营造鼓励企业研发投资的氛围并扩大该项政策的影响，但企业的规模大小、成长阶段和产权制度均会影响政府补贴政策的有效性。因此，补贴政策可以从行业类型、企业规模、组织形式、成长阶段和研发需求等多个方面来进行细化，以达到量体裁衣的效果，充分利用财政资金。

第四篇

重点分析篇
ZHONGDIANFENXIPIAN

第十二章 医疗健康产业风险投资与公共政策[*]

第一节 产业界定与发展现状

一、产业界定

医疗健康产业是指涵盖医疗卫生与健康保健在内的产业集合。国内外对医疗健康产业的界定主要基于三个视角：一是按三次产业的分类方式，将其定义为与人类健康密切联系的制造与服务业，即大健康产业的概念；二是从产业链角度出发，认为健康产业应涵盖有关维持、修复与促进健康等领域；三是按健康的需求与服务模式，认为医疗健康产业包含了医疗与非医疗性健康服务。本文根据《医疗健康产业报告》中的划分，将当前我国的医疗健康产业主要分为医疗服务市场、医疗技术与医疗器械市场、医药与生物科技市场、互联网医疗市场和精准医疗市场等。随着科学的发展和技术的进步，为了迎合人们多样化的健康消费需求，通过跨界融合，医疗健康产业催生出了远程医疗、可穿戴医疗设备和医药电商等新领域，致使产业范围不断拓展，划分日益精细，进而使得医疗健康产业的概念得到不断延伸。

---

[*] 本章由暨南大学产业经济研究院郭楚楚执笔。

二、产业发展现状

(一)发展背景

医疗健康产业是当今最具发展潜力的产业之一,也是推动世界经济发展的核心力量,更是全球投资的热点产业。据统计,在全球股票市值中,健康产业领域约占总市值的 13%~15%。医疗健康产业之所以受到如此青睐,主要归结为以下三点:

(1) 人口老龄化问题不断凸显。如图 12-1 所示,日益庞大的老年人群意味着医疗健康产业未来消费需求的扩张,日益严峻的养老问题也促使政府加大对医疗健康产业的关注与扶持力度。

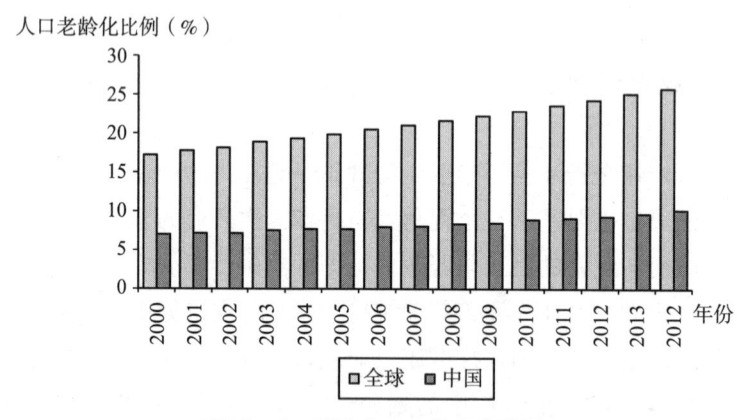

图 12-1 世界人口老龄化趋势图

数据来源:世界银行。

(2) 新技术革命的推动。医疗健康产业属于高技术产业范畴,技术革新的加速以及技术瓶颈的突破,催生了新的增长点,使得医疗领域投资价值居高不下。

(3) 人们对自身健康的关注度极大提高,健康意识显著增强。如图 12-2 所示,人均医疗支出在全球范围内大体呈上升趋势,其中,中国的需求增长更为突出。根据德勤发布的数据,预计截至 2018 年,全球医疗支出将以 5.2% 的年增长率持续增长,需求的快速增长将成为医疗健康行业发展的重大推动力量。

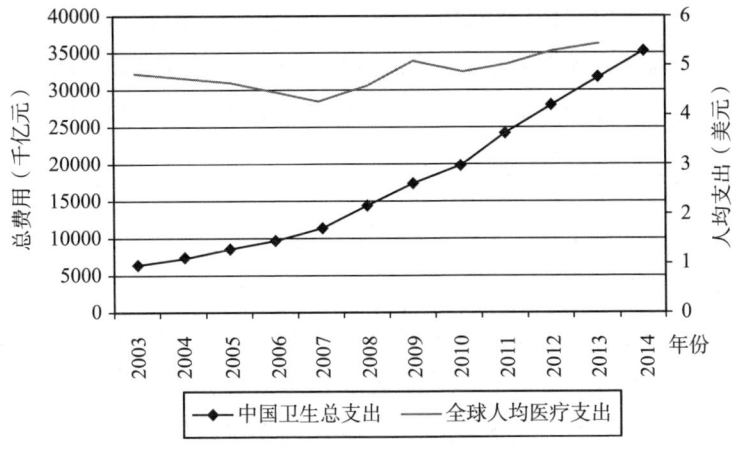

图 12-2　全球医疗支出趋势图

数据来源：中国产业信息网；世界银行。

（二）市场规模

从产业规模来看，医疗健康产业作为全球最大的产业之一，正处于快速发展阶段，规模逐年攀升，主要体现在两个方面：一是全球范围内市场规模的扩张；二是市场规模在中国等发展中国家的快速增长。

就全球市场而言，医疗领域市场规模逐年扩大。如图 12-3 所示，2014 年全球医疗支出达 74681 亿美元，约为世界国内生产总值（GWP）的 10%，成为全球经济的重要推力。市场规模的扩张体现了医疗健康产业在全球经济中的重要性，预计在经济发展和生活水平日益提高的背景下，该趋势仍将持续。

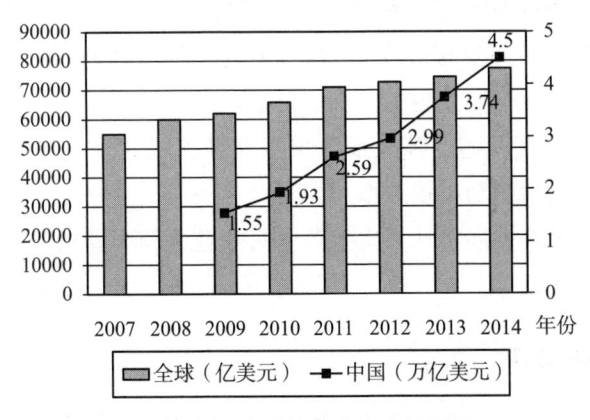

图 12-3　全球健康产业市场规模

数据来源：中国产业信息网。

就国内而言，中国依托特定的经济、社会和政策条件，产业发展阻力小，规模扩张速度远超世界平均水平。如图 12-3 所示，当前中国医疗健康产业规模接近 4 万亿，复合增长率超过 20%，未来市场需求增长潜力巨大。

（三）市场结构

全球医疗健康产业结构主要呈现两大特点：

（1）产业整合加速。医疗行业正从过去零碎分散的模式转向整合和连接，欧美等发达国家医疗领域跨行业并购事件大量出现，市场的力量正促使产业内整合速度加快。就中国医疗产业结构而言，并购浪潮还将继续，预计未来部分优势企业将成为并购的主力，资本的作用将加快产业整合与转型升级的速度。

（2）差异化竞争压力大。行业整合是一个优胜劣汰的过程，将带来市场结构的巨大变化。在此过程中，市场上的参与者将逐渐减少，企业需不断追求产品与服务的差异化发展，迎合消费者需求，降低成本，才能具备足够的竞争优势，在此浪潮中脱颖而出。

（四）技术发展

医疗健康领域相关技术的革新无疑是产业快速发展的重要推手，也是吸引资本进入的重要因素之一。该领域技术发展主要体现在以下三方面：

（1）信息技术在医疗服务领域的发展，实现了远程医疗、大数据分析与信息平台建设，改变了医疗相关者之间的互动方式，提高了医生的诊疗水平与效率，保证了医疗资源的高效利用。

（2）人工智能、可穿戴设备等智能硬件技术在医疗健康领域的应用日益深化，使疾病的诊疗与监控更加全面、便捷。

（3）生物技术在肿瘤、神经系统与基因等领域的发展成为资本关注的重点，推动了全球生物制药市场的增长。

无疑技术的飞速发展将从根本上改变医疗健康的产业格局，是产业核心价值的体现。

（五）发展前景

医疗健康产业已成为众多发达国家与发展中国家的战略重点，得到大量政策扶持，产业规模发展迅速，在部分国家和地区创新研发活动极为活跃，未来发展空间依然广阔。根据当前产业发展情况及特点，预计未来发展趋势如下：

（1）产品、服务形式多样化。随着技术的发展与人们需求的提高，医疗健康产业已不限于提供单一的诊疗服务，可穿戴医疗设备、移动医疗、医疗大数据等的应用，将使得医疗服务更加高效、便捷、个性化、多样化以及贴近用户需求。

（2）产业体系不断丰富与发展。医疗产业从最初的诊疗护理向养老和保健等方向发展，与互联网的跨界融合更是极大拓宽了产业边界，使产业内涵更加丰富。随着产业跨界融合的不断深入，未来更多新兴业态将不断涌现，成为产业内新的增长点。

（3）新一代技术将推动医疗健康产业的发展。作为高新技术产业，产品与服务的创新、丰富与发展有赖于技术的推动。全球范围内生物技术的突破，云计算、物联网与移动互联网的发展，是产业未来持续发展的强劲助推力。

（4）法律与监管环境不断变化。医疗产业快速发展的同时，各国政府对药品质量与患者的生命安全更加重视，法律规范政策将更加严格与明晰。同时，医疗信息化的发展，使得医疗领域的隐私安全受到挑战，医疗信息的数字化保护尤为重要。

第二节　产业风险投资概况

一、全球概况

（一）投资规模

近年来，全球医疗健康产业风险投资实现了飞速发展，增长趋势稳健，主要表现为总量与单笔规模的扩大。一是整体投资规模实现了爆发性增长。如图12-4所示，2014年医疗健康产业投资数量与交易额迅速扩张，增长率分别高达52.2%与82%，居各产业之首。经历2014年的投资热潮后，2015年风险投资额略微有所下降，但在全球资本寒冬的背景下，增长态势依然强健。二是单笔投资交易规模大。2014年当年医疗领域规模超1亿美元的投资事件达19起，占行业内投资额的22%，行业整体估值升高。

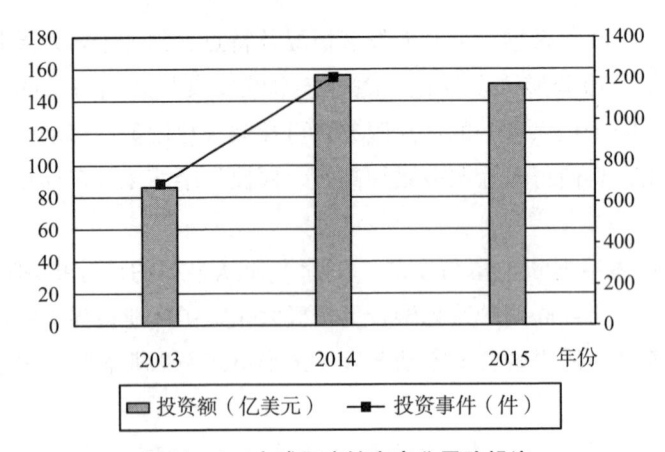

图 12-4 全球医疗健康产业风险投资

数据来源：资本实验室。

（二）投资领域

全球医疗行业投资领域主要分布于生物制药与互联网医疗领域。如图 12-5 所示，在众多细分领域中，生物/制药吸纳资本量最高，占据 36% 的交易额，投资事件 291 起，占比 28%，是医疗健康领域风险投资的重点。此外，随着信息技术与医疗产业的快速融合，互联网医疗正在成为创业与投资的热点。2014 年，全球互联网医疗投资事件已经达到 460 起，交易额 52.8 亿美元，其重要性有望超越生物制药。

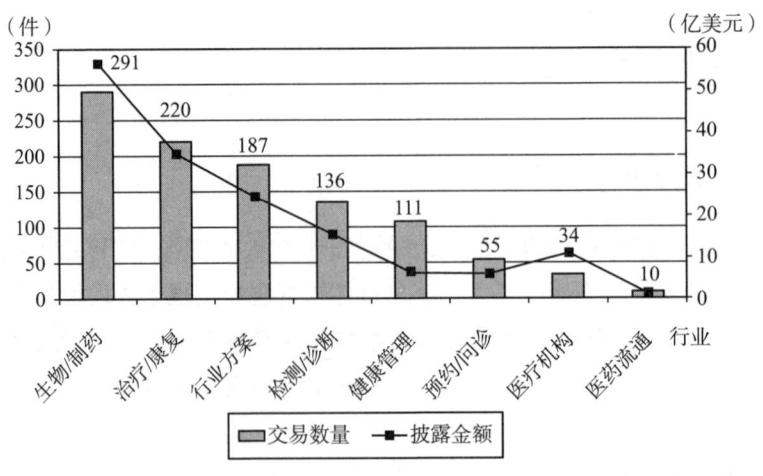

图 12-5 2014 年全球医疗行业风险投资领域分布

数据来源：资本实验室。

(三)投资区域

从投资区域看,2014年医疗健康产业风险投资事件分布于27个国家和地区,主要特点是以美国为核心,形成中、印两大增长极(见图12-6)。首先,美国依旧是该产业风险投资的中心,投资事件665起,占比64%;交易额116.3亿美元,占比74%,主导着全球健康医疗创业与投资的走向。其次,2014年中国健康医疗风险投资事件106起,交易额12.8亿美元,规模首次超过英国,成为该领域第二大风险投资区域,但与美国相比,仍然有较大的差距。最后,印度与中国同为发展中国家,医疗健康产业发展迅速,已成印度重要的支柱产业,市场潜力巨大,是健康产业在亚太地区的一大增长极。

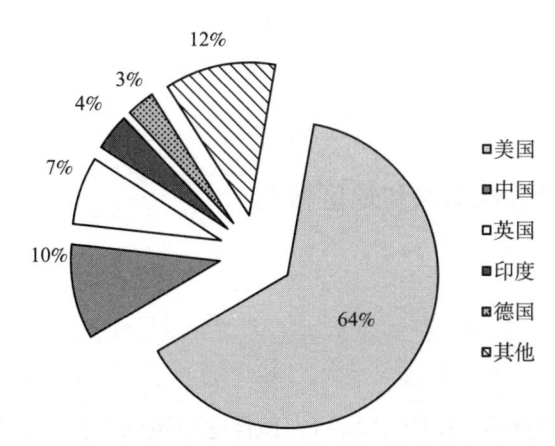

图12-6 2014年全球健康医疗行业风险投资区域分布

数据来源:资本实验室。

(四)退出情况

全球医疗领域风险资本退出环境良好,随着IPO市场放缓,该领域退出渠道主要以并购为主。如图12-7所示,2014年全球范围内出现了医疗健康领域的并购浪潮,跨国公司并购事件频发,并购额为2013年的4倍。2015年大宗并购事件不断,百亿美元级并购总额占总并购额的55%,其中包括医药史上第一大并购案件——辉瑞1500亿美元收购艾尔建。

从全球范围看,医疗健康产业正处于产业转型期,正从过去零碎分散的模式转向整合和连接,企业间战略性并购成为大趋势,将有利于形成良好的资本退出环境。

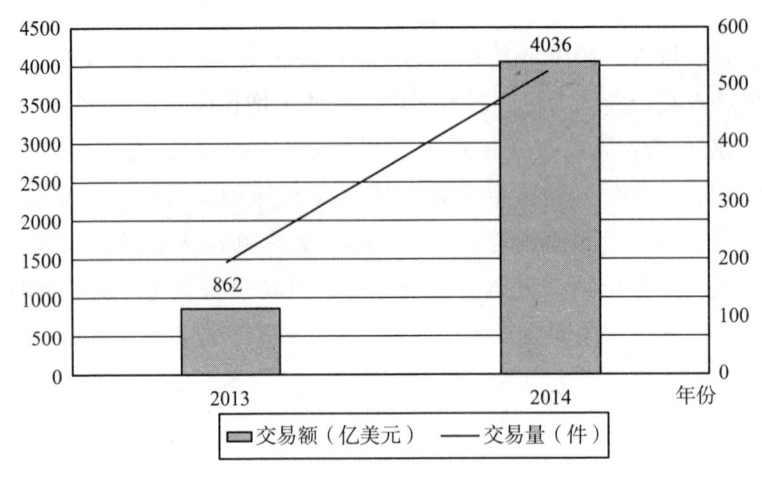

图 12-7 全球医疗健康产业并购额

数据来源：资本实验室。

二、全球代表性国家和地区概况

（一）中国

1. 投资规模

尽管投资领域不断涌现出新风口，但伴随政策的放开及社会对医疗健康需求的增长，中国医疗健康产业对资本的吸引力不断增强。如图 12-8 所示，根据投中集团旗下金融数据产品 CVSource 的统计，近年来中国医疗健康产业 VC/PE 融资情况主要可归纳为以下四点：

第一，2010 年是中国医药产业风险投资的重要分水岭。2010 年医疗健康产业 VC/PE 融资水平显著提高，较 2009 年翻了 3 倍，此后各年融资规模均保持高位，实现了风险投资规模的扩张。

第二，2012 年以来产业融资规模连续四年呈现上涨态势。

第三，2015 年融资案例数量呈下降趋势，但总规模逐年回升。该反向变动趋势，意味着平均交易规模有所提升，产业内部实现了企业的扩张与融资规模扩大。

第四，整体变动趋势与医疗政策推出时间点相契合。继 2009 年新医改推出后,2010年医疗领域融资额实现了成倍增长;2012年多项医改政策落地,伴随着此后四年融资规模的持续扩张。由此,可以推断政策的关注是推动和影响该领域风险投资变动的一大因素。

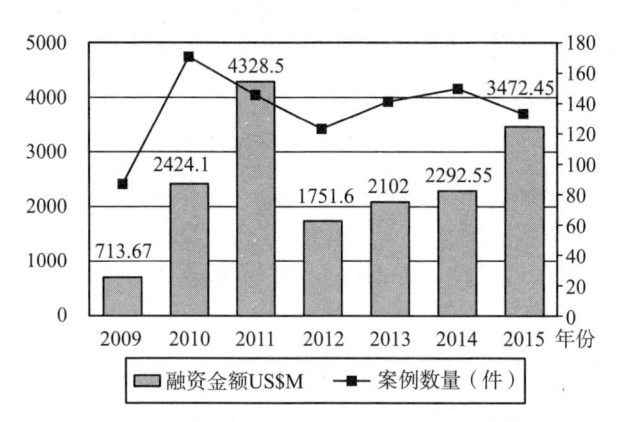

图12-8 中国医疗健康产业VC/PE融资情况

数据来源:CVSource。

2. 投资领域

从细分领域分析,VC/PE融资额在各子行业分布具有明显的不均衡性。如图12-9所示,医药产业风险融资额达17.31亿美元,占绝对优势,案例数量为38起,远高于其他子行业,在医疗健康领域居主导地位。生物技术次之,融资额为8.54亿美元,案例数量为32起,远低于医药产业。医疗设备与医疗服务融资额较低,二者之和不足医药产业的1/2。

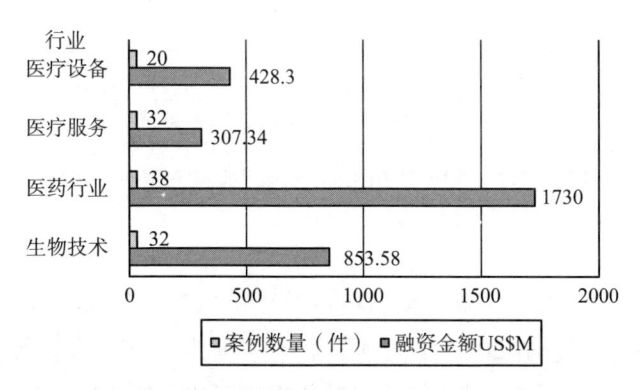

图12-9 2015年国内细分领域VC/PE融资分布

数据来源:CVSource。

医药产业之所以受到风险投资的青睐，与我国经济发展、人民生活水平的提高、技术的发展以及医疗制度的完善密切相关。其一，居民收入水平、医疗支付能力的提升，带来了药品消费能力的显著提高；其二，生物技术在医药领域的广泛运用，带来了生物医药产业的突破性发展；其三，国家对于民生建设的重视、政策重点的倾斜以及财政扶持，在一定程度上降低了投资风险，成为吸引风险资本进入该子行业的重要驱动因素。

综上所述，市场需求扩张、技术发展以及国家政策支持，是医药产业吸引风险投资的三大原因。

3. 退出方式

中国医疗健康领域风险投资退出方式以并购和 IPO 为主，二者规模均呈明显的上升趋势。

2013 年以来，中国医疗健康领域掀起了一股并购浪潮，如图 12 - 10 所示。投中研究院统计数据显示，2015 年国内并购案例数量与并购规模均明显扩大，达到历史高点。其中宣布交易 623 起，交易规模 247.36 亿美元，同比上涨 30.06% 与 40.87%；交易完成规模上涨 14.71%，完成案例数上涨 38.54%。总体而言，该领域并购交易扭转了低迷态势，增长势头强劲。

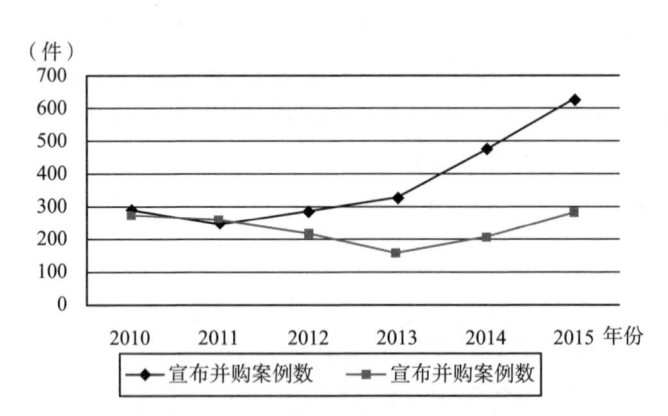

图 12 - 10　2010 ~ 2015 年中国医疗健康产业并购宣布及完成趋势图

数据来源：CVSource。

医疗健康产业 IPO 融资规模和数量的变化与 VC/PE 融资趋势极为相似，IPO 融资规模和数量自 2012 年跌落之后，连续 3 年呈上涨态势，如图 12 - 11 所示。直至 2015 年，IPO 数量与融资规模同比上涨 13.33% 与 9.9%，融资热潮仍在持续。

第四篇 重点分析篇 **267**

图 12-11 医疗健康产业 IPO 融资规模

数据来源：CVSource。

4. 投资绩效

医疗领域风险投资绩效水平主要体现在以下两个方面。

第一，IPO 退出回报水平低颓，但其成长力仍被看好。如图 12-12 所示，IPO 退出账面与平均回报率于 2012 年经历低谷，此后始终保持低位。该趋势主要受 IPO 市场"寒冬"影响，致使融资量与收益纷纷缩水。在此背景下，医疗健康领域投资回报情况仍被看好，主要有两方面原因：一是相比于其他领域，该产业回报水平仍属高值；二是在 IPO 市场遇冷的情况下，投资回报水平仍有缓慢回升趋势，该产业的成长潜力不容小觑。

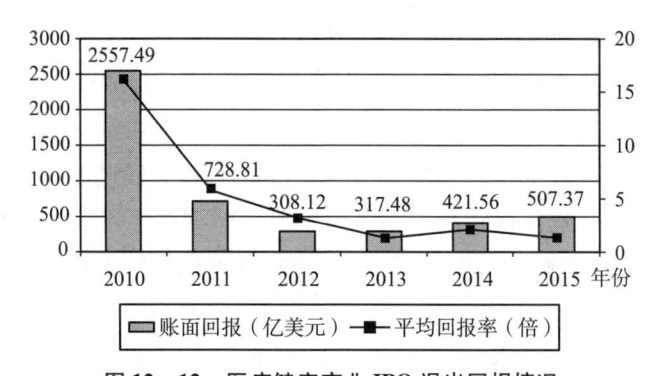

图 12-12 医疗健康产业 IPO 退出回报情况

数据来源：CVSource。

第二，专利授权量逐年增加。医疗健康属高技术产业，该领域大部分风险资金均用于技术研发支持，因此产业创新能力的提升是该领域风险投资绩效水平的重要体现。如图 12-13 所示，随风险投资额的逐年增长，该领域的专利授权量也在增加。可见，在资金的支持下，产业科技创新活力高，投资效果显著。

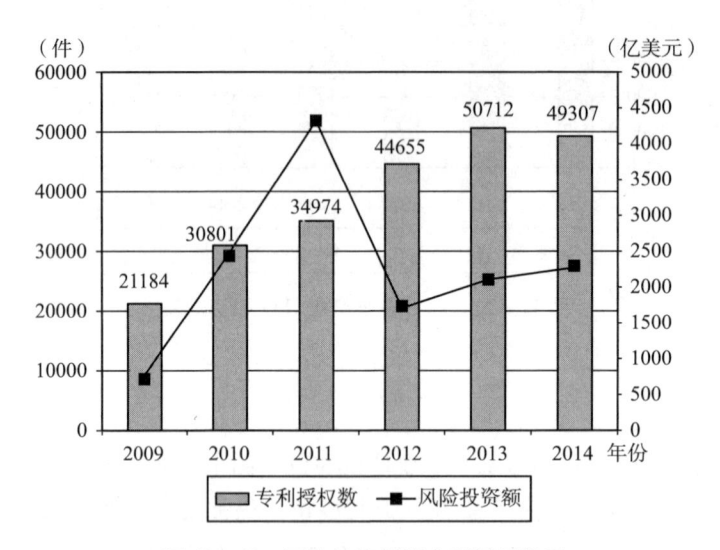

图 12-13　医疗健康领域专利授予数量

数据来源：中国专利局。

（二）美国

1. 投资规模

美国风险投资规模主要表现为两大特点：

第一，历年融资规模变动平稳，近两年增长力较强，整体呈现为平稳过渡后的强势增长态势。如图 12-14 所示，金融危机以来，医疗健康领域投资规模发展主要分为两大阶段：一是后金融危机时代的平稳过渡阶段，该阶段为 2009~2013 年，投资规模在金融危机影响下，始终保持低位，且变动相对平缓；二是 2014 年以来的强势增长阶段，该阶段医疗健康领域风险投资额逐渐摆脱了金融危机的影响，出现大幅上升，增长态势明朗。根据美国全国风险投资协会（NVCA）发布的数据，2014~2015 年是自 2008 年金融危机以来医疗领域风投最强劲的两年，投资额分别增长了 34.1% 与 18.6%，是过去 10 年的最高点。

第二，融资案例数量有下降趋势，医疗企业整体估值提升。如图 12-14 所示，在投资额急剧上升的同时，融资案例数量反而出现了下降趋势，即单笔融资案例规模逐渐扩大。该趋势表明，近年来医疗初创公司获得了更高的估值，从侧面反映了风投家对医疗领域未来成长力的乐观判断，投资热度远未消退。

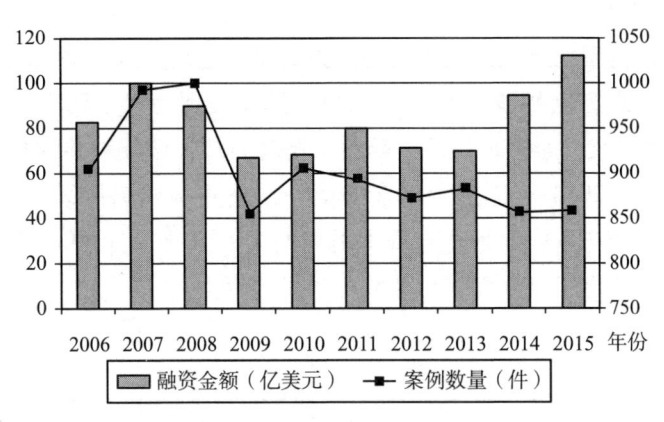

图 12-14　美国医疗健康产业风险投资

数据来源：NVCA。

2. 投资领域

全美十大医疗健康领域风险投资机构数据显示，如图 12-15 所示，美国近十年来医疗主要细分领域风险投资情况如下：一是医疗健康领域资金依然集中于传统疾病治疗。诸如癌症治疗研究等世界医学难题，对风险投资具有天然的吸引力。二是新兴科技领域是美国医疗健康的第二大投资领域，自 2011 年以来比重逐步提升。当今互联网、创新科技和大数据等技术在医疗领域的运用与普及已成为大趋势，未来该领域的成长力不容小觑。三是运动健身在整个医疗领域

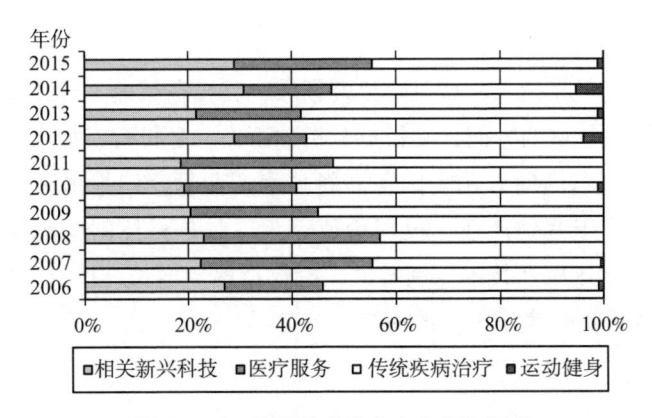

图 12-15　美国医疗健康产业投资领域

数据来源：NVCA。

投资比例最小，但随着人们对健康关注度的日益提高，众多可穿戴设备与手机健身 App 的推出吸引了众多眼球，普及程度在不断提高，未来发展前景可观。

3. 退出方式

美国医疗健康领域风险资本的退出方式主要包括并购与 IPO，如图 12 – 16 所示，总体呈现为巨幅波动的增长态势，具体表现为以下两点：一是并购与 IPO 整体规模扩大。金融危机后，受益于经济回暖，该领域并购与 IPO 总体规模呈上升趋势，2014 年达近七年来峰值。二是并购热潮持续，居主导地位。并购是医疗健康产业内部整合与资本退出的主要方式，自 2010 年来其规模长期处于高位，相比于 IPO 而言，并购主导优势更强。

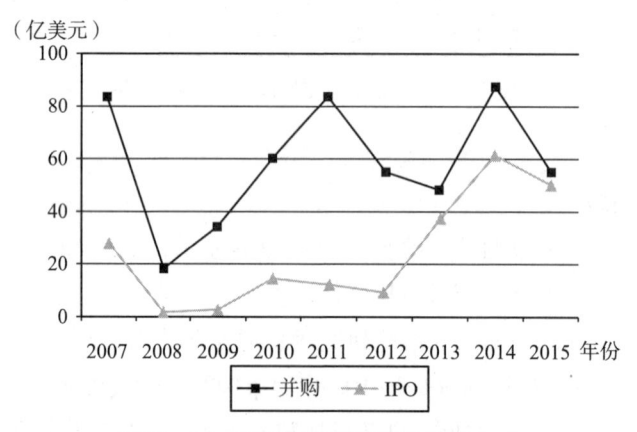

图 12 – 16　美国医疗健康产业退出方式

数据来源：NVCA。

4. 投资绩效

医疗健康属于高投入、高风险投资领域，其投资绩效主要体现为投资回报水平与专利授权数量两方面，其特点分析如下：一是投资回报水平较高。如图 12 – 17 所示，通过横向对比美国各高新技术产业投资回报水平可得，医疗健康投资回报远高于其他产业，投资价值巨大。二是科技创新成长力强。如图 12 – 18 所示，美国医药技术专利量大，授权量逐年增长，投资创新效果明显，其核心技术为投资带来了丰厚的回报。

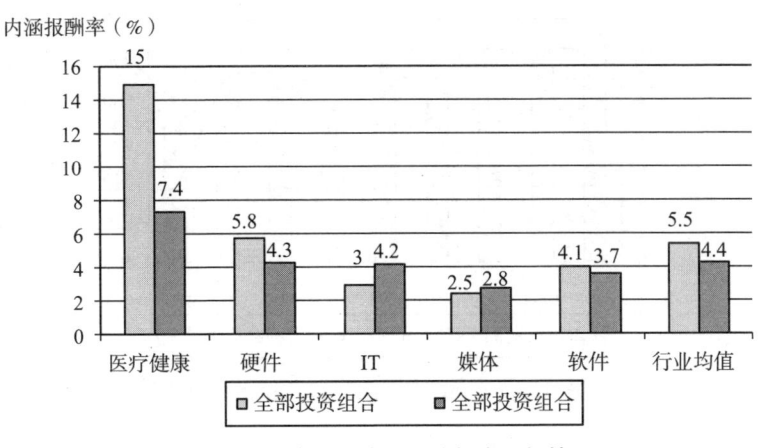

图 12 – 17　高技术产业风险投资回报情况

数据来源：Atlas Venture、NaviMed Capital。

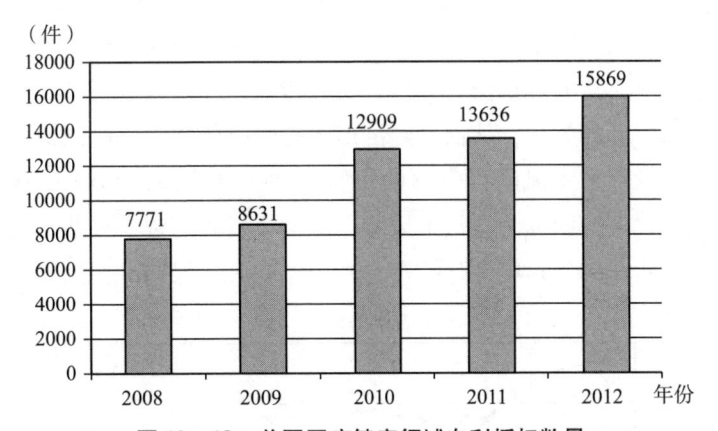

图 12 – 18　美国医疗健康领域专利授权数量

数据来源：NVCA。

（三）欧洲

1. 投资规模

如图 12 – 19 所示，欧洲医疗领域风险投资规模主要体现为两大特点：一是整体规模变动较为平缓，与美国相比受 2008 年金融危机的影响相对较小，未出现明显的增减趋势；二是风险投资案例数量波动较大，2012 年与 2015 年均出现大幅下降，在投资规模平稳变动下，体现为单笔投资金额的提高。

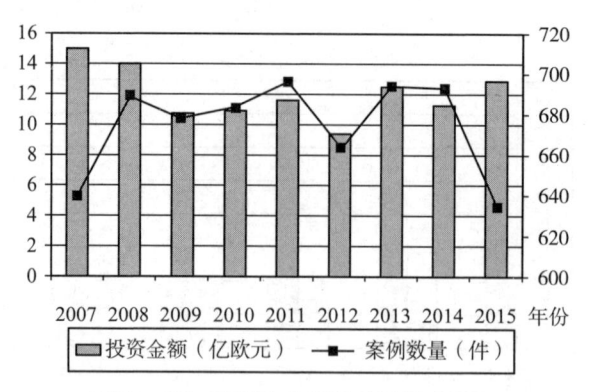

图 12-19　欧洲生命科学领域风险投资

数据来源：Invest Europe。

2. 退出情况

欧洲医疗领域风险投资退出额与投资规模趋势极为相似，如图 12-20 所示，变动较为平缓，但个别年份有一定起伏。其原因主要有两点：一是不同于美国的行业壁垒，欧洲的投资、并购交易环境较为开明，吸引了包括中国在内的众多国外投资者的关注，从而受经济形势的影响较小。二是欧盟内部金融与政治环境变化，带来了风险投资额的短暂波动。具体地，2014 年欧元疲软给以欧元为主要收入的国际公司带来风险，影响投资者的资产评估，使并购金额有所下降，但欧洲医疗领域风险投资在其余年度大体保持平稳发展。

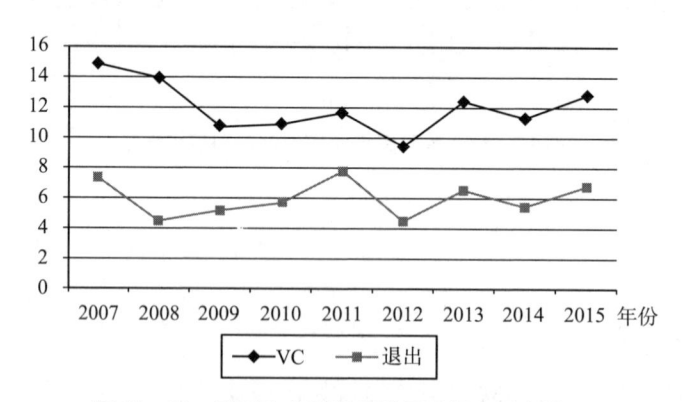

图 12-20　欧洲生命科学领域风险投资退出情况

数据来源：Invest Europe。

3. 投资绩效

欧洲医疗领域投资绩效主要通过医疗技术与生物领域专利数量变动进行分

析。如图 12-21 所示，该领域投资绩效与投资规模变动具有较高的契合度，具体体现为以下两点：一是整体变动较为平缓，与投资规模趋势极为相似；二是随 2015 年欧洲风险投资活跃水平的上升，专利数量也出现较大幅度的增长，创新效果趋于明显。

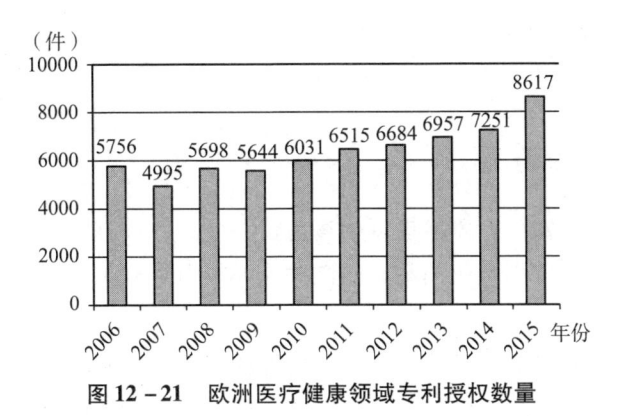

图 12-21 欧洲医疗健康领域专利授权数量

数据来源：欧洲专利局。

（四）小结

对比全球和主要国家医疗健康产业的风险投资情况，得到结论如下：

（1）医疗领域风险投资整体升温。自 2013 年以来，全球范围内的风险投资对医疗领域关注度显著提高，而这一趋势在中国尤为突出。自 2012 年以来，中国医疗领域投资额持续稳定增长，近两年增长态势更为强劲，未来投资前景向好。

（2）行业整体估值提升。从风险投资额与案例数量可对比各国的平均交易规模，发现医疗健康领域企业估值整体高涨，其中中美两国趋势最为明显。

（3）中国投资细分领域与其他国家存在差异。中国健康产业处于初创期，风投资金仍集中于传统的医药行业，相比于美国，医疗服务领域的投资占比较低，细分领域结构有待调整与完善。

（4）并购趋势明显。就退出方式而言，在全球范围内出现医疗领域的并购潮。随着中国医疗健康产业的转型升级以及内部整合的加快，预计未来国内并购趋势仍将继续。

第三节　发展趋势

一、投资热点

（一）生物医药

生物医药产业发展与风险投资的参与密不可分，一方面产业发展依赖风险投资的支持；另一方面产业的高成长性对风险投资具有天然的吸引力。具体表现为以下三点：

一是生物医药产业对风险投资具有较强的依赖性。该产业的显著特点是高风险、高投入、周期长，新药品从研发到上市需要 5~10 年时间，期间面临较大的不确定性。在研发且未盈利阶段，生物医药企业需要大量资金投入，而这一点无法通过普通的商业资本得到满足。因此，在初创期，生物医药企业主要依靠风险投资与市场支持。

二是技术与市场需求的高成长性。一方面，生物医药领域的技术投入与突破，带来了产业的飞速发展及价值提升；另一方面，随着经济的发展、人们健康观念的改变以及人口老龄化进程的加快，与人类生活质量密切相关的生物医药产业市场需求快速增长。技术与需求特点拓宽了产业的发展空间，使之成为风险投资高度集中的领域。

三是国家政策驱动。就国内而言，国家政策高度重视生物医药产业的发展，将其作为重点领域予以政策、资金支持。"十二五"以来，生物医药进入政策受惠期，在方向引导和财政支持方面的举措更加明确，极大提高了生物医药产业的投资价值。"十三五"规划将生物医药列为重点发展的三大领域之一，生物医药产业未来发展令人期待。

综上所述，在需求、技术与国内政策等各方面因素的激励下，我国生物医药产业呈现出持续高速增长态势，成为一大风投热点。

（二）互联网医疗

互联网医疗的重大优势在于技术应用与模式创新，因其便利化服务及医疗资源的有效配置而受到极大关注。一方面，远程医疗系统的整合、远程监控与检查、大数据分析等技术突破，是互联网医疗的价值体现；另一方面，互联网医疗的发展为医疗健康产业带来了翻天覆地的变化，改变了原有的商业模式与医患互动方式，使之成为风险投资关注的重点。

互联网医疗未来发展趋势与成长空间令人瞩目。首先，产业规模成长空间巨大。《reMED2015中国互联网医疗发展报告》指出，2014年是全球互联网医疗爆发元年，在经历了平缓的起步期后规模呈爆发式增长，预计未来十年该领域仍会有十倍增长。其次，产业内不断涌现新亮点。医药电商与移动医疗等领域为互联网与医疗健康产业结合的典型代表，是未来产业的发展方向，将为传统医疗健康产业带来新的发展契机，市场前景值得期待。

（三）医疗服务

医疗服务产业关系民生，其发展的方向、速度和重点深受社会、经济与政策环境的牵引。其重要性主要体现在：（1）当前全球人口老龄化问题的加剧和居民健康意识的增强，极大拓宽了医疗服务市场，推动了服务水平的提高；（2）各国相继将医改提上议程，政策不断向医疗服务倾斜，对医疗服务水平关注度的提升，从政策层面凸显了医疗服务的重要性；（3）全球范围内医疗信息化浪潮的席卷，信息技术广泛应用于医疗服务领域，催生了医患交易平台建设，医疗大数据分析、在线问诊的服务创新，为医疗服务带来生机，使之成为医疗健康领域极具潜力的增长点。

从国内来看，私有化是医改的最大亮点，通过鼓励社会资本办医，提升民间资本在医疗领域的活跃度。医疗服务目前在医疗健康产业整体占比较低，但政策环境优于医药产业，加之互联网在医疗服务领域的渗透与应用，未来发展空间将进一步拓宽。预测我国医疗服务市场未来五年将保持15%以上的高速增长，该产业将继续成为风险投资和私募股权投资基金的关注热点。

二、趋势分析

（一）信息化趋势

随着互联网在医疗领域跨界融合的不断深入，IT企业布局医疗健康领域成为主流趋势，国内外各大IT巨头纷纷向医疗进军，成为该领域风险投资的一大主力。如表 12-1 所示，各大互联网企业对医疗行业的资金、研发投入不断加大，各大医疗平台、移动端相继上线。一方面医疗健康是 IT 行业未来发展的一大亮点；另一方面医疗信息化的渗透也在不断加强，二者相辅相成。无疑，IT 企业的进入是行业发展的必然趋势与一大亮点，未来两大热点跨界融合所带来的成长力值得期待。

表 12-1　　　　　　　　IT 巨头布局医疗健康领域

谷歌	2014 年医疗健康领域风投资金由 9% 升至 36% 2015 年 1750 万美元投资 Zephyr Health
IBM	2015 年建立沃森医疗云平台、收购 Explorys
腾讯	2014 年微信智慧医院上线、
阿里	2015 年阿里健康云平台、阿里健康云医院平台、阿里健康移动 APP

（二）并购浪潮持续

对比医疗健康产业的风险投资概况，可以发现在全球范围内，产业内均呈现出明显的并购趋势。出现该趋势的主要原因在于全球范围医疗产业内部结构的调整，企业呈现由小到大的整合趋势。

就中国而言，目前，医疗领域存在 80% 的小规模企业，数量大、行业集中度低，整体竞争力不高，但随着产业的发展、竞争的日益加剧，产业结构则会倾向于由分散向整合进行转变。伴随着产业整合，中国的并购趋势将更为明显。

（三）投资方向调整

目前，风险投资在攻克世界医学难题中起着重要作用，生物医药领域仍是未来较长一段时间的风投热点。与此同时，投资方向的多元化发展趋势也不容忽视。一是医疗消费需求的普遍增加、互联网技术的发展以及医疗控费问题的突出，带来了医疗健康管理和智慧医疗的兴起；二是服务模式创新极大地刺激了资本市场，将是未来几年的一大投资重点；三是欧美等发达国家的老龄化问题催生了养老创业浪潮，全球养老创业公司出现爆发性增长，将为中国等发展中国家医疗产业创业投资布局提供参考。

（四）亚太地区成为风投热点

从全球医疗健康产业风险投资的区域分布看，亚太地区将成为一大增长点，主要体现为两大方面。一是风险投资规模的迅速扩张。2014年，在全球医疗领域风险投资额排名前五的国家中，亚洲占了两席，中、印两国分别跃升至全球第二与第四位，重要性日益凸显。二是专利申报数量的增长。在2015年全球生物行业专利申报前十名的机构中，亚洲占据了四席。可见，亚太地区医疗健康产业在风险投资、创新研究和产业发展方面步伐较大，成长力十分强劲，将会是未来风险投资的一大热点地区。

三、突出问题

（一）移动医疗APP投资效益低

移动医疗APP投资效益低主要体现为用户体验度不高，形成了逐年增加的需求与低营收的矛盾。一方面，全球移动医疗APP的市场需求逐年增加，吸引了大量风险投资者；另一方面，市场上存在的大量APP用户体验度不高，通过商业炒作弥补的现象较为普遍，从而形成了资本的恶性竞争，致使投资效益低下。

2015年以来移动医疗领域的融资遇冷，更多投资方选择观望。毋庸置疑，移动医疗市场需求大，未来成长力十分强劲，但用户体验与用户需求的满足是当前的短板所在，投资价值升值将有赖于技术与服务创新。

（二）产业变革期的挑战

全球医疗健康产业在快速发展的同时，也面临着医疗系统效率低下、医疗控费问题突出、财政压力加大以及医改问题复杂等瓶颈，包括欧美等国的医改问题仍充满挑战性。首先，医疗健康产业面临转型期，医疗领域投资不确定性增强，对风险投资而言既是机遇，也是挑战。其次，医疗健康领域融资额逐年攀升，风险投资热情高涨，但无论在北美还是欧洲，有吸引力的大规模投资项目仍然稀缺。最后，医疗健康产业未来发展将转为"价值导向"，产业内部面临"大洗牌"，如何应对复杂的环境，调整投资布局，是该领域风险投资的一大重要问题。

第四节 产业公共政策及其绩效分析

一、公共政策

（一）政策特点

医疗健康产业关系到国计民生，其特殊性决定了产业的发展会受到更为严格的政策规范，主要体现为：一是医疗健康产业与人类生命安全密切相关，其中涉及的药品安全、医疗服务质量等问题，需要政府的严格监管；二是早期政策普遍将医疗健康产业限定在公有制基础之上，必然会受到更多政府政策的限制；三是风险投资大量涌入医疗健康产业，带来产业内部的巨大变革，需要政府做好相应的监管工作。

而在新时期的产业变革下，医疗健康产业对风险投资公共政策提出了新的要求。一方面，社会资本日益活跃，医疗领域过多的限制会阻碍风险资本的进入，进而限制了该领域风险投资的发展；另一方面，随着"互联网+"在医疗领域的渗透，新兴商业模式的发展急需政府出台相应的行业标准和法律文件，在提高投资绩效的同时保证产业的健康发展。

因此，我国在发展医疗健康产业风险投资时，放管结合将是政府公共政策的主要方向。一方面，要适当放松政策限制以鼓励风险资本进入该领域；另一方面，政府也要进行必要监督，明确行业标准，以规范风险投资在该领域的发展。

（二）政策环境

在医疗健康领域，公共政策对风险投资的影响主要体现在政策重点的变化，风险投资热点将紧跟政策风向。

1. 新医改

2009年国务院出台了《关于深化医药卫生体制改革的意见》，成为了新医改的开端。新医改对医疗健康产业的意义主要在于优化产业发展政策环境，放宽过多的政府管制，提高该领域社会资本的活跃度。2009年以来，医改的政策效果主要有以下几点：

第一,公立医改与社会办医等医改基础性工作的推进,激活了社会资本。2010年政府出台正式文件鼓励民间资本进入医疗事业领域,从而民间资本的能量得到极大释放,为风险投资的进入奠定基础。

第二,医药政策改革为风险资本创造了新的投资亮点。2012年新阶段下的医改实施方案,以破除"以药补医"机制为关键环节,逐步取消药品加成政策,为风险投资在医药电商领域的发展破除体制障碍。

第三,分级诊疗的推进与医师多点执业的放开是互联网医疗投资热的催化剂。两大政策的相继落地,使得以远程医疗为代表的互联网医疗模式得以迅速发展,以其巨大的价值增值潜力吸引了风险投资的关注。

2. "健康中国"战略

"健康中国"是政府在医疗领域的重大战略,其重要性与关注度日益提升。如表12-2所示,自2012年以来,"健康中国"战略地位不断提升,一系列战略与规划强调推动健康科技创新、建设健康信息化服务体系等。新形势下政策鼓励产业的模式创新与跨界融合,拓宽了产业的发展与价值增值空间,对风险投资极具吸引力。在此背景下,预计"十三五"将是产业市场规模迅速扩张的黄金时期,有望引领新一轮经济发展浪潮。

表12-2　　　　　　　　　"健康中国"战略推进时间表

年份	主要事件
2012	发布《"健康中国2020"战略研究报告》
2015	"健康中国"上升为国家战略
2016	"十三五"规划纲要制定了"健康中国"的目标与路线图

3. 地方政府产业政策

在国家总体战略布局下,政府各部门先后出台具体政策推动产业的发展,逐步放开社会资本进入医疗领域,优化融资环境(见附录)。地方主要优惠措施包括税收和补贴优惠,设立健康产业投资基金,为产业提供支持引导等,旨在鼓励多元社会资本发展医疗产业。

二、绩效分析

新医改政策对资本的影响主要体现为两大方面:一是放开了社会资本进入

医疗健康产业的壁垒，拓宽了融资渠道；二是通过加大重点领域的税收优惠、补贴等扶持，进而引导投资走向。因此，下文将主要从投资规模与投资布局两方面对该领域公共政策绩效进行分析。

就投资规模而言，如图 12-22 所示，新医改的出台引发了医疗领域的投资热。首先，2009~2011 年是新医改的第一阶段，随着社会办医等政策的放宽，风险投资额急剧上升，两年间增长了 506.51%，投资活跃度明显提高。其次，"十二五"期间新医改进入第二阶段，政策方向有所调整，医药政策、分级诊疗等改革不断深入。2012 年，全球经济不确定性以及严峻的退出环境导致风险投资减少了 20%，但在 2012 年以后，投资规模呈现为下跌后的稳定回升趋势。最后，自 2014 年以来，良好的政策环境促使医疗领域的模式创新成为可能，风险投资增长势头强劲。可见，宽松的政策环境及优厚的政策红利释放了产业内资本活力，对风险投资极具吸引力。

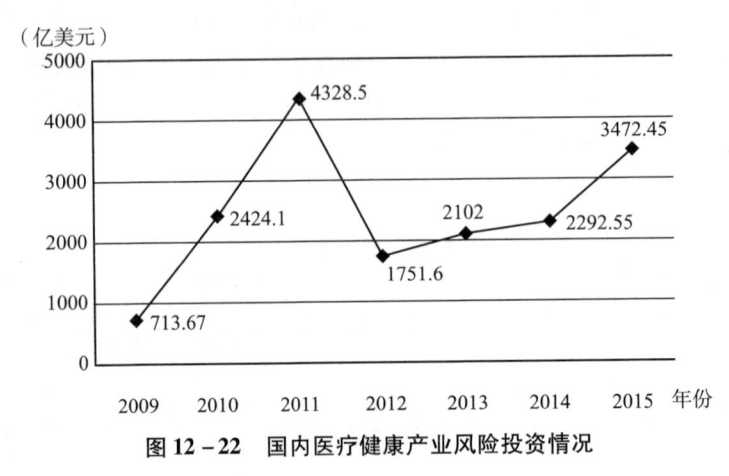

图 12-22　国内医疗健康产业风险投资情况

数据来源：CVSource。

就投资领域分布而言，新医改深刻影响着行业的资本布局，在医药与医疗服务领域表现突出。

首先，新医改在医药领域的举措主要包括药品价格改革、破除以药养医以及放开网售处方药等，旨在解除行业发展中的限制性因素，以促进社会资本的参与。自新医改后，医药领域资本活力得到极大提升。2012 年医药行业格局出现巨大变化，融资规模占比高达 68.8%，而医改之后融资规模的平均水平也达 54.16%，产业资本活力被进一步释放。

其次，公立医改、社会资本办医的推进，使得社会办医疗机构的比例大幅提升，医疗服务投资潜力显现。分级诊疗和医生多点执业政策解除了民营医院发展的两大限制，吸引了众多投资家的目光。2009~2012年医疗服务领域风险投资逐渐升温，在中国医疗服务领域累计共有24家企业获得VC/PE融资，融资金额超过14.81亿元；2012年投资案例18起，行业投资占比由2011年的10.1%跃升至24.5%，成为了2007年以来投资活跃度最高的年份。随着新医改的推进，预计未来医疗服务领域投资价值将保持持续增长趋势，医疗服务领域依旧是风投热点所在。

三、国际比较及突出问题

（一）国际比较

1. 美国政策环境

美国医疗健康产业起步较早，发展至今已较为成熟，在该领域形成了相对齐全的政策体系，吸引大量风险资本的进入，是医疗领域风险投资额占比最高的国家，值得中国借鉴。但由于中美两国医疗产业发展存在一定的差异性，首先有必要对产业发展环境进行对比分析。

由表12-3的分析可得，一方面，两国医疗健康产业发展具有一定的相似性，主要体现在产业发展的社会背景上。两国产业发展均面临着不同程度的人口老龄化、医疗需求增加等社会问题，迫切需要加快推进分级诊疗和远程医疗。另一方面，两国在发展程度与推动力量上存在差异。美国是一个高度市场化的国家，其医疗健康产业发展较为成熟，市场化和商业化程度较高，风险投资主要由市场力量主导。而中国由于市场化程度不高，政府主导型较强，因此政策的作用相对较强。

表12-3　　　　　　　中美医疗健康产业发展政策环境对比

	美国	中国
发展环境	人口老龄化、家庭规模趋小，慢性病人口增加	
推动力量	市场和商业保险体系	政策推动
医保机制	基础为私营商业机构	政府主导，商业医保补充
分级诊疗	合理的正三七模式	体系异常，倒三七模式
医疗信息化	趋近第三阶段	处于第二阶段初期
远程医疗	实现对病人的个性化服务	仅在医疗机构之间实现

两国环境的异同决定了美国的产业政策是中国完善现有法规体系的良好借鉴，也对中国调整在该领域政策方向及效果予以启示。美国基于本国产业发展水平与环境，在医疗健康领域的政策引导方式主要包括三种，如表12-4所示。首先，政府对于重点领域提出中长期发展规划，明确发展目标和实现路径，以稳固风险投资者的信心。其次，美国注重通过立法，为产业发展过程中可能遇到的新问题提供法律依据，加强监管，维护市场秩序，以提高投资绩效。最后，通过税收、融资等优惠、支持政策，促进产业投资。美国的产业优惠政策形式与中国类似，但政府资金的重要性存在差异。美国优惠政策的目的在于激活民间资本，无论采取直接或间接投资，政府资金只起补充作用。而中国也致力于扩大社会资本的参与，但就目前而言，政府在医疗领域的主导性仍较强。

表12-4　　　　　　　　美国医疗健康产业引导方式

发展规划	医疗保健计划、《21世纪发展规划》、《生命科学产业发展规划》、第三个"健康人民2010"规划
优惠政策	科研项目的直接经费支持 设立"经济开发鼓励项目"，给予税收减免 设立技术基金、烟草基金、风险投资基金、种子基金等
法律依据	《健康维护法案》、《反垄断法》、《联邦食品、药品和化妆品法案》、资格认证（CON）

2. 日本政策环境

日本是一个高度重视健康产业发展的国家，早在1979年，就开始号召全民健康运动，出台一系列行动计划与扶持政策，产业发展迅猛。2013年，安倍晋三强调未来日本经济增长的重心仍在于医疗健康产业，医疗产业在日本的重要战略地位将保持长久不变。

总结日本引导产业投资的政策特点及其对风险投资的影响，主要为以下两点。

首先，注重细分领域的专业化发展，通过政策引导资本流向。不同于其他国家，日本采取的并非全方位发展战略，而是根据自身优势，集中资源，发展医药产业。在政府大力支持下，目前日本已发展成为全球第二大天然健康产品市场，医药产业出现大量的技术创新，吸引了众多风险入驻。

其次，日本十分注重相关法律制度的完善，以提高风险投资的积极性。二战之后，日本政府开始制定并完善医疗领域法律体系。2002年，日本对《医药法》进行了修改，推动了以生物医药为代表的医药企业的发展，同时也极大提高了企业对医药领域研究开发的重视程度以及投资强度。此外，日本政府通过放宽新药开发和审批等方面的行政管制，激发企业在医疗领域的投资和研发积极性。

3. 以色列政策环境

以色列生命科学领域以其高技术创造性领先全球。目前境内医疗产业特点为：一是技术优势明显，创新活力强。以色列拥有高水平的医疗资源与大量原始技术开发，人均生物技术专利量居世界第四，创新精神贯穿整个医疗领域，其中数字医疗、可穿戴智能设备、生物医药等技术领域较为发达；二是风险投资活跃。"首席科学家办公室"（简称OCS）引导的创业投资有23%的资金投入生命科学领域，带动了社会资本在该领域的活跃度。

以色列医疗产业特点与政府的政策引导密不可分，主要体现为：

首先，政府高度重视本土风险投资市场的建立。以色列政府于1993年启动YOZMA计划，通过设立政府引导基金开起境内的风险投资活动，同时吸引国内外投资者共同参与，为高新技术产业创造高度活跃的风险投资市场。

其次，政府成立专门的部门，以促进高技术企业的研发力度。以色列政府高度重视国内的技术创新，于1973年成立OCS，确立以高技术产业为核心的产业结构调整方向，推动生命科学产业的私有化发展。

最后，政府强调技术的产业成果转化。以色列国内成立了16个技术转让组织，均致力于推动技术向全球市场的推广运用。此外，以色列各大学、医院均拥有孵化器，孕育了众多医疗科技产品与科技创业公司。

（二）借鉴与总结

对比、总结以上典型国家的医疗政策，主要有以下几点可供我国借鉴：

首先，在医疗健康领域，完善的法律规范是基础。无论对于高技术领域，还是新兴商业模式而言，法规、政策的明晰将极大鼓励处于观望状态的风险投资者进入。而当前我国医疗健康领域的法律仍不健全，尤其是互联网医疗的兴起，使得法律问题日益复杂，迫切需要相关文件的出台以稳固投资者信心。

其次，政策扶持重点需要因地制宜，根据本国的具体情况制定发展战略，引导资本走向。美国医疗健康产业基础雄厚，实行全方面发展战略，而日本则集中资源，走专业化发展路线。对于中国而言，需要找到适合自己的发展方式，通过政策引导，避免风险投资的盲目跟风。

再次，需要明确政策目的，调整政府资金所扮演的角色，以激活资本市场。近年来，调节与市场的关系一直是政府工作的一大重点，在医疗领域这一点也尤为重要。

最后，政府在打造产业创新与投资氛围中扮演者重要的角色，其政策支持将对资本的流向、活跃度，乃至产业的发展带来深远的影响。

第五节 重点发展领域投资分析（一）——生物医药

一、发展现状

（一）产业界定及其发展概况

1. 产业界定

生物医药是当代生物技术与制药产业的结合，包括生化药物、生物技术药物与生物制品。广义上的生物医药产业指运用重组 DNA 技术、细胞培养技术、生物反应器、蛋白质工程、克隆技术、干细胞技术和生物信息学等技术生产的，用于预防、诊断和治疗的药品或试剂、医疗诊断手段、医疗器械及相关产品所形成的产业。狭义上则侧重于指向利用高精尖技术的生物基因工程药物。

2. 产业规模

图 12 - 23 为中国与全球生物医药产业规模趋势对比图，主要就全球与国内、国际对比两大维度进行分析。一是就全球而言，生物医药产业发展始终保持着持续、稳定的增长态势，市场规模不断扩张，年增长率稳定保持在 13% ~ 14% 的水平，成为发展最快的高新技术产业之一。二是就国内而言，中国生物医药产业相比于全球，成长力更为强劲，年平均增长率达 25.51%，远高于国际水平。当前国内生物医药竞争力虽不如欧美国家，但国家对产业的高度重视与政策上的大力支持，使其增长势头迅猛，对风险投资极具吸引力。

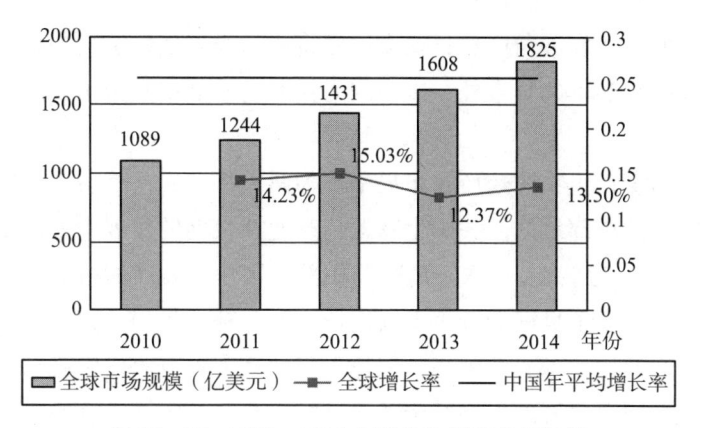

图 12-23　2010~2014 全球生物制药市场规模

数据来源：智研数据中心整理。

3. 空间布局

生物医药产业空间布局无论在全球范围还是国内，均呈现高度集聚特征。

从全球来看，产业主要在美国、欧洲地区、日本和中国等地集中分布，且目前形成了以美国、欧洲地区、日本为主，新兴发展中国家高速成长的态势。

一方面，欧美地区生物制药产业具有绝对优势。如图 12-24 所示，在全球生物制药市场中，美国占将近一半的份额，是全球最重要的生物医药产业集聚区，且集中趋势仍在加强。此外，德、英、法等欧洲国家在生物医药研发与生产方面实力雄厚，成为生物医药的另一大集聚区。

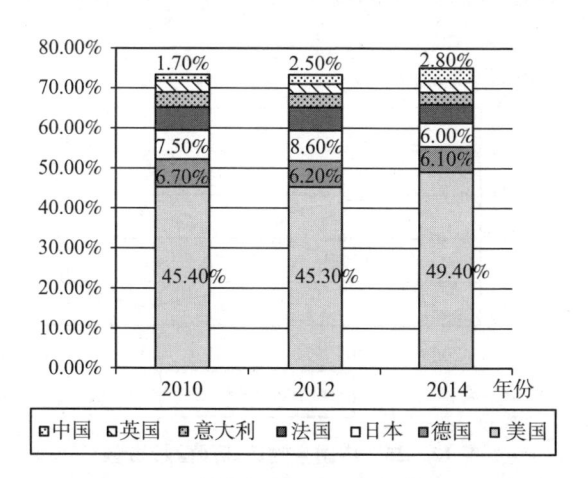

图 12-24　全球主要国家生物制药市场份额

数据来源：IMS Health 生物制药市场数据。

另一方面，从发展角度看，亚太地区将成为未来生物医药的新集聚区。除作为亚太地区领头羊的日本外，以中国为代表的发展中国家生物医药产业成长迅速。

就国内而言，生物医药产业布局呈现为两大特点：一是主要集中于经济发达、人才密集的东部地区。我国生物医药产业在长期的发展中形成了以"长三角"、"环渤海"为核心，"珠三角"与中部地区快速发展的格局。二是在发展过程中各省市形成了良好的分工布局，地区间互补性较强。首先，北京、上海是生物医药产业的技术研发中心，依托于当地众多科技研发中心与丰富的人才资源，承担着国内主要的生物医药技术研发工作。其中，北京的优势在于丰富的研发人才资源与机构，而上海的特点在于汇聚了众多跨国生物医药企业与国际金融机构，在产业市场化和融资环境等方面优于北京。其次，生物医药制造环节主要集聚于江苏。江苏生物医药企业实力较强，形成了以泰州为中心各地区差异化发展的产业格局。江苏省政府根据地方优势，致力于提升生物医药制造的产业化发展。在政府的引导下，预计在"十三五"期间，江苏将成为中国重要的生物医药制造基地。

（二）产业风险投资发展情况

生物医药产业风险投资发展情况主要从投资规模、区域分布与退出方式三方面加以分析。

（1）投资规模巨大，在医疗健康领域地位举足轻重。如图 12-25 所示，

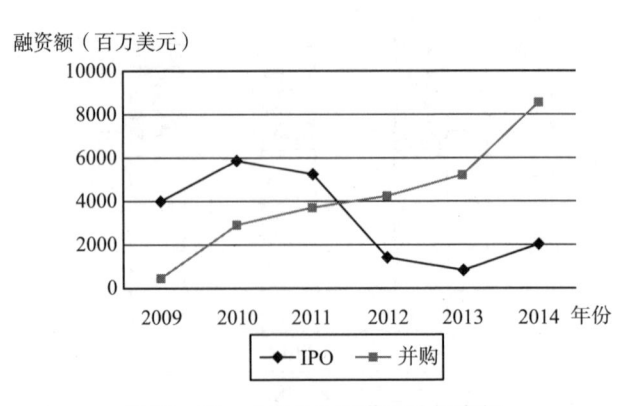

图 12-25 中国生物医药风险投资额

数据来源：ChinaBio。

统计指标：包含生命科学领域制药、医疗器械及诊断。

该领域风险投资额除2011年受资本市场影响跌幅较大外，其余各年度均保持高位，2014年突破10亿美元，增幅达43.5%，风险投资热情高涨。

（2）国内生物技术领域创业投资倾向于在科研机构密集、经济高度发达、政策环境良好的地区集聚。2005年以来，国家先后分四批设立了生物产业基地，使之成为国内生物医药产业空间集聚分布的雏形，也引导生物领域资金和人才向地区集中。图12-26是2010~2014年生物技术领域创业投资额均值排名前六的地区。从空间分布可以看出，生物技术创业投资主要集中在东部发达地区，呈现为以北京为核心的京津冀，以上海为核心的长三角地区，以及以广东为核心的珠三角地区集聚发展。

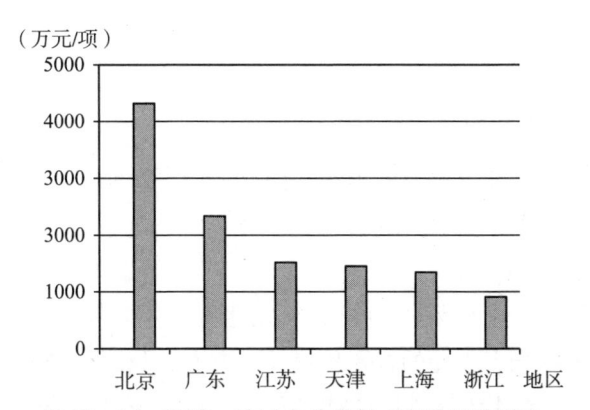

图12-26　2010~2014年生物技术创业投资强度

数据来源：《中国创业风险投资发展报告》。

（3）就退出方式而言，生物医药领域IPO趋势放缓，并购成为主流趋势。一方面，2012年以来，受证监会暂缓IPO的影响，IPO融资额一度下滑，至2014年有所回升，但总体规模仍处于低位。另一方面，并购成为了生物医药领域的大趋势，规模实现了逐年增长，远高于IPO水平。如图12-27所示，2014年并购额达8.6亿美元，较2013年增长了66%。此外，随中国生物医药产业在全球重要性的提升，近年来跨国并购案例不断增多，国外生物领域企业纷纷布局中国，外资进入更为频繁。

图 12 – 27　中国生物医药风险投资退出方式

数据来源：ChinaBio。

（三）发展存在的突出问题

我国生物医药产业发展速度极快，但目前仍存在众多问题，需要政策的规范与支持，为风险资本营造良好的投资环境。

1. 研发能力不足

我国生物医药产业研发能力与居领先地位的国家相比，仍然具有较大差距，一定程度上影响了产业的投资价值。一方面，我国科研水平相对落后，自主研发能力不足。虽然生物制药销售额已经突破千亿元，但大多依靠国外进口，缺乏自主产品。另一方面，在生物医药领域，美、日等发达国家持有大部分核心专利，居于绝对的垄断地位，我国的创新发展之路依然面临众多挑战。在此背景下，加强政策支持，引导人才、技术与资源的流入，为产业创造增值空间，是促进该领域风险投资发展的重要途径。

2. 缺乏配套的规范政策

当前政府虽高度重视生物医药产业的发展，国家与地方层面的产业支持政策陆续出台，但总体而言，配套的规范政策仍较为缺乏。例如，全球已经颁布生物类似药开发评价相应法律法规的国家在 30 个左右，而我国的相关指导原则还在推进当中。行业规范与法律指导仍是当前的一大短板，现有政策难以为产业的有序与稳定发展提供保障，投资环境有待完善。

二、公共政策及其绩效

(一) 国家宏观政策

国家在生物医疗领域的政策内容主要包含两点。

(1) 明确生物医药产业的战略地位,制定产业中长期发展规划,以助于风投家针对未来产业发展作出价值判断。自2006年国家将生物技术列入科技工作重点以来,生物医药产业在我国的重要性不断提升。"十一五"期间国家出台政策着力推动生物产业规模化发展,"十二五"更是明确将生物医药列为重点发展的战略性新兴产业,推动产业集聚化发展。如表12-5所示,政府相继出台的一系列发展规划与政策,确立了生物医药产业在我国的战略地位,产业进入政策受惠期,以其高技术与高成长性成为了风险投资关注的重点。

表12-5　　　　　　　　生物医药产业国家政策

年份	文件	主要内容	
2006	《国家中长期科学和技术发展规划纲要》	将加强生物技术应用等作为战略重点	财政支持: (1) 技术研发与产业化财政投入; (2) 优先采购生物创新产品; (3) 专项资金支持引进技术的消化吸收和再创新。 税收优惠: (1) 适用高新技术产业税收优惠政策; (2) 设备增值税抵扣,降低原材料税率; (3) 企业研发投入税前扣除; (4) 企业所得税减免。 拓宽融资渠道: (1) 设立创业投资引导基金、发展专项资金等,营造宽松的融资环境; (2) 利用贴息、小额贷款等方式,支持为生物企业提供贷款担保; (3) 支持生物企业通过上市、发行债券、并购等方式,利用资本市场融资
2007	《生物产业发展"十一五"规划》	政策法规体系初步形成,引导生物产业化发展	
2009	《促进生物产业加快发展的若干政策》	明确产业发展方向,是各省市制定生物医药产业政策的重要依据	
2010	《政府工作报告》	明确生物医药作为今后大力发展的战略性新兴产业	
2012	《生物产业发展规划》	完善准入政策,完善审批制度,促进创新创业,提高产业化水平、促进集聚发展	
2012	《医药工业"十二五"发展规划》	明确七个重点领域,提出加强产业政策引导,完善价格招标医保政策等	
2016	《国务院办公厅关于促进医药产业健康发展的指导意见》	强调优化产业结构与市场环境,支持创新型医药生产企业的并购、重组	

(2) 为产业发展提供优惠支持。国家主要通过财政支持、税收优惠、政

策性融资支持、设立创业投资引导基金以及战略新兴产业发展专项资金等方式，给予相关企业优惠扶持，增加生物产业发展的资金投入渠道，引导风险投资进入。相关政策的出台丰富了该领域创新活动的融资渠道，极大提高了创新活力与产业的风险投资价值。

（二）地方政策对比

为响应国家政策，各省市相继出台了生物医药产业领域的相关政策，着手确立行动计划，明确产业的发展方向，为产业的发展提供政策支持。

如表12-6所示，对比各地出台的产业政策可得，在推动生物医药产业发展的总体目标下，各省市的做法具有共通之处，但其侧重有所不同。各地普遍做法包括：设立生物产业专项引导基金、提供融资税收优惠、政府首购以及研发采购的关税减免等，旨在鼓励风险投资的进入，优化产业发展环境。

表12-6 地方生物医药推进政策

地区	年份	政策	主要内容
北京	2009	《北京市调整振兴生物和医药产业实施方案》	（1）支持创投引导基金与创业投资机构合作扶持初创期的生物企业。 （2）支持各大生物领域创新联盟以联合体的形式开展关键共性技术研发。 （3）中关村国家自主创新示范区创新创业税收政策覆盖生物创新企业。 （4）采取补助、贴息、资本金注入、投资跟进等多种形式，对企业创新活动给予资金支持
	2010	北京市生物医药产业跨越发展工程	
	2010	《推动北京生物医药产业跨越发展的金融激励试点方案及工作管理办法》	
上海	2009	《上海市生物医药产业发展行动计划（2009~2012）》	（1）对两类生物医药企业减按15%的税率征收企业所得税，免征生物医药企业相关服务业务营业税。 （2）对符合条件的科技型创业企业的年度直接研发经费给予30%补贴。 （3）对在上海设立地区总部的跨国生物医药企业给予资助与奖励。 （4）设立市级生物医药创业投资基金
	2014	《上海市生物医药产业发展行动计划（2014~2017）》	
	2014	《关于促进上海生物医药产业发展的若干政策规定》	
天津	2007	《关于共同建设国家生物医药国际创新园的意见》	（1）安排生物医药研发转化专项计划，以支持新药研发与转化。 （2）区内引进的生物医药企业，对其租用的厂房，三年内给予最高100万元租金补贴。 （3）"滨海创业风险投资引导基金"优先支持区内生物医药产业发展，对区内的生物医药风险投资项目，提供跟进投资
	2008	《京津冀生物医药产业化示范区优惠政策》	
	2015	天津市生物医药产业发展三年行动计划	

续表

地区	年份	政策	主要内容
江苏	2010	《江苏省生物技术和新医药产业发展规划纲要》	(1) 大力发展科技金融，鼓励风险投资为生物技术和新医药产业创造良好的投资环境。 (2) 省成果转化资金设立生物医药专项，重点扶持生物医药创新成果转化和产业化项目。 (3) 高新技术企业所得税减按15%优惠政策、企业技术开发费加计扣除等创新扶持政策
	2010	《关于加快推进江苏省生物技术和新医药产业发展的意见》	
山东	2010	《山东省关于促进新医药产业加快发展的若干政策》	(1) 规定金融机构对新医药产业实行优惠贷款利率政策，原则上不得上浮。 (2) 对列入省新医药产业化和优势产品提升计划的重点项目，实行土地优惠政策。 (3) 医药企业高技术创新研发费用按规定予以抵扣、摊销，与技术相关业务免征营业税。 (4) 根据生物企业融资需求，分类引导风险、私募投资基金优先投向高科技生物产业
	2009	《山东省关于促进生物产业加快发展的指导意见》	

政策共同点：
(1) 设立"生物产业专项引导资金"，新医药发展专项资金、省级战略性新兴产业发展专项资金，支持生物产业发展。
(2) 对纳入《政府首购自主创新产品目录》中的生物产品实施首购，优先列入基本医险范围。
(3) 鼓励、引导金融机构对生物医药产业的融资优惠，推动创业投资机构投向生物医药科技企业。
(4) 生物医药企业从事研发活动进口的设备等，按国家有关规定免征关税和进口环节增值税

在此基础之上，各地区根据自身条件与定位侧重点有所不同。

首先，北京与上海作为生物医药领域的创新区，其政策着眼于优化创新环境、提升融资水平。北京作为首都，其发展目标是成为亚太地区的生物医药创新中心，亮点在于充分利用"中关村国家自主创新示范区建设"的政策优势，鼓励多种资本形式推动产业发展，推动企业创新活动。较北京而言，上海在优化生物医药产业创新和发展环境方面，更注重发展总部经济，政策鼓励跨国生物医药企业在上海设立总部，为产业的发展吸收更多有利资源。

其次，天津生物医药政策强调打造高水平的医药创新聚集区，提高区内的生物医药研发能力与产业转化能力。天津2006年在滨海新区建设了生物医药研发转化基地公共技术服务平台，旨在集聚国内外高水平研发团队和创新项目，同时通过"滨海创业风险投资引导基金"支持企业的创新活动，强化研发成果的转化。

最后，江苏和山东是国内两大生物医药制造大省，生物医药产业化特征明显，政策重心主要在于完善产业体系。江苏省依托国内唯一一个国家级医药高新技术产业园区的政策优势，营造良好的创业与产业环境，以吸引资本进入；

山东省政策强调推进医疗领域商业企业重组、建立医药商业采购联盟以及加强企业质量管理等,旨在打造具有竞争力的医药企业。

(三) 公共政策的绩效分析

基于前文的分析,本节主要从融资规模提升与创新成果增加两方面阐述医药领域的公共政策效果。

就融资规模而言,国内生物医药领域的产业发展规划与促进政策,引发了该领域的投资热潮。"十一五"期间,政府出台的《生物产业发展"十一五"规划》,使生物医药在国内的政策地位极速上升。政策的关注加之产业自身的高技术与高成长性特征,使生物医药产业成为一大风投热点。2010年,生物医药领域风险投资增长率226%,直至2014年,投资规模达2009年的4.39倍(参见(二)产业风险投资发展情况),政策的推动效果显著。

就创新水平而言,"十一五"、"十二五"期间生物医药相关战略规划的出台以及风险投资规模的显著提高,带来了生物医药领域大批创新成果的涌现。如图12-28所示,2000~2005年的五年间,生物医药产业研发投入与有效专利数基本保持不变。直至2009年,该领域R&D投入与专利数量显著增长,研发创新活动资金支持更为充足,研发成果丰富,政策效果逐步凸显。

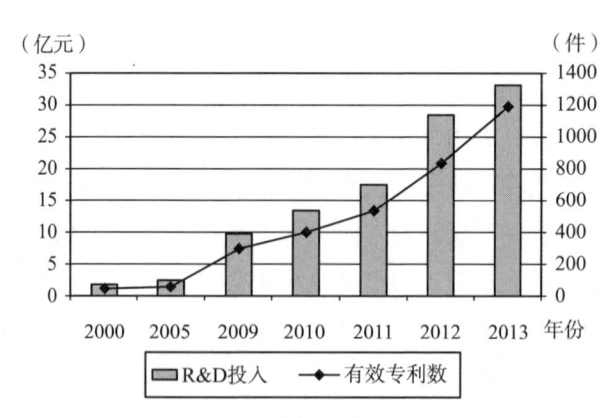

图12-28　生物医药领域创新研发水平

数据来源:《中国高技术产业统计年鉴》。

三、案例分析

中国生物医药产业正处于快速发展时期,其研发水平与产业化能力不断提高。在政策、需求及高额回报的吸引下，众多国际、国内医药领域风险投资机构正加速亚太地区的布局，成为生物医药行业发展的主要推动力量。

（一）礼来亚洲风险投资基金进军中国

礼来风险投资基金（下称"礼来"）进军中国医药市场，是国内医药产业发展环境优化、投资价值提升的重要体现。礼来于2008年在上海设立，专注于亚洲尤其是中国市场，着力培育中国最具潜力的生命科学领域企业。其母公司美国礼来公司是一家拥有135年历史，注重创新的世界500强企业，同时也是第一家专注于中国生物医药领域风险投资的全球医药企业。

礼来自创立之初就具有明确的投资目标，即致力于寻找与扶植具有潜力的合作伙伴，要求投资对象必须具备成为特定领域领军者的潜力。礼来投资范围主要包括医药、医疗器械、诊断与医疗服务等，当前主要投资了百奥维达、浙江贝达药业、中信医药以及三生制药等国内知名医药公司，投资阶段包括初创期、成长期及上市前期。

礼来投资于中国，一方面是看好中国庞大的医药市场，另一方面是基于国内的政策利好与广阔的发展空间。礼来表示将充分利用国内的资源、政策与成长空间，拓展其全球研发实力。

毫无疑问，政府对生物医药产业的高度重视、对研发人才的培育以及对研发活动的政策支持，是吸引国内外风险投资的重要因素。

（二）三生制药企业风险投资

三生制药是中国生物制药领域的领先者，其成立于1993年，是中国首家在纳斯达克上市的生物制药企业。近五年来三生业绩不断攀升，2015年纯利润达5.26亿元，相较2011年翻了五倍，在中国医药领域的市场地位举足轻重。

与西方众多制药企业的发展路径相似，国内大型药企发展的总趋势是通过设立风险投资基金，投资于符合企业战略方向的项目，进而拓宽其产品线。三生制药通过与中国医药城合作，共同设立了一支价值2.5亿元人民币的风险投资基金，以助于进一步拓宽市场，保证充足的研发资金。

三生制药与医药城的合作有两大基础：其一，从三生的角度出发，之所以选择与医药城合作，主要基于其政策优势的考虑。医药城作为中国唯一的国家级生命科学园区，其特殊的战略地位将有助于三生制药获取政府支持，为国内投资提供条件。其二,从医药城的角度出发,同三生的合作将为区内企业引入更多风险投资资金,有利于区内企业的发展与壮大。

由此可见,一方面,政府公共政策的引导,对企业的战略伙伴选择及风险投资资金的组合具有重要影响;另一方面,医药城的政策优势也为区内企业带来了更多的资金支持,有利于创业企业的发展。

第六节 产业重点发展领域投资分析(二)
——互联网医疗

一、发展现状

(一)产业界定及其发展概况

1. 产业界定

互联网医疗是指互联网与医疗行业的结合,包括以互联网为载体和技术手段的健康教育、医疗信息查询、电子健康档案、疾病风险评估、在线疾病咨询、电子处方、远程会诊及远程治疗和康复等多样化的医疗服务。其主要实现方式包括医疗网络信息平台的建设、各类移动 APP 应用的推出、可穿戴医疗设备的大数据信息采集等。互联网医疗能做到健康状况的实时监测、医疗资源的有效配置和医疗信息的高效利用等,代表了医疗行业新的发展方向。

2. 发展概况

互联网医疗发展的主要特点在于成长力强和发展速度快,从诞生之初就受到极大关注。2014 年是互联网医疗元年,如图 12-29 所示,2014 年移动医疗市场实现了规模的迅速扩张,增长率高达 33.5%,进入爆发增长期。可以推测,随着移动互联网技术的成熟、移动互联网用户的普及、新医改政策支持和推进以及国民健康观念的转变,互联网医疗在未来几年将进入高速发展时期。

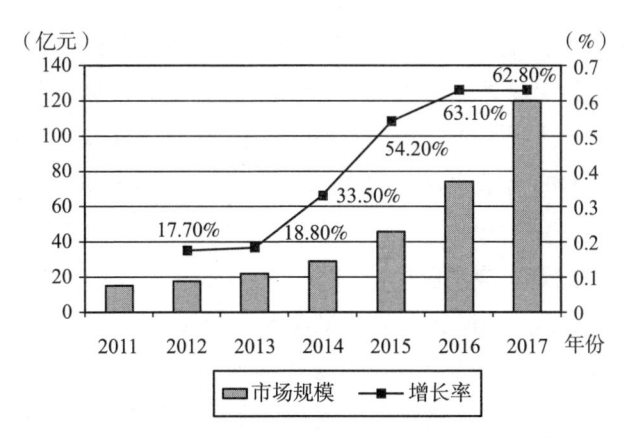

图 12-29　2011~2017 年中国移动医疗市场规模及预测

数据来源：iiMedia Research。

目前，我国互联网医疗产业吸引了互联网医疗服务商、医疗设备制造商、IT 巨头、移动运营商、保险公司、风险投资机构等众多参与者，形成了以可穿戴医疗设备、医药电商和远程医疗为主的产业格局。

(1) 可穿戴设备。可穿戴设备随物联网技术的发展而出现，最早运用于医疗领域，因消费者对健康的追求而成为市场的宠儿，以移动医疗为主的路径发展最为强劲。该领域的应用主要包括实现动态监测，提供医疗诊断数据，提升医生医疗水平、改进医疗技术等。

目前，可穿戴设备仍处于起步阶段，但技术突破、产品更迭以及行业巨头的加入，带来了产业的飞速发展。2014 年该领域投资案例数与披露交易额分别达 2013 年的 2.8 倍与 50 倍，成为该领域风险投资的分水岭。可穿戴设备在医疗领域的突出表现，将为该行业带来翻天覆地的变化，未来医疗智能化、医疗大数据平台技术都将极大拓宽个性化医疗的发展空间。

(2) 远程医疗。远程医疗是一种以技术为依托，旨在充分发挥大医院医疗技术、资源优势，实现远距离诊断、治疗和咨询的医疗形式。作为一种全新的医疗服务模式，远程医疗的发展契机主要体现为：一是在互联网、遥感等技术支持下，该模式有助于优化配置医疗资源，缓解我国医患关系、医疗资源分配不均等问题；二是配合医改政策的深化，该模式将成为分级诊疗工作的突破口。

(3) 医药电商。医药电商是医药领域的模式创新，覆盖范围在不断扩大。从国际角度，欧美等发达国家医药电商的发展较为成熟，欧洲药剂师协会下属药店 90% 以上开展网上药品预订服务，美国的网上药店也达 1000 多家。就国内而言，网络药品交易才刚放开，但给了企业更大的发展空间。2015 年该领域总交易规模已经达到 100 亿元，多家医药电商的年销售规模突破亿元，业务的高速增长对资本的需求也随之增加，医药电商企业未来的融资规模将大幅提升。

2. 产业风险投资发展情况

国内外互联网医疗风险投资规模呈爆发性增长态势，发展势头迅猛。主要体现为两大特点：第一大特点表现为融资额增速快。如图 12-30 所示，2014 年是互联网医疗爆发元年，该年度国内与全球范围均实现了融资规模的成倍扩张。2016 年第一季度全球风险投资额更是以破纪录的 18 亿美元融资额开局，约为 2010 年的 9 倍。第二大特点表现为融资规模水平居高位。2015 年国内外互联网医疗风险投资额有所回落，但整体交易规模仍居高位，且单笔交易规模大，2016 年第一季度的交易中有 4 笔超过 1 亿美元大关。投资额的迅速上升与大规模交易的出现，表明全球互联网医疗市场逐渐由稚嫩走向成熟，未来发展势头依然强劲。

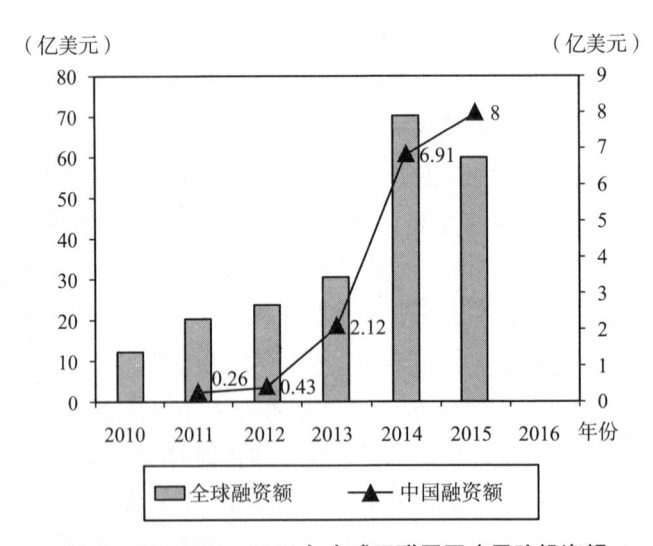

图 12-30　2010~2016 年全球互联网医疗风险投资额

数据来源：Startup Health。

国内互联网医疗空间分布情况如图 12-31 所示，主要呈现为以北京为核心，各地区竞相发展的格局。首先，北京、上海、广东仍然是风险投资的热门地区，互联网医疗投资较为活跃。北京风险投资实力雄厚，占据了总统计区域将近1/2份额，远高于居第二位的上海。其次，四川省的发展尤为突出。作为中西部地区，四川省在该领域的投资数量已超越东南部地区的广东，位居全国第三。四川省之所以受到创业投资的关注，与省政府的高度重视及其良好的政策环境密不可分。一方面，在省市政府的支持下，四川省举办了国内首个以政府举办、规模最大、规格最高的"互联网+医疗"创新创业大会，为该领域投资、创业搭建平台。另一方面，四川省政府积极开展政企合作，卫生和计划生育委员会与腾讯公司达成战略合作关系，推动四川互联网+医疗健康产业链平台的搭建。

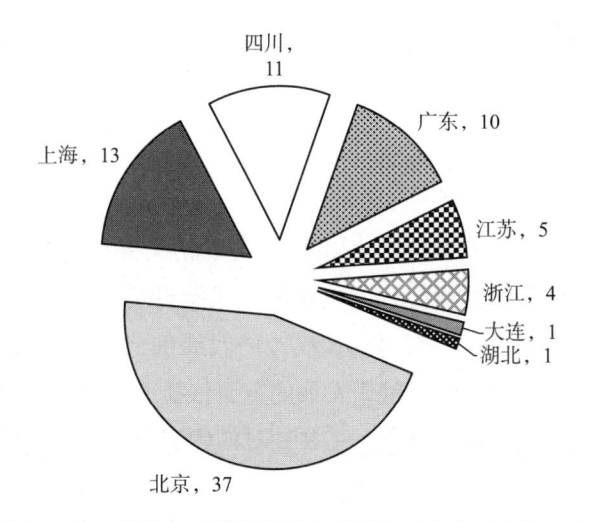

图12-31　2015年互联网医疗投融资区域分布（单位：个）

数据来源：《2015互联网医疗投融资简报》。

3. 发展存在的突出问题

近年来互联网医疗发展迅速，但互联网医疗行业的特殊性及模式创新的不确定性，决定了该领域未来的发展，需要解决众多问题与突破体制机制障碍。

（1）相关法律的滞后问题。主要体现为法律规范的缺失，以及现有法规的限制。一方面，互联网医疗不同于传统医疗服务，其发展过程涉及资格准入、技术标准、法律责任归属、电子病历的法律效力、患者隐私安全等新问题，单靠传统的医疗管理制度难以将其解决。另一方面，医药电商模式在医药分开、物流配送、网售处方药等方面的法规限制，以及医生多点执业的政策放开与落实，是互联网医疗发展的一大瓶颈。作为一种新兴业态，互联网医疗一定要在法律的框架下，才能够有序、健康发展，形成良性循环。就国内而言，我国目前还未形成系统的互联网医疗法律规范政策，法律问题在一定程度上将成为创业投资者投资该领域的一大障碍。

(2) 互联网医疗自身存在的技术与管理模式问题。一方面，互联网医疗在运行过程中，仍存在技术标准、运营标准不规范的问题，大量线上医疗信息仍缺乏标准化的接口。另一方面，目前众多远程医疗系统建设尚缺乏一套完善的战略与运营管理手段，将影响产业日后的发展与投资价值提升。

二、公共政策及其绩效

(一) 国家宏观政策

互联网医疗在中国现处于开拓阶段，国家相关支持与规范政策的密集出台，成为行业发展的重要风向标，也影响着风险投资家的投资决策。一方面，政策解禁为各路资本进入、新兴商业模式的发展创造条件。另一方面，明确、严格的行业规范是产业良性、健康发展的重要依托。当前各级政府正在加紧制定互联网医疗的规范政策与标准，主要针对的领域包括可穿戴设备、远程医疗与医药电商。

1. 可穿戴设备

如表 12-7 所示，国家针对可穿戴设备出台的政策主要涉及三方面内容。一是明确战略地位，吸引资本进入。2013 年以来，国家先后出台政策与行动计划明确了可穿戴设备的战略地位，不断向市场传递一个信号，即在移动互联网领域，可穿戴设备在未来较长一段时期都将是国家战略的重中之重。二是出台行业标准，保障产业的健康发展。2014 年，可穿戴设备委员会、中国可穿戴计算产业推进联盟等行业组织相继成立，为规范产业发展创造条件。三是制定产业发展推动政策。如支持医疗相关的可穿戴设备的研发活动，强化财税支持等政策的出台，有利于发挥制度优势、引导市场行为及调整财税、金融、投资等。以上相关政策通过提升产业未来发展潜力与价值增值能力，给予了风险投资者极大的信心，未来该领域的投资与创新活动将更为活跃。

表12-7　　　　　　　　　　可穿戴设备领域政策

政策定位	年份	政策文件	主要内容
战略地位	2012	《物联网"十二五"规划》	智能医疗作为九大重点领域之一
	2013	《关于组织实施2013年移动互联网及第四代移动通信（TD-LTE）产业化的专项通知》	明确将可穿戴设备列为支持重点
	2015	《中国制造2025规划纲要》	要求加快发展智能装备与产品
行业标准	2015	《中国可穿戴联盟标准》	首个智能可穿戴行业标准体系
推动措施	2015	《关于积极发挥新消费引领作用加快培育形成新供给新动力的指导意见》	支持可穿戴设备发展，强化财税支持政策
	2016	《关于促进和规范健康医疗大数据应用发展的指导意见》	部署14项重点任务和重大工程，加大资金支持
	2016	《"互联网+"人工智能三年行动实施方案》	从资金支持、标准体系建设等方面提出具体要求
	制定中	《智能硬件产业创新发展行动计划》	构建"互联网+"的发展和创业创新环境

2. 远程医疗

远程医疗服务对于医疗产业的意义主要有两点：第一，为患者提供医疗信息服务，解决传统医疗模式弊端。第二，解决医疗资源分配不均的问题，帮助医院实现有效分诊。政府出台的一系列支持政策将围绕以上两点展开，逐步为远程医疗的发展提供政策支持，进而增强风险投资者的信心。

梳理近年来政府出台的政策，可以发现其政策重点在于解决远程医疗发展中存在的限制性问题（见表12-8）。第一，产业解禁与推进政策。如出台相关文件允许医生多点执业，推进远程医疗服务，推动惠及全民的健康信息服务和智慧医疗服务等。第二，行业规范政策的出台。政府在不断加强远程医疗的相关规范建设，如规范医生多点执业，完善互联网食品药品经营监督管理办法，规范远程医疗服务等，以此保障产业的健康发展。

表12-8　　　　　　　　　　远程医疗领域政策

	年份	文件	主要内容
政策放开	2009	《关于医师多点执业有关问题的通知》	"主动受聘"型多点执业要先试点
	2015	《关于推进和规范医师多点执业的若干意见》	坚持放管结合，放宽条件、简化程序，规范医师多点执业

续表

	年份	文件	主要内容
推进政策	2010	《2010年远程会诊系统建设项目管理方案》	开始推进国家远程医疗建设项目
	2013	《关于促进健康服务业发展的若干意见》	向基层、欠发达地区发展远程医疗
规范政策	2009	《互联网医疗保健信息服务管理办法》	规范互联网医疗保健信息服务活动，法律效力极其有限
	2011	《远程医疗服务管理办法（试行）（征求意见稿）》	首次区分一般和特殊远程医疗服务，明确资格申请、审核流程及执业规则
	2014	《关于推进医疗机构远程医疗服务的意见》	远程医疗领域规定最明确、效力最高

目前远程医疗政策仍存在许多限制性问题。第一，众多领域的监管仍处于真空状态。远程医疗仅有的相关法规为2009年颁发的《互联网医疗保健信息服务管理办法》，其对于个人隐私、知识产权的保护不够重视，法律效力极其有限。第二，政策效果的完全实现仍需要一定时间。如医生多点执业仍存在观念改变与医生职称晋升等问题，广泛推行仍需要时间。

3. 医药电商

在互联网时代，医药电商作为网购的进一步拓展形式，由于触及医疗领域而更具特殊性，将面对更加复杂的社会问题及政策挑战。网售处方药主要存在如下问题：第一，国内医药未分开。由于政策问题，处方被医院控制，医疗电商无法从医药市场谋利；第二，网售药品质量安全监管问题；第三，物流配送模式问题。药品的销售较为特殊，要求较高的物流配送条件，包括仓储、运输、配送等物流环节都必须依照国家《药品经营质量管理规范》（GSP）的标准进行。

如表12-9所示，20世纪末我国医药电商的发展受到政府的严格管控。近15年来，国家逐步放开医药网上销售，同时对网上药品销售制定严格规范的标准，以保证产业的健康有序发展。主要表现为以下三点：第一，解决了物流配送问题，使医药电商的配送和准入门槛放低。第二，加强了网售药品的监管。药品监管码相关政策的出台，为网售处方药打开了迎宾大门，同时也在一定程度上解决了网售药品质量安全问题。第三，电子商务的推进和相关规范政策的出台，加强互联网药品销售的规范性，强化了互联网食品药品市场监管体系建设。以上措施是对医药电商领域政策解禁的初步探索,相关处方药政策和医保政策还未正式落地,各路资本对此期待很高,大多处于摸索和观望阶段。预计随着医改的深入及医药政策的放开,未来医药电商的投资价值将不断提升。

表12-9 医药电商领域政策

类别	年份	文件	内容
放开管制	1999	《处方药与非处方药流通管理暂行规定》	明确规定处方药和非处方药禁止在网上销售
	2000	《药品电子商务试点监督管理办法》	在部分地区开展网上非处方药销售的试点
	2005	《互联网药品交易服务审批暂行规定》	允许非处方药的网上交易
	2014	《互联网食品药品经营监督管理办法(征求意见稿)》	首次提出具备资格证的互联网平台可以售卖处方药,可由第三方物流配送平台配送
	2015	《互联网食品药品经营监督管理办法(征求意见稿)》	允许经营者委托物流配送企业参与药品的储存和运输环节
加强监管	2015	《关于药品生产经营企业全面实施药品电子监管有关事宜的公告》	药品在生产、流通环节都必须严格纳入中国药品电子监管网管理
	2015	《关于大力发展电子商务加快培育经济新动力的意见》	规范食品、保健食品、药品、化妆品、医疗器械等网络经营行为
放管结合	2016	《关于第二批取消152项中央指定地方试试行政审批事项的决定》	国务院决定取消从事第三方药品物流业务批准,将药品生产、流通环节严格纳入中国药品电子监管网管理

(二)地方政策对比

1. 两大城市互联网医疗发展现状

从全国范围来看,深圳互联网医疗产业无论在平台建设、技术研发、商业模式的推广上,均处于领先地位,具有极大的影响力,成为该领域风险投资的活跃区。首先,深圳是国内首个真正上打造出网上医院的城市,就医160平台在深圳得到了迅猛发展,服务范围也从深圳本地拓展到北京、上海、广州等其他一、二线甚至三线城市,影响范围甚广。该平台成立初期就吸引了众多国内外创投企业关注,在B轮融资中基石资本、光信资本投资高达1.3亿元。其次,深圳是国内最大的可穿戴设备生产、研发中心,集聚了上千家"可穿戴"

企业，已形成一条完整的上下游产业链，整个产业呈跃然爆发之势。由此可见，相比于其他省市，深圳已率先成功打造了极具影响力的互联网医疗产业，在全国地位举足轻重，也是风险投资在该领域布局的战略要地。

北京互联网医疗领域风险投资规模领先全国，主要依托雄厚的医疗资源支撑医疗服务，同时运用互联网技术推进医改的深化。支付宝发布的2015年"互联网+"城市服务报告显示，北京互联网公共服务普及度全国第一，医疗健康与信息产业的深度融合成为了北京互联网医疗的一大亮点。例如，支付宝"互联网+"城市服务与北京网、北京各大医院等机构的合作；百度与北京市政府共同发布的"北京健康云"平台，运用先进技术提高健康管理水平。可见，医疗服务信息化是北京互联网医疗发展的主要趋势，成为了政企合作与投资的一大热点。

2. 顶层政策对比

在顶层设计上，两大城市均出台了相应的推进政策以及扶持办法。从表12-10对比该领域的相关政策可以发现，智慧医疗与"互联网+"行动计划均是两市推进工作的重点。

表12-10　　　　　　　北京、深圳互联网医疗政策对比

时间	北京	时间	深圳
	北京市智慧城市		深圳市智慧城市
2001	《北京市互联网医疗卫生信息服务管理办法（暂行）》		
2016.1	"互联网+医疗"健康蓝图划定		
2016.2	《关于积极推进"互联网+"行动的实施意见》	2015.8	《深圳"互联网+"行动方案》
2016.3	《北京市城市公立医院综合改革实施方案》	2016.3	《关于深化医药卫生体制改革建设卫生强市的实施意见》
2016.3	《关于开展对医务人员通过商业公司预约挂号加号谋取不正当利益的清理工作的通知》		

两大城市政策最突出的差异主要有三点。

第一，北京对于互联网医疗领域的管制相对较为严格。一方面，北京早在2001年就已出台了互联网医疗信息服务管理办法，以规范互联网医疗卫生信息服务活动的申请、备案工作。另一方面，对于互联网医疗发展存在的规范性

问题，北京市开展打击违法发布互联网医疗保健信息等专项整治行动，使得以加号为市场切入点的移动医疗企业面临冲击和转型抉择。从长期来看，严格的管制有利于行业的规范发展，提升投资价值。

第二，深圳创新领域政策敏锐性较强。作为国家创新型城市与国家自主创新示范区，深圳在产业发展的机遇期，率先推出"互联网+"行动方案，提出建设卫生强市的概念，从而使互联网医疗得到了快速发展。由此可以看出政府对该领域的高度重视，为深圳创造了先动优势。

第三，发展重点不同。在互联网医疗领域，北京与深圳根据本市发展情况与条件，各有侧重点。北京依托于当地雄厚的医疗资源，支持的重点在于移动医疗的推广应用。而深圳是中国最大的电子信息产业基地，有实力雄厚的产业基础，将可穿戴设备、技术的研发等作为未来的增长点。

（三）公共政策的绩效分析

互联网医疗领域公共政策效果主要体现为融资额、互联网医疗企业数量的变动与政策时点之间的契合性。

就融资额而言，重大互联网医疗政策的密集出台，与互联网医疗风险投资的爆发性增长，在时间点上完美契合。如图12-32所示，2014年互联网医疗众多顶层政策出台，解决了众多长期困扰互联网医疗发展的问题，随之带来了互联网医疗的爆发元年，融资额较前一年增长了3倍多。由此可见，放管结合的政策为资本进入打开了通道，刺激了长期处于观望状态的风险投资者的投资行为，是形成2014年风险投资额井喷式增长的重要因素之一。

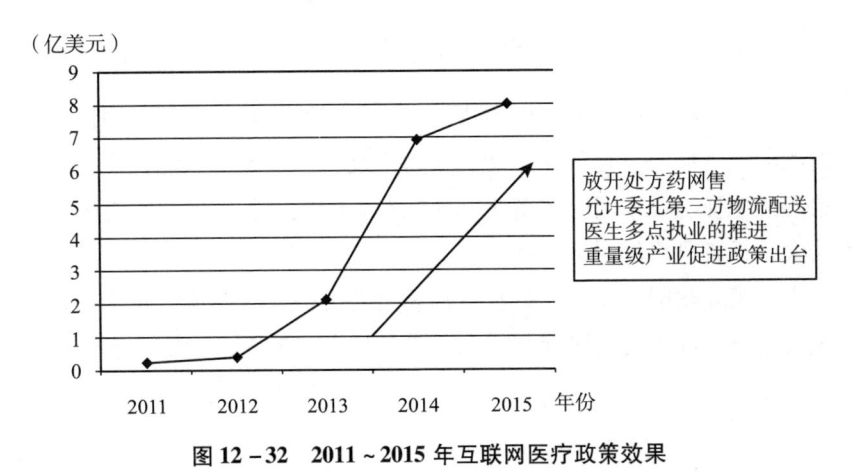

图12-32　2011~2015年互联网医疗政策效果

就企业数量而言，长久以来由于国内相关政策尚未落地，投资者在医药电商领域的态度更为谨慎，普遍保持观望态度。但继 2012 年医改政策及 2014 年《互联网食品药品经营监督管理办法（征求意见稿）》之后，一系列医疗政策的出台旨在放开网售处方药，解决第三方物流问题等，极大增强了医药电商的发展潜力。如图 12-33 所示，随着医药电商相关政策的放松，互联网医药企业数量不断增加，2013 年以来增长速度尤为显著。由此可见，政策的放开极大地推动了医药电商的发展，为该领域风险投资打开了通道。不难预测，未来处方药等相关政策的落地将引发医药电商风险投资的井喷式增长。

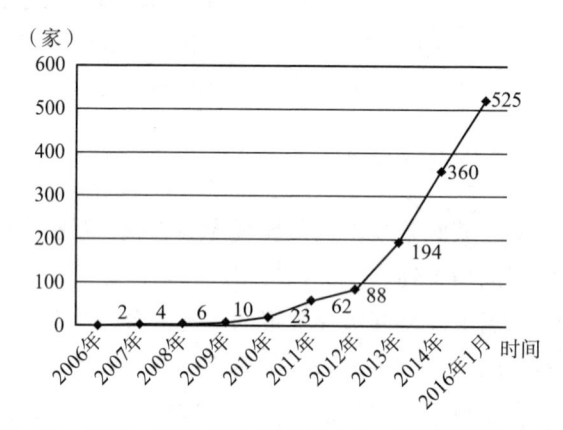

图 12-33　2006~2016 年取得资格证书的互联网医药企业总数

三、案例分析

（一）谷歌风投进入生命科学领域

谷歌风投（Google Ventures，GV）创立于 2009 年，是互联网巨头 Google 旗下的风险投资部门，自成立之初就致力于高科技领域的风险投资。谷歌风投注重投资的选择与技术问题的解决，而在投资的额度、广度与监管风险方面包容度较大，投资风格鲜明且独特。

作为一家互联网公司，谷歌投资风格在近年发生了变化，如图 12-34 所示，风投重心正逐步转向医疗与生命科学领域。谷歌医疗投资的变化主要表现为以下三点。

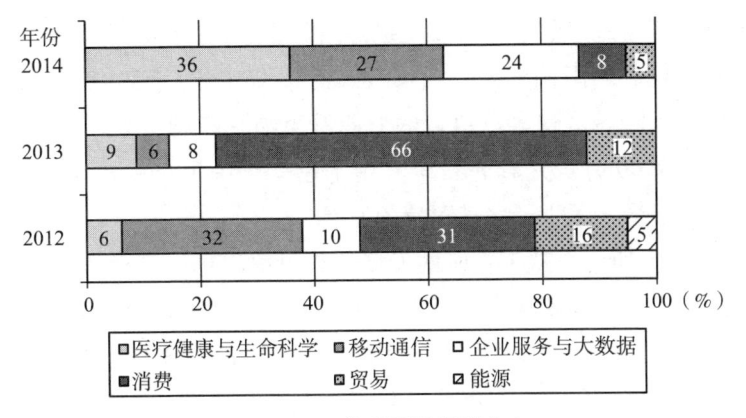

图 12-34　谷歌风投领域分布

（1）谷歌医疗领域风险投资比例跃居第一。2012年以来，谷歌在医疗领域的风险投资比例逐年上升，于2014年同比增长了4倍，远超2013年风靡一时的消费类互联网创业领域，在六大板块中占比最高。

（2）医疗领域投资项目与企业的增加。一方面，谷歌开启了Verily、Calico两大生命科学项目，均致力于互联网技术与医疗的结合。另一方面，谷歌投资的医疗领域公司达12家，未来GV在医疗健康产业的投资人队伍仍在不断扩张当中。

（3）谷歌在医疗领域的布局始终紧跟时代脉搏，对政策导向与需求极为敏感。一方面，谷歌根据产业发展调整战略布局。2007年以来，随产业的发展，谷歌逐渐调整医疗领域投资重点，通过多元化布局，逐步加大医疗信息平台、医疗大数据分析等热点领域的投资规模。另一方面，政府推动计划对谷歌风险投资具有重要的引导作用。2015年奥巴马提出的"精准医疗计划"与"癌症登月项目"推动了谷歌风险投资向人工智能与移动医疗的发展。

（二）医生多点执业政策下"丁香园"的发展

丁香园成立于2000年，是互联网医疗领域的典型代表，定位于为专业医药、生命科学领域提供知识交流平台，是中国最大的面向医生、医疗机构、医药从业者的专业社交网站。其旗下网站包括丁香园论坛、医药人才招聘、生物医药商业信息平台、微博平台与医药会展类网站等。

就融资水平而言，丁香园在互联网医疗的浪潮中率先完成C轮融资，其融资成功与政策的放开密不可分。2012年丁香园就意识到移动医疗的重要性，认为移动互联网与医疗的结合将极大缓解国内医疗资源分配不均的问题，但仍存在医生多点执业的限制问题。随着政策的逐渐放开，医生多点执业成为可能，丁香医生不断尝试将多点执业的兼职医生纳入招聘计划。2014年丁香园获腾讯领投的7000万美元C轮投资，用于建立"医生自由执业基金"，打造医生自由执业平台，推进了移动医疗的发展。

如图12-35所示，从丁香园的发展历程可以看到，其融资与业务拓展与医疗政策的出台时点高度契合。虽然当前多点执业仍然较为艰难，但一方面，政策的突破为移动医疗的发展打开了大门；另一方面，政策趋势明了及利好政策频出，给予了平台更多信心以及实际资金支持。

| 2000年成立 | 2009年A轮融资 | 2012年B轮融资 | 2013年众多APP上线 | 2014年C轮融资 | 2014年执业帮开通 | 2015年线上线下结合 |

图 12-35　丁香园大事记

（三）医药政策放开下"壹药网"的发展

壹药网成立于2010年，主要从事非处方药、医疗器械、营养保健等产品的B2C在线销售，拥有独立的官网平台、移动APP以及线上、线下销售渠道，是医药电商自营渠道的领先者。在融资方面，壹药网于2013年已完成A轮与B轮融资，2015年获得了4.5亿元的C轮投资额，刷新医药电商单笔最大融资金额。

壹药网的战略布局有两大特点：一是全平台、多渠道的布局方式，成功抢占移动端市场；二是左医右药战略，推出移动医疗产品。虽然目前网售处方药政策尚未正式落地，但移动医疗的政策利好暗示移动端将是医药电商未来发展的大趋势。在政策驱动下，壹药网向移动医疗进军的步伐不断加快，新一轮融资资金将更多投入于供应链建设与移动端发展上，为即将到来的处方药解禁做物流准备。

当前，在医药电商领域，各大医药网均蓄势待发，等待政策门槛的突破。可以预见，放管结合的政策将为医药电商的发展打通道路，在未来释放出巨大的潜能。

附录

国家医疗健康产业政策

年份	政策文件	主要内容
2010	《关于进一步鼓励和引导社会资本举办医疗机构的意见》	（1）社会办非营利性医疗机构享税收优惠政策，营利性医疗机构医疗服务免征营业税。 （2）享与公立医疗机构同等的土地优惠政策。 （3）鼓励政府购买非公立医疗机构提供的服务
2013	《关于促进健康服务业发展的若干意见》	（1）放宽市场准入，向社会资本扩大开放领域。 （2）扩大健康服务业用地供给。 （3）鼓励金融机构、创业投资机构和融资担保机构对健康服务领域开展业务，创新健康服务业利用外资方式。 （4）政府引导、推动设立健康产业投资基金。 （5）为符合条件的非公立医疗机构提供财政专项资金支持。 （6）认定为高新技术企业的医药企业，依法享受高新技术企业税收优惠政策。 （7）对营利性医疗机构建设减半征收有关行政事业性收费
2015	《关于促进社会办医加快发展的若干政策措施》	（1）加强财政资金扶持，将提供基本医疗卫生服务的社会办非营利性医疗机构纳入政府补助范围。 （2）鼓励地方通过设立引导基金等方式，为社会办医疗机构提供资金支出和补助。 （3）鼓励以股权、项目融资等方式筹集开办费和发展资金。 （4）支持符合条件的社会办营利性医疗机构上市融资或发行债券，与资本市场对接。 （5）鼓励各类创业投融资机构对医疗领域创新、小微企业开展业务

第十三章　互联网产业风险投资与公共政策*

第一节　产业及风险投资发展现状

互联网产业基于新兴的互联网技术发展而来，立足于网络资源搜集和互联网信息技术，为国民经济发展提供不可或缺的技术支持以及便捷服务，是现阶段国民经济结构的基本组成部分。本篇文章，我们将从市场规模、技术发展、行业前景三方面来详细阐述全球互联网行业的发展情况。

一、市场规模

（一）市场规模

全球互联网产业规模增长速度加快，创收前景持续高涨。

从市场规模看，2008年全球互联网产业市场规模仅为634.86亿美元，到了2014年则高达7650亿美元，年平均增长率超过40%。2015年全球互联网企业总营业收入6750亿美元，同比增长41.94%。

从用户数量看，2015年互联网用户数高达32亿人，普及率接近人口总数的五成。其中移动宽带普及率达到32%，相比2009年增幅超过3倍；由于受到移动互联网的影响，固定宽带增长较慢，2015年涨幅仅为4.4%。具体如图13-1和图13-2所示。

---

* 本章由暨南大学产业经济研究院郑邵秋执笔。

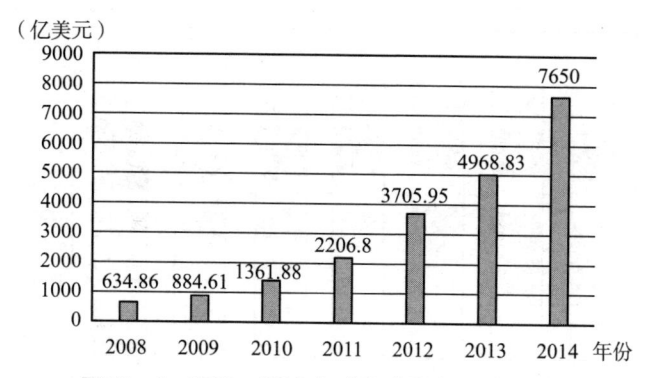

图13-1 2008~2014全球互联网产业市场规模

数据来源：艾瑞咨询。

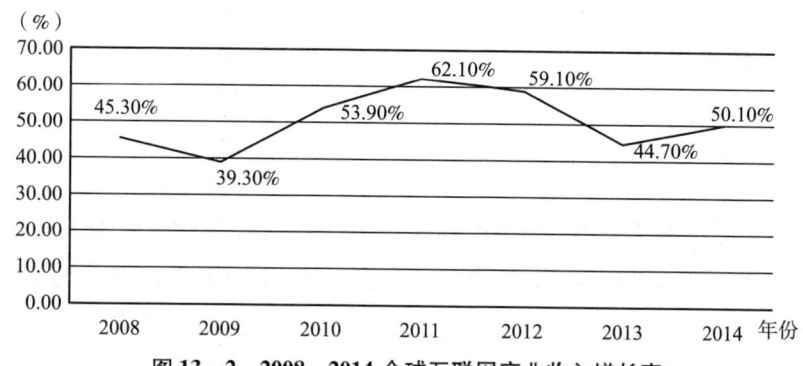

图13-2 2008~2014全球互联网产业收入增长率

数据来源：艾瑞咨询。

（二）产业结构

从互联网上市企业营收结构来看，主要分布于电子商务、网络游戏、网络广告和移动互联网等细分领域，产业呈现增长快、变动大的特点。以2008~2014年行业产值占比为例，首先是电子商务增长最为迅速，由2008年的19.3%跃升至2014年的44.5%。其次是移动互联网，由17%上升至25%。最后是一向受到业界追捧的游戏产业规模显著下降，由29.5%降至5.9%。

从上市企业分布来看，互联网行业呈现出两个集中的特点：第一，市场集中，2015年营收排名前十的上市互联网企业收入合计5085亿美元，占总营收比重达75.4%。第二，业务集中，电子商务企业数量占比仅为20%，但其业务收入合计为3407.4亿美元，占比高达54.4%，远高于网络游戏、搜索引擎、移动互联网等业务收入的比重。具体如图13-3所示。

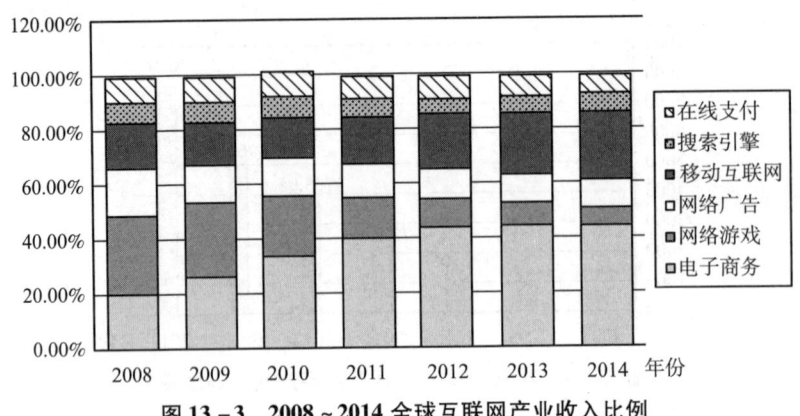

图 13-3　2008~2014 全球互联网产业收入比例

数据来源：艾瑞咨询。

二、技术发展

（一）云计算

云计算是一种按使用量付费的模式，这种模式提供可用的、便捷的、按需的网络访问，进入可配置的计算资源共享池，并且这些资源能够被快速且便捷地提供。云计算的主要特点体现在超大规模、虚拟化、高可靠性、通用性、高可扩展性、匹配性、廉价性。

云计算的核心技术主要体现在虚拟化技术、分布式数据存储技术、大规模数据管理三个方面，其运用涵盖交通、通讯、医疗、教育等多个领域。云计算凭借高效便捷的优点，取得了瞩目的发展成果。伴随该产业生态圈的渐趋完善，云计算对互联网发展的支撑作用正日益凸显。到目前为止，云计算产业市场需求不断增长，用户需求呈现多元化。据估计，未来五年内，全球云计算产业链的规模在 7000 亿~1 万亿美元。

（二）移动互联网

移动互联网是互联网技术、平台、商业模式和应用与移动通信技术结合并实践的活动的总称。

移动互联网的核心技术主要体现在移动芯片、移动操作系统、"终端+云应用"三个方面，其运用范围涵盖高精确度移动定位技术、移动软件开发、移动支付等多个领域。

作为我国互联网领域最具活力与创造力的一环，移动互联网逐步形成了纵向一体化的产业链与完善的产业生态系统，并进一步向工业、生活等方面渗透。2014 年全球移动互联网市场总规模突破 2000 亿美元大关，产业规模达 2021.8 亿美元，同比增长 115.5%，平均每天有近 10 万个各类移动互联应用产品通过终端平台入口接入移动互联网。据调查显示，2018 年全球移动互联网总产值有望突破 8000 亿美元大关。

（三）4G

4G 是第四代通讯技术的简称，它能够以 100Mbps 的速度进行下载，比目前的拨号上网快 2000 倍，上传的速度也能达到 20Mbps，并且能够满足几乎所有用户对于无线服务的要求。

4G 的核心技术主要体现在正交频分复用技术上，其运用涵盖会话通信类业务、流媒体点播类业务、大数据类业务等多个领域。

据赛若数据显示，截至 2015 年，全球 4G 智能手机总销量达到 2.49 亿部。未来移动互联网与 4G 技术的结合，将产生超过万亿的产业链。4G 业务的不断推动也将直接扭转互联网产业链的价值标准，以运营商为中心的产业价值链将向应用与客户服务主导演进。4G 技术将推动影音视频、云分享、云存储、电子商务、视频通话等新业务的加速发展，可穿戴设备的运用范围有望进一步拓展，在产品形态及盈利模式方面持续创新，共同带动互联网产业的繁荣。

三、行业前景

（一）虚拟世界

所谓虚拟世界，是在 IT、生物与航天科技三门学科技术结合的基础上构建而来，通过虚拟头盔使人们以意识形态进入独立的世界。相比当前通过计算机模拟环境形成，以虚拟人物作为载体的"虚拟世界"是质的飞跃。

虚拟世界的运用将体现在四大方面：第一，沟通无界限。在 3D 虚拟世界让全世界的人实现全方位的沟通服务。第二，娱乐无极限。3D 虚拟世界将创造一个虚拟体验平台，使用者可以在这里进行任何的创造、创新。第三，创造无差别。在 3D 世界中，任何肯动手的人都可能成为创作天才，越来越多神奇的东西也将出现。第四，体验无障碍。现实世界的商品将在虚拟 3D 环境中得到真实的还原，消费者真正实现体验零距离。

(二) 物联网

物联网是新一代信息技术的重要组成部分，它是使得分散物得以联系的技术。

物联网依然以互联网为核心和基础，在互联网的基础上进一步的延伸和扩展，通过用户端的联系与信息交换，将不相关联的事物联系起来。

目前物联网主要有两种运用。第一，通过 NFC、二维码、RFID 等技术标示特定对象，实现与移动支付及数据整合的结合。第二，通过云计算平台和智能网络，依托传感器网络进行决策，并根据反馈做出相应的决策调整。

物联网的价值主要体现在以下三点。第一，降低企业的运营成本。通过将物基于互联网平台实现联系，有效降低设备维护、维修、操作和 IT 支持的成本。第二，提升现有产品与服务的价值。第三，整合信息。通过将整合信息出售给广告商家、直销商和数据分析机构以实现双赢。

基于其价值，物联网已被视为全球经济复苏新的增长极。美国、欧盟等国纷纷对物联网投入巨资，我国也将物联网的研究提到了重要议程。相信物联网技术的应用将会成为驱动世界经济发展的又一驾马车，并成为继通讯网之后的又一个万亿市场。

第二节 代表性国家与区域的风险投资概况

互联网产业风险大、研发难、投入高等特点，决定了其发展初期很难通过上市、发行企业债券等方式融资，因而风险投资就成为其主要资本来源。下文将通过分析中国、美国、欧盟的风险投资情况对全球互联网产业风险投资进行介绍。

一、中国

(一) 投融资规模

从投资规模角度看，2015 年中国风险投资市场投资总额 3.05 亿美元，其中互联网产业占比 33.54%，处于绝对的核心地位。投资案例数也由 2010 年的 239 起增至 2015 年的 1105 起。

从融资规模角度看，2010~2015 年我国互联网产业风险资本融资规模由 30.94 亿美元增长至 286.14 亿美元，涨幅近 10 倍。融资规模在 10 亿美元以上的企业共 3 家，分别为蚂蚁金服、美团网和大众点评网，另有 90 起案例的融

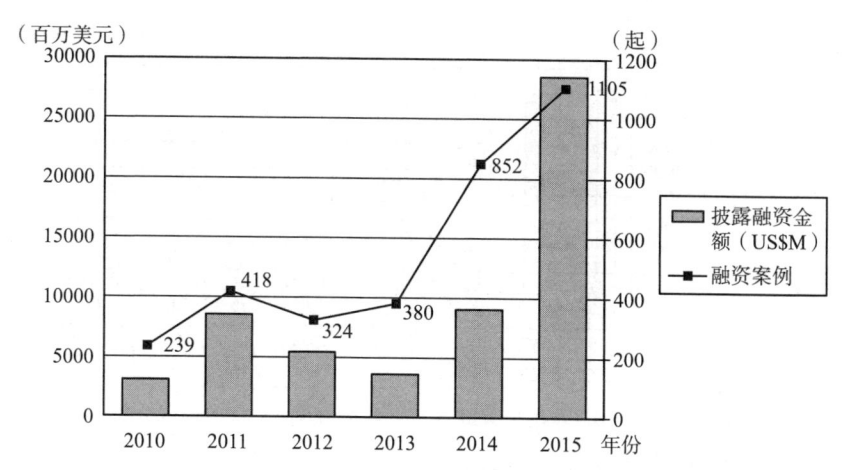

资规模超过 1 亿美元。具体如图 13-4 和图 13-5 所示。

图 13-4　2010~2015 年国内互联网产业 VC/PE 融资趋势图

数据来源：Cvsource 2015.12。

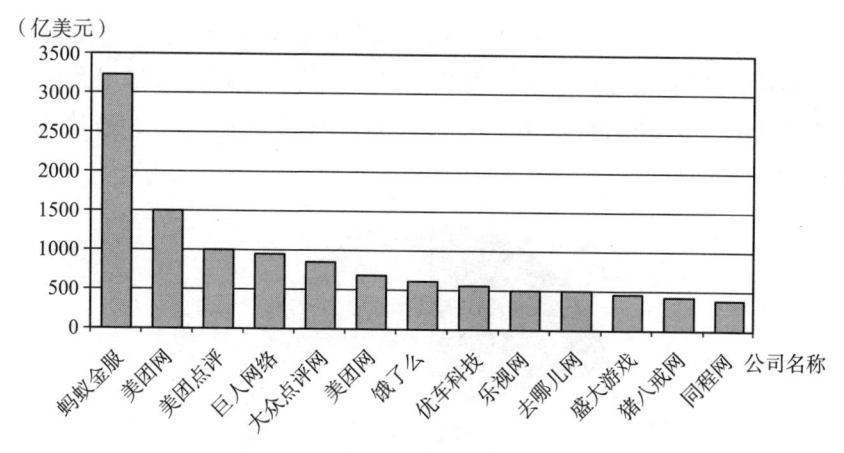

图 13-5　2015 年国内互联网企业获得 VC/PE 融资重点案例

数据来源：Cvsource. 2016.01。

（二）融资分布

我国互联网产业主要细分为互联网综合、电子商务、行业网站、电子支付、网络社区、网络游戏、网络视频与网络广告八大领域。根据 Cvsource 的数据显示，2015 互联网综合行业以 71.59 亿美元的 VC/PE 融资额位居榜首；紧随其后的是电子商务，全年融资总额 66.75 亿美元，同比增长 33.4%。此外是行业网站、电子支付和网络社区领域，融资额分别为 48.69 亿美元、35.13 亿美元和34.20亿美元。具体如图13-6所示。

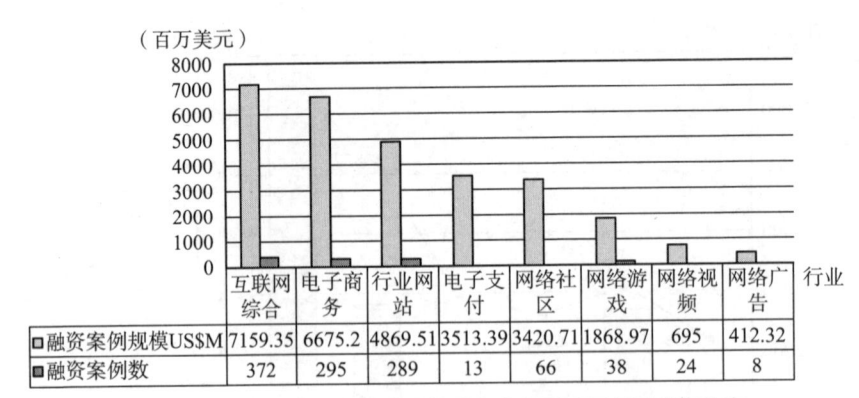

行业	互联网综合	电子商务	行业网站	电子支付	网络社区	网络游戏	网络视频	网络广告
融资案例规模US$M	7159.35	6675.2	4869.51	3513.39	3420.71	1868.97	695	412.32
融资案例数	372	295	289	13	66	38	24	8

图13-6 2015年国内互联网行业细分领域 VC/PE 融资分布

数据来源：Cvsource 2015.12。

（三）退出方式

我国2015年成功退出互联网产业的创投基金共计544家，环比增长超过三倍。退出方式以新三板、并购和IPO为主，其中，新三板退出数量为258起，占比47.4%；并购数量108，占比19.9%；IPO数量61，占比11.2%。具体如图13-7所示。

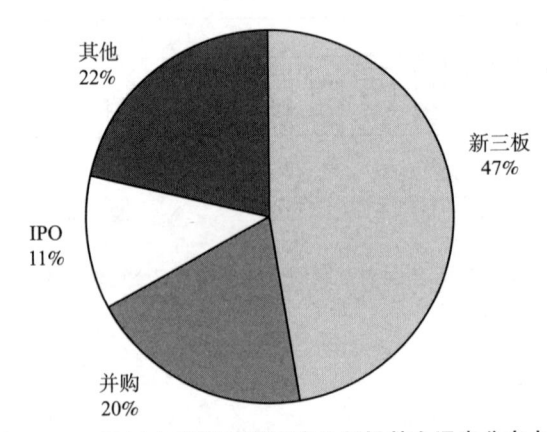

图13-7 2015年我国互联网产业创投基金退出分布占比

数据来源：私募通2015。

（四）绩效分析

对互联网产业风险投资的绩效分析主要侧重于两个方面。

（1）投资回报率，2014 年我国风险投资总回报高达金额达 9.69 亿美元，退出回报率更是高达 866%。2015 年由于受二级市场急剧下挫以及 7 月至 11 月 IPO 暂停的影响，投资回报率略有回落。

（2）专利数量，风险投资与专利数量呈现正相关趋势。我国互联网产业的专利数量由 2010 年的 44394 个跃升至 2014 年的 79016 个，年均增长率超过 15.5%，同期互联网产业风险投资亦保持了超过 50% 的平均增长水平，两者显著正相关。具体如图 13-8 和图 13-9 所示。

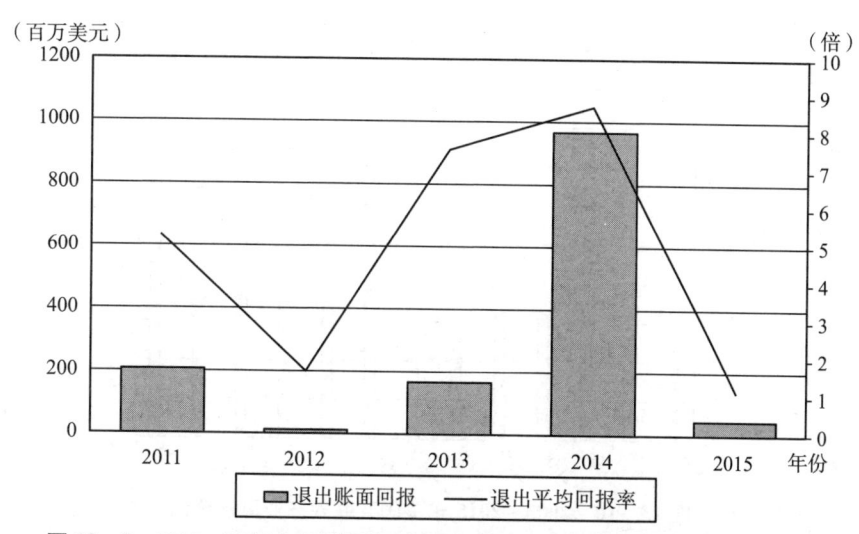

图 13-8　2011~2015 年互联网领域 VC/PE 机构 IPO 账面退出回报趋势图

数据来源：Cvsource，2015.12。

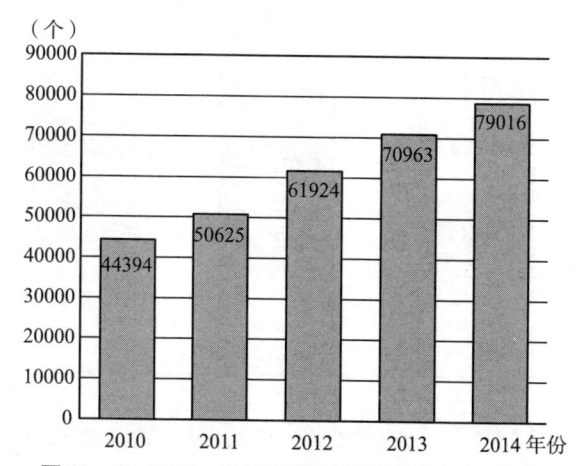

图 13-9　2010~2014 年我国互联网产业专利数量

数据来源：国家专利局。

二、美国

(一) 投资规模

据美国风险投资协会（NCVA）数据显示，美国 2015 年互联网产业风险投资金额为 170.54 亿美元，同比增长 36.72%，占全美风险投资总量的 22%。具体如图 13-10 和图 13-11 所示。

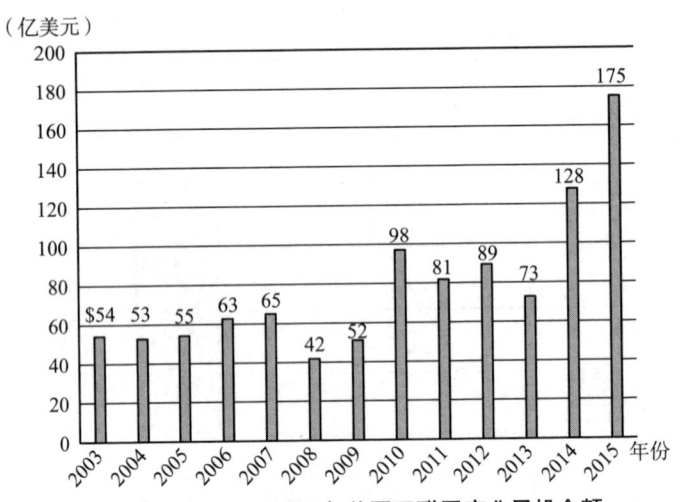

图 13-10　2003~2015 年美国互联网产业风投金额

数据来源：NVCA。

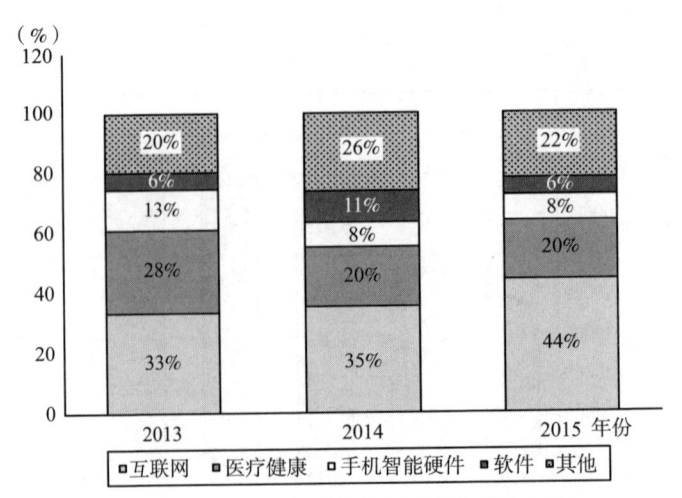

图 13-11　2014 年美国各行业风险投资占比

数据来源：NVCA。

（二）投资阶段

从投资阶段来看，美国互联网产业风险投资呈现分化趋势。据 NVCA 统计，2013～2015 年，美国互联网产业风险投资规模由 72.68 亿美元跃升至 170.55 亿美元，年均增长 53.19%。其中首轮融资由 11.96 亿美元增至 18.74 亿美元，年化增长率为 25.2%。其他各轮融资由 60.72 亿美元增至 151.81 亿美元，年增长率达 58.11%。具体如图 13-12 所示。

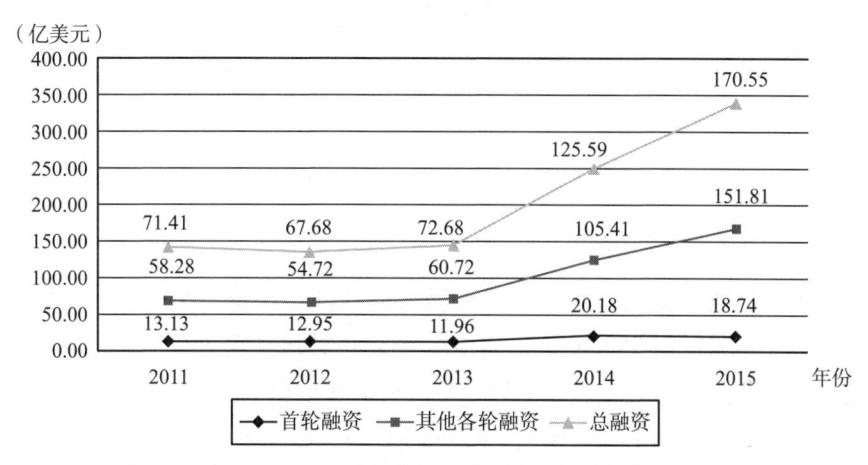

图 13-12　2011～2015 年美国互联网产业各阶段风险投资额

数据来源：NVCA。

（三）退出方式

美国互联网产业风险投资的退出方式以 IPO、并购、管理层回购和清算为主。(1) 从退出占比看，IPO 与并购不相上下，两者合并占比超 70%。此外，管理层回购占比 10%，破产清算占比 8%。(2) 从收益角度看，IPO 收益率最高，其次是并购，管理层回购往往只能保本，而清算方式一般回收的投资额不超过 30%。具体如图 13-13 所示。

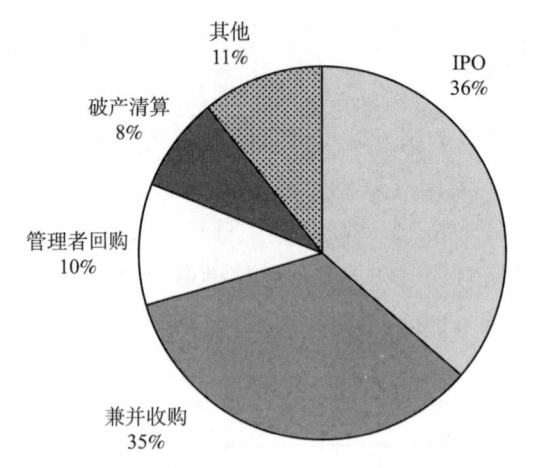

图 13-13 2015 年美国互联网产业风险投资退出方式占比

数据来源：NVCA。

（四）绩效分析

美国专利数量变化趋势呈现平稳增长的特征。2010～2014 年，美国互联网产业的专利数量由 95026 增至 123429 个，年增长率 6.76%。与我国相类似类似，美国互联网产业专利数量与风险投资呈现正相关性，风险投资对互联网产业的技术进步起到了推动作用。具体如图 13-14 所示。

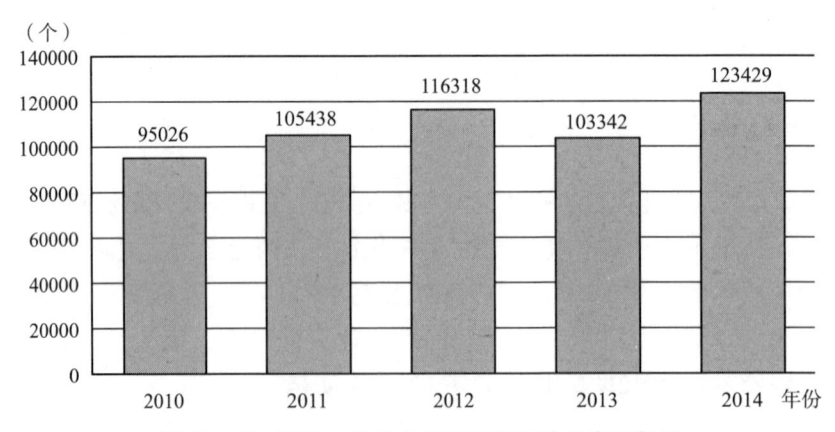

图 13-14 2010～2014 年美国互联网产业专利数量

数据来源：国家专利局。

三、欧盟

(一) 投资规模

从投资总额看,2011~2015 年,欧盟互联网产业风险投资总额由 52.72 亿美元增至 82.17 亿美元,年平均增长 11.73%;从投资占比看,四年间,投资总额占欧洲总风险投资额的比例从 14.1% 增加至 17.3%;从交易数量看,由 2011 年的 522 起增加至 2015 年 605 次,年均增幅为 3.758%。具体如图 13-15 所示。

	2011年	2012年	2013年	2014年	2015年
风投总量	52.71594	46.12109	45.76615	44.16545	82.1689
风投数量	522	491	570	710	605
风险投资数量占比	10.7	9.7	11.1	12.7	12.2
风险投资总量占比	14.1	15	15.4	12	17.3

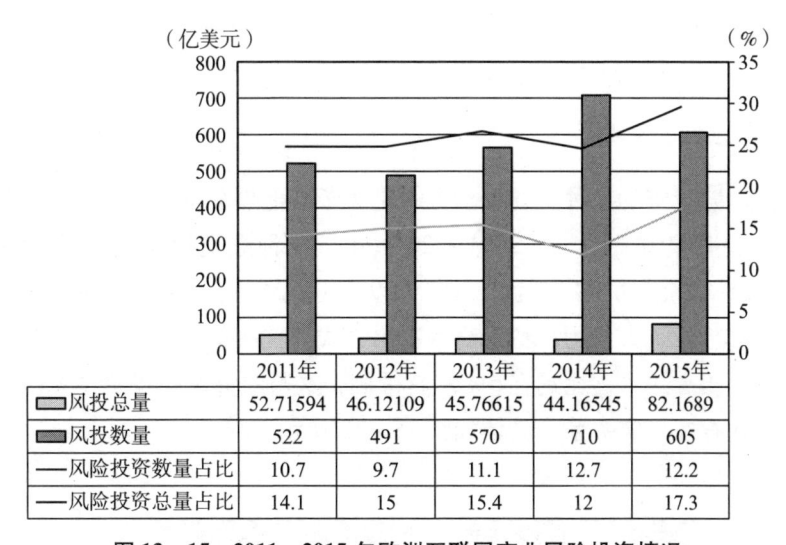

图 13-15 2011~2015 年欧洲互联网产业风险投资情况

数据来源:2007~2015 – dataset-europe-country-tables-public-version-final。

(二) 投资阶段

欧盟融资阶段呈现出集中增长态势。据 brightsun 的数据显示,2012 年至今,种子轮融资由 6.47 亿美元增至 12.36 亿美元,年均增幅 38.21%;A 轮融资由 8.12 亿美元增至 14.82 亿美元,增幅达 35.10%;B 轮融资由 20.76 亿美元增至 27.89 亿美元,年均增幅为 15.91%。具体如图 13-16 所示。

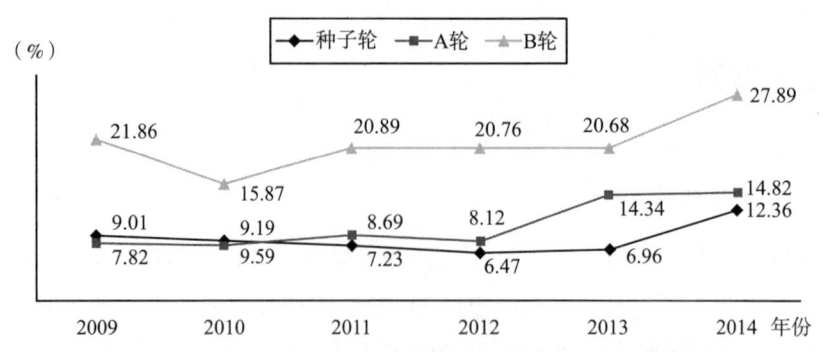

图 13-16　2009~2014 年欧盟互联网产业各轮次风险投资金额

数据来源：brightsun, 2014 data is through August 25, 2014。

目前，虽然欧洲企业的 A、B 轮融资缺口较为严重，但是不利局面正在得以改善。White Star Capital、Passion Capital 和 Point Nine 等初创期阶段风投公司的崛起，将拓宽欧洲创业公司的融资渠道。

（三）退出方式

欧洲风险投资的三种主要退出方式是售予其他投资者、工业企业投资者以及通过企业股权方式赎回。2011~2014 年，三种渠道退出的资金额占比由 37.1%、21.3%、23.7% 变为 21.9%、29.7%、24.9%，售予工业企业投资者替代售予其他投资者成为占比最高的退出方式。首次公开发行并非欧洲风险投资的主流退出方式，占比约在 5% 左右徘徊，这与欧洲风险投资主要投资于并购重组企业存在一定关系。具体如图 13-17 所示。

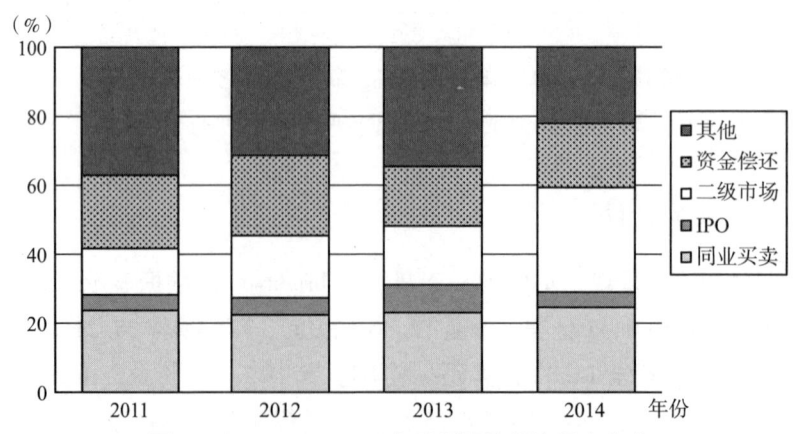

图 13-17　2011~2014 年欧洲风险投资退出方式

资料来源：EVCA Yearbook/PEREP Analytics。

（四）绩效分析

从专利数量上看，欧盟呈现平稳下降的趋势。2010~2014年欧洲互联网产业风险投资总额从52.7亿欧元锐减到44.1亿欧元，其产业专利数量也相应的由18092个减至13289个。与中美相似，两者的关系变化呈现正相关趋势。具体如图13-18所示。

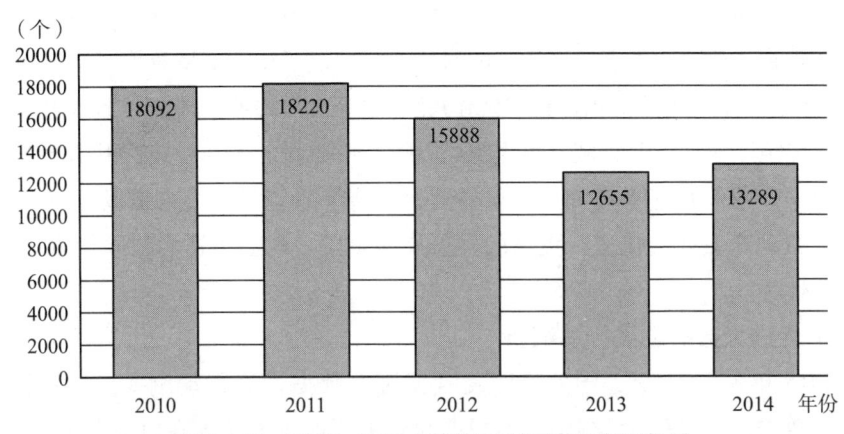

图13-18 2010~2014年欧洲互联网产业专利数量

数据来源：国家专利局。

第三节 代表性国家与区域的政策环境及其比较

一、中国

（一）产业政策

近年我国互联网产业的重点政策包含"互联网+战略"和"大数据发展纲要"。

1. "互联网+"战略

2015年3月5日，李克强总理在政府工作报告中提出"互联网+"行动计划，通过将经济社会各领域与互联网的创新成果深度结合，引领技术进步、效率提升和产业变革，拉动实体经济创新力和推动生产力的发展，形成以互联网为基础设施和创新要素的更广泛的经济社会发展新形态。该政策可以概括为以下三方面：

第一，刺激产业融合。充分发挥新知识和信息机制的内在驱动力，推动移动互联网、云计算、大数据、物联网等与现代制造业结合，转换和放大互联网在服务、技术、文化和渠道等方面的核心价值，进一步释放了互联网产业发展空间，为风险投资的进入奠定基础。

第二，推动重点目标。提出促进创业创新、协同制造、现代农业、智慧能源、惠普金融、公共服务、高效物流、电子商务、便捷交通、绿色生态、人工智能等若干新产业模式重点发展领域的目标，并制定了相关支持政策。从包括产品和服务形态、商业模式和结构、市场博弈规则等在内的各个环节、细节出发，系统优化传统产业和行业领域，这也为风险投资形成新的盈利模式打下基础。

第三，建立智能系统和垂直渠道。建立智能系统和垂直渠道以适应复杂性情景，带动产业社会化进入更高的发展周期阶段，建立更适合风险投资的互联网产业体系。

2. 促进大数据发展行动纲要

2015年8月31日，国务院印发《促进大数据发展行动纲要》，系统地部署了大数据发展工作。《纲要》对风险投资的影响主要体现在以下几个方面：

第一，加强顶层设计和统筹协调。依靠政府信息系统推动以及互联开放共享，重点进行政府信息平台整合，解决信息封闭问题，引导行业数据资源面向公众，引领社会发展，服务公众企业。通过政府行为为互联网产业提供数据信息服务，吸引风险资本进入。

第二，加大大数据关键技术研发、产业发展和人才培养力度，着力推进数据汇集与发掘。通过深化大数据在各行业创新应用，促进大数据产业向深层次探索，为风险投资开辟新的投资方向。

进入大数据时代，数据俨然成为了生产资料，任何行业和领域的活动都会产生有价值的数据。在大数据的推动下，拥有技术优势的互联网企业受益匪浅，纷纷抢占大数据市场，这也在很大程度上促进了风险投资资本的进入。

（二）绩效分析

"互联网+"战略和《促进大数据发展行动纲要》的提出确实对我国互联网产业的风险投资起到了巨大的促进作用。"互联网+"战略的提出充分带动了互联网产业链的发展，对提升互联网公司的发展潜能和创新能力有着显著的效果。而《促进大数据发展行动纲要》着重为互联网产业的进一步腾飞提供数据技术支持，扩展了互联网产业发展空间，有利于提高未来风险资本回报率。而这也正是风险资本的关注重点。

据 CVSOURCE 数据，2011~2014 年，我国互联网产业风投金额基本持平，2015 年实现大幅增长，全年产业累积风投总额 28614.45 亿元，同比增长 316.28%。风投总额大幅增长的同时，两大公共政策颁布。由此可见，良好宽松的政策环境以及优厚的政策红利切实释放了产业内资本活力，提升了产业发展潜能，推动了 2015 年互联网产业风险投资的热潮。具体如图 13-19 所示。

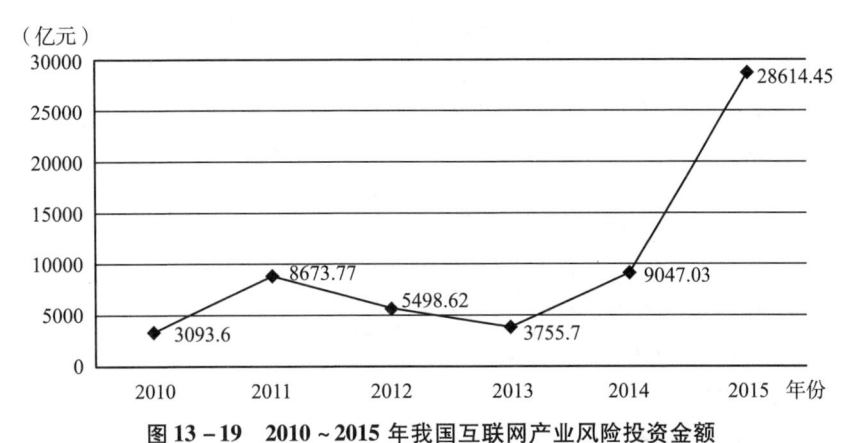

图 13-19　2010~2015 年我国互联网产业风险投资金额

数据来源：Cvsource。

二、美国

美国互联网产业既经历过 20 世纪末的繁荣发展，也经历过 21 世纪初的泡沫破裂。为了重振互联网产业，美国政府于 2011~2012 年分别提出《网络空间国际战略》与"工业互联网"战略，具体内容如表 13-1 所示。

表 13-1　　　　　　　　美国互联网产业公共政策

名称	主要内容
工业互联网战略	工业互联网联盟采用开放成员制，致力于开发一个"通用蓝图"，使各个厂商设备之间可以实现数据共享。通过制定通用标准，打破技术壁垒，利用互联网激活传统工业过程，更好地促进物理世界和数字世界的融合，引领产业融合与升级
网络空间国际战略	以美国利益为核心，联合包括友好国家、私人企业以及非政府组织等多干系方形成的一套完整的战略。通过建立基本规制进而发展基本路径，最后制定行为规范，引领美国互联网产业走向世界，这对风险资本投资提供了巨大的诱惑

三、欧盟

作为互联网产业起源地的欧盟,其产业发展却相对缓慢。为了振兴互联网产业,欧盟于 2015 年提出"数字一体化市场战略"与"网络中立"原则,旨在通过建立共享经济模式,改善产业落后的局面,并推动欧盟内部产业融合与升级。具体如表 13-2 所示。

表 13-2　　　　　　　　　欧盟互联网产业公共政策

名称	主要内容
数字一体化市场战略	(1) 出台促进跨境电商的政策措施,保障消费者权益;(2) 提供速度更快、价格更实惠的包裹递送服务;(3) 打破地域界限,改变同种商品不同成员国不同价的现状。数字一体化战略立足于创造有利于数字网络和服务繁荣发展的环境,针对欧盟不发达的互联网数字产业提出了协同发展的解决办法,为互联网风险投资拓宽领域
"网络中立"原则	(1) 解决欧盟日益增长的互联网使用需求和互联网通信基础设施发展相对滞后的紧张关系;(2) 对欧盟市场中普遍存在的流量干预限制行为进行规制,统一规范互联网服务管理。该政策着力于基础设施的建设以及产业规范,为风险投资进入该产业奠定基础

四、互联网战略比较分析

(一) 相似点

美国的互联网工业战略其实与我国的"互联网+"战略有着异曲同工之妙。通过大数据云计算等功能的运用,加强各行各业的联系并提升了整体生产能力,推动国家工业智能化水平的提高以及工业的均衡发展。而欧盟的产业政策主要针对本地区互联网产业发展水平不高的特点,通过共享经济模式,推动地区产业协同发展,与中美差异较大。具体如表 13-3 所示。

表 13-3　　　　　　　中美战略互联网产业战略的相似点

政策	互联网工业战略	互联网 + 工业
相同点	(1) 从推动力量来看,二者都体现了由大企业主导的产学研密切配合; (2) 从发展目标来看,打造智能化的产业体系、实现生产效率提升是两大战略的核心; (3) 从实现方法来看,依托互联网、物联网与大数据实现集成与互联是两大战略的基础	

（二）不同点

1. 战略理念

由于美国、中国、欧盟所处的政治历史以及投资环境差异巨大，因此三地的战略差异也十分明显。具体如表13-4所示。

表13-4　　　　　　　　　　中美欧互联网产业战略的差异

政策	内容
美国《网络空间战略》	从推动对象来看，《网络空间战略》一方面推动美国产业升级，另一方面使得网络成为美国向世界传播本国意识形态的工具。从推动目的来看，美国致力于利用互联网社交媒体平台等手段影响世界网络环境，取得网络话语权，实现霸权主义，最终形成美国互联网企业控制世界互联网的局面
欧盟《网络中立原则》	从推动目的来看，《网络中立原则》的提出主要是促进欧盟各成员国之间共享经济形成。通过共享模式，实现成员之间资源配置最优化，提升整个欧盟的产业创新能力，这也是针对欧盟长期以来互联网产业发展落后的局面所采取的有效方式
中国《促进大数据发展行动纲要》	从推动目的来看，《促进大数据发展行动纲要》的提出，主要针对我国互联网科技力量相对薄弱的特点，为推动我国互联网产业未来跨越式发展而做出的基础性建设

通过比较可以看出，美国作为互联网领域强国，其战略理念带有霸权主义色彩，其战略旨在引领美国互联网企业走向世界，鼓励风险投资走出去。而欧盟的战略旨在引领成员间协同发展，共同促进，以共享经济带动风险投资进入。中国由于互联网起步较晚，基础设施建设速度难以跟上跨越式的发展速度，因此，提出的战略主要针对基础建设，为风险投资的进入奠定基础。

2. 战略侧重

美国、中国、欧盟的战略侧重点也各有不同，具体如表13-5所示。

表13-5　　　　　　　　　　中美欧互联网产业战略的侧重点

政策	内容
中国《互联网+工业》战略	(1) 在产业链环节上，偏重生产制造的"硬"环节。立足"智能工厂"与"智能生产"两大主题，偏重生产与制造过程，旨在推进生产或服务模式由集中式控制向分散式增强型控制转变，实现高度灵活的个性化和数字化生产或服务 (2) 在发展重点上，强调生产过程的智能化。《互联网+工业》倡导以CPS为核心，将产品与生产设备之间、工厂与工厂之间的横向集成，实现生产系统的有机整合，进而实现生产过程的智能化与效率提升

政策	内容
美国《工业互联网》战略	(1) 在产业链环节上，偏重分析服务的"软"环节。工业互联网旨在形成开放且全球化的工业网络，实现通信、控制和计算的集合，在智能制造产业体系中偏重于设计、服务环节，注重物联网、互联网、大数据等对生产设备管理与服务性能的改善。 (2) 在发展重点上，强调生产设备的智能化。立足于全行业的信息资源，提高设备安全性与可靠性、降低能耗、物耗与维护费用等，同时，可以减少生产过程中的人力劳动需求，提高生产过程的柔性与智能化水平
欧洲《数字一体化》战略	(1) 在产业链环节上，偏重服务的"软"环节。数字一体化旨在打破欧盟境内的数字壁垒，实现大数据、云计算在欧盟境内的资源结合，以此带动互联网、物联网的发展。 (2) 在发展重点上，强调数字网络和服务繁荣。数字一体化立足于数据收集、开发、利用，为个人和企业提供更好数字产品和服务的同时，最大化实现数字经济的增长潜力

第四节 重点发展领域投资分析（一）——互联网金融

一、发展现状

（一）产业界定及其发展概况

互联网金融是指传统金融机构与互联网企业利用互联网技术和信息通信技术实现资金融通、支付、投资和信息中介服务的新型金融业务模式。互联网金融不是互联网与金融的简单相加，而是建立在完善、发达的 IT 技术系统上，利用其便携优势吸引用户，并被用户认可的新模式、新业务。

互联网金融起源于 20 世纪 90 年代中期，以 1995 年美国 SFNB 的诞生为标志。萌芽阶段主要建立在欧洲、日本等发达国家和地区。互联网金融在我国的发展较晚，直到 2012 年才开始成为经济热点。但在之后短短三年时间里，我国互联网金融行业经历爆发式的增长。据统计，我国 2015 年互联网金融的市场规模达到 10 万亿元。

据调查显示，我国目前拥有超过 1000 万家中小企业难以从传统金融机构获得融资。因此，定位于服务中小企业的互联网金融拥有相当广阔的市场空间。据预测显示，我国互联网金融未来五年的市场规模将保持 24.67% 的复合增长率，2020 年市场规模有望达到 43 万亿元。互联网金融也将凭借巨大的市场规模，持续吸引来自社会民众、企业界、投资界、监管机构和各级政府的目光。

(二) 全球风险投资发展现状

1. 投资规模

在产业总投资方面，2014年全球共发生543起互联网金融风险投资事件，同比增长54%。其中已披露的交易额达94.4亿美元，相比2013年增长近两倍，远高于同时期整体互联网产业的增长规模。具体如图13-20所示。

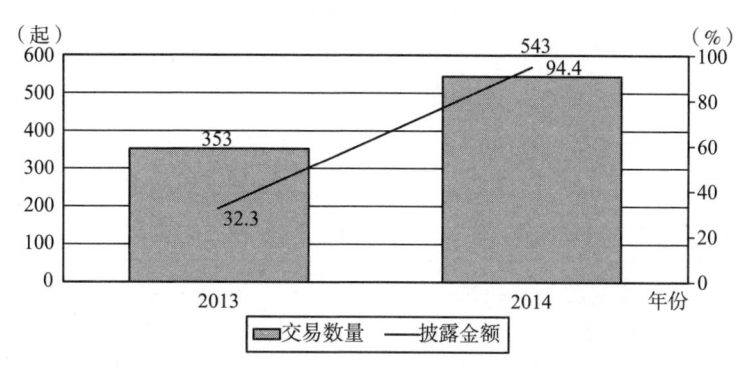

图13-20 2013~2014年全球互联网金融风险投资对比

数据来源：资本实验室。

从区域分布来看，互联网金融风险投资覆盖的国家和地区已有30多个，覆盖率远高于其他行业。其中，美国以258起交易数量、60.94亿美元交易额，排名全球首位；其次是中国市场，投资数量118起，披露交易额9.9亿美元；欧洲地区投资数量101起，披露交易额18.55亿美元。此外，在新兴发展地区，互联网金融行业风险投资也取得了不俗的进展，印度市场互联网金融产业披露的投资数量26起，交易额2.44亿美元，分别位列全球第四和第六。具体如图13-21所示。

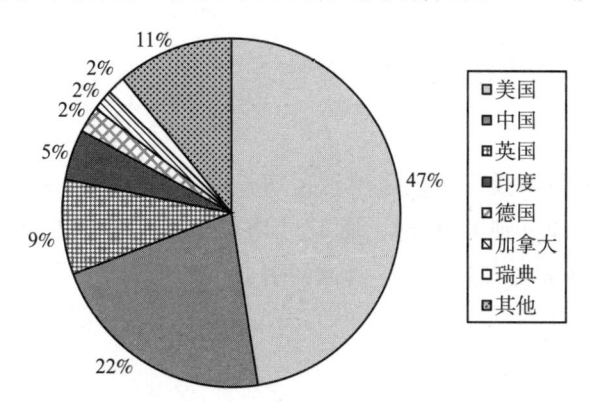

图13-21 2014年全球互联网金融风险投资区域分布占比情况

数据来源：资本实验室。

2. 投资领域

全球互联网金融风险投资细分领域呈现较为集中的态势。前三大细分领域融资平台、支付与汇兑平台、金融行业数字化配套服务商，披露金额分别为 35.28 亿美元、30.38 亿美元、11.5 亿美元，合计占比超过总额的七成。在细分领域内部，依然呈现集中投资。P2P 及相关垂直化贷款平台发生 33.06 亿美元的交易额，占融资平台风投金额的 93.71%；软硬件服务商投资发生 29.41 亿美元的交易额，占支付与汇兑平台金额的 96.81%。具体如图 13-22 所示。

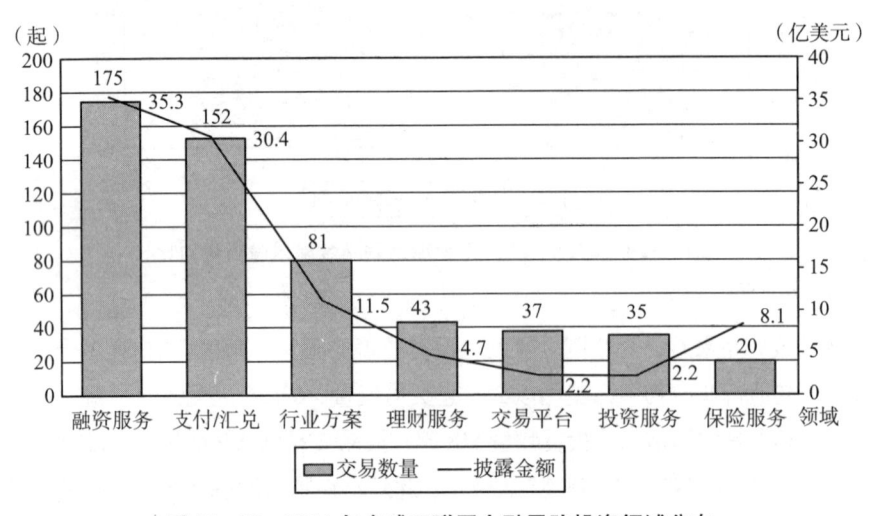

图 13-22 2014 年全球互联网金融风险投资领域分布

数据来源：资本实验室。

（三）国内风险投资发展现状

1. 投资规模

互联网金融风险投资规模呈现迅猛增长的态势。2013~2015 年，风险投资交易数量及规模分别由 76 起、18 亿元增长至 455 起、953 亿元，年均增长率分别为 244.54% 和 727.60%。具体如图 13-23 所示。

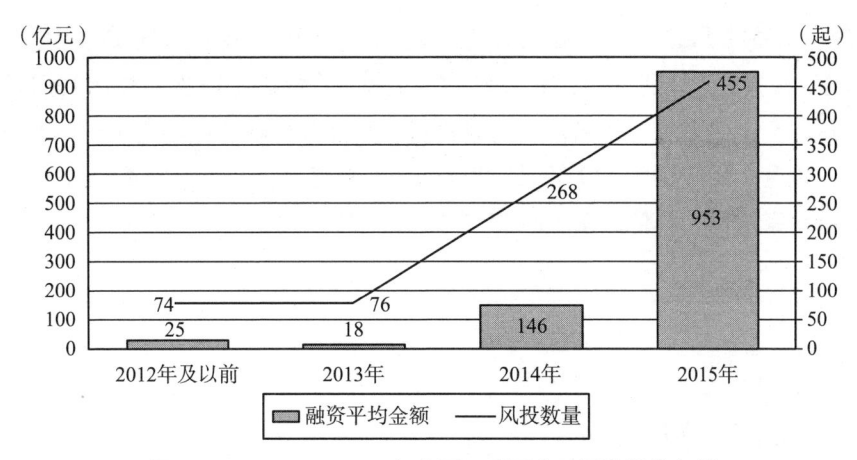

图 13-23　2012～2015 年我国互联网金融风险投资规模

数据来源：灿烂咨询、IT 桔子。

2. 投资领域

可将国内互联网金融风险投资领域进一步细分为网贷、支付、众筹和互联网保险等 11 个行业。融资排名前三的依次是综合金融、网贷和互联网理财，募集金额分别为 745 亿元、258 亿元和 151 亿元，三大领域合计占据互联网金融行业融资总金额的 78.45%。具体如图 13-24 所示。

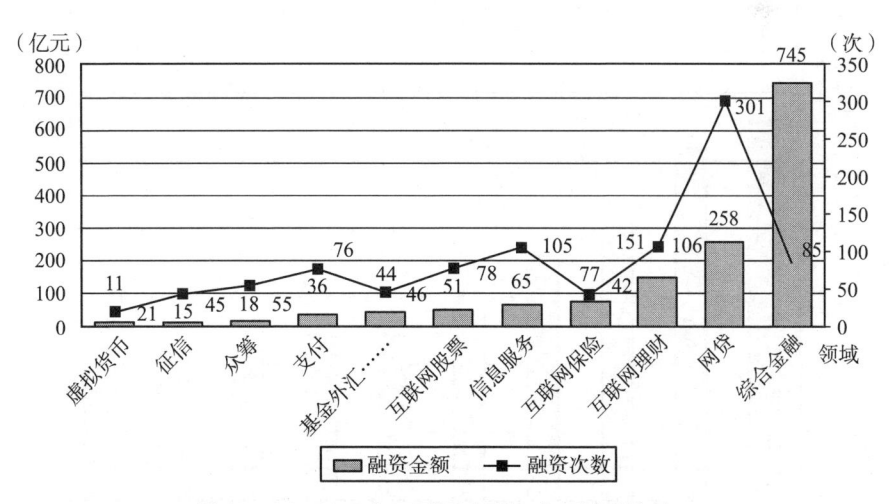

图 13-24　2015 年互联网金融细分领域融资情况

数据来源：盈灿咨询、IT 桔子。

3. 投资机构

2015 年我国参与投资互联网金融的各类机构总数为 2495 家，其中风投机构

673家。从领投项目数来看，排名前三的风投机构是IDG资本、红杉资本中国和险峰长春，投资次数分别为27、26和21次，而投资次数超过10次的共有9家机构。

从融资金额上看，排名前三的风投机构是国开金融、红杉资本中国和国泰君安，投资金额分别为120亿元、90亿元和86亿元，而投资资本超过20亿元的共有6家机构。具体如图13-25和图13-26所示。

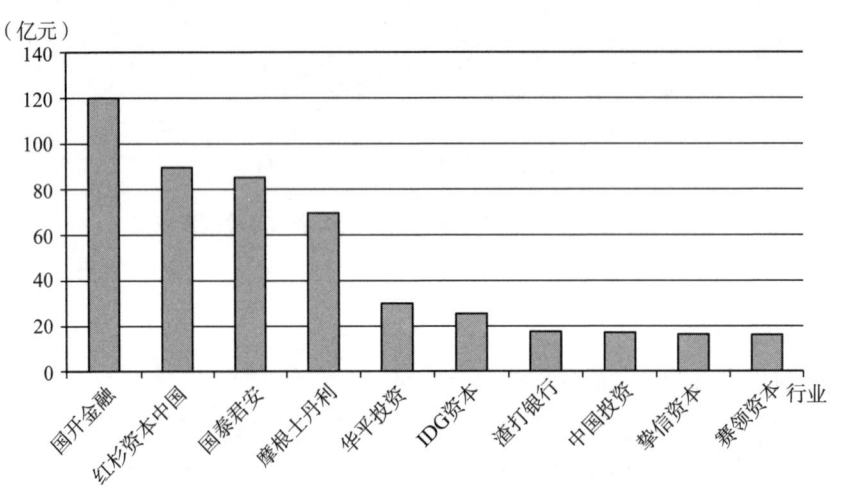

图13-25　2015年互联网金融行业风投排名（按领投项目融资金额）

数据来源：盈灿资讯、IT桔子。

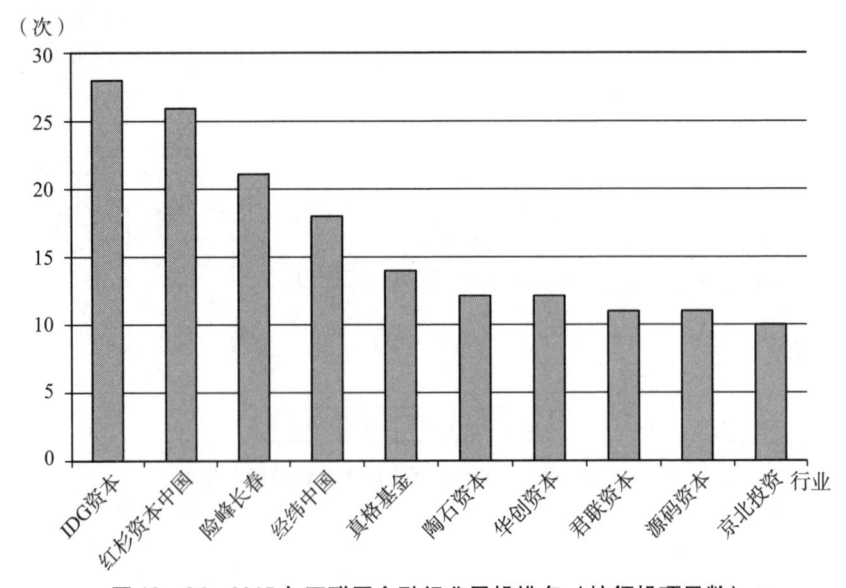

图13-26　2015年互联网金融行业风投排名（按领投项目数）

数据来源：盈灿资讯、IT桔子。

（四）行业风险

互联网金融风险投资飞速发展的过程中，也面临诸多风险。

第一，法律和监管套利风险。近年来互联网金融取得了瞩目的成就，背后重要原因之一便是法律监管体系的缺失。为数众多的金融资本游走于"灰色"地带，其套利行为缺乏有效监管。虽然近期互联网金融行业风险投资取得了不小的成就，但是长久监管的缺失必将导致行业乱象，最终阻碍风险投资的进一步发展。

第二，更加隐蔽的信用风险。互联网金融依托的是 IT 与网络平台大数据技术，有利于降低投融资双方的匹配成本。但由于网络难以对投融资主题展开有效的鉴别，网络征信系统尚未完善，最终可能导致信息失真、逆向选择等一系列更为隐蔽的问题，这也是导致风险投资失败的主要原因。

第三，非合规运营风险。当前我国的互联网金融进入门槛相对较低，这也导致了互联网金融机构数量的暴增。但由于进入门槛较低，其中不乏一批劣质的、缺乏抗风险能力和长期稳定盈利模式的互联网金融企业。如果没有有效的监管，长此以往会对风险投资在该领域的进入会产生不利影响。

第四，伴生的技术风险。互联网金融本质就是互联网与金融的结合，因此对计算机和网络技术拥有较强的依赖性，这也直接导致了较高的技术风险。在互联网金融的创新过程中，由于涉及 IT 技术衍生操作，不可避免会发生设施设备运营风险、交易数据泄露风险、操作失误风险、客户数据泄露风险、病毒入侵风险等问题。

第五，更高的流动性风险。期限配置和缺口管理是商业银行基本盈利机制之一，但由于传统银行受严格的指标管控，受到资本充足率、存款保险、风险拨备等条件的限制，流动性储备相对充足，流动性风险不可控的机率很小。与之不同的是，国家尚未对互联网企业制定严格的制约制度，从事金融的互联网企业相对自由，实质性流动性风险也更大，这也直接导致互联网金融投资风险的提高。

二、公共政策及其绩效

（一）政策工具

1. 国家政策

近五年来我国互联网金融的发展受到了严格的政府管制，国家对 P2P 行业、私募股权融资行业以及互联网支付业务进行了严格规范,与此同时,我国政府也积极出台相应政策以推动互联网金融的发展,与之相关的各项法律法规多达几十项。主要集中在以下几方面:

(1) 对网络借贷平台、私募股权融资平台的准入提出严格规范,整治不规范平台,鼓励规范平台的发展。

(2) 规范网络支付业务,全面覆盖因为新技术导致的规则盲区,推动网络支付尤其是移动网络支付的发展。

(3) 放开地方对互联网金融的补贴与支持政策,引导个别省市根据自己的优势制定匹配的互联网金融政策。

(4) 鼓励非互联网金融公司进入互联网行业,放开投资限制,推动风险资本进入互联网金融行业。

虽然我国互联网金融仍然处在初级阶段,但是以上相关内容的政策法规对我国互联网金融的发展起到了巨大的促进作用,随着我国政策的不断深入发展,必然会推动互联网金融向纵深领域发展,推动行业变革。具体政策分析如下。

第一,《私募股权众筹融资管理办法(试行)(征求意见稿)》

针对私募股权行业存在的诸如参与方法律地位不明确、业务重复、平台整体质量较差等问题,为了保障参与各方的合法权益,预防非法集资以及平台恶意欺诈等风险,促进风险投资在该领域的健康发展,2014年12月18日,中国证券业协会发布了《私募股权众筹融资管理办法(试行)(征求意见稿)》。这一政策对私募股权起到了有效的监督作用,避免了众筹行业无法可依的窘境。具体内容如表13-6所示。

表13-6 《私募股权众筹融资管理办法(试行)(征求意见稿)》

对象	内容
平台准入门槛及经营范围	(1) 资产不低于500万元人民币,具有3年以上金融或者信息技术行业从业经历的高级管理人员不少于2人;(2) 实行事后向证券业协会备案管理
投资者	投资者应当为不超过200人的特定对象。其中,单位投资者要求净资产不低于1000万元人民币;个人投资者要求金融资产不低于300万元人民币或最近三年个人年均收入不低于50万元人民币
融资者	(1) 要求融资者为中小微企业,不得向投资者承诺投资本金不受损失或者承诺最低收益;(2) 融资者需通过股权众筹平台向投资者发布真实的融资计划书

《管理办法》对于平台准入、投资者、融资者的进入条件都进行了严格的

限制，目的在于营造合理的投资环境，支持符合标准的优秀平台投资者，以提高行业发展水平，进而吸引风险投资的青睐。当然，《管理办法》依然有许多不完善的地方，例如：没有针对投资退出渠道以及融资者盈利模式的相关规定，与国际发达国家相比还存在一定差距。具体内容如表 13-7 所示。

表 13-7　　　　代表性发达国家私募股权众筹相关法律法规

国家	政策	内容
意大利	《关于创新初创企业通过网络门户筹集风险资本的规定》	意大利的法律强调针对性，根据投资者的不同投资情况制定针对性的法律法规，有利于规范和激发不同类型的风投资金投资
美国	《146 规则》	引入了受要约人的概念并做出严格规定，要求发行人在发出要约之前相信并且有合理理由相信受要约人具备评估投资价值风险所需要的商务知识和经验
英国	《关于网络众筹和通过其他方式推介不易变现证券的监管规则》	对具有较大风险并且变现能力较差的股权，给予投资者适度的保护

通过比较可以看出，意大利侧重于从投资者的角度出发来制定规则，最大化风投资金的进入；美国把私募股权平台投资者的调研责任全部赋予平台机构，提高了风险投资者进入的安全性与便捷性；而英国对投资者损失风险给予的保护更是从实际层面促进了风险投资的发展。综上所述，《私募股权众筹融资管理办法（试行）》的提出将对风险投资的进入起到积极的推动作用，但与发达国家相比，对风险投资的实质性促进作用依然有待加强。

第二，网络借贷信息中介机构业务活动管理暂行办法

针对近年来 P2P 行业倒闭潮、发展不规范、投资者投入风险大于回报等诸多问题，国家推出《网络借贷信息中介机构业务活动管理暂行办法》力图缓解这一不利于资本进入的现状。主要包含以下四方面内容：具体内容如表 13-8 所示。

表 13-8　　　《网络借贷信息中介机构业务活动管理暂行办法》

措施	内容
备案管理	《办法》规定，所有网贷机构均应在领取营业执照后向注册地金融监管部门备案登记，地方金融监管部门对备案后的网贷机构进行分类管理，并充分披露信息

续表

措施	内容
业务规则与风险管理	《办法》以负面清单形式划定了业务边界，明确提出不得吸收公众存款、不得归集资金设立资金池、不得自身为出借人提供任何形式的担保等十二项禁止性行为，对打着网贷旗号从事非法集资等违法违规行为，要坚决实施市场退出，按照相关法律和工作机制予以打击和取缔
出借人与借款人保护	《办法》设置了借款人和出借人的义务、合格出借人条件，明确对出借人风险承受能力进行评估和实行分级管理，通过风险揭示等措施保障出借人知情权和决策权
信息披露	《办法》规定网贷机构应履行的信息披露责任，充分披露借款人和融资项目的有关信息，并实时和定期披露网贷平台有关经营管理信息

《暂行办法》从出借人的角度出发，有效加强了对投资者的保护，并且对网络借贷平台进行了严格规范，限制其业务的活动范围，加强信息披露。这种从严治理的要求必将限制不规范的平台和投资行为，引导风险投资实现对行业发展的支持作用。当然，对照发达国家相关政策法律，我国还有很多需要借鉴的地方。具体内容如表 13-9 所示。

表 13-9　　　　　　　　部分发达国家网络借贷相关法律法规

政策	内容
美国《多德弗兰克法案》	针对消费者保护问题专门设立消费者金融保护局，旨在通过监管推动金融产品在市场中透明高效的运行，以促进其可接近性和创新性
韩国《电子商业基本法》	电子交易者规则范围之外使用该信息，需首先争得客户信息所有者书面同意，或者向任何第三方提供其通过电子商业途径收集到的个人信息

比较而言，美国更为注重融资项目的高效发展，通过给予进入风险资本足额回报来吸引风险资金的进入；韩国则致力于保障投资者的信息安全，侧重保护风险资本的隐私安全；我国对 P2P 行业风险投资的政策制订，应当在立足于基本国情的基础上，借鉴发达国家的先进政策，以实现真正促进行业风投发展的目的。

2. 地方政策

为积极响应国家政策，各省市也分别出台了相关政策。

第一,北京市海淀区人民政府发布《关于促进互联网金融创新发展的意见》

为促进互联网金融发展,北京市海淀区发布《关于促进互联网金融创新发展的意见》。具体内容如表13-10所示。

表13-10   《关于促进互联网金融创新发展的意见》

措施	内容
发挥当地IT产业优势	依托区域IT产业优势,吸引依托互联网、移动通信和大数据处理等技术机构在海淀区聚集发展
支持互联网金融企业在海淀注册设立	工商海淀分局要简化登记审核流程,缩短审核时间,提升审核效率。向市工商局积极争取在海淀区注册的企业名称中使用"金融信息服务"字样等字样
发起产业投资引导基金	纳入现有5亿元海淀区创业投资引导基金统一管理
资金支持	对于本地通过互联网金融模式开展中小微企业融资业务的机构予以支持,根据其业务量规模给予其风险补贴和业务增量补贴,补贴上限400万元

第二,广州市人民政府办公厅《关于推进互联网金融产业发展的实施意见》

要求把互联网金融产业作为广州金融中心建设与转型的突破口,抓住大数据时代互联网金融新机遇,敢于创新,勇于挑战,抓住机遇,全力建设。具体内容如表13-11所示。

表13-11   《关于推进互联网金融产业发展的实施意见》

措施	内容
建设广州金融大数据系统	依托政府公共信息平台,整合广州地区大型商业公司、电商企业、银行等数据信息,建设广州金融大数据系统,为互联网金融发展提供强大的后台支撑
成立互联网金融产业联盟服务平台	成立由金融机构、投资机构、互联网金融企业、互联网金融产业基地等组成的广州互联网金融产业联盟服务平台
资金支持	企业年利润总额达1亿元(含)以上的,一次性奖励1000万元;企业年利润总额1亿元以下、5000万元(含)以上的,一次性奖励500万元;企业年利润总额5000万元以下、2000万元(含)以上的,一次性奖励200万元

对比北京和广州我们可以看出,两地政府吸引资金对互联网金融的投资既有相似也有不同点。一是区位优势方面。北京有中关村,有发达的 IT 产业,有利于当地互联网产业与外来资本的结合;广州则是我国的商贸中心,通过商业贸易公司的数据建立大数据系统和产业服务平台,弥补 IT 产业落后的缺陷,为互联网金融的发展打好基础。二是资金扶持方面。北京重点针对创业期的公司进行补贴,而广州则致力于大企业的引入,这也与两地互联网金融发展水平的差距有着直接关系。

3. 税收补贴政策

在税收补贴方面,政府的政策分为资金支持和对投资补贴,具体内容如表 13 – 12 和表 13 – 13 所示。

表 13 – 12　　　　　　　　政府对互联网金融的资金支持

地区	政策
上海市	(1) 设立战略性新兴产业发展专项资金,对有特色的互联网金融产业基地制定有针对性的政策措施;(2) 设立专项投资基金,基金一期规模为 2.5 亿元人民币;(3) 设立长宁区创建"国家信息消费示范城区"专项资金,每年安排 5000 万元
贵阳市	(1) 根据实收资本,给予 50 万~500 万元的奖励;(2) 市、区(市、县)两级政府每年按照企业当年入库营业税及企业所得税地方留成部分的 50%,给予连续三年的奖励扶持资金;(3) 设置"贵阳市互联网金融创新奖"
深圳市	(1) 企业所得税年度达到 500 万元以上(含)后,参照深圳〔2009〕6 号银行类金融机构一级分支机构待遇享受相关政策,一次性奖励 200 万元;(2) 可申报互联网产业发展专项资金及金融创新奖
南京市	(1) 对经领导小组认定的互联网金融示范区一次性给予 100 万元的资金补贴;(2) 对经领导小组认定的互联网金融孵化器一次性给予 50 万元的资金支持

表 13 – 13　　　　　　　　政府对互联网金融的投资补贴

地区	政策
天津开发区	对于互联网金融企业上缴的营业税和企业所得税开发区留成部分,自开业年度起两年内,给予其 100% 的金融创新奖励,之后三年给予 50% 的奖励
北京海淀区	根据对海淀互联网金融产业发展的带动作用、区域贡献情况等给予一定的资金奖励,额度不超过其自注册或迁入年度起三年内区级财政贡献的 50%。
北京石景山区	(1) 三年内每年按其对区财政贡献额的 50% 提供金融创新资金支持。(2) 对互联网企业形成的地方财力、研发经费以及投资贷款给予一定的利息补贴

（二）绩效分析

互联网金融政策对资本的影响主要体现在三方面：（1）加强监管，逐步规范投融资平台，逐步整顿投资环境。（2）简政放权，放开金融支付业务，鼓励有条件的金融机构建设创新型互联网平台。（3）资金支持，通过税收以及政府补贴等直接手段，引导资金走向。下文将主要从投资规模和投资引导方面对互联网金融风投资金进行绩效分析。

从投资规模来看，2014~2015年互联网金融顶层政策的出台，对风险资本的进入起到了明显的刺激作用。一方面是2014年支付业务的放开，拓宽了互联网金融的投资领域，一年间风险投资金额同比增长711.11%；另一方面是当2015年融资平台事件频发时，及时出台严厉的监管与准入措施，并在税收与资金方面给予符合条件的互联网金融平台支持，当年该领域的风险投资金额同比增幅达到552.74%，风险投资的热情进一步释放。具体如图13-27所示。

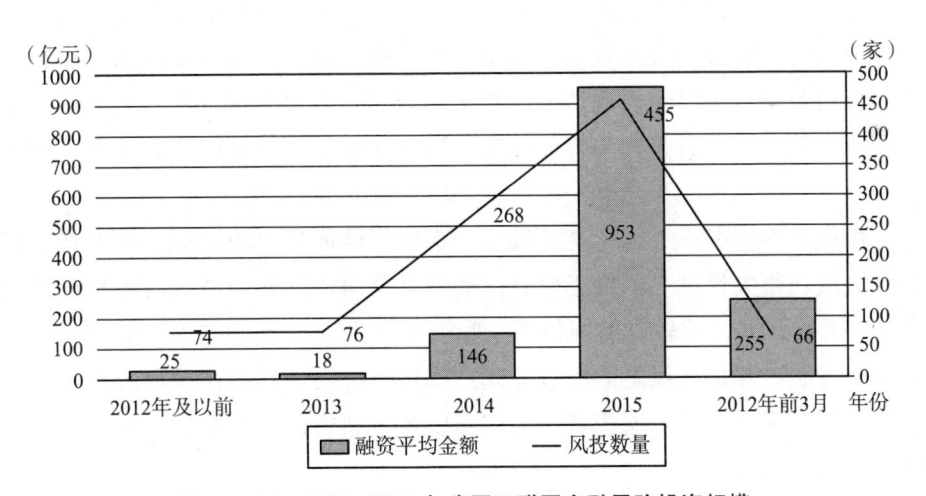

图 13-27　2012~2016年我国互联网金融风险投资规模

数据来源：资本实验室。

在投资引导方面，政策对互联网金融风投的引导作用尤为明显。一方面，支付业务的开通，使得互联网金融技术方案与配套服务领域的投资数量实现了100%的增长，并带动统计分析、网络征信、金融安全等一系列细分领域获得风险资本的重视；另一方面，提出P2P、私募股权众筹标准行业规范，推动投资平台的投资金额实现76%的增长率，该领域与互联网支付的结合，正在改变股票、外汇、期货交易的原有生态。综上所述，行业政策通过向市场释放投资信号，引领了投资的方向，有效吸引了风险资本的投资。

三、案例分析

（一）众贷

2013年4月2日，上线仅一个月的众贷网宣布破产，成为史上最短命的P2P网贷公司。该公司是海南众贷投资资讯公司旗下的子公司，总部位于海口市，注册资金仅1000万元，定位为中小微企业融资平台。通过众贷网第三方资产托管的方式，替投资者保管投资款，待项目审核后再由众贷网将资金准入借款人账户。

根据网贷平台统计显示，在仅有的一个月运营期间，众贷网共计融资400万元，其中绝大部分是风险投资资金。而公司倒闭的原因却是"栽"在一个项目上。拒公司法人代表卢儒化介绍，由于缺乏具有行业经验的审核人才，公司对项目审核时出现遗漏，对于一个300万元的融资项目重复抵押未能及时发现。在项目投资失败的情况下资金无法追回，最终导致了众贷网的破产。

众贷网不是第一个也不会是最后一个破产倒闭的P2P公司。P2P在中国的巨大成功很大程度上取决于监管的缺失以及通过互联网技术与小贷市场的精准对接。P2P行业较高的回报率，吸引着大量的投资者进入。但是高利率的驱使背后，却是高风险的投资方式。P2P网贷投资者往往投资的是银行不愿意放贷的客户群体，这些客户的信用以及盈利模式较为脆弱，势必会导致网贷的风险激增。

从图13-28可以看出，2015年以来主动停业的P2P平台逐步增加，累计停业数接近1500家，投资风险巨大。对此，政府颁布了一系列法律法规来严格规范P2P行业的发展，具体内容如表13-14所示。

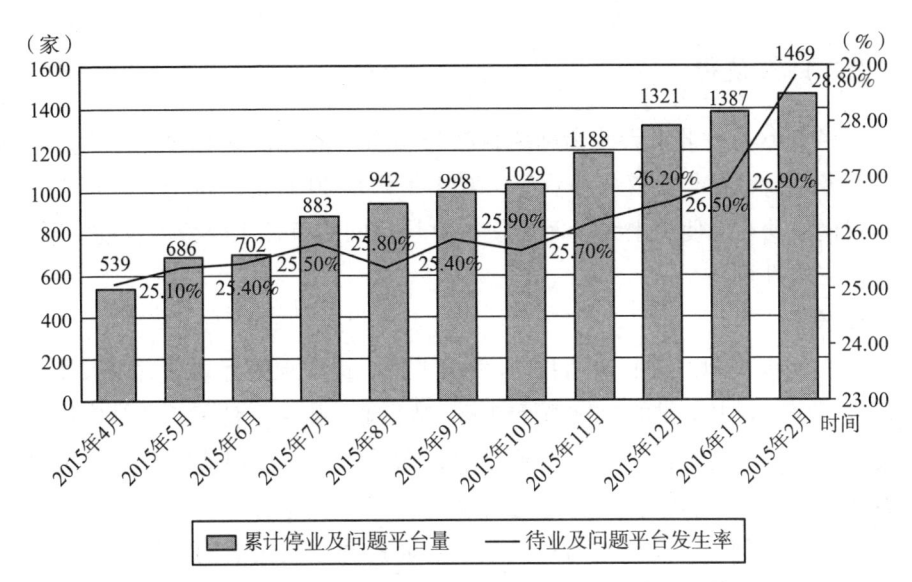

图 13-28　2015 年 4 月至 2016 年 2 月 P2P 平台停业情况

数据来源：资本实验室。

表 13-14　　　　　　　　　　P2P 行业的《监管办法》

政策	内容
P2P 行业的《监管办法》	（1）网络借贷信息中介机构应当实行自身资金与出借人和借款人资金的隔离管理，选择符合条件的银行业金融机构作为出借人与借款人的资金存管机构。 （2）"网络交易平台"实缴注册资金不低于 5000 万元人民币 （3）平台实际控股股东为政府、大型国有企业、主板或中小板上市公司、大型金融机构、知名互联网企业，或该平台已获得知名股权投资机构的投资 （4）投资人最近三年未发生重大风险事件等
网贷监管办法	规定地方金融监管部门为网贷行业的监管部门，对互联网金融企业实行备案制

　　通过分析以上法规可以看出，缺乏有效法规的引导是众贷网倒闭的重要原因。从注册资金量来看，众贷网仅为 1000 万元，为《监管办法》的五分之一，其结果是仅 300 万元的项目问题就导致了公司的资金链断裂。从控股方来看，众贷网的实际控制方海南众贷投资咨询公司，并不满足《监管办法》对网贷平台控股公司的规定。控股公司的不合格，导致众贷网管理层缺乏投资经验、项目审核能力不足，最终给公司造成不可挽回的损失。综上所述，政府 P2P 行业规范引导对行业发展起到举足轻重的作用。

（二）天使街

2014年6月，北京天使街网络科技公司旗下的天使街平台正式上线，其主营业务是投融资与股权众筹平台。2014年9月20日，定位于让残疾人工作的耳目网成功在天使街上线。而天使街对耳目网的审核主要分为投前、投中、和投后三块进行。

1. 投前

（1）初审："耳目网"项目在天使街平台上提交项目计划书后由天使街投资经理根据计划书提供的内容进行初审，从行业、财务、法律三个维度进行可行性分析，对"耳目网"工商注册信息，创始人个人信用信息及搜索引擎查询企业的信息是否真实有效进行逐项审核；（2）面审：天使街投资经理约谈了"耳目网"创始人进行一对一的面审，通过和创始人的沟通，更全面了解有关项目的信息，并对项目不完善的部分提出疑问和改善的建议；（3）终审：投资总监根据经理出具的投资报告，进行复审，最终确认"耳目网"项目成功上线。

2. 投中

（1）尽职调查：由专业投资人担任领投人的角色，天使街的投资经理配合"领投人"尽职调查，并出具了《尽职调查报告》，包括：公司的基本情况、创始人团队背景调查、财务数据调查、运营数据调查，对项目本身的信息进行了比较全面的披露；（2）股东人数控制：截至融资结束，共有15名股东投资"耳目网"，超额募集资金70万元，经过和创始人的协商，创始人愿意多出让4%的股份。股东的人数控制严格按照法律规定进行；（3）资金风险控制：投资人将投资款打入由天使街、耳目网、领投人共同建立的第三方账户，天使街平台不触碰投资款。

3. 投后

（1）每个季度定期对"耳目网"尽责调查，披露信息；（2）天使街于每年第一季度聘请会计师事务所对耳目网财务报告进行审计，"耳目网"负责提交当年的财务报表；（3）每年召开两次投资人大会，主创团队介绍投资状况并听取投资人意见；（4）天使街与"耳目网"创始人保持密切沟通，定期了解项目进展。

天使街的股权众筹业务的操作流程，是严格按照我国后续完善的股权众筹监管法律法规进行操作的，在各个环节上都设置了比较全面的风控体系。投前主要针对项目的真实性，确保项目方提供的信息真实有效。投中通过尽职调查，全面深入了解和披露项目具体信息，对可能存在的风险进行有效的处理和规避。投后风险控制的核心在于完善的信息披露。透过一系列规范化的管理，天使街切实保证了投资人的利益，让投资人能够真正有效的把握投资企业实时动态，这是吸引外来投资尤其是风险投资的重要保障。

第五节 重点发展领域投资分析（二）——电子商务

一、发展现状

（一）产业界定及其发展概况

电子商务是指通过信息网络技术，实现商品交换为中心的商务活动。即通过互联网上相关交易与服务，实现传统商业活动各环节的电子信息网络化。

从交易规模来看，2010~2014年，我国电子商务国内规模由4万亿元增长至12.3万亿元，年均增幅达32.42%，是同期GDP增幅的3~4倍。在细分领域方面，网络购物占比最大，所占份额为23%，交易规模达2.8万亿元，同比增幅48.7%。正是同年，中国超越美国成为全球最大的网络零售市场，网络购物对推动中国电子商务发展的重要性不言而喻。具体如图13-29所示。

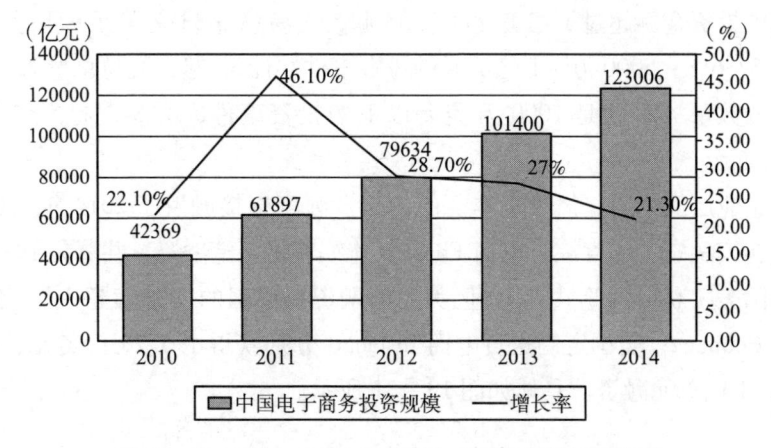

图13-29 2010~2014年中国电子商务规模及增长率

数据来源：广发证券研报。

(二) 全球风险投资发展现状

1. 投资规模

从投资数量来看，2014年电子商务行业发生风险投资723起，同比增长30%；从披露金额来看，行业风险投资交易额为144.4亿美元，同比增长139%。具体如图13-30所示。

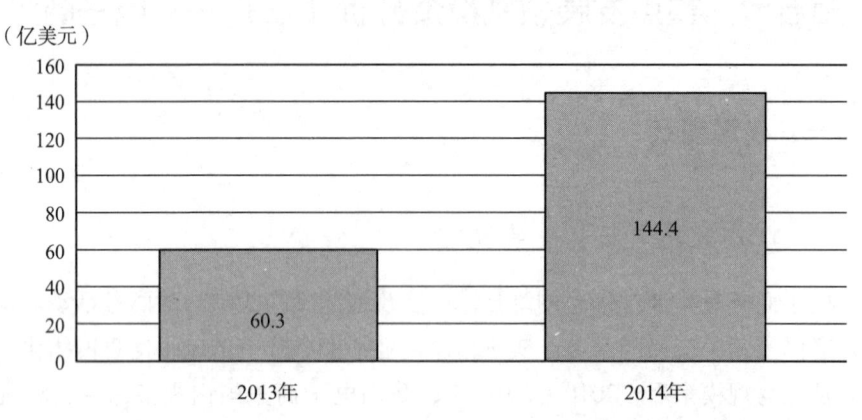

图13-30 2013~2014年全球电子商务风险投资与并购概览

数据来源：资本实验室。

2. 投资分布

2014年，风险投资交易呈现高度集中的特征。有披露交易额的事件共554起，其中投资金额超过1亿美元的共35起，交易总量33亿美元，占总交易额比重为57.6%；5000万~1亿美元的投资事件共计35起，交易总量22.2亿美元；投资数量最多的是1000万美元以下的投资事件，共343起，交易总量10.4亿美元。

从企业层面来看，风险资本空前的投资力度直接触发了2014年为数众多的大额连续融资：印度综合电商Flipkart连续获得3笔融资，共募集19.1亿美元；中国美团获得两笔共计10亿美元的融资；德国的"外卖超人"、韩国团购网站Coupang；美国定制送货电商Instacart分别获得了5.23亿美元、4亿美元和2.54亿美元融资。具体如图13-31所示。

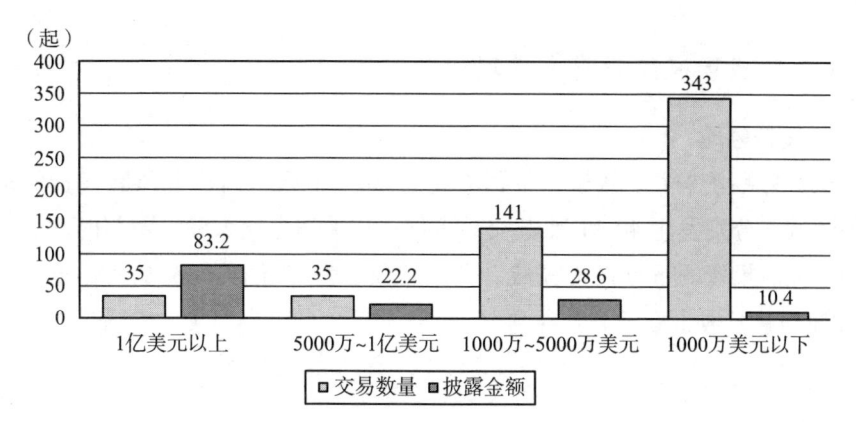

图 13-31　2014 年全球电子商务行业风险投资金额分布

数据来源：资本实验室。

3. 投资领域

从交易数量来看，电商细分领域交易数量排名前三的依次是餐饮、时装、服务电商。其中，餐饮与时装电商分别发生交易 116 起和 105 起；电商服务增势不减，共发生投资 99 起，交易额总计 7.3 亿美元。

从披露金额来看，综合电商占据总交易额的 38.8%，披露金额共计 56.1 亿美元。单笔交易额超过 1 亿美元的投资事件共计 35 起，其中综合电商占了 18 起，交易额共计 49.7 亿美元。具体如图 13-32 所示。

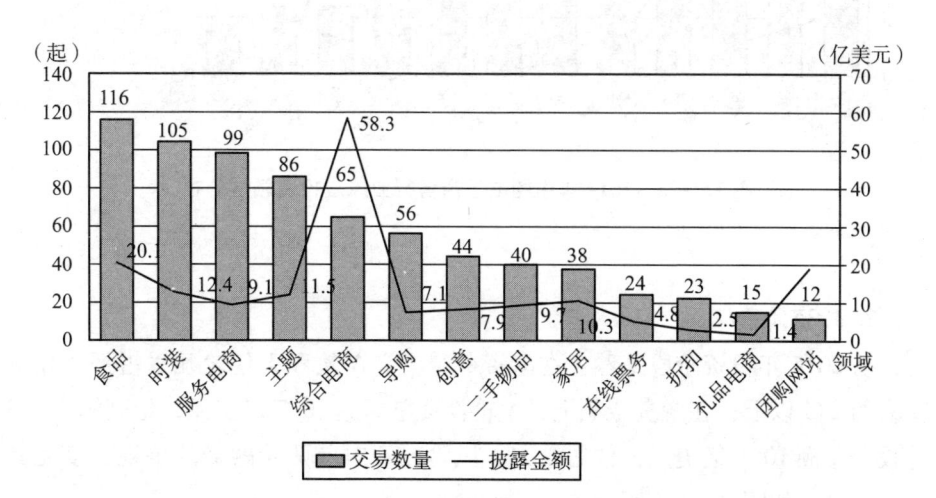

图 13-32　2014 年全球电子商务行业风险投资领域分布

数据来源：资本实验室。

(三) 我国风险投资发展现状

1. 投资领域

从交易数量来看，餐饮、主题电商是 2014 中国电商行业风险投资的重点交易领域，分别发生 40 和 35 起交易事件；从披露金额来看，团购网站及综合电商是风险投资的重点投资领域，交易额分别为 12 亿美元和 9.9 亿美元。具体如图 13-33 所示。

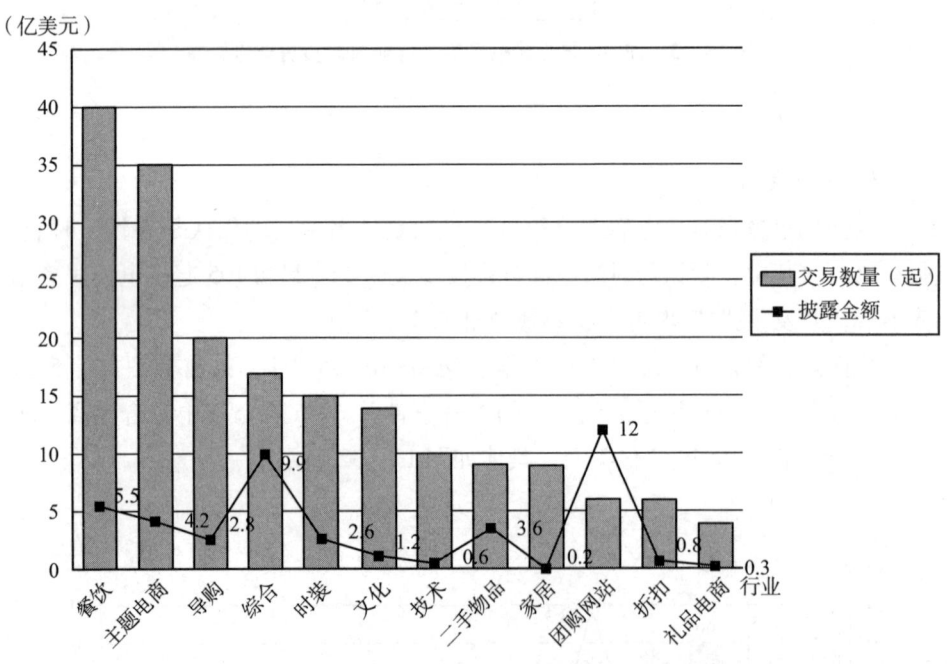

图 13-33　2014 年中国电子商务行业风险投资领域分布

数据来源：资本实验室。

2. 投资阶段

从 2015 年投资阶段来看：在融资数量上，A 轮和天使轮几乎占据了投资交易的 2/3 以上；在融资金额上，A 轮投资总额达 10.7 亿美元，位列第一；B 轮投资总额 10.1 亿美元，位居第二，风险投资对前两轮融资的重视程度尤其突出。具体如图 13-34 所示。

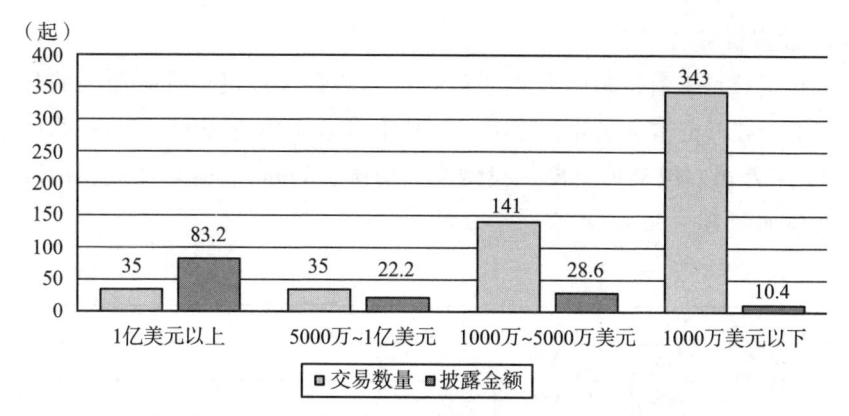

图 13-34　2015 电子商务风险融资轮次及金额分布

数据来源：中商情报网。

3. 投资区域

2015 年前三季度电子商务投资数量中，北京占据了其中的 90 起，占总投资数量比例为 33.3%，上海 68 起，占比 25.19%，广东和浙江分别为 43 和 28 起，占比 15.9% 和 10.4%。具体如图 13-35 所示。

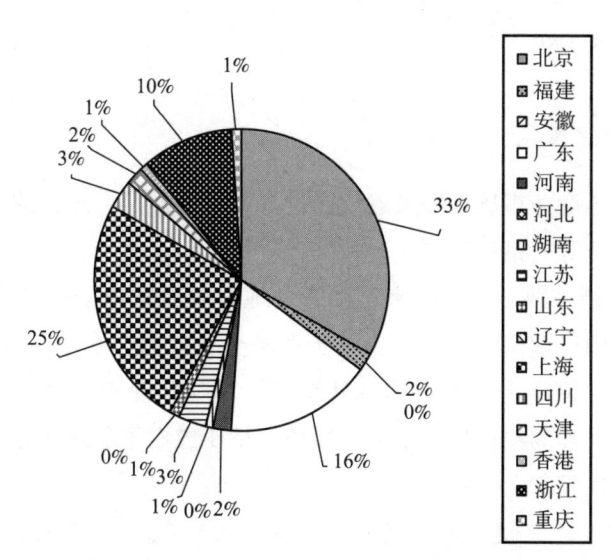

图 13-35　2015 前三季度电子商务投资区域分布

数据来源：中商情报网。

4. 投资机构

从投资数量来看，2015年电子商务行业活跃投资机构排名前三的分别是IDG资本、红杉资本中国和经纬中国。其中IDG资本在2015年前三季度中共参投11家公司，包括贝贝网、找钢网、街蜜、5miles、柯玛妮克、物流小秘等。具体如图13-36所示。

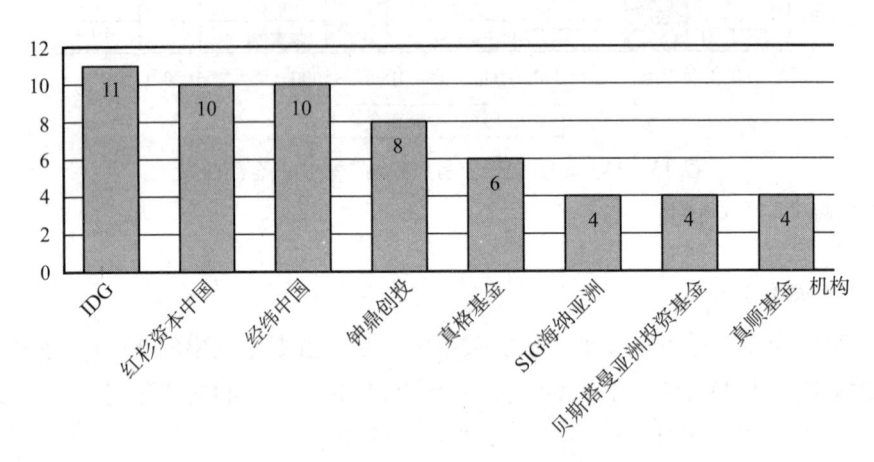

图13-36 2015年前三季度电子商务活跃机构投资

数据来源：中商情报网。

（四）行业风险

中国的电子商务市场规模虽然位居世界第一，但是，过快的发展却引发了例如政策不到位等一系列问题。

（1）政策措施缺位。近年来，尽管各地方政府把电子商务作为重点政策扶持对象，但源于前期欠缺规范，电子商务企业普遍存在小、散、乱的情况，多数处于"一根网线＋一台电脑＋几个人"的初级业态。由于缺乏产品差异化，电子商务企业间往往形成了相互模仿，挤压成本等的恶性竞争环境，最终也降低了投资回报率。

（2）专业人才欠缺。虽然电子商务从业人员众多，但是缺乏跨学科、多层次、实践型的复合型人才。从岗位上看，除了招聘客服人员容易，其他人才，例如：IT与金融复合型人才十分欠缺，或者即使引进也流动性很大。并且，人力资源对外招聘往往更重视制造业，对电子商务人才引进尚未达到足够的高度。而且，在人才培育方式上，我国本地电商培养机制尚未完善，这对本地电商的发展起到了不小的限制作用。因此,只有通过地方政府的资金政策扶持,以提高当地电商对人才的吸引力,才能从根本上改变局面,进而吸引风险资本的进入。

(3) 空间平台缺失。平台和空间,是电子商务发展的基础。但是我国目前相关配套基础设施和物流还很不完善,电商的场所主要以民房家居为主,离"电子商务园"的运营模式相距甚远。此外,物流企业本身也遭遇空间问题,导致发货量无法增加。如果没有国家政策的引导,这一环境很难改变,未来电子商务企业在发展过程中会受到很大的限制。

二、公共政策及其影响

(一) 法律法规

1. 国家政策

如附录所示,近5年来我国政府对电子商务采取的是相对积极和鼓励的政策,通过支持电子商务示范城建设,加强物流基础设施以及跨境电商建设等等,保证了产业健康有序的发展。具体如下:第一,简政放权,建立先进的电子商务示范城,支持地方政府推行适应本地需要的电子商务政策。第二,推动物流基础设施建设,为电子商务的未来打好基础。第三,扶持行业相关科技发展,重点推进物联网建设。

近年随着淘宝、京东的大力发展,我国电子商务规模取得了显著的突破,但是物流发展难以跟上电商发展速度的问题也凸显出来。货品数量的增长导致物流分类运输的难度加大、派送人力资本过高等。针对这一现象,2014年10月,财政部、商务部、国家邮政局下发《关于开展电子商务与物流快递协同发展试点有关问题的通知》,积极培育我国电子商务企业和平台,加快物流基础设施建设。具体内容如表13-15所示。

表13-15　《关于组织开展移动电子商务金融科技服务创新试点工作的通知》的措施和内容

措施	内容
快递物流园区建设	重点推进快递物流园区自动分拣、自动化立体仓库等应用的发展,采用物联网、云计算技术、大数据分析等信息化技术

续表

措施	内容
物流快递、仓配一体化项目建设	重点支持快件分拨中心、配送中心的建设，鼓励物流快递企业新技术的运用，对快件处理流水线、配送管理系统等进行信息化改造提升
推动智能自提柜使用	鼓励电商企业或智能自提柜建设运营企业在企事业、机关、写字楼、商住小区等快递投递量大的区域设置快递智能自提柜
推广"网订店取"自提模式	整合邮政服务网点、电商线下体验店、连锁超市门店及24小时便利店等现有网点资源，建设社区网购自提网点

通过扶持物流发展，推动大数据云计算的运用，提高物流派送的效率；通过建立自提柜，节约人力资本，降低派送成本；通过快递园区的建设，推动物流发展规模化、标准化。该《通知》针对电子商务发展基础物流建设，提出了切实可行的解决方式，为电子商务发展打开了空间，这也是刺激风险资本进入的最直接方式。

2. 地方政策

在国家政策大力支持电子商务的同时，地方政府也相继出台一系列政策给予配合：

第一，广东省发布《关于加快发展电子商务的意见》。继2012年启动"广货网上行"大力推进电子商务发展之后，广东省政府办公厅于2013年2月发布了《关于加快发展电子商务的意见》。它作为广东省政府首个电子商务发展意见，在扶持电子商务发展上有诸多政策突破。具体内容如表13-16所示。

表13-16　《关于加快发展电子商务的意见》的措施和内容

措施	内容
重点鼓励引进电商总部	(1) 电子商务企业出资最低限额将降低，首期最低可缴纳20%，其余2年内缴足。(2) 对新引进的知名电子商务企业总部，广东将给予一次性奖励。(3) 以电子商务企业当年实际缴纳入库的营业税、增值税和企业所得税的省级实得部分的一定比例为标准，其总部企业将获得省财政专项资金奖励
大力发展电子商务园区	各地级以上市的用地计划指标要优先保障本地电子商务标杆企业扩大经营、国内外龙头电子商务企业落户和重大电子商务项目建设。鼓励利用空置厂房、仓储用房等存量房产发展电子商务园区

针对广东省电商龙头缺失、行业发展相对落后的局面，政府在《意见》中重点加强电商投资的引进工作。通过对引进的龙头电商采取资金奖励，推动电子商务园区建设等措施，改善行业投资环境、引导外来资本。

第二，北京市《加强电子商务监督管理的意见》。为贯彻落实《北京市信息化促进条例》，规范网络交易行为，保护消费者、投资者合法权益，促进本市电子商务健康发展，依据有关法律法规的规定，结合北京市实际情况，提出针对性意见。具体内容如表13-17所示。

表13-17　《加强电子商务监督管理的意见》的措施和内容

措施	内容
严格落实电子商务经营主体准入规定	利用互联网从事经营活动的电子商务服务提供商，应当依法取得营业执照。将住宅作为经营场所从事电子商务经营活动的，其登记注册按照《关于解决无证照经营场的有关规定》执行
建立电子商务经营者信息公开制度	电子商务经营者应当在其设立的商务网站、网上商店或宣传网页首页下方，建立"电子商务经营者信息公示"链接，指向其信息公示子页面，所公示的主体资格信息必须真实。主体资格信息发生变更的，应及时予以更新

针对北京电商产业基础优异的局面，政府对政策的引导重点在于维持当地规范健康的投资环境，保持对外来资本的吸引力。

3. 税收财政补贴

除了整体宏观的政策、纲要，各地方政府还出台了一系列具体的推动措施，刺激该领域风投资金的进入，具体如表13-18和表13-19所示。

表13-18　政府对电子商务的财政补贴

地点	内容
上海市	对自2009年在该市注册开业的经认定的文化信息类企业，根据其实际到位的注册资本给予一次性开办扶持。注册资本在5000万、1000万、500万元以上的，分别给予50万、30万、20万元扶持。
浙江余杭	对新引进落户的电子商务企业，按照不超过项目实际投资额的3%给予一次性资助
成都	对首次加入电子商务平台开展交易活动、并且已经签订2010年服务协议并支付服务费用的应用企业，按平台收取服务费用的50%给予补贴

表 13-19　　　　　　　政府对电子商务的税收补贴

地区	内容
上海市	对自2009年以来在该市注册的、经认定的文化信息类企业，自实际经营起五年内，对企业在从事文化信息经营活动中缴纳的营业税、增值税、企业所得税所形成的区、镇两级地方财力部分，前二年给予全额扶持，后三年给予减半扶持
浙江余杭	对于电子商务企业（包括电子商务配套企业）将注册地及纳税地迁入或在余杭区新设立电子商务企业的，迁入和设立第一、二年，区财政最高给予企业对地方财政贡献的50%，用于支持该企业的项目建设，第三至第五年，区财政最高给予企业对地方财政贡献的25%，用于支持该企业的项目建设
成都	对引进的电子商务总部企业实际缴纳入库的营业税、增值税和企业所得税，按市、县两级地方实得部分，分别在市、县两级的服务业引导资金中给予总部企业50%的奖励

（二）绩效分析

电子商务政策对资本的影响主要分为两大方面：一方面，大力推动电子商务示范城市的建设；另一方面，进一步完善物流设施、配件技术以及大数据运用等基础设施，下文将通过投资规模与引导投资方面进行具体分析。

从投资规模来看，电商风投在政策刺激下实现了两波大幅增长。第一阶段为2010~2011年，建立电子示范城市，推动电子商务园区建设等重磅政策的推出，直接刺激了风险资本的进入，一年间风险投资金额同比增长91.67%；第二阶段为2013~2015年，国家通过推动物流等配套设施建设、支持农村电商发展、建立实验区等等，完善了电商产业的配套基础设施，电商风投金额年均增幅高达201.74%。这种阶段性的大幅增长，足以凸显政策对风险投资的重要支撑作用。具体如图13-37所示。

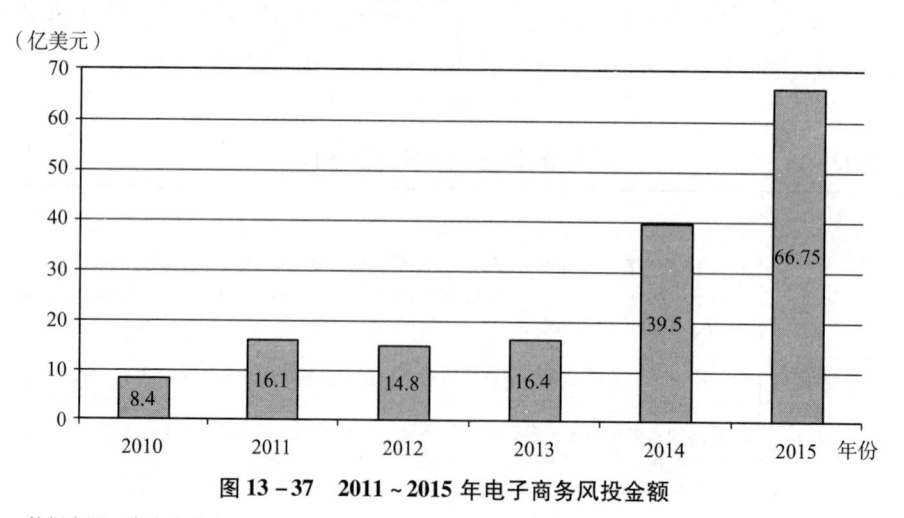

图 13-37　2011~2015年电子商务风投金额

数据来源：资本实验室。

从引导投资方面，一方面，由于大数据分析的推动以及基础服务配套设施的建设，中国电商开始向垂直化和细分化进行深耕；另一方面，在政策的大力支持下，跨境电商成为创业投资的新领域。综上所述，行业政策通过引导电子商务行业的发展方向，向市场发送信号，极大地刺激了风险资本的进入，有效实现风险投资对该行业的支持作用。

三、案例分析

（一）阿里巴巴

1. VIE 模式的合法性（从阿里巴巴看政策对电子商务创业投资的影响）

1999 年 3 月，马云从亲友处筹集 50 万元作为创业资本，开始在中国杭州运作英文网站。由于该网站当时还不是一个合法注册的公司，马云也请蔡崇信帮助他设立公司并寻求资本。他们分析了新浪、搜狐和网易三家互联网公司的法律结构，借鉴了它们的资本运作模式（VIE 模式）。为了躲避政府监管引进外资，阿里巴巴采用了错综复杂的博弈策略，使资本运作表面上符合中国法律要求。这样，阿里巴巴在中国监管者的眼中是中国企业，在境外投资者看来又是外资企业。毫无疑问，让阿里巴巴戴上"洋帽子"绕着走，是马云模仿其他企业与政府博弈的无奈之举，是由于政策不完善导致的创业问题。

2011 年初，央行向阿里巴巴发函确认其是否存在外资或协议控制，为了符合央行规定并躲避国务院的另外审核，马云便终止了阿里巴巴与支付宝的协议控制（VIE 模式）。不难看出，在无法改变既有监管规则和外资控制的情况下，马云迫于控制权及"合法性"压力不断向政府靠近，不得不积极与政府"合作博弈"，使阿里巴巴尽快摆脱失控及"合法性"困扰。

2. 支付宝业务

2009 年初，雅虎不仅开始与阿里巴巴出现业务冲突，而且一再拒绝马云回购股权的请求。更加糟糕的是，根据双方融资协议，2010 年下半年雅虎作为阿里巴巴的大股东，可以像阿里巴巴管理层一样任命两名董事，加上软银可以委任的另外一名董事，阿里巴巴管理层很轻易就丧失了经营决策权。同时，回购雅虎股权的协商却一再受阻，雅虎作为外国投资者控制着阿里巴巴的大量股份，而且可以通过协议控制支付宝业务，让中国监管机构和马云都深感忧虑。

为了化解来自法律监管的巨大压力，从 2011 年上半年开始，马云和中国政府高层多次沟通。政府也曾多次邀请马云参加政企交流，灵活地处理各级政府和监管机构的关系，使马云逐渐得到中国政府的信赖和支持。2010年中旬，中国人民银行出台《非金融机构支付服务管理办法》，规定支付宝在内的第三方支付企业必须申请经营牌照，同时要求存在外资的企业申请牌照需要经国务院批准。而且，央行规定2011年9月前未拿到牌照的企业都不得继续支付业务。2010年8月，为了绕过国务院对外资的另外审批程序，并为了第一批拿到第三方支付业务运营牌照，雅虎不得不让马云将支付宝剩余的30%所有权也转移至自己名下。可以说，马云也通过配合国家的政策摆脱了雅虎对支付宝的控制。

3. 上市缺陷

阿里巴巴选择到境外上市时，就把监管相对宽松的香港作为上市首选地，但是其股权结构与香港上市条例中的同股同权规定发生冲突。为此，阿里巴巴花费很长时间与港交所沟通，希望港交所和香港证监会对"合伙人制度"破例，但是掌握最终决定权的香港证监会短期内无法修改上市规则，因为从公众咨询过渡到修改程序需要漫长的过程。最终，阿里巴巴与港交所的协商陷入僵局，阿里巴巴只得放弃香港上市。

有研究表明，尽管中国正在进行改革，但是政府对国内企业的创办依然有着重大影响，这种影响使得创办企业异常艰难。从上市安排来看，中国境内上市依靠行政安排而不是根据市场需求，企业上市受境内资本市场融资成本和市场容量限制。从上市监管角度来看，由于监管严重偏离现实需求，造成排队等候上市的企业常年扎堆，这也导致企业与政府官员的关系至关重要。为了获得政府在证照、融资等方面的支持，私营企业每年不得不花费大量精力维持或提升政府关系，这也直接造成了资源配置的无效率。

第六节 附 录

具体内容如表13-20和表13-21所示。

表13-20　　　　　　　　互联网金融相关法律法规

时间	文件	主要内容
2010年9月1日	人民银行：《非金融机构支付服务管理办法》	规范网上支付市场过度竞争

续表

时间	文件	主要内容
2012年1月5日	人民银行：《支付机构互联网支付业务管理办法》	为客户安全设立了保障，为将来各种创新技术如指纹、人脸识别等在金融领域的进一步广泛应用留出了空间
2012年11月1日	人民银行：《支付机构预付卡业务管理办法》	正确区分预付卡业务类型、明晰预付卡监管主体
2013年3月7日	支付清算协会：关于印发《支付机构互联网支付业务风险防范指引》的通知	完善支付业务风险防范机制，提高行业风险管理水平
2014年3月14日	中国人民银行支付结算公司暂停支付宝公司线下条码支付等业务意见函	叫停包括二维码支付、虚拟信用卡在内的创新业务，对存在风险隐患新技术进行整治
2014年3月18日	人民银行：《关于手机支付业务发展的指导意见全文及起草说明》	首次对移动互联网支付提出规范意见
2014年3月18日	人民银行：《支付机构网络支付业务管理办法》	
2014年4月3日	银监会、人民银行：《关于加强商业银行与第三方支付机构合作业务管理的通知》	从保护客户资金安全和信息安全出发，涉及客户身份认证、信息安全、交易限额、交易通知、赔付责任、第三方支付机构资质和行为、银行的相关风险管控
2014年4月15日	中国保险监督管理委员会对《关于规范人身保险公司经营互联网保险有关问题的通知》	推动金融公司进军互联网领域
2014年12月18日	中国证券业协会：《私募股权众筹融资管理办法》	对平台以及投融资的制定了准入标准
2015年7月18日	中国人民银行、工业信息化部、公安部、财政部、工商总局、法制办、银监会、国家互联网信息办公室保监会：《关于促进互联网金融健康发展的指导意见》	(1) 简政放权，放开地方各省针对互联网金融的优惠。(2) 明确互联网金融监管责任。(3) 客户资金的第三方存管制度引起业界普遍的关注。(4) 鼓励创新
2015年7月31日	人民银行：《非银行支付机构网络支付业务管理办法》	为支付机构提供了差异化的创新支撑，充分发挥政策引导和市场机制的作用
2015年9月1日	最高人民法院：《关于审理民间借贷案件适用法律若干问题的规定》	首次明确了P2P网络借贷的法律责任，同时对民间借贷利率上限、定义范围、事先未约定利率、逾期利率及复利等问题做了具体规定
2015年10月1日	保监会：《互联网保险业务监管暂行办法》	一是明晰保险中介机构的定义，为保险中介结构参与互联网保险指明了方向、提供了空间；二是厘清了自建平台、第三方平台以及与第三方合作平台的关系；三是在经营范围上相较于《征求意见稿》做出了很大的明确
2015年12月28日	银监会：《网络借贷信息中介机构业务活动管理暂行办法》	通过备案管理、业务规则与风险管理、出借人与借款人保护、信息披露等方式规范P2P行业

表 13-21　　　　　　　　　电子商务相关政策法规

时间	文件	主要内容
2010 年 10 月	商务部：《"十二五"电子商务示范城市创建工作指导意见》	率先推动发到地区建立电子商务示范城市，验证各类法规的合理性，推广电子商务的发展
2012 年 2 月	八部委：《关于促进电子商务健康快速发展有关工作的通知》	(1) 推动商贸流通领域电子商务应用的健康快速发展。(2) 规范电子支付，推广金融 IC 卡应用。(3) 建立电子商务信用服务体系。(4) 研究跨境贸易电子商务便利化措施。(5) 积极推进电子商务标准化建设
2012 年 2 月	国务院：《关于推进物联网有序健康发展的指导意见》	(1) 统筹物联网各关键环节协同发展。(2) 统筹物联网的区域发展定位。(3) 重点扶持核心技术发展
2012 年 3 月	商务部：《关于利用电子商务平台开展对外贸易的若干意见》	着力提升企业利用电子商务平台开展对外贸易水平，加强利用电子商务平台开展对外贸易的支持
2012 年 10 月	商务部：《电子商务企业资质认定标准》	制定出我国电子商务企业不同类型与不同商业模式的资质认定评价指标
2013 年 2 月	国务院：《关于推进物联网有序健康发展的指导意见》	推动快递园区、自提柜等建设
2014 年 5 月	国家发改委、中国人民银行：《关于组织开展移动电子商务金融科技服务创新试点工作的通知》	(1) 推动移动金融安全可信公共服务平台建设。(2) 开展国家电子商务示范城市移动电子商务金融科技服务创新试点
2014 年 7 月	海关总署：《关于跨境贸易电子商务进出境货物、物品有关监管事宜的公告》	明确规定了通过与海关联网的电子商务平台进行跨境交易的进出境货物、物品范围，以及数据传输、企业备案、申报方式、监管要求等事项
2014 年 10 月	财政部、商务部、国家邮政局：《关于开展电子商务与物流快递协同发展试点有关问题的通知》	(1) 统筹规划基础设施建设。(2) 推行运营车辆规范化。(3) 解决末端配送难题。(4) 鼓励电商企业与物流快递企业合作。(5) 财政支持建设改造城市电商物流快递公益性基础设施与服务系统。(6) 对邮政等大型物流快递企业按规定更新改造末端配送车辆并给予适当补助
2015 年 10 月	国务院办公厅：《关于促进农村电子商务加快发展的指导意见》	加强政府对农村电子商务的资金支持以及基础设施建设，提高金融的支持力度
2016 年 2 月	国务院：《关于同意在天津等 12 个城市设立跨境电子商务综合试验区的批复》	简政放权，在天津、上海、重庆等 12 座城市建立跨境电子商务综合实验去，允许各地在国家政策背景下设立具有地域特色的政策法规以及财政扶持政策

第十四章　重点城市风险投资与公共政策[*]

就我国的风险投资发展而言，北京、上海和深圳是我国当前风险投资环境与政策发展最为完善的地区。本章将以北京、上海、深圳三地作为我国风险投资发展重点城市的典型代表，对其风险投资环境和政策进行比较分析，梳理其中的共性和差异，希望能从中了解我国的风险投资发展环境和公共政策的优化趋势，以促进风险投资的发展。

第一节　重点城市的风险投资环境

适宜的支撑环境是风险投资业蓬勃发展的基本前提，此处环境包括经济环境、金融环境、创新环境、制度环境以及政策环境五方面，但本节仅讨论前四个方面，政策环境将在后两节进行重点论述。良好的经济环境可以释放信号吸引更多风险投资家和风险资本进入市场，为风险投资提供资金支持；金融环境则影响风险投资的资金来源、组织形式、发展模式以及退出形式等；创新环境方面，较强创新能力对风险投资规模具有显著的促进作用；制度环境方面，已有研究表明导致中国与欧美以及东亚与西方的风险投资存在差异的重要原因是制度环境。下面，我们将从这四方面对比分析北京、深圳和上海的风险投资环境。

一、经济环境

一个地区的风险投资发展与当地的经济环境是密不可分的。这里经济环境

---

[*] 本章由暨南大学产业经济研究院郑丽霞执笔。

主要包括两方面内容：一是经济发展水平。根据表14-1，从生产总值来看，2014年上海市的生产总值最高，为21602.12亿元；北京次之，为19500.56亿元；尽管深圳略低，但是深圳的人均生产总产值却远高于北京和上海，为46.78万元，是北京、上海的3倍左右。从经济增长速度来看，深圳市的经济发展是最快速的，GDP增速达11.97%，远高于全国平均水平，北京市GDP增速也达9.07%，上海的GDP增速较慢，只有7.04%。二是经济结构。由图14-1可以看出，北京、上海和深圳的第三产业产值均在GDP中占比最大。不同的是，深圳地区第二产业和第三产业几乎是持平，而北京地区的第三产业却占了绝大比例，远超第二产业。

表14-1　　　　　　　2014年北京、上海、深圳的宏观经济指标

地区	生产总值（亿元）	人均生产总值（元）	GDP增速（%）
北京	19500.56	148181	9.07
上海	21602.12	150853	7.04
深圳	14500.23	467749	11.97

数据来源：根据《中国统计年鉴》整理。

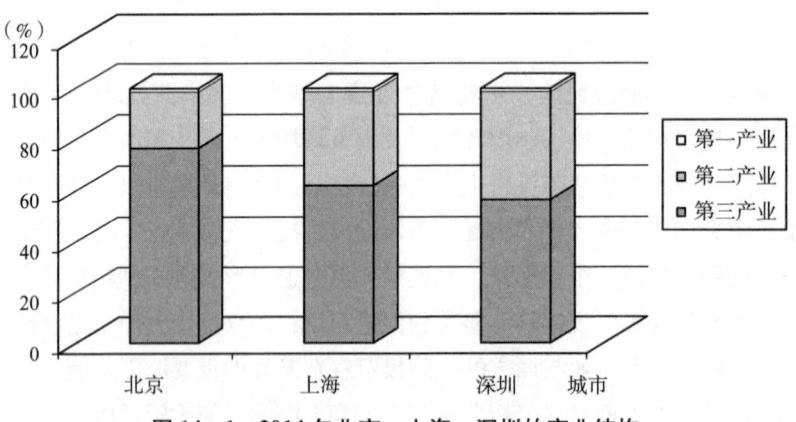

图14-1　2014年北京、上海、深圳的产业结构

二、金融环境

通常，风险投资的发展离不开良好的金融环境。实际上，三个城市的金融环境也存在很大的不同，这主要体现在两个方面：一是金融机构。从数量分布

上看，由表14-2可知，三市的金融机构数量庞大，北京和上海超过5000家，其中小规模（收入1000万元以下）的金融机构占比达95%；北京市金融机构的规模较大，有55家收入在50亿元以上，而上海拥有23家，深圳仅13家。从实力分布来看，根据图14-2，北京市金融机构综合实力最强，但其证券类机构是短板，实力较弱；上海市各类金融机构之间实力旗鼓相当，与北京、深圳相比，国际化程度高；深圳市金融机构总体实力不敌北京和上海，但仅从证券类机构来看，其实力超过北京。

表14-2　　　　　　　　三市金融机构数量和收入规模

数量 \ 规模	50亿元以上	10亿~50亿元	1亿~10亿元	1000万~5000万元	5000万~1亿元	1000万以下
北京	55	76	103	47	37	5337
上海	23	52	125	93	45	6644
深圳	13	28	60	34	23	4626

数据来源：Wind资讯。

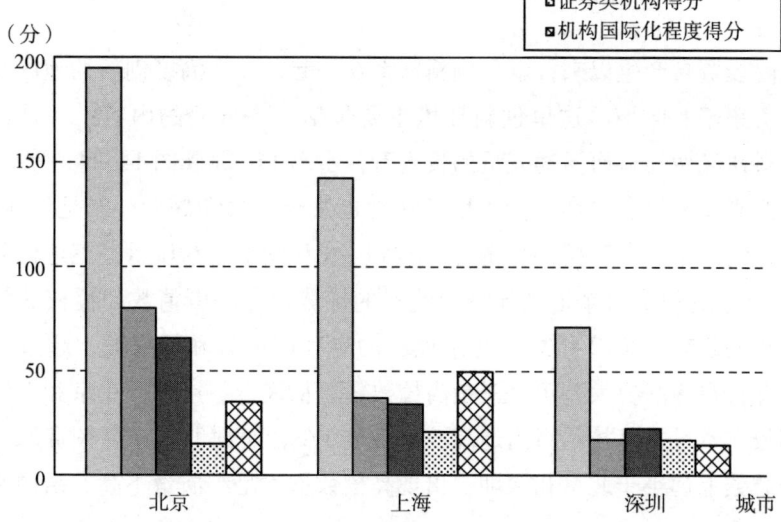

图14-2　三市金融机构实力得分

数据来源：中国金融中心指数报告。

二是金融市场。根据表14-3,从金融市场规模来看,三地的上市企业数超200家,金融市场发达,为风险资本的筹措和顺利退出提供有力支持。从资本市场层次来看,上海中小板和创业板企业数量少,多层次资本市场建设有待加强;北京的上市公司中主板和创业板企业数量多,中小板企业需进一步发展;深圳上市公司在三个上市板块数量分布较为均匀,不同层次的资本市场建设较为同步。表14-3列出了截至2016年末北京、上海和深圳的主板上市公司情况。

表14-3　　2016年末主板上市公司情况

地区	累计企业数（家）				新增企业数（家）	总市值（亿元）	首发融资额（亿元）
	总计	主板	中小板	创业板			
北京	282	148	48	86	17	150500	8259
上海	237	168	29	40	17	55512	2478
深圳	231	75	94	62	29	48184	2026

数据来源：Wind资讯。

三、创新环境

风险投资自产生以来,就与创新联系在一起,一个高度创新的地区往往是风险投资集聚的区域。这里创新环境主要包括三个方面的内容:一是创新投入。从科研经费与科研活动人员的投入看,由图14-3和图14-4可知,北京的投入远高于上海和深圳,投入增长速度也快于上海和深圳。二是创新产出。从专利申请数量及专利授权数量看,图14-5和图14-6显示,三地创新产出在2012年前并没有哪个地区显现出绝对的优势,专利申请数和授权数均呈现逐年增长的趋势,2012年后,北京地区的专利申请数和授权数,超过上海和深圳,并且在逐渐拉大差距。三是高校数量。从表14-4看,北京和上海都有众多高校,本科类高校约占当地高校总数的1/2,而深圳则在高校资源上相对匮乏,总数上远小于北京和深圳,出现高校数量不足、质量不高、结构不合理等问题。

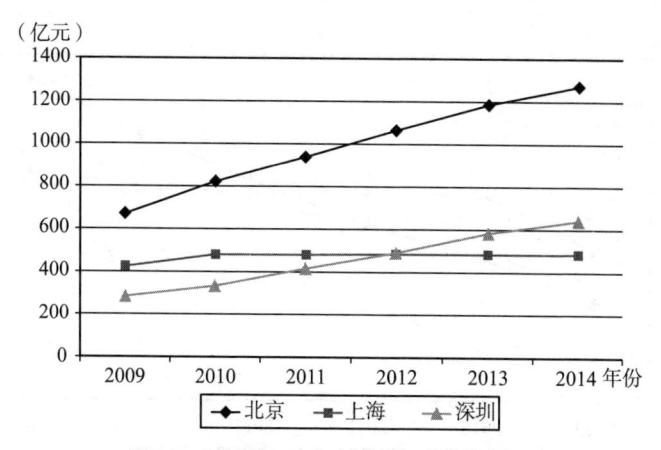

图 14-3　2009~2014 年 R&D 经费情况

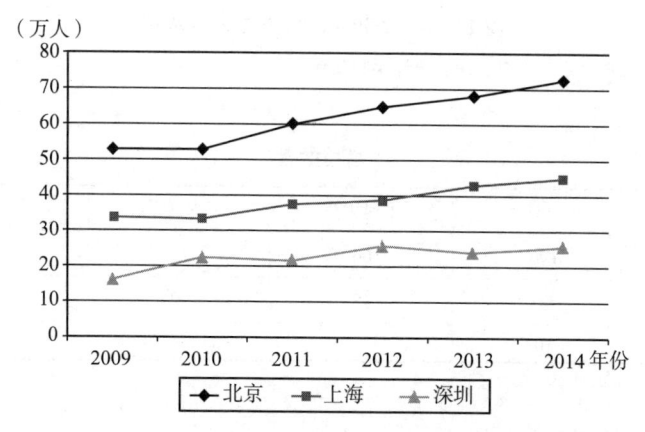

图 14-4　2009~2014 年科技活动人员情况

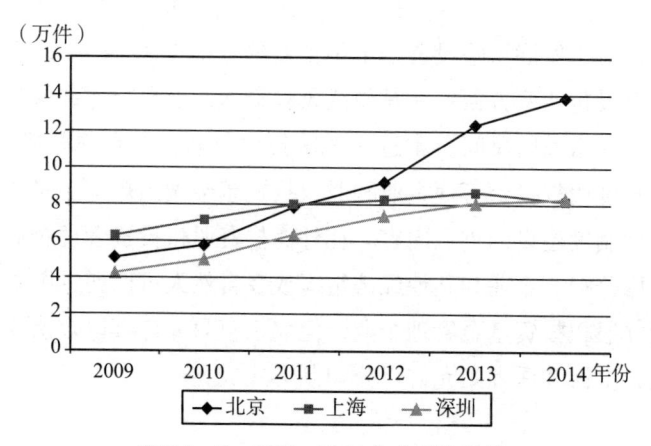

图 14-5　2009~2014 年专利申请量

(万件)

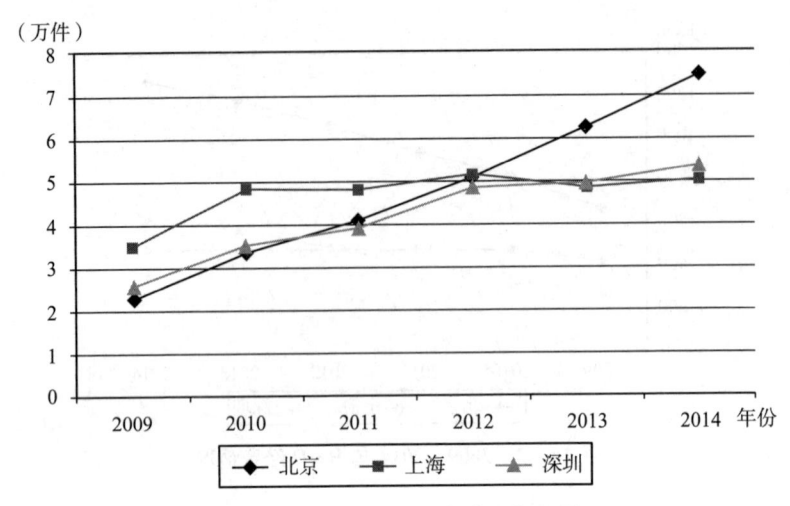

图 14-6 2009~2014年专利授权量

数据来源：根据北京、上海、深圳统计年鉴整理。

表 14-4　　　　　　　　　　　高校数量

地区	总计	本科大学	高职专科	民办高校
北京	106	66	25	15
上海	85	38	29	19
深圳	10	/		

四、制度环境

制度建设对于发展风险投资是至关重要的。根据表14-5，三市有关风险投资的制度建设包括两方面：一是规范风险资本，上海市允许保险金进入风险投资行业，深圳市鼓励民间资本进入风险投资行业；二是规范风险投资主体，三市对外商投资股权投资管理企业和股权投资基金做出规定。对风险投资主体的规范是三市制度建设的重点内容。在外商投资股权投资管理企业方面，虽然三市允许外国公司、企业和其他经济组织或者自然人可以通过中外合资或外商独资形式设立股权投资基金管理企业，但北京市只允许其以合伙或其他非公司制形式成立，上海和深圳则允许以公司制形式成立。

表 14-5　　　　　　　　北京、上海、深圳的风险投资制度建设

地区	制度依据	相关规定	制度主体
北京	《在京设立外商投资股权投资基金管理企业暂行办法》	(1) 外国公司、企业和其他经济组织或者自然人可以中外合资或外商独资形式在北京设立股权投资基金管理企业； (2) 可以为合伙或者其他非公司制形式	外商投资股权投资基金管理企业
	《关于本市开展股权投资基金及其管理企业做好利用外资工作试点暂行办法》	(1) 采用公司制或合伙制的组织形式； (2) 须委托境内符合一定条件的商业银行作为资金托管银行	股权投资基金管理企业
上海	《浦东新区设立外商投资股权投资管理企业试行办法》	外国公司、企业和其他经济组织或个人以中外合资、中外合作和外商独资形式在浦东新区投资设立外商投资股权投资管理企业	外商投资股权投资管理企业
	《关于加强金融服务促进本市经济转型和结构调整若干意见》	(1) 积极发展风险投资，促进本市科技、信息、文化、中介服务等领域的创业投资； (2) 吸引保险金融机构发起设立或参与产业投资基金、私募股权投资基金等	风险资本
	《上海市国有创业投资企业股权转让管理暂行办法》	(1) 鼓励在产权制度上进行探索和创新，引入国际化管理团队或采取更为灵活的管理模式； (2) 按照国家和本市企业国有产权交易的有关规定，在联交所公开进行	国有创业投资企业
深圳	《深圳经济特区创业投资条例》	(1) 创业投资机构可以采取有限责任公司、股份有限公司、有限合伙等组织形式； (2) 境外投资人可申请独资或者合资设立创业投资机构或创业投资管理机构	创业投资机构
	《关于促进股权投资基金业发展的若干规定》	(1) 股权投资基金可以依法采取公司制、合伙制等企业组织形式； (2) 公司制、合伙制股权投资基金、股权投资基金管理企业，不得以任何方式公开募集和发行基金	股权投资基金
	《关于加强改善金融服务支持实体经济发展的若干意见》	引导社会民间资本参与发起风险投资、股权投资和天使基金	风险资本
	《深圳市外商投资股权投资企业试点工作操作规程》	符合条件的境外投资人可申请设立外商投资股权投资企业	外商投资股权投资企业

在股权投资基金方面，三市的规定更为具体明确，对股权投资基金的注册资本、出资方式、首期到位资金、单个股东出资、组织形式以及股东人数进行限定。表 14-6 列出了三市对于股权投资基金的规定，对比可知上海和深圳对股权

投资基金的规范相同，它们对注册资本、首期到位资金以及单个股东的出货额限制显著低于北京，尤其是注册资本，北京地区要求不低于5亿元，是上海和深圳五倍的规模。三市在组织形式和股东人数上的限制市相同，均能以有限公司、合伙企业以及股份有限公司的形式存在，股东人数则根据不同的组织形式有所差异。

表 14-6　　　　　　　　　　股权投资基金

地区	北京	深圳或上海
注册资本	不低于5亿元	不低于1亿元
出资方式	货币	货币
首期到位资金	不低于1亿元	不低于5000万元
单个股东（合伙人）出资	不低于1000万元	不低于500万元
组织形式	有限公司、合伙企业、股份有限公司	
股东人数	有限公司、合伙企业：不超过50人 非上市股份有限公司：不超过200人	

第二节　重点城市的政策工具选择

一、专项资金

专项资金是中国地方性政策中最常用的政策工具。三市设立专项资金都为达到两个目的：一是扶持高新技术产业发展；二是缓解中小企业融资难的问题。然而这些专项资金之间仍存在三方面差异。

（1）资助对象。在扶持高新技术产业发展的专项资金政策中，北京市对创新技术、知识产权以及中关村科技园区进行资助；上海市对经认定的高新技术成果转化项目予以资助；深圳市则对创业的出国留学人员、有高新技术成果或项目出国留学人员、博士后等进行资助。

（2）资助强度。北京没有明确的资助形式和额度；上海仅规定资助上限；深圳市专项资金则有明确的资助标准。三市鼓励高新技术产业发展的专项资金具体政策已在表14-7中列举出，对比可知，深圳市的专项资金是具体到对人的资助，且资助标准明确，而上海和北京则是在项目层面的资助，虽然资助的范围广，但是资金难以落到实处。

表 14-7　　　　　　　　　　鼓励高新技术产业发展的专项资金

地区	法规依据	相关规定
北京	《北京市关于进一步促进高技术产业发展的若干规定》	(1) 设立技术创新资金，支持高新技术成果转化； (2) 设立知识产权发展和保护资金，鼓励本市组织和个人取得自主知识产权； (3) 建立中关村科技园区发展专项资金，重点用于中关村科技园区内基础设施建设和高新技术成果项目转化
上海	《上海市促进高新技术成果转化的若干规定》	(1) 市和区、县政府设立专项资金，对经认定的高新技术成果转化项目，给予贷款贴息或融资担保
上海	《上海市自主创新和高新技术产业发展重大项目专项资金管理办法》	(1) 专项资金支持的重大项目包括三类：高新技术产业化重大项目、重大产业科技攻关项目、高新技术产业领域的创业投资基金项目； (2) 对高新技术产业化重大项目，专项资金的支持比例一般不超过项目新增总投资的10%； (3) 对重大产业科技攻关项目，专项资金的支持比例一般不超过项目新增总投资的30%
深圳	《印发关于进一步扶持高新技术产业发展的若干规定（修订）的通知》	(1) 1999年市政府安排2000万元专项资金支持"深圳虚拟大学园"的发展，之后每年安排1000万元； (2) 对经认定的工程技术研究开发中心，国家级每个资助500万元；市级每个资助300万元；进站博士后，每位每年补助5万元

（3）资助形式。尽管三市均运用专项资金来缓解中小企业融资困难，但是它们的资助形式却是不同的。这表现为北京采取的三种资助形式。第一，通过设立担保公司提供信用担保；第二，提供银行贷款贴息、财政拨款补助；第三，对创新型融资、担保给予奖励。上海选择另外两种资助形式，即通过投资参股和风险补偿提供融资担保和扶持中小企业改制上市。深圳采用包括股权投资、再担保和联保贷款等在内的多种资助形式。北京、上海和深圳为扶持中小企业融资而设立的专项资金及其相关规定如表14-8所示。

表 14-8　　　　　　　　　　扶持中小企业融资的专项资金

地区	法规依据	相关规定
北京	《北京市中小企业担保资金管理办法》	(1) 市政府出资的15亿元人民币，由北京首都创业集团代持，成立首创担保公司； (2) 优先支持中小企业短期流动资金融资项目和用高新技术和先进适用技术改造提升传统产业的技术改造项目

续表

地区	法规依据	相关规定
北京	《北京市支持中小企业发展专项资金管理暂行办法》	(1) 专项资金支持的项目主要有：拥有自主知识产权的技术创新项目、利用先进适用技术改造传统产业项目、产业技术成果转化项目等； (2) 支持对象为以中小企业融资担保为主业的信用担保机构； (3) 支持方式主要有银行贷款贴息、财政拨款补助和引导性委托入股方式
	《北京市支持中小企业创新融资资金管理实施细则》	(1) 专项资金重点支持拥有自主知识产权，具有较强的技术开发和项目实施能力的科技型企业； (2) 支持方式是为中小企业创新融资模式提供贷款贴息和奖励
上海	《上海市人民政府关于推动科技金融服务创新促进科技企业发展的实施意见》	(1) 支持对象是科技型中小企业； (2) 支持方式是投资参股、风险补偿； (3) 对科技企业改制上市给予专项转移支付
深圳	《关于促进科技和金融结合的若干措施》	通过股权投资、再担保、联保贷款、集合债、银政企合作梯级贴息、委托无息借款等方式设立科技和金融结合计划

二、税收优惠

各地方的税收优惠始于 20 世纪 90 年代末，根据自身发展特点，在不同时间点实施税收优惠措施直接或间接地促进风险投资发展。下面将对北京、上海和深圳的税收政策进行分析，如表 14-9 所示（具体政策规定可参见第十一章税收补贴中相关内容）。

表 14-9　　　　　　　　三地税收优惠对比

方式	地区	对象	力度	税收种类
减免税收	北京	经认定的高新技术成果转化项目	三免两减半	企业所得税、增值税
	上海	拥有自主知识产权的高新技术成果转化项目	五免三减半	企业所得税、增值税
	深圳	新产品	新增所得税全额返还；新增增值税的地方分成部分返还50%以上	所得税、增值税
		经认定的高新技术企业	新认定："二免八减半"；原有："二免六减半"	所得税

续表

方式	地区	对象	力度	税收种类
降低税率	北京	合伙制股权基金中个人合伙人	税率为20%	所得税
	上海	高新技术企业	税率为15%	
	深圳	小微企业	税率为20%	
加速折旧	上海	技术创新企业	设备单价30万元以下的，可一次或分次计入成本费用	
	深圳	开发新技术、研制新产品的企业	设备单价10万元以下的，可一次或分次摊入管理费用	
提取费用	深圳	高新技术企业	技术开发费用提取销售额的3%～5%，部分可提5%～10%	
		创业投资机构	风险补偿金提取总收益的3%～5%	

由表14-9可以看出三地在税收优惠方面的政策存在较大差异，包括优惠方式、优惠对象、优惠力度以及税收种类四方面。

第一，优惠方式。各地税收政策的优惠方式主要有四种，分别是减免税收、降低税率、加速折旧和提取费用。其中，减免税收和降低税率是最为常用的税收政策，三地均采用这两种方式为高新技术企业或是风险投资机构提供优惠。加速折旧和提取费用不是常用的税收优惠方式，北京不曾选择这两种方式。仅深圳地区选用了提取费用的方式予以优惠，在税前提取列入当期的费用中，冲减当期的税前利润，减轻了高新技术与风险投资机构的税赋。

第二，优惠对象。多数税收政策直接针对高新技术企业，而非风险投资机构。从优惠对象来看，值得关注的有两点：一是北京突破了国家关于合伙企业个人合伙人所得税的规定，使合伙制风投企业的个人投资者获得与国外相近的税负水平；二是深圳地区注重小微企业的发展，并直接对风险投资机构予以税收优惠。

第三，优惠力度。深圳市的税收优惠力度是三个城市中最强的，深圳的高新技术企业可享受较长年限的税收减免，且享受优惠的门槛低。上海虽然在税收优惠年限和税收门槛上不如深圳，但是上海的优惠税率低于深圳和北京，高新技术企业可享受15%的所得税税率。相对而言，北京市的税收政策在优惠力度上不及上海和深圳。

第四,税收种类。税收政策优惠一般通过企业所得税予以优惠,此外还有营业税和增值税等税种。深圳市的税收政策涉及的税种较为单一,除新产品的优惠涉及增值税外,其他税收优惠均只针对企业所得税。北京和上海的税收减免则包含了企业所得税、营业税和增值税三种。

三、引导基金

中国风险投资的发展过程中一直都有政府资金的参与,但随着风险投资的不断发展,其参与形式逐渐由主导型转变为引导型。从2006年开始,政府引导基金如同雨后春笋一般,各级政府竞相设立引导基金,北京、上海和深圳也试图建立引导基金来引导社会资本的流向,推动地区风险投资的发展。

表14-10概括了北京、上海和深圳设立政府引导基金运营模式的差别,可以归纳为以下几点:第一,设立时间。上海设立政府引导基金的时间较晚,北京和深圳于2008年就已经设立政府引导基金。第二,投资形式。政府引导基金多以参股和跟进投资的形式对外投资,部分引导基金的投资形式还包括融资担保、设立母基金等。第三,出资比例。各地引导基金根据投资形式的不同规定了不同的投资比例,范围为20%~100%不等,总体来说,北京市引导基金的出资比例限制在较低的水平。第四,退出时间。一般以参股形式投资的引导基金在有受让方时可以随时退出,而跟进投资形式的创业投资企业不能先于引导基金退出。北京市对于退出时间的规定较为具体,有具体时间年限的限制,深圳的则没有做具体的规定。

表14-10　　　　　　　　三地引导基金运营模式对比

	北京		上海		深圳
名称	中小企业创业投资引导基金	海淀区创业投资引导基金	上海市创业投资引导基金	上海市天使投资引导基金	创业投资引导基金
设立时间	2008年	2009年	2010年	2014年	2008年
设立目的	引导创业投资机构向创业期中小企业投资	引导社会资金进入创业投资领域	引导民间资金投向处于种子期、成长期等创业早中期的创业企业	鼓励天使投资企业对初创期企业实施股权投资	引导社会资金进入创业投资领域

续表

投资形式	北京		上海		深圳
投资形式	参股	参股、跟进投资、成立基金、提供融资担保	参股、跟进投资、提供融资担保	参股、设立母基金	设立母基金
出资比例	最高不超过参股创投企业实收资本的30%，且不能成为第一大股东	按基金总规模30%以下的比例出资，对单个企业的投资不得超过参股创业投资企业（基金）资本总额的20%	参股不能成为第一大股东；跟进投资不超过创业投资企业实际现金出资额的50%，不超过对种子期企业出资额的100%	对单个天使投资企业的投资金额为500万元人民币至3000万元人民币，占单个天使投资企业认缴出资总额比例不超过50%	参股不超过40%
退出时间	参股创投企业经营期限最长为10年，有受让方时，其他股东不得先于引导基金退出	参股创投企业经营期限最长为10年，有受让方时，其他股东不得先于引导基金退出	跟进投资：创业投资企业不先于引导基金退出	有受让意愿的情况下可随时退出	/

各引导基金对申请其参股的创业投资企业（基金）有一定的资格要求，具体如表14-11所示。

表14-11　申请引导基金参股的创业投资企业（基金）的条件

引导基金	规模	首期出资	管理团队人员	历史业绩
中小企业创业投资引导基金（北京）	实收资本5000万元人民币以上	—	至少有3名具备5年以上创业投资或相关业务经验的专职高级管理人员	至少有3个对中小企业投资的成功案例，即投资所形成的股权年平均收益率不低于20%，或股权转让收入高于原始投资20%以上
海淀区创业投资引导基金（北京）	出资规模5000万元人民币以上	2000万元人民币以上	至少有3名具备5年以上创业投资或相关业务经验的专职高级管理人员	至少3个对创业企业投资的成功案例，即投资所形成的股权年收益率不低于该行业市场平均收益率

续表

引导基金	规模	首期出资	管理团队人员	历史业绩
上海市创业投资引导基金	管理资金规模不少于2亿元人民币	不低于认缴出资总额的30%	有良好的职业操守	—
上海市天使投资引导基金	管理资金规模不少于3000万元人民币	不低于认缴出资总额的30%	有良好的职业操守	—

由表14-11可知，北京市所设立的引导基金对于其参股的创业投资企业（基金）的管理团队和历史业绩要求较高，上海所设立的两个引导基金却没有对其参股的创业投资企业（基金）的管理团队或历史业绩有明确的要求，仅对其管理的资金规模和首期出资比例做出规定。其中，上海市创业投资引导基金对其参股的创业投资企业（基金）的管理资金规模要求最高，需达到2亿元以上。

四、风险补偿

为了促进初创期企业的成长，调动风险投资机构的积极性，政府通常会采取政策手段激励风险投资机构投资于初创期企业，比如对风险投资机构实施风险补偿。风险补偿以风险投资机构的投资额或是以投资的损失额作为补偿基数，按照规定的比例补偿风险投资机构。

上海和深圳均从2006年起对风险投资机构进行风险补偿，但两地补偿标准存在三方面不同：一是补偿的基数。上海市的风险补偿以投资损失为基数，深圳市则以实际投资额作为基数。二是补偿的对象。上海市的风险补偿对象包括经认定的高新技术企业和经认定的高新技术成果转化项目两类，深圳市只针对风险投资机构实行风险补偿。三是补偿的比例。上海市对经认定的高新技术企业的风险补偿的比例为不超过投资损失的50%，对经认定的高新技术成果转化项目的补偿比例更是提高至70%，深圳市的投资比例则较低，对第一次投资的资助为投资额的20%，第二次则降为15%，而且对单笔补偿，最高金额不得超过50万元。

上海市的风险补偿政策在实施过程中存在一些问题，引起了社会上的广泛争议：第一，逆向选择问题。上海市的风险补偿政策惠及的极可能是一些投资决策能力差的风险投资机构，对于具有投资决策能力以及运营良好的风险投资机构来说，该政策并不能带来实质性的好处和吸引力。第二，市场化问题。风险补偿并不切合市场化运行的准则，可能会导致缺乏真正的成长潜力的企业因受到该政策支持而继续存活，但又无法创造经济价值，占据真正有潜力、有价值企业的资源。第三，欺诈问题。为了获得补偿金，风险投资机构可能与被投资的企业合伙，"消极怠工"，故意做垮企业。第四，过度投资。风险投资机构可能因为有损失保障，利用风险补偿金进行"赌博"，从而导致"过度投资"，造成资源浪费。

第三节 重点城市公共政策的绩效分析

一、专项资金绩效

（一）高新技术产业

专项资金有助于高新技术成果转化，从而带动风险投资业的发展。从共性上看，三地在实施相关的政策后，高新技术产业实现了快速发展，吸引了大量的风险资本投资于该产业，从而带动该地区的风险投资业发展。当然，三地风险投资业的发展也呈现出一些细微的差异。

首先，北京市高新技术产业产值增速快，获得风险投资机构投资的企业多。1999年专项资金设立后，北京市高新技术产业总产值在2001年达1221.5亿元，增幅达17.6%。快速发展的高新技术产业让北京成为全国风险投资机构的关注热点。同年，北京市的风险投资机构有69家，其中有55家机构投资于北京本地企业，占比高达79.7%。从全国范围来看，全国共有246家风险投资机构，其中有104家机构投资了北京市的企业，占比42%。也就是说北京市虽然只有全国28%的风险投资机构，但是占据了全国40%以上的风险投资资源。

其次，上海的电子计算机、医药、航天航空等高新技术产业获得大量风险投资，发展迅猛，是上海的支柱行业。上海市于1998年和2009年分别设立了专项资金，2000年上海市的高新技术产业总产值为1004.1亿元，到2010年时已达到了6900.6亿元，年平均增长率超过20%。21世纪初，风险投资项目中信息技术产业占47%，生物医药行业占23%，总投资额超过20亿元。2010年，上海市风险投资项目数占比前五的行业中有四个属于高新技术产业，包括软件产业、半导体、新材料工业和生物医药。

最后，深圳市的科技项目获得众多风险投资，高新技术成果转化效率高。2000年深圳市全市的高新技术产业总产值为1064.82亿元，同比增长30%。其中，具有知识产权的高新技术产品产值占比达50.2%，且该比例在不断增加，风险资本和风险投资机构数量在全国仅次于北京，累计投资科技项目达263项，其中，约有80%的风险项目处于风险较低的中后期，投资总额为16.41亿元。

（二）中小企业

虽然在政策的支持下我国中小企业获得了一定程度的发展，有数据表明，2013年末，我国的中小企业有701家已上市，获得风险机构投资的企业达221家，占比约为32%。但是，目前中小企业仍面临着巨大的资金缺口，而且融资渠道有限，获得资金的门槛过高。虽然政府出台了政策对中小企业融资提供资金支持，但是各地均有政策"雷声大雨点小"的现象，相关政策执行力度不够，对中小企业的支持力度和范围小，没有达到预期的效果。北京、上海和深圳在缓解中小企业融资难的政策上存在一些不同的局限。

就北京来看，政策局限包括两方面：第一，北京市重视大项目、大企业以及国有企业的发展，对中小企业的重视程度还不够。北京市每千人拥有中小企业数量远低于世界平均水平，在竞争中处于弱势地位。第二，北京市政策的创新性和力度不足。虽然政府多次出台政策为中小企业融资提供贷款贴息和担保等支持，但是实施效果不理想。有调查显示，北京市享受过资金支持、政府采购等政策优惠的中小企业仅有1/5左右。

就上海来看，虽然上海市中小企业在软件、信息服务以及广告等新兴产业中表现突出，但也存在两个方面的政策局限：一方面，政府对中小企业融资提供的贷款贴息资金支持力度不够，仍然存在弹簧门、玻璃门等现象，真正获益的中小企业数量少，且与贷款利率相比，政府的贷款贴息力度显得微不足道；另一方面，针对中小企业的创新型融资渠道缺乏，能获得风险投资的企业数量虽然在增加，但数额有限。

就深圳来看，虽然深圳市中小企业数量众多且在经济中占比大，但是深圳市对中小企业的帮扶政策和创新环境优势在逐渐丧失，导致中小企业难以获得风险投资机构的青睐。近年来，虽然深圳市出台了政策支持中小微企业的融资，但是政策的执行力度欠缺，范围有限。多数中小企业认为相关的政策限制条件太多，门槛过高，能"锦上添花"却无法"雪中送炭"。

二、税收优惠绩效

税收优惠政策是政府执行效果最佳的政策，企业普遍可以享受到实际好处。北京、上海以及深圳三地的税收优惠政策均涉及对符合条件的高新技术企业实施所得税的减免，通过对风险投资的主体和风险投资的受体两个方面来影响风险投资。

从风险投资主体的视角上看，减免企业税收可以迅速增加风险投资机构数和风险资本。深圳市较早采取税收优惠政策，且优惠力度大，惠及范围广，故21世纪初深圳市的风险投资机构数多于北京和上海。2005年之后，上海市实施的税收优惠政策形式更加多样，涉及技术开发费、职工教育经费、加速折旧、企业所得税等；税收优惠力度加大，对高新技术企业（需符合一定条件）的所得税减按15%征收。上海市在这些政策实施后，无论是风险投资机构数还是风险资本量都出现了大幅增加。具体如图14-7和图14-8所示。

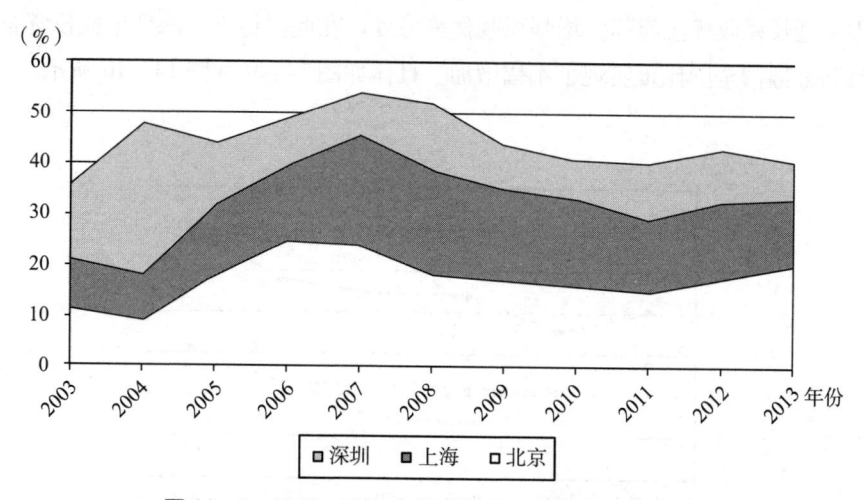

图14-7 2003~2013年风险投资机构数占全国比重

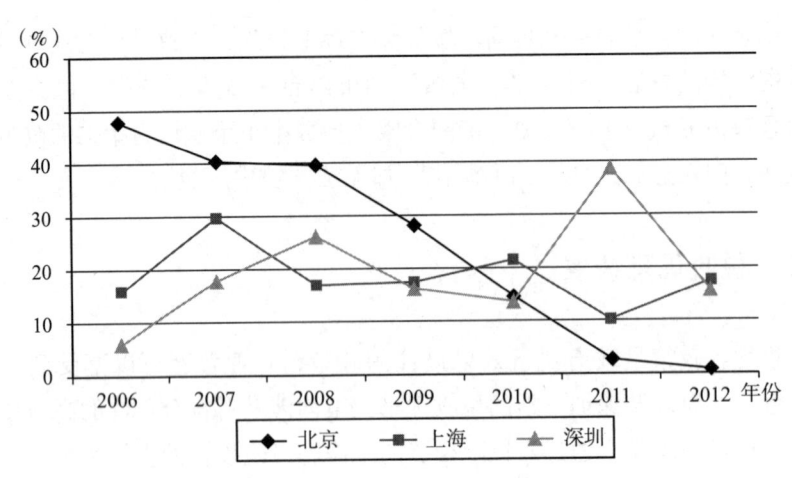

图 14-8　2006~2012 年风险资本占全国比重

数据来源：《中国风险投资年鉴》整理。

从风险投资受体的视角来看，税收优惠政策对被投资企业的数量和金额有积极影响。2009 年北京市对合伙制股权基金中个人合伙人实施征收 20% 的个人所得税，使得北京市被投资的企业数占全国比重在不断增长，被投资金额比例虽在不断波动，但总体趋势仍在上升。上海在 2006 年之后没有出台相关的税收政策，该市被投资企业数量占全国比例变化不大，被投资金额占全国比例有所下降。深圳市在 2004 年、2008 年、2013 年均有税收优惠政策出台，且不断扩大受惠企业范围，延长税收优惠时间，增强税收优惠力度。在此支持下，深圳市被投资企业数量和金额占全国比重实现了小幅增加。具体如图 14-9 和图 14-10 所示。

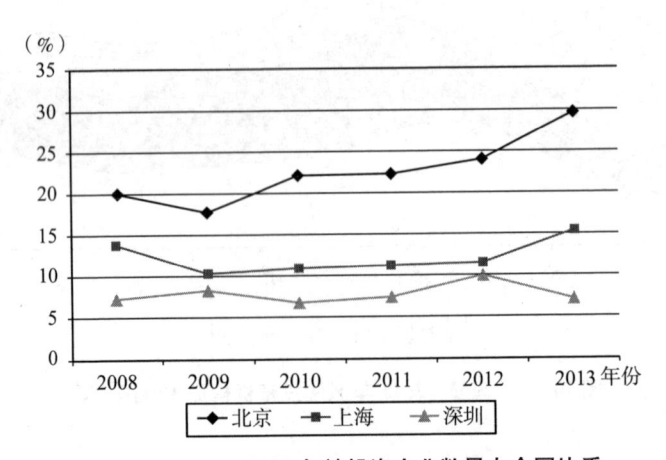

图 14-9　2008~2013 年被投资企业数量占全国比重

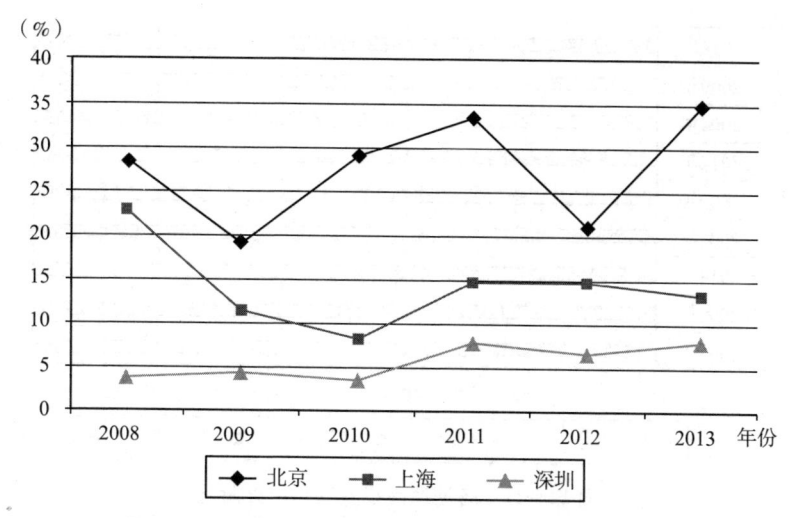

图 14 – 10 2008～2013 年被投资企业金额占全国比重

数据来源：《中国风险投资年鉴》整理。

三、引导基金绩效

引导基金的设立在三方面实现提升：一是引入社会资本。引导基金实现财政资金放大作用，有效地引导社会各类资本投资于创新创业企业，一定程度上弥补了风险投资中的市场失灵。二是扶持早期初创型企业。引导基金对早期初创型企业进行强有力地扶持，并对投资企业进行专业筛选，培育出一批极具创新潜力的初创型企业。引导基金的扶持有效推动了创新型企业的发展，营造了良好的创兴创业氛围。三是促进产业转型升级。政府引导基金将资金引向符合国家产业政策的企业，有效促进了产业的转型升级。

具体来看，引导基金侧重投资于早期和早中期项目，由图 14 – 11 可以看出，北京、上海和深圳三地的风险投资方向均逐渐由投资于风险较低成长期、成熟期项目向风险较高的种子期、起步期项目转移。在 2004 年，三地风险投资项目处于种子期和起步期的比例仅 20%～40%，而经过 10 年的发展，2014 年三地风险投资项目处于种子期和起步期的项目已接近 60%。但处于成长期的风险投资项目仍占有较大比例，故仍需引导基金继续发挥引导作用和放大作用。

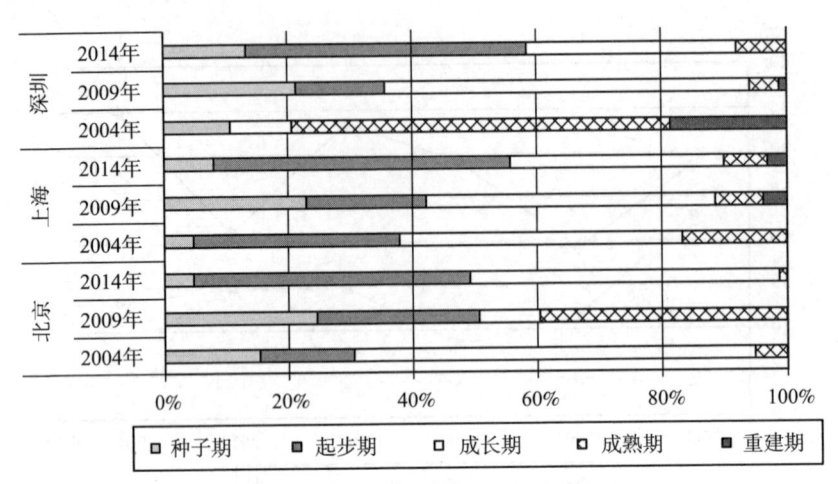

图 14-11　各地风险投资项目所处阶段

数据来源：《中国创业风险投资发展报告》整理。

四、风险补偿绩效

各地方政府出台风险补偿政策的本意是，通过降低风险投资机构投资初创期企业的风险，提高风险资本投资于初创期企业的比例，促进初创期企业的发展。但是，从各地风险投资项目所处阶段的变化来看，风险补偿政策效果并不显著。

上海和深圳都在2006年颁布了相关的风险补偿政策，由图14-12和图14-13可知：（1）上海以投资损失作为补偿基准，虽然在2007年之前（包括2007年）初创期的风险投资项目比例仍在增加，但增速已降低，而在2007年后的初创期风险投资项目比例持续下降。（2）深圳市则以实际投资额为补偿基准，在政策颁布后，初创期的风险投资项目出现了锐减，2007年相较于2006年减幅超过50%，但2007年后初创期风险投资项目比例恢复缓慢增长。也就是说，深圳市仅在政策实施当年受到影响，第二年初创期风险投资项目比例恢复增长的趋势，而上海则在三年内仍为下降趋势。故从长期来看，相较于以实际投资额作为补偿基准的政策，以投资损失作为补偿基准的负面影响程度更高。

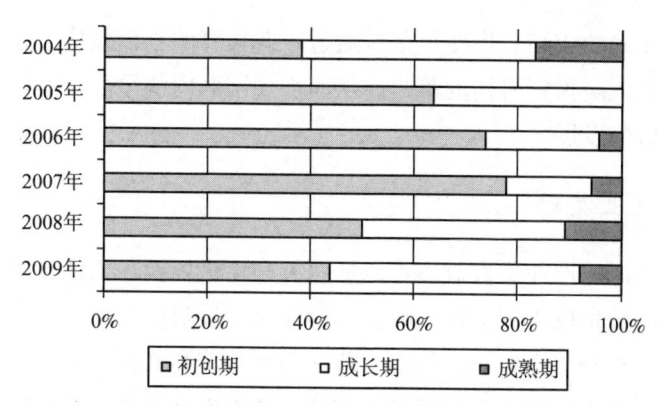

图 14-12　2004～2009 年上海市风险投资项目所处阶段

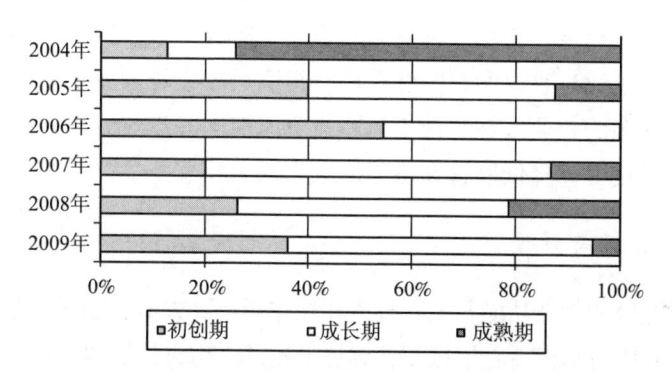

图 14-13　2004～2009 年深圳市风险投资项目所处阶段

第四节　重点创新示范区

一、创新示范区与风险投资的关系

高新技术产业开发区作为创新功能的主体，高新技术企业云集，是创业企业与风险投资家成长的沃土。全球最知名的科技园区——硅谷，拥有美国近30%的风险投资基金以及50%的风险投资机构。国际上，除硅谷外，包括筑波（日本）、班加罗尔软件园（印度）和新竹科技园（中国台湾）等在内的高新技术园区也都已在风险投资上取得巨大的成功，并能推动当地风险投资的发展。中关村、张江园区以及东湖高新区是第一批国家自主创新示范区，在风险投资上取得较好的成绩。创新示范区通过产业集群的规模效应、创新与开发的技术效应吸引风险投资机构的落户，从而增加园区内的风险资本供给，促进园区内风险投资的发展。

（一）产业集群

创新示范区的产业集群效应可以从两方面促进风险投资的发展：一是降低风险投资家的信息成本和决策成本。对潜在风险投资机会的信息获取及评估是成功运作风险投资前提之一。创新示范区内聚集着高新技术企业，便于风险投资家评估当前产业的发展现状及未来前景，能有效降低风险投资家前期寻找项目的信息成本与决策成本。二是降低风险投资家的监督成本和参与成本。风险投资不仅仅提供资金，更是一种参与性投资，需要对被投资企业和项目进行管理。风险投资家通过直接参与经营管理，提高风险投资的成功率。创新示范区吸引各行业众多的企业入驻，便于风险投资家对同一产业或相关产业的项目进行单独或组合投资，降低监管和参与的成本。

（二）创新与开发

创新示范区的创新功能与风险投资相互作用。一方面，创新示范区一般都以大学或科研院所为知识中心依托，具有技术先进、高成长性的特点，对风险投资具有强大的吸引力，促进风险投资的发展。另一方面，风险投资既为高科技企业提供了科技成果转化所需的资金，也是高新技术企业的过滤器。只有具备潜力的创新型企业才能在众多企业中脱颖而出，获得风险投资。因此，风险投资对于创新示范区而言，加强了园区风险企业的创新与竞争，推动相关产业的持续发展。

二、创新示范区概况

（一）中关村国家自主创新示范区

1. 发展历史

中关村国家自主创新示范区（以下简称中关村），起源于 20 世纪 80 年代初期，当时的中关村是电子一条街，大批科技人员从高校和科研院所中走向创办民营高科技企业的道路。1987 年，近百家科技型企业落户在白颐路（今中关村大街）至成府路和中关村路至海淀路一带，被人们称为"电子一条街"，其中代表性的企业有"两通两海"。1988年5月，北京市新技术产业开发试验区在国务院的批准下正式成立。1999年8月，该开发区更名"中关村科技园区"。2005年，国务院出台相关政策，鼓励、支持做强中关村。2009年，中关村获批建设国家级自主创新示范区，是我国第一个国家自主创新示范区。经过20多年的发展，中关村已经成为我国创新发展的一面旗帜，在全球也赫赫有名。

2. 经济效益

中关村自成立以来经济规模不断扩大，对北京市的经济增长做出贡献。如图14-14所示，中关村的总收入增加快速，2013年已达到30497万亿元，同2012年比增长率超过20%，全年仅新增企业就达6000多家。2013年，中关村内企业实现增加值为4227.7亿元，比2012年增加15.9%，超过2008年增加值的2倍，占北京市生产总值的21.7%，对北京市经济增长的贡献率为35.8%。中关村的良好发展在全国高新区具有模范带头作用，且远超其他高新区收入规模，在收入规模排名前五的高新区中，中关村的收入是其他高新区的收入之和。

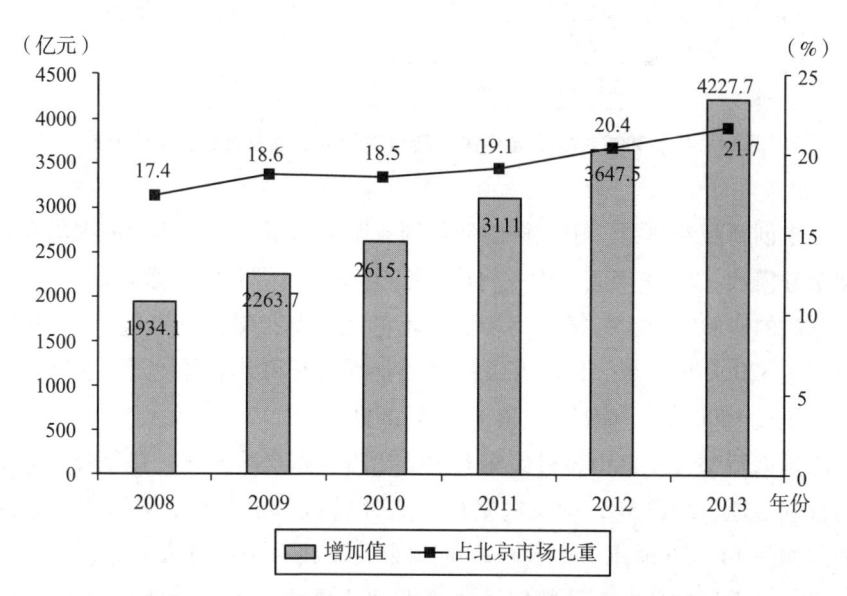

图14-14 2008~2013年中关村增加值及占北京市比重

3. 科技创新

中关村的科技创新包括四方面。

一是科技金融创新。中关村的科技金融创新不断深化，科技与资本对接机制逐步完善。由图 14-15 知，2013 年末，中关村当年累计创业投资金额约为 133 亿元；中关村内上市企业数为 230 家，包括 6 家新增的上市企业，IPO 融资额累计达 2000 亿元；在新三板挂牌的企业数累计达 255 家；新增债券融资额 896.0 亿元，超过 2012 年融资额的 2 倍。

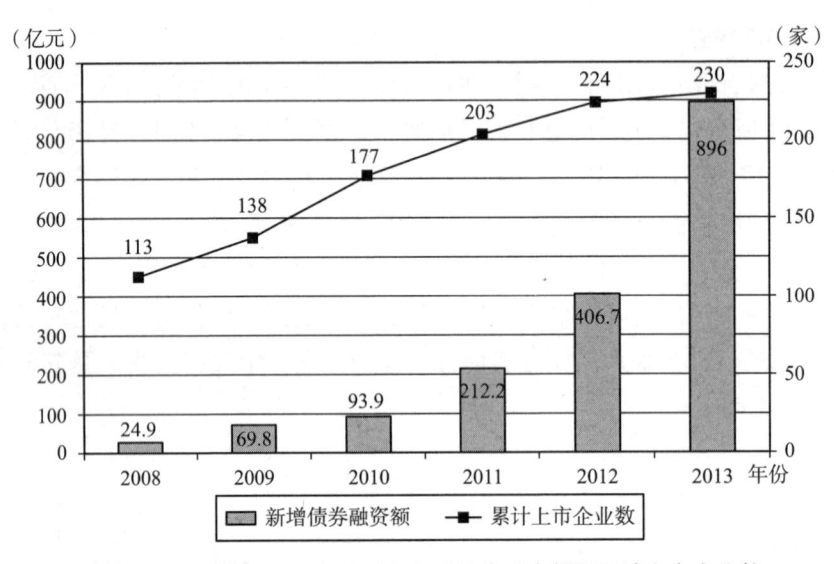

图 14-15　2008~2013 年中关村新增债券融资额及累计上市企业数

二是创新服务体系。中关村的创新创业服务体系日趋完善，涌现出众多的新型服务模式。2013 年底，中关村内国家实验室和研究中心数量超过 200 家；挂牌开放的实验室有 159 家，25 家为新增的实验室；孵化机构超过 100 家，覆盖面积达 320 万平方米，仅国家级科技企业孵化器和大学科技园的在孵企业数量就已超过 3500 家，孵化企业累计超过 4800 家。

三是创新型人才。中关村聚集大批高学历、高素质人才，是年轻人创新创业的首选之地。2013 年，中关村坚持"人才特区"的建设，并取得了显著的成绩。如图 14-16 所示，中关村内的从业人员共有 190 万人左右，其中拥有本科或以上学历的从业人员数超过从业人员总数的 1/2，达 94.9 万人。其中，包括 18.3 万拥有硕士学历的从业人员及 1.8 万拥有博士学历的从业人员。拥有硕士和博士学历的从业人员数增长幅度较大，均超过了 15%。拥有留学经历的从业人员数也约有 2 万人，增幅为 22.7%。

第四篇　重点分析篇　　379

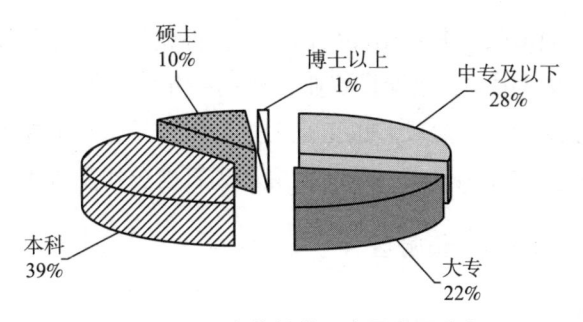

图14-16　中关村从业人员学历分布

四是创新成果。今年，中关村创新成果越来越高质高效。如图14-17所示，2013年，中关村内企业申请专利总数为37782件，其中20991件获得专利授权，占北京市专利申请数和授权数的30%以上。在申请专利中，发明专利占60%，较上年增加了29.4%；在授权专利中，发明专利占31.6%。此外，中关村企业万人发明专利申请数118.5件，连续三年攀升，专利的价值越来越高。其中，每百亿增加值的专利数量不断增加，2013年每百亿增加值专利中有532件申请发明专利，157件获得授权，而有效发明专利量共有674件。

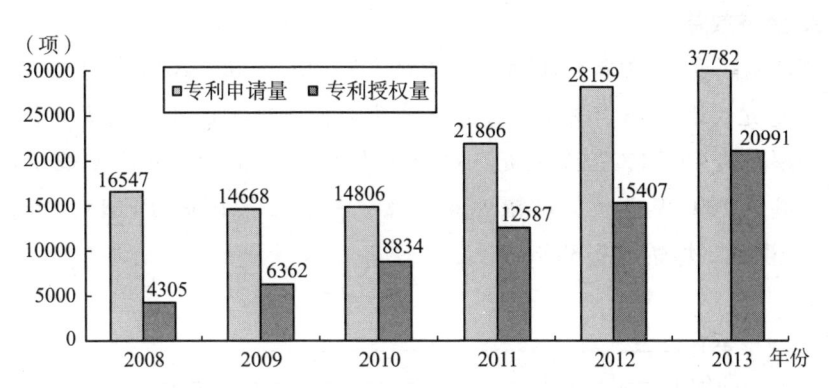

图14-17　2008~2013年中关村企业专利申请与授权量

4. 风险投资发展

从21世纪初至今，中关村的风险投资获得了巨大的发展，体现在三个方面：一是风险投资机构。中关村内包括鼎晖投资、英菲尼迪等知名投资机构在内的股权投资机构约200家，外资管理机构占多数。二是风险资本。中关村内风险投资机构管理的资金规模庞大，累计超过1000亿元。三是获得风险投资的企业。每年发生在中关村的创业投资案例和投资金额均约占据全国的30%。

2001~2008年是中关村风险投资发展较快的阶段，无论是融资总额还是平均融资额都大幅增长，其中中关村内企业获得风险投资额的复合增长率超过400%。2005年也是中关村风险投资业重要的一年，在这一年，中关村的风险投资步入了井喷式的发展阶段。也正是在这一年8月，百度在美国上市，股价不断上涨，风险资本顺利退出，风险投资者和百度公司实现了双赢。

（二）张江高科技园区

1. 发展历史

张江园区全称张江高科技园区，建立于1992年，目前已被批准为国家级高新区。张江园区因被国际同行称为"The Silicon and Medicine Valley in China"而享誉世界。1999年8月，上海颁布"聚焦张江"的战略决策，张江园区作为该决策的主体，上海市欲将其打造为创新创业的主体，发展集成电路、软件、生物医药等行业，形成主导产业。2011年，张江高新区获批创建国家级自主创新示范区，以张江园区为核心园区，规划面积扩大。目前，张江园区已建设成为多个国家级产业基地，包括生物医药科技产业、信息产业软件产业和集成电路产业等。

2. 经济效益

张江园区经济总量不断增大，由图14-18可知，2014年工业总产值758.37亿元，比2013年增加22.38%，其中高新技术产业产值为603.31亿元，增幅高达45.74%；固定资产投资额为131.37亿元，同比增长4.82%；税收总额为169.79亿元，增幅为6.37%；外商直接投资（FDI）合同额为10.31亿美元，增幅为2.38%。

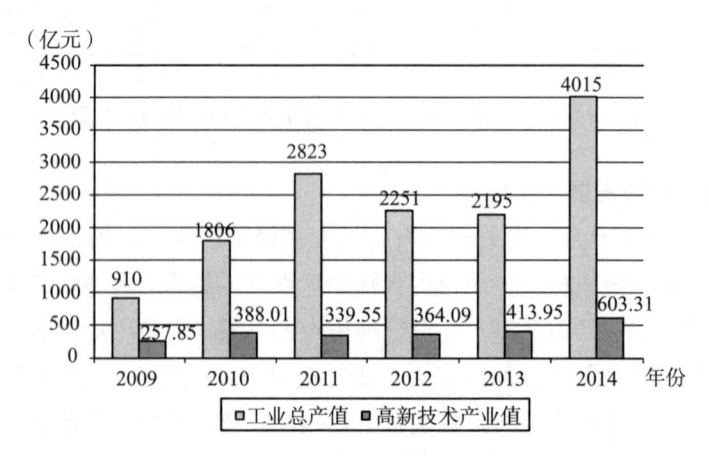

图14-18　2009~2014年张江园区工业总产值及高新技术产业产值

3. 科技创新

张江园区的科技创新与中关村相似，也包括四方面内容。

一是金融市场。张江园区金融机构及资本集聚加快，吸引风险投资入驻，初步形成利用多层次资本市场融资的格局。从金融机构上看，张江园区内各类金融机构已达180余家；张江金融广场规模逐渐扩大，已吸引了25家金融机构在其落户，包括上海股权托管交易中心、担保、投资、银行等。从上市企业看，2012年，张江园区上市企业数共31家；新增公司上市不多，仅3家；但是后备上市企业数较多，有80余家企业处于后备上市状态。

二是研发主体。张江园区内研发机构、高新技术企业加快集聚。根据图14-19可知，截至2014年园区累计认定外资研发机构126家，国家级、市级以及区级技术中心共195家，累计经认定高新技术企业596家，其中新增56家。截至2012年末，经认定的研发机构数为137个，在孵企业数达830个，较2011年增长了6%。

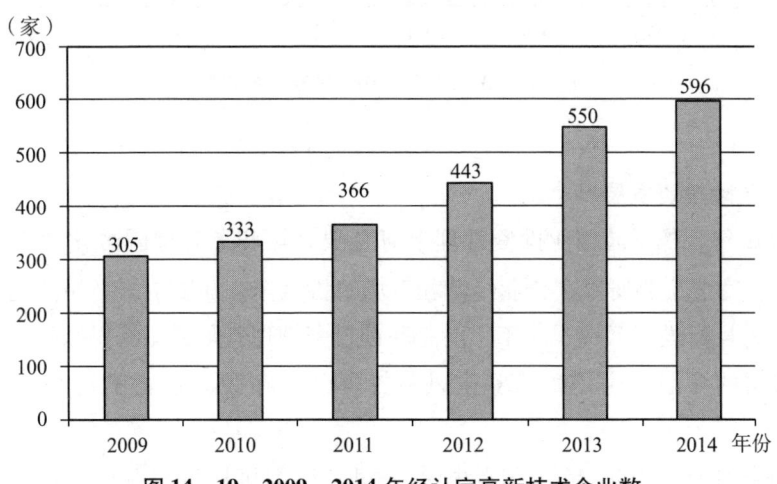

图14-19 2009~2014年经认定高新技术企业数

三是创新人才。张江园区创新人才加快集聚，共有8000余人的外向型人才，包括留学归国人员和外籍从业人员，占就业总人口5%以上；在中央的"千人计划"中，张江园区内有83人入选，包括41名创业类人才。在上海市的"千人计划"中，约有22%的人才来自张江园区，其中创业类人才中，张江园区占上海市60%。在浦东区的"百人计划"中，张江园区占比达72%。

四是创新成果。张江园区的自主创新水平得到有效提升。如图14-20所示，2014年，张江园区知识产权授权数量为5247件，是2013年知识产权授权数量的两倍，其中专利授权数为4015件，占知识产权授权数的76.52%；张江园区完成的科研项目数累计达7495项；2012年，园区拥有上海市知识产权示范企业9家、上海市知识产权优势企业3家，专利示范、试点、培育试点企业48家。

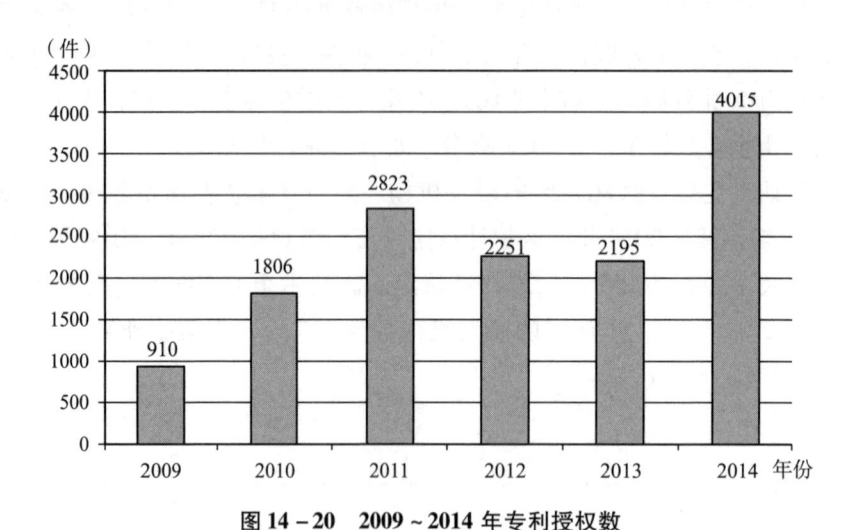

图14-20　2009~2014年专利授权数

4. 风险投资发展

2002年，橡子园创业投资管理上海有限公司和上海橡园孵化器在张江园区成立，完成主要研发、企业经营和市场销售运作，并以中国（主要为上海地区）作为目标投资区域。同年，上海联创投资管理有限公司获得摩托罗拉风险投资公司的参股，这是摩托罗拉风险投资公司在我国进行的首个风险投资项目。

2004年底，共有46家风险投资公司及咨询机构落户张江园区，包括8家外资风险投资公司。外资风险投资公司掌管的资金数额庞大，其直接控制的资金总额超过20亿元人民币，间接控制的资金总额超过百亿元。从投资情况来看，这些风险投资机构投资于张江园区内的企业已超过20家，投资额近10亿元人民币。

2011年，上海金融发展投资基金入驻张江园区，成为全国最大的人民币私募股权基金。目前，张江园区内的风险投资机构总数已达189家，各机构管理的风险资本额为423亿元，风险投资额累计达160亿元。

（三）武汉东湖新技术产业开发区

1. 发展历史

武汉东湖新技术产业开发区，简称东湖高新区，1984年开始筹建，正式成立于1988年。1991年，东湖高新区（面积24平方公里）获批成为首批国家级高新技术产业开发区之一。2000年，东湖高新区申请获批为APEC科技工业园区。2001年，东湖高新区开始建设"武汉·中国光谷"，成为我国光电子产业发展基地。2006年，东湖高新区被作为建设"世界一流科技园区"的试点园区之一，同时也是服务外包基地城市示范区。2009年，东湖高新区已建设成为国家级自主创新示范区，是三个国家级自主创新示范区之一。2016年，东湖高新区获批为大众创业、万众创新示范基地。

2. 经济效益

东湖高新区内衡量经济总量的主要指标均有较大增幅。2014年，营业收入的增幅高达30.82%；工业总产值增幅次之，为26.07%；实现净利润的增幅为24.14%；实际上缴税费总额以及实现外贸出口额等指标的增幅也都接近20%。实际上，东湖高新区的经济指标已经连续9年增长幅度在20%以上。由图14-21可知，工业增加值的增长速度略低于营业收入和工业总产值的增长速度。具体来看，2014年，东湖高新区营业收入总额为8526.10亿元，光电子信息产业是高新区内收入的主要来源，将近1/2的营业收入由光电子信息产业创造，其次是高端装备制造业产业、环保节能产业和生物产业，分别约占总营业收入的10%。

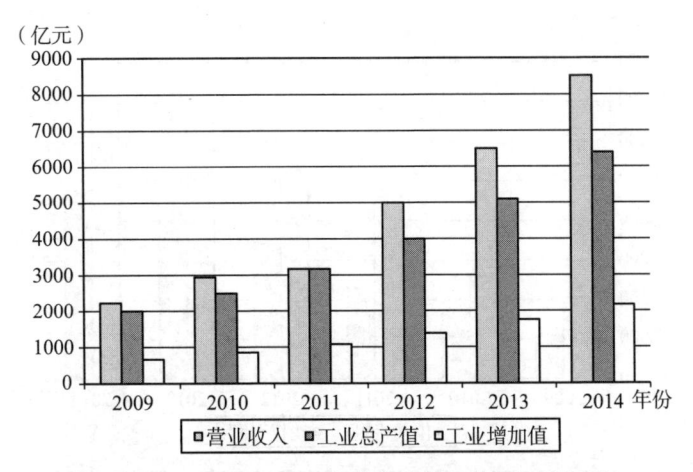

图14-21　2009～2014年东湖高新区主要经济指标

3. 科技创新

东湖高新区在科技创新上与中关村和张江园区比，缺少研发机构，仅包括三个方面。

一是资本市场。东湖高新区不断加快建设多层次资本市场。2014年，东湖高新区内上市企业数量累计达34家，其中26家企业在国内上市，8家在海外上市，包括2014年在香港上市的光谷联合和长飞光纤；新增的新三板挂牌企业24家，总数达49家；在武汉股权托管交易中心挂牌的企业累计已达351家，15家为新增挂牌企业。

二是创新投入。东湖高新区的科研投入和人才稳步增长。2014年，高新区拥有科技活动人员125862人，占所有从业人员的比例达27.99%，其中，新增人员13153人，增长率为9.48%；高新区内企业的科技活动支出为320.51亿元，比2013年增加21.66%，其中，研究与试验发展（R&D）经费支出预计为207.33亿元，而全年实施的科技项目已超过一万项。东湖的从业人员中拥有本科以上学历的达19.9万人，较2013年增长11.49%，占所有从业人员的44.32%，较2013年增加1.66个百分点。

三是创新成果。东湖高新区创新成果不断涌现，专利申请数、授权数每年持续增长。如图14-22所示，2014年，东湖高新区内企业专利申请数超过14000件，专利授权量接近10000件，且专利申请和授权数的增长速度均超过10%。从科技获奖情况来看，也取得了优异的成绩。区内获得的国家级奖项为15项，省级奖项26项。

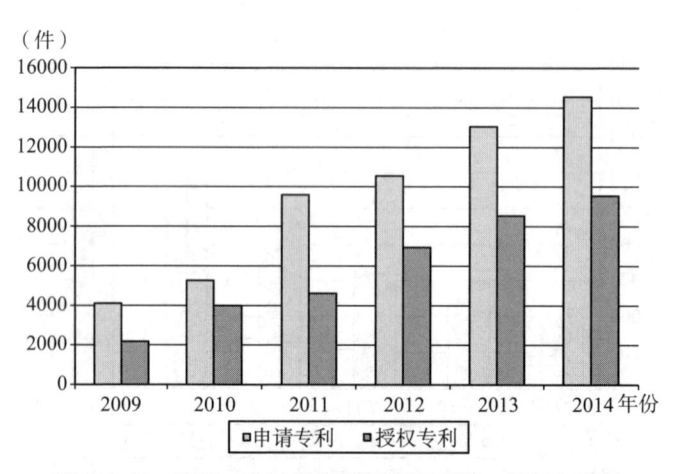

图14-22 2009~2014年东湖高新区申请、授权专利数

4. 风险投资发展

1999 年，武汉东湖创新科技投资有限公司在武汉东湖成立，是东湖高新区内第一家专业性风险投资机构，也是目前湖北地区最具实力的风险投资公司。近两年东湖高新区内的风险投资取得了爆发性的发展。如图 14 – 23 和图 14 – 24 所示，从风险投资项目数来看，东湖高新区由 2012 年的 13 个项目增至 2015 年的 80 个项目，武汉地区平均有 7 成的项目来自东湖高新区；从投资金额上看，2012 年东湖高新区内获得的风险投资总额为 2.89 亿元，2014 年骤增至 16.28 亿元，2015 年有所回落，但仍超过 10 亿元，占武汉地区风险投资总额的 85% 以上。

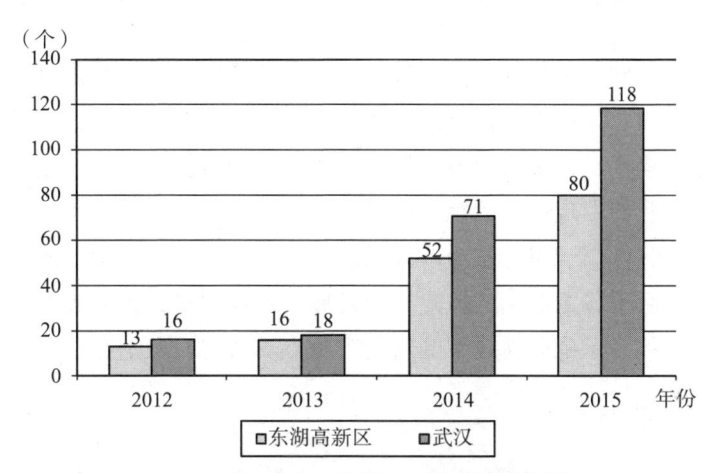

图 14 – 23　2012~2015 年风险投资项目数

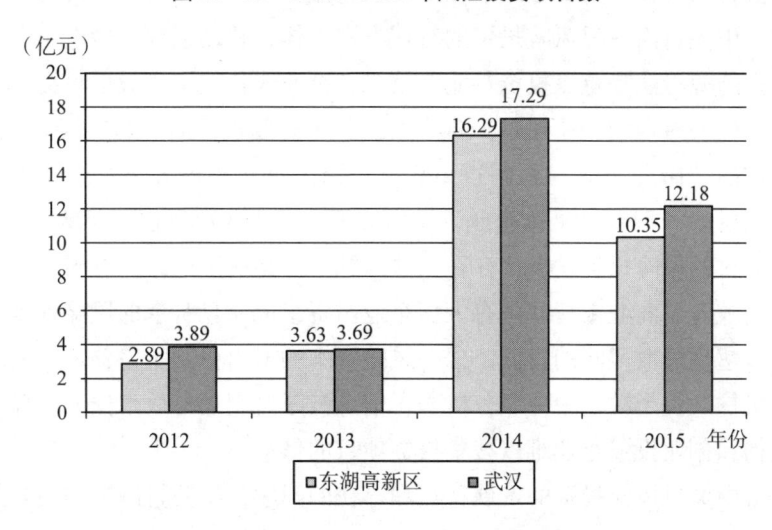

图 14 – 24　2012~2015 年风险投资总额

数据来源：荆楚网整理。

虽然东湖高新区的风险投资发展快速，但目前仍存在局限性。东湖高新区内的风险投资机构还远远不能满足区内的融资需求，园区内企业获得的风险资本依赖其他地区的风险投资机构。截至2015年底，东湖高新区内的风险投资机构仅有27家，包括武汉科创、华工创投以及武汉开元科技创业投资有限公司等。而在东湖高新区内投资的外地风险投资机构却远超本地风险投资机构，达到了45家。

三、创新示范区公共政策

一般而言，创新示范区拥有良好的基础设施环境、宽松的税收优惠、金融和科技政策制度、集中大量优秀的人才。创新示范区良好的平台建设有效促进高新技术产业集聚，吸引风险投资机构的落户。通过梳理创新示范区的风险投资公共政策，我们发现创新示范区与城市在政策工具的选择上是一致的，包括专项资金、税收优惠、引导基金以及风险补偿，最常用的政策工具是专项资金和税收优惠。由于各示范区的风险投资发展有不同的模式，形成不同特点也存在不同问题，故各示范区在政策的目的和重点支持的对象上有不同的侧重点。

（一）中关村

中关村风险投资发展形成了以下两个特点：第一，风险投资机构涉足的行业多样。中关村内获得风险投资的行业丰富多样，移动通信、微电子、生物工程与新医药等行业是重点投资行业。第二，企业成长快，创投项目提供了丰富的源泉。中关村内的企业超过18000家，其中有超过2000家的"瞪羚企业"，每年新增的"瞪羚企业"就超过100家；园内企业积极寻求资金，上市案例多，中关村内A股新增上市企业以及新三板挂牌企业数量在不断增加。

中关村的风险投资发展也存在一些问题：一是资金的来源有限。大部分风险资本由政府、商业银行和国有大型企业出资组成，且管理的风险资本规模偏小，难以达到分散风险的目的。二是风险资本的退出机制不完善。三是缺乏中介服务机构。由于缺乏中介服务机构，信息披露机制运行效率低下，导致风险投资机构和创业投资企业难以搜集投资项目的信息。

针对中关村风险投资的发展特点和存在的问题，中关村制定相关政策改善风险投资的发展环境：第一，中关村自2000年以来制定了大量的公共政策，提供专项资金促进知识产权质押、信用贷款和担保贷款、小额贷款等方面的创新，优化融资环境，在解决中小企业融资问题的同时吸引民间资本进入风险投资行业。第二，2007年以来多次颁布相关政策，提供专项资金支持企业改制上市，完善风险投资的退出机制。第三，2012年开始，中关村实施相应的政策支持中介服务机构的发展，提供专项资金支持企业购买中介服务。第四，中关村还通过税收优惠政策试点的方式，改善风险投资环境，增加风险资本的供给，试点的税收政策包括有限合伙制创业投资企业合伙人企业所得税、技术转让企业所得税以及企业转增股本个人所得税。

(二) 张江园区

张江园区的风险投资与孵化器相结合，形成了特有的"张江模式"。从风险投资对象的主体来看，张江园区的风险资本直接面向各孵化器内的企业，分布到各个孵化主体或开发主体；从风险投资项目的阶段来看，风险资本涵盖了从种子基金到战略投资的全过程。目前，张江园区的风险投资以政府基金为引导，广泛吸引社会资金的参与，基本形成了创业投融资服务的格局。

张江园区的政策工具以专项资金扶持孵化器为主，并逐年加大对孵化器的资金扶持力度，放低孵化器申请的准入门槛。同时，张江园区充分发挥上海的金融优势，完善孵化体系建设，以整合园区内外各类资本资源。

在政策支持下张江园区发展形成了孵化器集群，聚集创业创新资源，吸引风险投资，其中较为成功的案例包括"创业投资广场"和"张江药谷公共服务平台"。"创业投资广场"是由张江创业中心牵头开辟，仅半年时间，"创业投资广场"就吸引了IDG、亚银、软库中国、上海科投等24家风险投资机构的入驻，约有30家企业获得投资，投资总额超过2亿美元。张江药谷与2004年成立，政府资金是孵化器资金的主要来源。经过三年的发展，到2007年张江药谷旗下获得风险资本投资的企业达12家。

(三) 东湖高新区

东湖高新区内的风险投资政策与中关村和张江园区的主要区别在于政策优惠主体。东湖高新区内颁布的促进风险投资发展的公共政策从不同的行业、产业层面对企业提供资金支持、税收优惠，通过增加风险投资的需求来促进风险投资的发展，却缺乏直接鼓励促进风险投资供给的政策。这也是东湖高新区内风险投资的主力军为外地风险投资机构的原因。

从东湖高新区政策惠及的产业来看，电子信息产业是东湖高新区重点支持的对象。东湖高新区就该行业建立了特有的风险投资机制,并设立电子信息产业投融资担保基金、创业基金以及政府种子基金,鼓励风险资本投资于电子信息产业。近两年风险投资的迅猛发展得益于其科技、通信领域的快速发展,医药健康、电子信息等高新技术产业的"互联网+"项目成为风险投资机构的投资热点。目前,东湖高新区已经形成了以光电子信息产业为龙头,生物工程与新医药、环保、机电一体化、新材料、高科技农业等六大高新技术产业竞相发展的产业格局,良好的环境给风险投资业的发展注入了强大动力。

附录：

附表 14-1　　　　　　北京市风险投资公共政策

年份	政策名称	政策工具	政策目的
1999	《北京市关于进一步促进高技术产业发展的若干规定》	专项资金、减免税收	推动并支持高新技术成果转化
2001	《北京市风险投资机构享受财政专项资金支持确认办法》	税收优惠	推动并支持高新技术成果转化
2003	《北京市中小企业担保资金管理办法》	专项资金	解决中小企业融资担保以及经济活动中的其他信用担保问题
2005	《北京市支持中小企业发展专项资金管理暂行办法》	专项资金	为中小企业提供信用担保、促进中小型高新技术企业技术成果转化
2007	《北京市促进科技中介机构发展的意见》	专项资金	为企业自主创新提供支撑服务，推动首都创新型服务业发展
2009	《海淀区创业投资引导基金管理暂行办法》	引导基金	引导、促进、扶持海淀区的创业投资发展，吸引金融机构及其他社会资本参与
2009	《关于促进股权投资基金业发展的意见》	税收优惠	支持本市股权投资基金业发展
2010	《北京市海淀区支持自主创新核心区企业政策体系》	专项资金	支持创新型企业做大做强
2010	《在京设立外商投资股权投资基金管理企业暂行办法》	制度建设	鼓励外国投资者在北京设立股权投资基金管理企业
2010	《北京市工商行政管理局关于进一步服务外商投资企业发展的若干意见》	制度建设	优化外商投资环境
2011	《关于本市开展股权投资基金及其管理企业做好利用外资工作试点暂行办法》	制度建设	鼓励境外资本投资于战略性新兴产业，促进自主创新成果产业化
2012	《北京市支持中小企业创新融资资金管理实施细则》	专项资金	引导中小企业及金融服务机构融资创新
2015	《北京市中小企业创业投资引导基金管理细则》	引导基金	吸引社会资本向天使期、初创期、中早期中小企业投资

附表 14-2　　　　　　　　上海市风险投资公共政策

年份	政策名称	政策工具	政策目的
1998	《上海市促进高新技术成果转化的若干规定》	专项资金、税收优惠	融资担保、建立创业投资机构、引进优秀人才
2006	《财政部、国家税务总局关于企业技术创新有关企业所得税优惠政策问题的通知》	税收优惠	技术开发
2006	《上海市创业投资风险救助专项资金管理办法（试行）》	专项资金	支持创业投资公司对科技型中小企业进行风险投资
2008	《浦东新区设立外商投资股权投资管理企业试行办法》	制度建设	吸引境外股权投资资本
2008	《关于本市促进知识产权质押融资工作实施意见》	制度建设	拓宽企业融资渠道，缓解中小企业融资困难
2009	《上海市自主创新和高新技术产业发展重大项目专项资金管理办法》	专项资金	高新技术产业化
2010	《关于加强金融服务促进本市经济转型和结构调整若干意见》	制度建设	不断完善信贷服务，拓宽直接融资的渠道
2010	《上海市创业投资引导基金管理暂行办法》	引导基金	促进创业投资的健康发展
2010	《上海市国有创业投资企业股权转让管理暂行办法》	制度建设	完善国有创业投资企业的退出机制
2011	《上海市人民政府关于推动科技金融服务创新促进科技企业发展的实施意见》	专项资金	中小企业信贷、融资担保
2014	《关于加快上海创业投资发展的若干意见》	专项资金、引导基金	加快上海创业投资发展
2016	《上海市天使投资风险补偿管理暂行办法》	风险补偿	引导社会资本加大对种子期、初创期科技型企业投入力度

附表 14-3　　　　　　　　深圳市风险投资公共政策

年份	政策名称	政策工具	政策目的
1996	《深圳市新产品税收优惠政策实施暂行办法》	税收优惠	支持企业进行新产品开发和技术改造
1999	《印发关于进一步扶持高新技术产业发展的若干规定（修订）的通知》	税收优惠、专项资金	高新技术成果转化
2003	《深圳经济特区创业投资条例》	税收优惠	促进创业投资机构发展

续表

年份	政策名称	政策工具	政策目的
2004	《关于完善区域创新体系推动高新技术产业持续快速发展的决定》	税收优惠	促进高新技术企业发展
2006	《深圳市创新型企业成长路线图计划资助方案》	专项资金	支持企业改制上市
2010	《关于促进股权投资基金业发展的若干规定》	制度建设	加快深圳市股权投资基金业发展
2012	《关于加强改善金融服务支持实体经济发展的若干意见》	制度建设	解决企业融资难、融资贵问题，有效抑制社会资本"脱实向虚"
2012	《关于促进科技和金融结合的若干措施》	引导基金、税收优惠、专项资金	促进科技和金融结合，为中小高新技术企业提供信贷
2012	《关于深化科技体制改革提升科技创新能力的若干措施》	专项资金	提升科技创新能力
2013	《深圳市外商投资股权投资企业试点工作操作规程》	制度建设	促进外商投资股权投资企业规范健康发展
2013	《深圳市关于支持中小微企业健康发展的若干措施》	税收优惠	推动中小微企业提升发展质量，加快做大做强

第十五章　国际风险资本与公共政策[*]

第一节　国际风险资本的发展

一、发展历程

国际风险资本的发展历程分为三个阶段,包括:一是探索期。进入中国的国际风险资本只能与本土资本合资创立风险投资机构,发展艰难,投资失败率高。二是震荡期,可以创办独立风险投资机构,一开始吸引了大量国际风险资本,但因为投资领域受限,退出渠道有限,风险资本进入骤减。三是跃进期,国际风险资本在华发展迅速。

（一）探索期

1989~2000年,为国际风险投资进入我国发展历程的第一阶段,这个阶段的在华国际风险投资有两个特点。

（1）国际风险投资机构只能选择合资的形式成立风险投资公司。在公司制下,公司的所有权归股东所有,而经营权归职业经理人（专业风险投资家）所有,从而造成两权分离的困境。一方面,投资者通过股东大会及董事会直接影响和控制经理人的决策,甚至掌控着公司的投资战略、管理和经营;另一方面,公司内部实行的董事会领导下的总经理负责制,实际上是所有权对经营权的制约,从而增加了公司决策层次,进而降低了决策效率。其结果是提供增值

---

[*] 本章由暨南大学产业经济研究院陈远涛执笔。

服务的激励不足。

（2）投资失败率高。有学者对同时期美国422家有风险投资背景的公司进行统计研究发现，30%的创业资本通过企业股票发行上市退出，23%通过兼并收购退出，6%通过股份回购退出，9%通过股份转卖，6%是亏损清偿，26%是因亏损而注销股份。而最早进入中国的风险投资公司在我国投资的90家企业，成功退出的只有8家，比例不到10%。相比之下，在华国际风险资本的风险投资项目成功比例低，影响投资活动的积极性。

（二）震荡期

2001~2005年，属于国际风险资本在华投资的震荡期，该阶段的特点是国际风险投资机构可以独立投资，但投资领域仍受限，国内退出渠道有限，退出困难。

2001年我国颁布《关于设立外商投资创业投资企业的暂行规定》，允许国际风险投资机构以独资的形式在我国独立运营。2004年1月31日，国务院颁布《关于推进资本市场改革开放和稳定发展的若干意见》，进一步推进我国市场化进程，对我国资本市场的发展进程进行了全面论述。由此，我国的互联网产业实现了巨大的发展，涌现出像阿里巴巴、百度、腾讯等等互联网巨头。但投资领域受限，只允许投资于高新技术领域，多个行业暂时未对外资开放，且明令禁止投资于证券、期权、期货或任何金融衍生工具，而中小企业板块、创业板、新三板等证券交易市场尚未建立，这在一定程度上阻碍了国际风险资本的退出。

（三）跃进期

2005年开始，不仅允许外资以独资的形式投资，并且多个领域对其开放。自此，国际风险投资机构可以享受到国内投资者相同的待遇。各地方政府在具体落实的时候，往往还会给外资更优惠的条件来吸引投资，以发展当地经济。于是，在华国际风险投资的投资额度迅速增长，投资额比例稳步上升。

二、投资环境

这些年来，我国的投资环境处于不断完善、不断与国际接轨的阶段，越来越适合国际风险投资的发展。这里我们主要探讨影响投资环境的三个因素，即市场供求因素、政治法律因素、社会文化因素。

（一）市场供求因素

我国中小企业众多，风险资本的潜在需求大，但风险资本供给短缺。截至2013年，全国中小企业数量已经达到4298.64万户，贡献超过全国568845亿元GDP的60%，同时对科技创新的贡献高达75%。我国处于经济高速发展时期，一大批新企业不断涌现，对风险资本的需求旺盛。相比美国，美国风险投资业高速发展时期，其风险资本投资额占GDP比重在1%左右，而我国的风险资本总供给在0.1%~0.3%。这在一定程度上意味着我国风险资本供给不足，国际风险资本的进入正好匹配供给缺口。

（二）政治法律因素

政治法律因素，如政治体制、政局稳定性、政策是否具有连续性，也是影响投资环境的重要因素。除了国家的相关政策之外，各地方政府依据自身情况，制定相应的政策和规定，支持国际风险投资。主要表现有：

（1）共同出资。早期，限定外商直接投资的占股不得超过50%。为了充分发挥国际风险投资来发展经济，弥补民间进入风险投资领域不足，政府出资与外资共同成立风险投资公司。

（2）制定和完善相关法律。早在20世纪90年代初，已有来自美国的有限合伙制风险投资机构进入我国，但当时并没有专门的合伙企业相关法律规制。直到1997年我国才颁布《合伙企业法》，之后2006年进一步完善该法。

（3）风险投资"一号提案"的实现。1998年，民建中央向党中央提出《关于加快发展我国风险投资事业的几点意见》"一号提案"。之后风险投资业受到了多方面的重视，经过10年的发展，我国成为仅次于美国的第二大风险投资业大国。

（4）一系列增加、修订相关政策文件不断地为国际风险投资创造了更好的运营条件（如表15-1所示）。

表15-1　　　　　　　　　政策的连续性

年份	相关政策	意义
2001	《关于设立外商投资创业投资企业的暂行规定》	允许外资企业独资运营
2003	《外商投资创业投资企业管理规定》	降低外资创业投资进入我国门槛，多领域投资受限

续表

年份	相关政策	意义
2004	《外商投资商业领域管理办法》	扩大外资可投资领域
2004	《深圳证券交易所设立中小企业板块实施方案》	便于满足条件的风险项目退出
2009	《首次公开发行股票并在创业板上市管理暂行办法》	增加了风险投资项目创业企业的退出渠道
2013	《股转系统面向全国接收企业挂牌申请》	放宽了创业企业的退出条件

(三) 社会文化因素

社会文化也是一个影响投资环境的重要因素。我国受传统儒家文化影响，令我们更容易接受成功者但不宽容失败者，这并不利于风险投资的发展。事实上，即使在美国，一个创业者的成功概率也只有1/3，但美国拥有相对宽容的创业环境，更加理解和包容失败，成就了美国的Google公司、Apple公司、亚马逊公司、Facebook公司等一批世界知名的高科技企业。尽管保守文化不利于风险投资，但是它阻挡不了许多高科技企业对风险投资的渴求。有目共睹，百度、阿里巴巴、腾讯、网易、新浪等一批企业均借助于国际风险投资而获得成功。

三、投资概况

根据2012~2015年的福布斯中国最佳创业投资机构排行榜（见表15-2），连续四年在前十名的风险投资机构中，半数以上是国际风险投资机构，可见国际风险投资在我国的影响之大。

自从1989年美国IDG技术创业基金在北京进行第一个试验项目后，越来越多的国际风险资本进入中国。并且，国际风险资本在华投资呈现出投资领域多样化、地域集中、规模逐渐扩大的特点。以下从投资行业、投资区域、投资强度、投资阶段、投资绩效五个方面分别介绍国际风险资本在中国的投资情况。

表 15-2　　　　　　　　福布斯中国最佳创业投资机构排行榜

排名	2015 年	2014 年	2013 年	2012 年
1	红杉资本	红杉资本	深圳创新投（中）	深圳创新投（中）
2	IDG 资本	软银中国资本	IDG 资本	永宣投资
3	软银中国资本	IDG 资本	红杉资本	红杉资本
4	君联资本（中）	君联资本（中）	永宣投资	达晨创投（中）
5	深圳创新投（中）	今日资本	达晨创投（中）	IDG 资本
6	今日资本	深圳创新投（中）	君联资本（中）	君联资本（中）
7	达晨创投（中）	永宣资本	纪源资本	纪源资本
8	永宣资本	纪源资本	赛富	凯鹏华盈中国基金
9	凯鹏华盈创投	达晨创投（中）	凯鹏华盈中国基金	赛富
10	赛富	赛富	德同资本	东方富海（中）

资料来源：中国排行网，http://www.phbang.cn/finance/investment/147305.html。

（一）投资行业

由图 15-1 可知，最受国际风险资本欢迎的是传播与文化娱乐，投资金额占比最高；其次是新能源，医疗保健，生物科技等高科技产业。对于投资者本身而言，同一产业在不同年份的投资热度相差巨大，其投资占比可以几倍甚至几十倍的差别。出现这种差别的原因如下：

（1）宏观投资环境变化。风险投资受宏观经济波动的影响巨大，如 2008 年的金融危机，2010 年的欧债危机，均导致全球风险投资额大规模下降。

（2）行业周期性。多数行业具有周期性，在市场环境低迷的年度，企业往往会大幅度削减投资力度。风险投资行业本身亦存在周期性，一年的过度投资会导致接下来几年内可投项目大量减少。

（3）产业结构变化。近年来，我国传统制造业的经济驱动力逐渐减弱，政府大力推行创新驱动，支持高科技企业发展。随着政策导向的变化，风险投资的热点也发生改变。

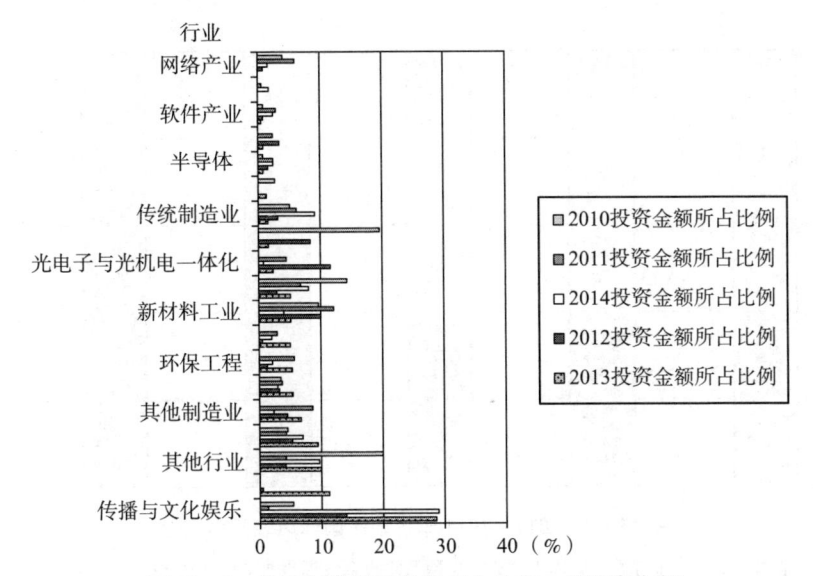

图 15-1　外资创业风险投资行业分布：按投资金额

数据来源：王元，张晓原，张志宏主编. 中国风险投资发展报告 2011~2015.

（二）投资区域

由图 15-2 和图 15-3 可以看出，对于国际风险资本投资，长三角的占比最高，接近其总额的 1/2，东北三省及其他地区占比不足 1/4。但是，在地区风险投资占比中，东北三省国际风险资本占比高达 80%，落后地区更是超过 90%。

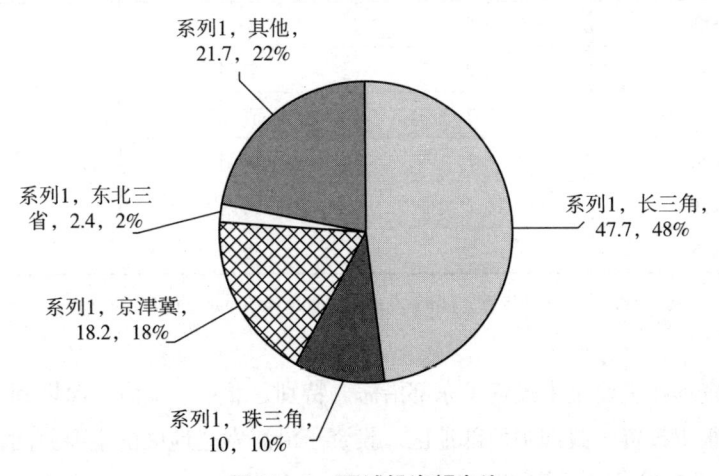

图 15-2　区域投资额占比

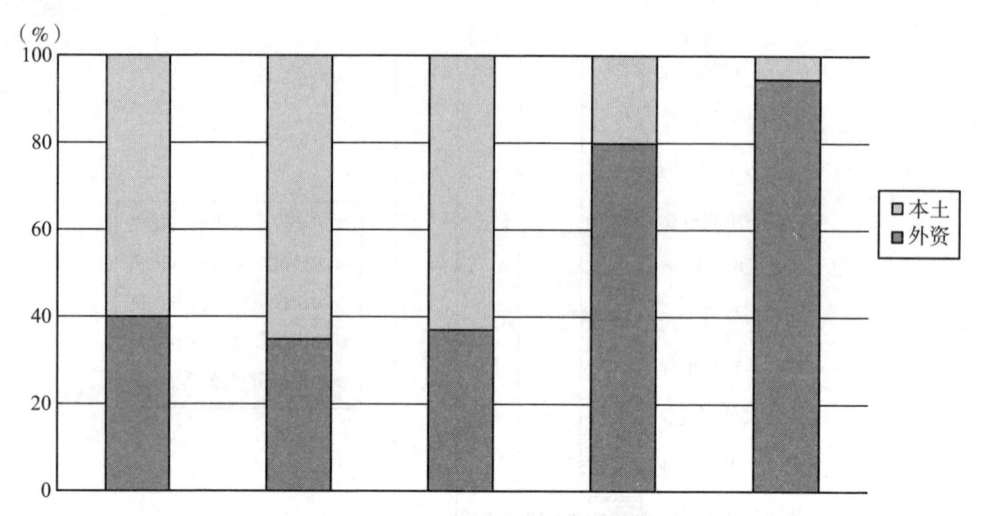

图 15-3　2011~2015 年各地区国际风险投资占比

数据来源：王元，张晓原，张志宏主编. 中国风险投资发展报告 2011~2015.

以国际风险投资机构 IDG 为例。根据清科研究中心披露的投资案例，截至 2016 年 5 月 10 日，IDG 资本在我国的投资区位及各区位的投资案例数如表 15-3 所示。

表 15-3　IDG 资本在我国的投资区位及案例数

投资的城市	案例数	投资的城市	案例数
北京	57	南京	2
上海	34	池州	1
深圳	15	济南	1
广州	12	常州	1
杭州	7	石家庄	1
重庆	3	贵阳	1
天津	2	海南	1
福州	2	厦门	1

数据来源：清科研究中心手动统计，http://zdb.pedaily.cn/company/IDG 资本/vc/。

IDG 资本在主要集中投资于东部沿海，特别是北京、上海、深圳和广州等一线城市，很少投资于我国中西部地区。投资于沿海发达地区的主要原因在于：

（1）经济发达，投资机会多。

(2) 投资配套设施更完善，投资环境规范。
(3) 政府支持力度大，给予风险投资的优惠政策多。
(4) 风险投资机构聚集，信息收集成本低。
(5) 开放的人文环境，更利于国际风险投资机构与本土资本公平竞争。

不同的国际风险投资机构，专注的领域也有所区别，但是都大量投资于经济发达的地区，主要集中在东部沿海经济比较发达的地区。

（三）投资强度

如表15-4和图15-4所示，国际风险资本的占比震荡回落，从高位接近80%下降到50%左右，本土风险资本增长迅速。主要原因在于，一方面，政府大力支持本土风险投资机构，本土机构募集到更多的资金；另一方面，经过二十多年的发展，本土机构积累了丰富的经验。

表15-4　　　　　　　　2005~2013年国际风险资本投资

年份	投资额（亿元）	投资额比例（%）	投资项目数（个）	投资项目数比例（%）	本土机构投资强度（万元/项）	外资机构投资强度（万元/项）
2005	31.1	56.90	143	39.90		
2006	109.3	76.09	152	40.97	1643.26	7977.46
2007	302.5	76.00	329	44.40	2388.56	12247.04
2008	223.41	65.82	183	36.17	3592.57	12208.2
2009	133.5	42.16	128	21.96	4016.23	10429.69
2010	532.84	54.56	319	26.04	5554.23	20814.16
2011	864.26	37.81	437	27.85	17419.61	26269.3
2012	531.85	52.85	285	31.01	10096.58	29547.09
2013	569.34	38.77	367	37.56	20207.35	19818.77

数据来源：成思危，陈昌智主编．中国风险投资年鉴2014．

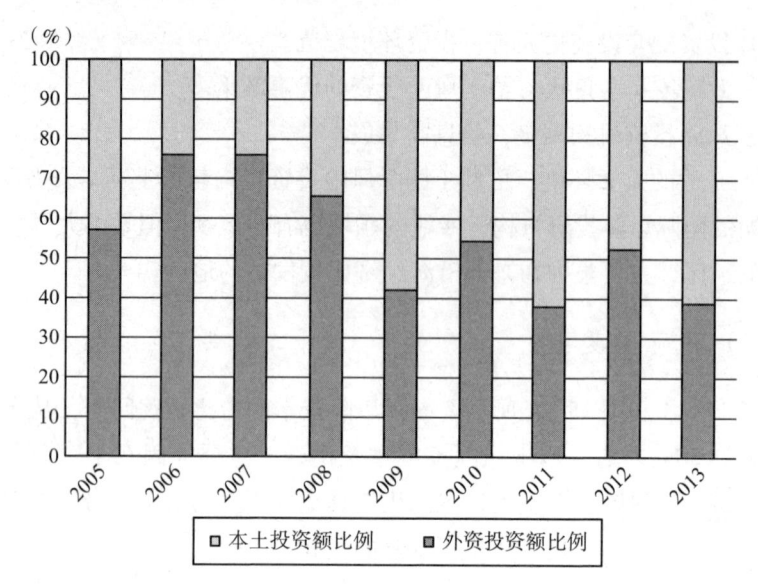

图 15-4 内外风险资本投资额比例（%）

如图 15-5 和图 15-6 可知，国际风险资本投资额和投资项目大幅震荡，波浪式增加的主要原因有：

（1）宏观经济影响，2008 年世界金融危机，2009 年欧债危机，国际风险投资额和投资大幅减少。

（2）我国风险投资配套趋于完备，投资项目多，经济形势好，迅速反弹。

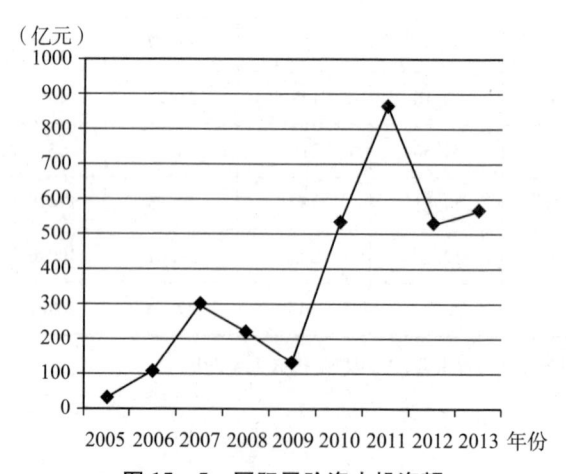

图 15-5 国际风险资本投资额

数据来源：成思危，陈昌智主编. 中国风险投资年鉴 2014.

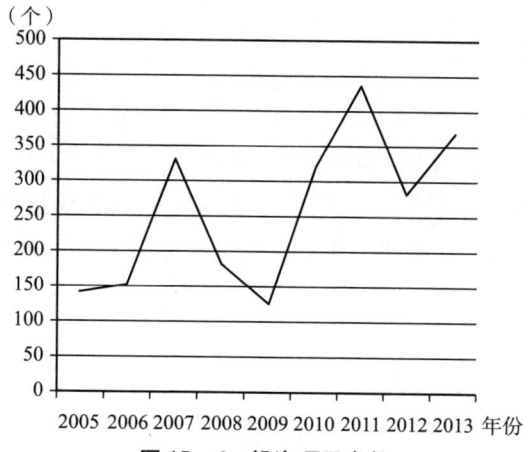

图 15-6 投资项目个数

数据来源：成思危，陈昌智主编．中国风险投资年鉴 2014．

如图 15-7 所示，内外资投资强度在波浪式增加，内资基本小于外资，但差距在不断缩小。原因如下：

（1）因为经济发展水平不断提高，项目越来越大，个别年份宏观经济低迷，所以项目投资强度出现波浪式增加。

（2）因为国际风险投资机构的资本充足，管理经验丰富，更能掌控迅速扩张的风险企业，所以投资强度初始阶段要高于本土机构。

（3）本土机构投资能力不断提升结合政府支持，使得本土的投资能力更快的进步，并接近国际风险投资机构。

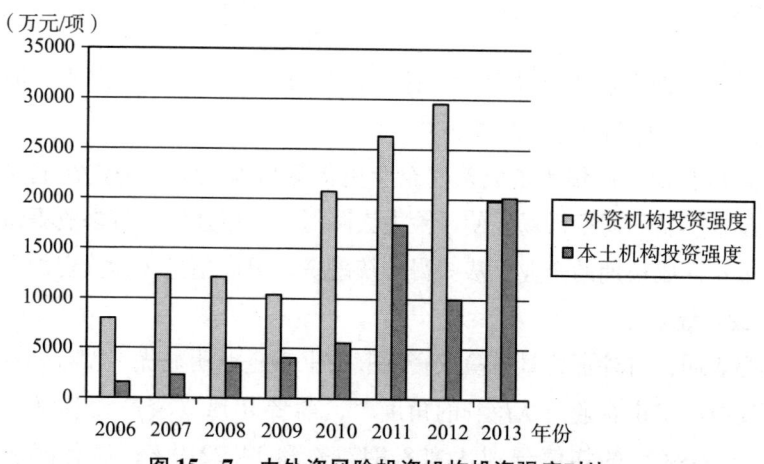

图 15-7 内外资风险投资机构投资强度对比

数据来源：成思危，陈昌智主编．中国风险投资年鉴 2014．

（四）投资阶段

如图 15-8 所示，对于国际风险资本，无论投资项目还是投资金额，都主要集中在风险企业的成长期，而其他阶段投资较少。原因在于：

（1）成长期相对于早期阶段成功率更高。相对于成熟期，回报更高。国际风险投资机构在这个阶段进入企业，更容易凭借丰富经验辅导其上市，获得巨额回报。

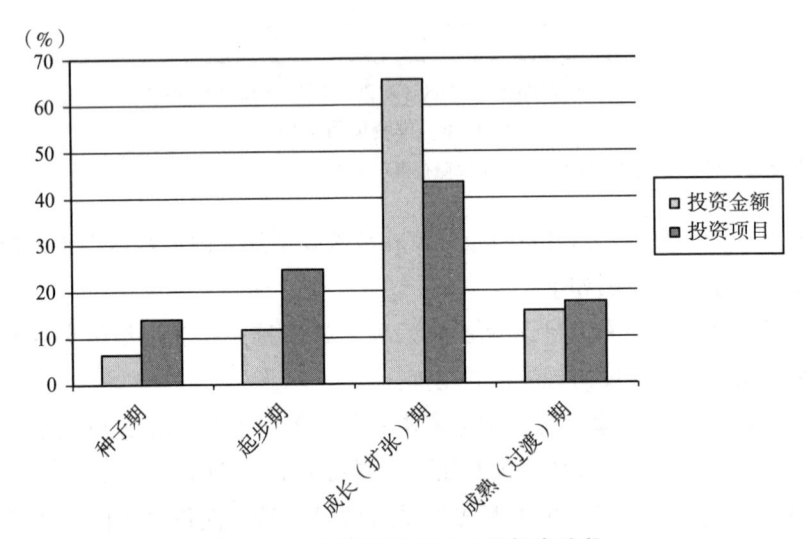

图 15-8　国际风险资本在华投资阶段

数据来源：成思危，陈昌智主编．中国风险投资年鉴 2014.

（2）成长期企业资金缺口大。处于这一阶段的企业往往需要借助外部力量迅速扩张，国际资本正好匹配。

（3）成长期企业相比于成熟期企业更依赖风险投资。企业在成熟期基本形成了技术产品和初期市场，使风险大大降低，可以通过传统融资渠道获得廉价的资金。而成长期的企业无法获得传统融资，只能借助风险投资加大投入。

5. 投资绩效

研究表明，有外资背景风险投资参股的上市企业明显优于没有外资背景风险投资支持的上市企业。从盈利的角度看，前者 ROA（资产收益率）和 ROE（净资产收益率）的均值分别达到 8.8473% 和 14.2219%，显著高于后者的 6.8425% 和 10.2180%。从专利数量的角度看，深圳中小企业上市板块的 169

家企业，其327条投资记录的样本中，不同资本背景风险企业的投资企业在专利数量上并无显著的差别。但有外资风险投资机构背景的企业在规模上更大。

第二节 运营模式

国际风险投资机构与本土风险投资机构的运营模式异同主要体现在三个方面：决策因素、激励机制和监管机制。

一、决策因素

由图15-9可以看出，影响内外资风险投资家作出投资决策的前五个因素相同，均为市场前景、管理团队、技术因素、盈利模式和财务状况。不同的是，外资比内资更加看重市场前景和管理团队，前者对这两个因素赋予权重接近50%，而后者只有35%。外资对这两个因素赋予更大权重的原因在于：

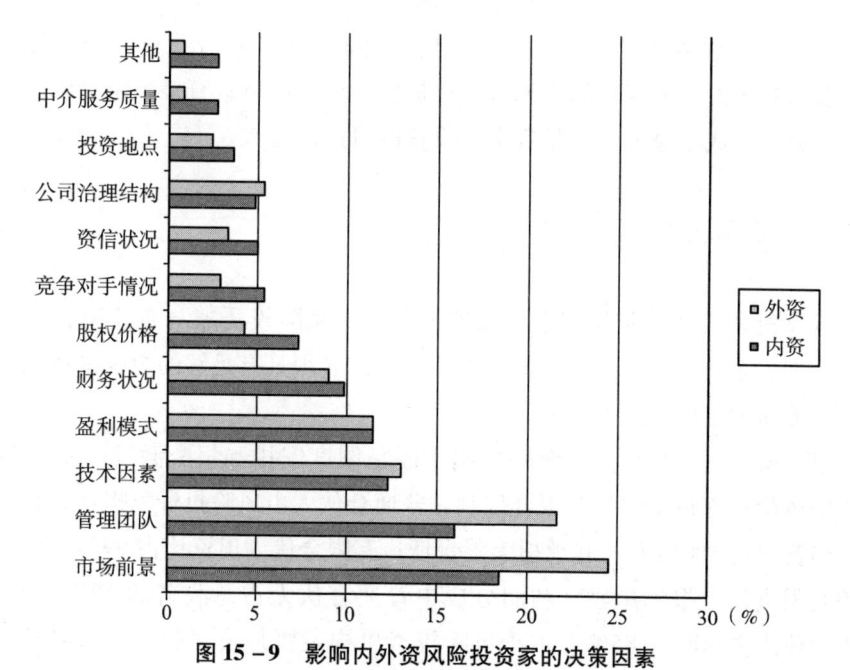

图15-9 影响内外资风险投资家的决策因素

数据来源：王元，张晓原，张志宏主编.中国风险投资发展报告2015.

（1）国际风险投资机构对于市场前景具有信息层面的劣势，其面临的市场不确定性更大。贸易保护主义、技术标准、宏观经济形势、宗教文化历史等等每一个细微的因素都可能使得市场前景发生巨大变化。

（2）外资对管理团队提供增值服务和监管的成本更高。信息不对称严重，投资项目很容易出现道德风险，投资家很难监控管理团队。

当然，其他因素也至关重要。股权价格、竞争对手情况、资信状况、公司治理结构，投资地点、中介服务质量等因素的权重不大，是因为其不确定性小。

（1）股权价格。这是一项投资成本，涉及成本和收益的分析，价格高低将直接影响投资决策。

（2）竞争对手情况。市场竞争越激烈，项目的可行性越高，但盈利空间就越小，市场竞争小，暗含项目不可行的风险，但有诱惑的高收益。

（3）资信状况。项目运作团队的资信情况越好，或者没有不良资信状况，对风险投资家的吸引力越大。

（4）公司治理结构。调整公司的治理结构，往往需要巨大的成本，如果所投项目公司的治理结构合理，就可以降低调整难度，减少辅助成本。

（5）投资地点。通常，投资者优先考虑本地企业，这不仅涉及到投资之后需要提供增值服务，而且具有监管的便利性。

（6）中介服务质量。当地配套的其他金融服务、审计机构、法律咨询机构以及风险企业产品销售的物流服务等机构的服务质量，直接影响着风险企业的交易成本，成本越低，风险资本家投资的可能性越大。

二、激励机制

风险投资活动涉及投资者与风险投资家，风险投资家与企业家，双重委托—代理关系。由于代理问题的存在，各主体必须具有足够的激励来尊重契约安排，因而激励机制至关重要。

第一层委托—代理关系激励机制主要是制度安排和报酬激励。超过80%的外资风险投资机构都是有限合伙制，普通合伙人由风险投资家担任，负责投资，出资比占1%左右，并承担无限责任；有限合伙人出资比占99%左右，并承担有限责任。报酬激励，利润分成中普通合伙人占总收益的15%～30%，有限合伙人占70%～85%。本土风险投资机构主要是公司制，公司以其所有资产对债务承担无限法律责任，而投资者作为公司股东只需以其投资额为界限承担有限法律责任,利润分成主要与股份挂钩。

第二层委托—代理关系涉及风险投资家与风险投资企业之间的关系,为了使风险企业家努力工作,国际风险投资家通常采用多轮次对风险企业进行投资。一方面可以监管风险企业的运行状况;另一方面可以更好地激励风险企业家努力工作,以便在接下来的融资中获得更大的额度。本土风险投资家主要是投资成熟期以及投资轮次少、周期短、成功率高、回报率低。

三、监管机制

如图15-10所示,通过直接监管行为,外资的占比更小;通过提供相应的增值服务,如提供管理咨询、董事会席位、财务咨询进行间接的监督外资占比更高。这表明国际风险投资更多地是通过参与到风险企业的运营来监督。主要原因有:

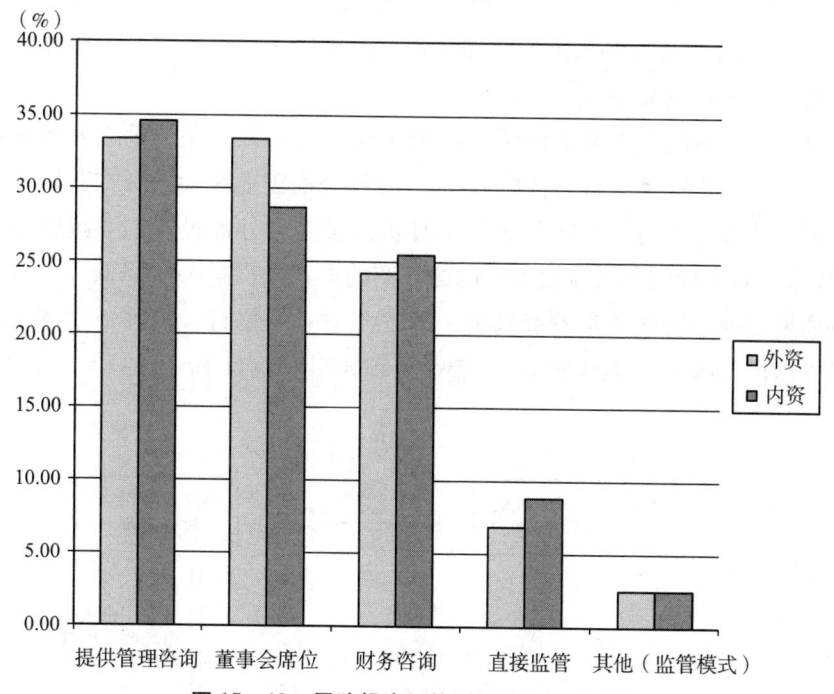

图 15-10 风险投资机构对风险企业的监管

数据来源:王元,张晓原,张志宏主编.中国风险投资发展报告2015.

(1)风险投资机构更多地是提供增值服务,为风险企业的成长添砖加瓦,而不是单纯的监管。因此,内外资风险投资机构都把主要精力放在提供服务,并进行间接地监管。

（2）国际风险投资机构有着更丰富的管理经验，同时与本土企业存在更大的信息不对称性，国际风险投资机构更需要参与到风险企业的各项管理，以及提供更多的增值服务。

第三节 公共政策及其绩效

一、法律规制

国际风险资本管理规定主要基于《中华人民共和国中外合作经营企业法》、《中华人民共和国中外合资经营企业法》、《中华人民共和国外资企业法》、《公司法》及其他相关的法律法规，以实现法律法规之间配套相容，目的是建立和完善我国的风险投资机制。

针对外商的风险投资法律法规。2001年9月1日《关于设立外商投资创业投资企业的暂行规定》，自颁布日起，允许外商创业风险投资在我国境内独资创办风险投资机构。2003年3月1日正式实施《外商投资创业投资企业管理规定》，对来华创办风险投资机构的外商的准入条件进一步降低，进一步鼓励外商来华创办创业风险投资机构，2015年进一步修订，对投资主体、经营业务等做出具体的、详细的规范。整个历程如图15-11所示。

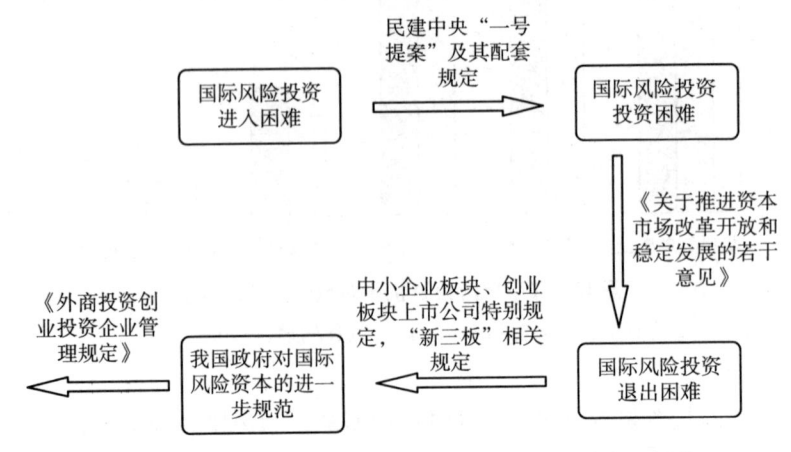

图15-11 我国针对外商的风险投资法律法规的发展历程

二、税收优惠

据统计，2008年以前，外资企业的名义税负为15%，实际税负水平为11%，远低于法定的33%。而内资企业的税负水平为35%。2008年1月1日起施行《企业所得税法》将内外资企业所得税税率统一为25%，合并内外资企业所得税法成为中国经济体制走向成熟规范的标志。新的税法对外商仍然是有优惠的，对于高新技术产业实行15%的税率，微利的中小企业也享受20%的优惠税率。因为风险投资的投资对象主要是高新技术产业，所以基本可以用高新技术产业的税率来衡量。

三、投资补贴

针对风险投资的投资补贴政策，不分内外资，只要是在我国内发生的，就按相关政策实施。

由表15-5可知，各地方政府补贴政策内容各异，上海和江苏，主要侧重于失灵事后的补贴。广东、浙江和北京属于鼓励性补贴，减轻创业期间的负担。广东省负担首贷失败的90%，大大地增加了初创企业获得传统金融支持的可能性。北京补贴10%，可以用小额资金撬动大额资本。

表15-5　　　　　　　部分地区的鼓励创新创业相关政策

地区	年份	相关政策	政策内容
上海市	2016	《上海市天使投资风险补偿管理暂行办法》	只要是2015年1月1日后投资于上海市种子期、初创期科技型企业的创业投资机构，项目发生损失的部分进行补偿。种子期补偿比例为60%，初创期30%，但是每个投资项目的投资损失补偿金额不超过300万元，单个投资机构每年度获得的投资损失补偿金额不超过600万元
广东省	2015	《关于科技企业孵化器创业投资及信贷风险补偿资金试行细则》	规定创投企业投资科技企业孵化器内的初创期科技型中小微企业，满足条件的，投资失败给予省财政补贴30%，当地市财政给予补贴20%，孵化企业首贷发生坏账的，政府承担90%的损失，银行只需承担10%，单个项目最高不超过200万元风险补偿

续表

地区	年份	相关政策	政策内容
浙江省	2015	《浙江省人民政府办公厅关于加快发展众创空间促进创业创新的实施意见》	主要内容是通过设立资金池，对风险投资损失的给予补贴，成功的给予奖励，来促进创新创业
江苏省	2013	《天使投资引导资金管理暂行办法》	天使首轮投资种子期或初创期科技型小微企业，若发生损失，按实际损失额50%从风险准备金中补偿，最高金额不超过500万元
北京市	2011	《中关村国家自主创新示范区创业投资风险补贴资金管理办法》	在中关村投资风险投资机构，可以获得投资额10%的补贴，对于投资同一企业，每年补贴上限100万元，一家风险投资机构每年上限为200万元

资料来源：凤凰财经．多地出台政策补贴风险投资引争议．

四、政策绩效

（一）运营绩效

国际风险投资机构的运作绩效优于我国本土机构的运营绩效。采用有限合伙制的组织形式是国际风险投资机构获得成功的关键因素之一。

如表15-6所示，我国的国际风险投资机构占比不到20%，但在最佳创投机构榜单中，国际风险投资机构占比超过50%。在华的国际风险投资机构中采用的组织形式为有限合伙制占比超过70%，公司制和信托基金制总共占30%。本土机构超过90%是公司制。

国际风险投资机构运作绩效比本土风险投资机构运作绩效高的原因有：（1）采用的组织形式为有限合伙制，有限合伙制，用无限责任，高额收益共享机制，使得普通合伙人为自己的行为负责，有更强的独立性，而不是简单地按照规章制度办事。（2）国际风险投资机构经验丰富。风险投资起源于美国，欧美等发达国家比我国更早发展风险投资事业。（3）国际风险资本进入我国接近三十年，本土化程度深厚。

表 15-6　　　　　　　福布斯中国最佳创投机构的组织形式

有限合伙制	公司制	信托基金制
国际风险投资机构		
(1) 红杉资本中国基金 (2) IDG 资本 (3) 凯鹏华盈 (4) 赛富投资基金 (5) 经纬中国 (6) DCM Ventures 中国 (7) 兰馨亚洲 (8) 华登国际 (9) 启明创投 (10) 普凯投资 (11) 北极光创投 (12) 晨兴资本	(1) 纪源资本 (2) 德同资本 (3) 软银中国 (4) 海纳亚洲	今日资本
本土风险投资机构		
维思资本	(1) 君联资本 (2) 深圳创新投 (3) 永宣投资 (4) 达晨创投 (5) 东方富海 (6) 创东方投资 (7) 华睿投资管理 (8) 启迪创投 (9) 松禾资本 (10) 基石资本 (11) 同创伟业 (12) 赛伯乐投资集团	

我国本土最优秀的风险投资机构主要是公司制，其原因在于：（1）早期我国法律制度滞后，相关《合伙企业法》不完善，导致有限合作制并不是本土风险投资机构的主要组织形式。（2）我国缺乏普通合伙人人才。风险投资经理按照公司章程做事，优于通过自由决策做事。（3）我国风险投资业是自上而下发展起来的，政府背景色彩浓厚，采用公司制，更有利于政府监督、管理、控制。

（二）退出绩效

如图 4-12 所示，我国有风险投资背景企业的境内外 IPO 数量比例（2013 年是由于我国 A 股市场暂停 IPO，企业只能通过境外进行 IPO），从趋势可以看出，境内 IPO 越来越高，说明风险投资通过境内退出越来越顺畅，我国风险投资退出政策绩效优异。

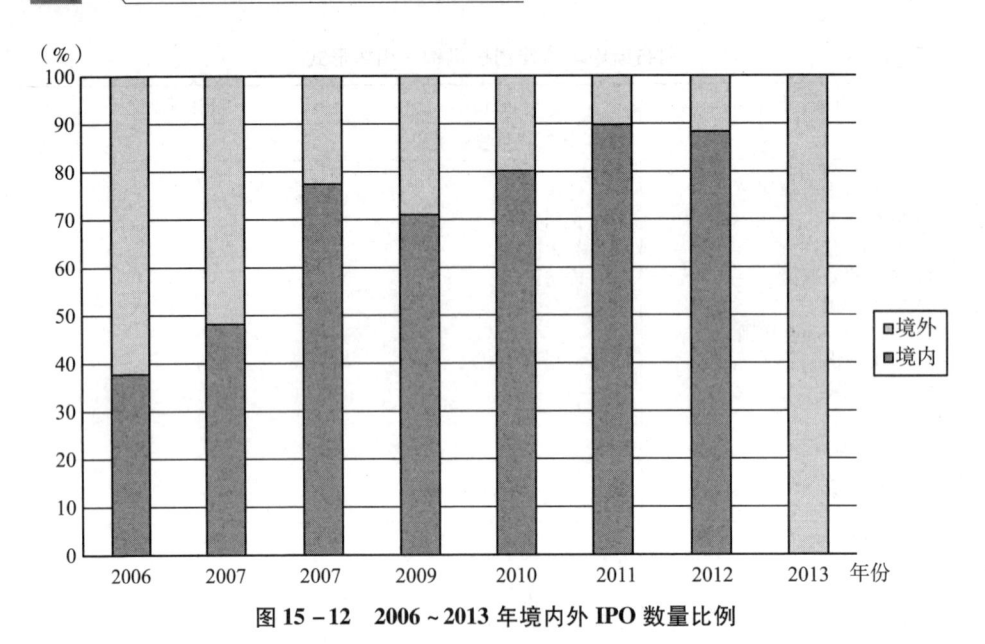

图 15-12　2006~2013 年境内外 IPO 数量比例

五、突出问题

现阶段国际风险投资相关公共政策所面临的突出问题有以下几点。

(1) 各地方风险投资政策配套不完善。例如政府对新能源产业（例如风能、太阳能发电）进行大额度的投资补贴，而对其产品的销售网络相关产业却支持不足，导致诸如"弃风弃光"的现象屡见不鲜。

(2) 资本退出困难重重。上市渠道退出，国内无论是主板市场还是中小企业板块或创业板，条件苛刻，风险企业自身条件难以满足。海外市场退出，除了要满足上市条件外，还需要满足审批条件。非上市渠道退出，通过"新三板"退出要容易得多，但这一渠道市场化程度不够，参与者受限，流动性不足，买卖存在困难。以回购、并购形式退出的，买家少，收益率低。

(3) 资本跨国流动受阻。由于我国资本账户尚未完全开放，国际风险投资机构在本土实现的收益，直接将巨额资金汇回本国困难重重。通过货物贸易，直接在我国进口商品实现资本退出的，又面临着交易成本巨大以及可能违反海关管理条例的风险。

第四节 经典案例分析

经典案例分析包括国际风险投资机构——红杉资本中国基金和 IDG 资本，以及接受国际风险资本投资的成功企业——阿里巴巴和百度。

一、红杉资本中国基金

（一）公司简介及发展概况

红杉资本于 1972 年在美国硅谷创立，至今投资超过 1000 家公司，其中 400 余家成功上市，200 多家通过兼并收购成功退出。红杉资本"6 号基金"，年化内部收益率为 110%；"七号基金"为 174.5% 等。而同期平均风险投资内部收益率在 15%～40% 之间，红杉资本遥遥领先。红杉资本中国基金（简称红杉中国）于 2005 年成立，投资团队兼备国际经济发展视野和本土成功创业经验，目前控制资金规模在 40 亿元人民币和 20 亿美元左右，投资领域包括互联网，移动互联网，医疗健康，金融等领域。截至 2016 年 12 月 29 日，发生过 139 次投资，其投资对象主要是一些具有代表性的高成长企业。此外，比起投资于已有一定发展规模或者经验丰富的大企业，红杉资本更倾向于投资那些备受争议、具有高度不确定性的高科技初创企业，并通过对风险企业进行适当管理与监督，最终取得高额投资回报。投资的成功案例包括阿里巴巴集团、京东商城、高德软件、唯品会等互联网知名企业。

（二）运营分析

1. 管理层本土化

2005 年 9 月，红杉资本中国由携程网创始人沈南鹏、德丰杰全球基金原董事张帆创立。来自中国本土的合伙人还有周逵、计越等，合伙人都有一个共同的特点，中国本土大学毕业，留学海外并且有成功创业或投资经验，既有专业知识又经过市场的考验。

2. 募集资金

凭借着红杉资本多年的成功经验,红杉资本资金雄厚,从2005年进入中国,到2010年11月1日,才开始募集第一笔公开的人民币基金——红杉无锡基金,3.9亿元人民币,目前控制的人民币基金总额约40亿元,美元基金约20亿美元。

在2008年世界金融危机、2011年欧债危机时,风险投资行业举步维艰,红杉资本凭借其卓有成效的投资回报率,管理资金不减反增,逆经济风向发展。受2015年中国股票市场和金融市场巨幅波动的影响,红杉资本在中国的进一步筹资受阻,但其凭借已有投资及颇高的投资回报抵销了部分股市动荡造成的负面影响。总体而言,红杉中国受当前经济波动的影响不大。

3. 投资业务

红杉中国专职于风险投资行业,并没有庞大的集团背景。为了减少信息收集和处理成本,红杉中国紧跟潮流,看准时机。红杉中国既投资高科技产业,又投资消费及服务等传统产业。投资时期主要集中于初创期和扩张期。紧跟潮流的红杉中国,更多的是采用联合投资的方式,其概率为59%,单独投资的概率为41%。

红杉中国关注顺应潮流的创业企业,通常关注以下三个方面:

第一,关注市场。该项目是否有10亿美元的市场容量,该产业是否有万亿美元的潜在市场,同时政府是否支持该产业,最近几年是否飞速发展,这些都是红杉中国特别关注的。

第二,关注商业模式。创业企业的商业模式能否使企业快速发展,安全度过早期的发展,其他配套条件是否具备。

第三,关注团队实力。团队是否有核心成员,是否有精神依靠,这将直接影响团队实力的发挥。一个有实力的团队,其核心成员必须是富有远见、有想象力,经受得住考验,对整个市场有一些判断,对技术路径有一些思考。

第四,关注技术。创业企业是否拥有核心技术,核心技术是否属于行业前沿,是否能够引领行业的发展,这关系到风险项目的发展潜力。

4. 增值服务

红杉中国提供的增值服务包括:第一,帮助被投企业建立现代化的公司治理结构,规范公司的运作流程,并帮助后续的融资、上市。第二,改进人事安排,并帮忙招聘优秀人才,组织公司管理层定期交流互动。第三,给被投企业之间牵线搭桥,互相合作。帮助被投企业之间实现最低的成本获得合作资源,提高相互信任度,降低交易成本。

二、IDG 资本

(一) 公司简介及发展概况

IDG 集团(International Data Group)成立于 1964 年,其创始人是麦戈文,总部设在波士顿,是世界上最大的信息技术出版、研究、会展与风险投资公司。目前,分公司遍布六大洲,超过 90 家分公司,拥有上万名研究人员和专家。IDG 资本最重要的有限合伙人(LP)是 IDG 集团,1989 年以基金的形式进入中国,1992 年在北京注册 IDG 资本公司,1993 年和上海市科委下属一家投资公司各出资 1000 万美元成立太平洋技术风险投资(中国)基金(PTV—China),1999 年改制为有限合伙制。控制着超过 200 亿元的人民币基金和数十亿的美元基金,拥有经验丰富且专业的中国本土投资团队,投资领域包括互联网、连锁服务、金融、医疗健康等领域,覆盖初创期、成长期、成熟期、Pre—IPO 各个阶段,据统计,截至 2017 年 3 月 17 日,IDG 资本在华发生过 218 次投资,其中就有携程、腾讯、百度、新浪、如家等各行业的优秀企业,其中超过 60 家公司在美国、香港地区、中国证券资本市场上市(IPO),或通过兼并与收购(M&A)成功退出,从 2000 年至今,IDG 资本每年都有成功退出的案例,投资回报从 3 倍、5 倍一直到 10 倍甚至几十倍,抓住新兴产业兴起的机遇和相对稳定而优秀的团队是 IDG 成功的重要因素。

(二) 运营分析

1. 管理层本土化

1992 年 IDG 资本准备成立之前,与熊晓鸽一起考查中国风险投资市场的英国风险投资家 Richard 认为,至少需要再等十年才能进入中国,因为当时中国很少知道基金这回事,而 IDG 公司对合伙人的要求却很高,诸如毕业于哈佛或斯坦福等名校,10 年以上的基金管理经验,年龄在 35~55 岁之间。而熊晓鸽却认为不能等,要马上做,这是低成本进入中国的最好时机,由于合伙人人才紧缺,熊晓鸽亲自挂帅,并招募了周全等清一色的留学或工作于海外的精英,拥有国际视野的中国本土化人才,以及后续加入的章苏阳、林栋梁等七名主要合伙人。

2. 募集资金

早期IDG资本以公司的形式进入中国，当时中国风险投资业还未起步，缺乏相应配套法律，无论募集资金还是进行投资，都举步维艰。只能借助各地方政府支持，共同出资成立风险投资公司，当时只能募集到美元基金。1999年IDG资本（中国）组织形式改为有限合伙制，有限合伙人提供资金，募集到的资金量大但不需要像公司制一样公开具体信息。截至2017年2月23日，共有9条募集资金记录，据不完全统计，超过200亿元人民币基金和30亿美元基金。

3. 投资业务

首先，IDG内部合伙人分布在北京、上海、广州、深圳等办事处，掌握各地方的具体信息，再者IDG集团分布在世界各地的分公司，合伙人之间各司其职而又相互合作，形成一个酷似"狼群战术"的投资策略，很快可以锁定某个行业的发展动向，并进行投资。其次，IDG资本不随大流，投资领域广泛，各个阶段都有投资，这主要得益于信息来源广泛和可靠。

IDG资本通常关注创业企业以下三个方面：

（1）注重人才。"第一是人，第二是人，第三还是人"，章苏阳把"人"具体化，主要体现为三个特质：有野心、遵守规则、对行业有深入的了解。

（2）注重团队。团队的人才、健康的身体以及和谐幸福的家庭都是IDG所考虑的。

（3）关注企业的长远发展，追求长期价值。例如，IDG资本三次投资搜房网，从1999年到2010年搜房网在纽交所上市，一个项目坚持10余年，可见其耐心和信心。

4. 增值服务

（1）IDG在全球拥有超过13000名员工，涉及领域广泛，通过IDG平台可以迅速开拓国际市场。

（2）完善被投企业的公司治理结构，理顺公司财务脉络，提供战略指导。

（3）提供人才信息和帮助招聘人才，优化公司人力资源结构。

（4）为被投企业之间牵线搭桥，帮助企业再融资、并购、重组上市等。

三、阿里巴巴

（一）公司简介及发展概况

1999 年 3 月，马云和他的团队在杭州以 50 万元人民币的注册资本创立阿里巴巴网站，旨在发展企业与企业之间的电子商务（B2B，即 business to business），它是商家之间的相互交易，服务于生产环节，起到减低生产过程中信息搜寻的成本。2002 年 12 月，阿里巴巴集团首次扭转入不敷出的局面，实现正的现金流入；2003 年，淘宝网站创立；2005 年，阿里巴巴税前利润额为 1.034 亿美元，比 2004 年同期增长了 3.63 倍，接下来两年，每年的利润超过 2 倍的增长；2007 年在香港联交所主板挂牌上市；2010 年 7 月，阿里巴巴集团推出合伙人制度，以保存其使命、愿景及价值观。一方面，该合伙人制度并不符合香港联交所的要求；另一方面，公司股东普遍认为其价值远远超过市场价值。2012 年阿里巴巴退市，并于 2014 年 9 月 19 日在纽约证券交易所正式挂牌上市。

集团业务包括：电子商务服务、蚂蚁金融服务、菜鸟物流服务、大数据云计算服务、广告服务、跨境贸易服务、前六个电子商务服务以外的互联网服务。

（二）国际风险资本进入

首先，阿里巴巴成长的同时，是中国的互联网的普及率的快速提高时期，电商能够更多的节约交易成本，对于传统市场有一定的互补性和巨大的替代性，这意味着电商面临着巨大的市场空间，市场前景一片光明。其次，阿里巴巴的团队建设有核心人物，有灵魂人物，特别是马云，有战略目光，胸怀宽广（在创办阿里巴巴之前，马云已经失败过好几次）。很快阿里巴巴获得了美国富达投资、高盛等金融机构 500 万美元的"天使资金"，这不仅化解了阿里巴巴资金链断裂的风险，而且使得种子期阿里巴巴得以"发芽"。

在这一阶段融资主要用于企业产品的试验，这一阶段企业需要的资金更多，但技术风险和市场风险仍然是企业面临的巨大考验。2000 年 1 月，阿里巴巴获得了来自日本软银集团的 2000 万美元投资，经过近两年的发展，虽然依然入不敷出，但是阿里巴巴注册用户量达到 100 万人，而且个别业务开始出现盈利，如 B2B 业务，这给股东和阿里巴巴的员工们带来巨大的鼓舞。

（三）增值服务

（1）改进阿里巴巴的企业管理模式，以及为产品销售牵线搭桥。得益于国际风险投资全球的销售网络，到2003年5月为止，阿里巴巴的注册用户超过200万人，遍布于五大洲，每天向用户提供超过150万条买卖信息，成为世界上最大的电子商务平台。

（2）帮助阿里巴巴后续融资。看到如此迅速的发展，股东们纷纷增资，外部投资者也纷纷加入。2004年2月，阿里巴巴非常顺利地获得了日本亚洲投资公司500万美元风险投资，以及来自软银集团、富达投资、Granite Global Ventures 和 TDF 风险投资有限公司四家公司的8200万美元战略投资。这一年，阿里巴巴的总收入达到了6800万美元，税前利润2850万美元。

（3）引进人才队伍。2005年，雅虎强势进驻阿里巴巴，以7000万美元现金、3.6亿淘宝股权，雅虎中国换取1.74亿阿里巴巴集团股票，此次交易中前期的投资者部分得以套现，另外具有强大竞争力的雅虎集团入股阿里巴巴，对阿里巴巴的成长起到了巨大的推动作用，使得阿里巴巴的业绩更是节节攀升。

（四）国际风险资本退出

2006年之后阿里巴巴发展到成熟期，这一阶段的生产已经可以实现工业化生产，各方面已经基本实现流程化，这是阿里巴巴择机上市、投资人择机套现从而实现资本回笼获得收益的阶段。

2007年11月，阿里巴巴网络有限公司在香港联交所主板挂牌上市，首次公开发行股票，分别从机构投资者那里吸引到1500亿美元，从私人投资者那里吸引到4530亿港元的资金。阿里巴巴的成功上市，软银的回报率达到7100%，初期的投资者的回报超过百倍。充裕的资金并没有使阿里巴巴止步不前，而是以此为基础，更加迅速的发展，经过五年的发展，公司股东普遍认为其价值远远超过市场价值，另外，2010年7月，阿里巴巴集团推出合伙人制度，该合伙人制度并不符合香港联交所的要求，2012年6月20日，阿里阿巴网络有限公司公开宣布在香港联交所退市，以超过最近10个交易日的平均溢价的50%，回购公司股票。

第一次上市，已经给各大国际风险投资机构和其他投资人带来几十倍甚至超过百倍的巨大资本回报，然而，随着阿里巴巴的发展，市场价值低于实际价值。两年后,即 2014 年 9 月 19 日,阿里巴巴集团在纽约证券交易所挂牌上市。这一次,马云超过李嘉诚成为新的华人首富。

四、百度

(一)公司简介及发展概况

1999 年底,李彦宏看到了中国互联网的发展前景,专注于互联网领域特别是搜索引擎领域且持有相关专利的他毅然决然的回到中国。2000 年 1 月,百度公司创立并获得 120 万美元的天使基金。同年 6 月,百度再次融资 1000 万美元的天使基金,至此,百度公司顺利地度过了最危险的阶段。8 月,风险投资人促成百度为搜狐提供搜索引擎服务,公司开始有了零星的业务收入。一年后的 2001 年 8 月,百度发布 Baidu.com 搜索引擎 Beta 版,从后台服务转向独立提供搜索引擎服务,并且在中国首创了竞价排名的商业模式。10 月 22 日,正式发布 Baidu 搜索引擎。至此,百度成为中国最大的搜索引擎公司,市场占有率高达 83.6%。2005 年 8 月 5 日,百度在美国纳斯达克上市,成为首家进入纳斯达克成分股的中国公司。百度当天股价上涨了 354%,使得百度公司的股票成为美国股市 5 年来新上市公司首日涨幅最大的股票之一。

一提到搜索引擎,在中国几乎无人不晓。"百度一下,你就知道"是响亮的宣传语,是百度集团的代名词。现在的百度早已超越了单纯的搜索引擎,已经渗透到饮食、物流、金融、软件、硬件、游戏、新闻等诸多领域。根据第三方权威数据,在中国,百度 PC 端和移动端市场份额总量达 73.5%,覆盖了中国 97.5% 的网民,拥有 6 亿用户,日均响应搜索 60 亿次。

(二)国际风险资本进入

百度是靠什么吸引了国际风险资本的进入?首先,市场前景广阔,百度公司成长的时期正是我国互联网高速发展期,对搜索引擎有巨大的潜在需求。其次,李彦宏在这个时候带着高素质的管理团队进入中国市场,如同来到一块尚未开采的金矿主脉,企业家李彦宏原本学习的专业就是信息管理,并长期从事信息搜索相关工作,他的个人工作经历和超强的专业技能,持有的"超链分析"技术专利。2000 年 9 月 DFJ、IDG 等国际著名风险投资公司为百度投入巨额资金。

（三）增值服务

（1）国际风险投资机构的进入，帮助百度牵线搭桥，开拓市场。接受同样的国际风险投资机构投资的风险企业，这些风险企业之间进行合作、共同发展是非常便利的。2000年10月，百度为搜狐提供服务；进入2001年，百度的业务范围越来越广，服务对象越来越多，为263、Tom等世界知名公司提供全面搜索服务。

（2）完善公司治理架构和技术支持。百度在为客户提供服务的同时，不断增长技术实力，不断协调技术部门和其他部门之间关系。

（3）提供商业模式的指导。2001年9月，百度搜索竞价排名浮出水面，成为百度巨大赢利的模式，10月22日，正式发布Baidu搜索引擎，市场占有率达到83.6%，一路走来畅通无阻。

（4）提供后续融资的指导。2001年10月，完成了第二轮融资1000万美元，2004年6月百度进行第三次融资，融资金额为1亿美元。

（四）国际风险资本退出

2005年之后百度已经发展到成熟期，这一阶段的生产已经可以实现工业化生产，各方面已经基本实现流程化，这是百度择机上市、投资人套现从而实现资本回笼获得收益的阶段。2005年8月5日，百度在美国纳斯达克上市，成为首家进入纳斯达克成分股的中国公司。百度股价从27美元的发行价飙升至122.54美元，当天股价上涨了354%，共融资1.091亿美元。百度由此成为2005年全球资本市场上最为引人注目的上市公司，公司也进入了一个崭新的发展阶段。

至此，风险投资已经完成了它的使命，成功地将百度打造成为世界瞩目的大公司，在互联网排名中，仅次于腾讯和阿里巴巴。

参 考 文 献

[1] Aernoudt R. European policy towards venture capital: myth or reality? [J]. Venture Capital: An International Journal of Entrepreneurial Finance, 1990 (1): 47 –57.

[2] Afful‑Dadzie E, Oplatková Z K, Nabareseh S. Selecting start-up businesses in a public venture capital financing using Fuzzy Promethee [J]. Procedia Computer Science, 2015, 60: 63 –72.

[3] Aghion , P. , P. Bolton, An incomplete contracts approach to financial contracting, Review of Economic Studies , 1992, 59.

[4] Ahlstrom, D. , The shenzhen special economic zone: progress and problems, The Chinese University of Hong Kong, Faculty of Government and Political Science Working Paper Series, 1990, Spring: 1 –34.

[5] Alemany L, Martí J. Unbiased Estimation of Economic Impact of Venture Capital Backed Firms [J]. Ssrn Electronic Journal, 2005.

[6] Alperovych, Yan, Georges Hübner, Fabrice Lobet. How does governmental versus private venture capital backing affect a firm'ss efficiency? Evidence from Belgium. Journal of Business Venturing, 2014.

[7] Amit. R. , Glosten. L. , Muller. , Entrepreneurial ability, venture investments, and risk sharing [J]. Management Science, 1990 (36): 1232 –1245.

[8] Anthony Bartzokas, Sunil Mani. Financial systems, corporate investment in innovation, and venture capital [M]. Edward Elgar Publishing, 2004.

[9] Arrow K J, Optimal capital policy with irreversible investment [J]. Capital & Growth Essays in Honor of Sir John Hicks, 1966.

[10] Atherton A, Smallbone D. State promotion of SME development at the local level in China: An examination of two cases [J]. Journal of Chinese Entrepreneurship, 2010, 2 (3): 225 –241.

[11] Audretsch David B, Albert N. Link, John T. Scott. Public/private tech-

nology partnerships: evaluating SBIR - supported research [J]. Research Policy, 2002, 31 (1): 145 -158.

[12] Bartzokas, Anthony, and Sunil Mani, eds. Financial systems, corporate investment in innovation, and venture capital. Edward Elgar Publishing, 2004.

[13] Barry, C., Muscarella, C., Peavy III, J., Vetsuypens, M. The role of venture capital in the creation of public companies: evidence from the going-public process [J]. Journal of Finance Economics, 1990, 27 (2): 447 -471.

[14] Becker, G. S., A theory of competition among pressure groups for political influence [J]. The Quarterly Journal of Economics, 1983, 98 (3): 371 - 400.

[15] Bertoni F, Colombo MG, Grill L. Venture capital financing and the growth of high - tech start - ups: disentangling treatment from selection effect [J]. Research Policy, 2011, 40 (7): 1028 -43.

[16] Bertoni F., Tykvova T. Which form of venture capital is most supportive of innovation? [J]. ZEW Discussion Paper, 2012 (12), 18.

[17] Bertoni F, Tykvová T. Does governmental venture capital spur invention and innovation? Evidence from young European biotech companies [J]. Research Policy, 2015, 44 (4): 925 -935.

[18] Biekpe, Nicholas. Financing small businesses in Sub - Saharan Africa: Review of some key credit lending models and impact of venture capital provision [J]. Journal of African Business 5, No. 1 (2004): 29 -44.

[19] Bottazzi L & M. Da Rin, Venture capital in Europe and the financing of European innovative firms [J]. Economics Policy, 2002, 34 (17): 229 -262.

[20] Brander J, Du Q, Hellmann T. The effects of government-sponsored venture capital: International evidence [R]. Working Paper, NBER, 2010.

[21] Brander J A, Egan E J. The role of venture capitalists in acquisitions: certification or bargaining [Z]. University of British Colmnbia, 2007, Working Paper.

[22] Bruton, G. D., Dattani, M. and Fung, M.. Private equity in China: Differences and similarities with the western model [J]. The Journal of Private Equity, 1999, 2 (2): 7 -13.

[23] Chen, J.. China's venture capital guiding funds: Policies and practice [J]. Journal of Chinese Entrepreneurship , 2010, 2 (3): 292 -297.

[24] Chemmanur, Thomas J. , Karthik Krishnan, and Debarshi K. Nandy. How does venture capital financing improve efficiency in private firms? A look beneath the surface [J]. Review of financial studies, 2011, 24 (12): 4037 -4090.

[25] Cohen, L. and Noll, R. . The Technology Pork Barrel (Washington, DC: Brookings Institution) [J]. Cohen The Technology Pork Barrel, 1991.

[26] Colombo, M. G. , Grilli, L. , Piva, E. . In search of complementary assets: the determinants of alliance formation of high-tech start-ups [J]. Res. Policy, 2006 (35): 1166 -1199.

[27] Cosh A. , A. Hughes. Enterprise challenged: policy and performance in the British SME sector 1999 -2002 [J]. University of Cambridge, 2003.

[28] Cumming, D. J. , The Structure, Governance and performance of U. K. venture capital trusts [J]. Journal of Corporate Law Studies , 2003 (3): 401 -427.

[29] Cumming, D. J. , Government policy towards entrepreneurial finance: Innovation investment funds [J]. Journal of Business Venturing, 2007 (22): 193 -235.

[30] Cumming, D. J. , Dan Li. Public policy, entrepreneurship, and venture capital in the United States [J]. 2013: 345 -367.

[31] Cumming, D. J. , and MacIntosh, J. G. , Canadian Labour Sponsored Venture Capital Corporations: Bane or Boon? [J]. Elsevier Science Academic Press, 2004: 169 -200.

[32] CummingD. J, MacIntosh, J. G. Crowding out private equity: Canadian evidence [J]. Journal of Business Venturing, 2006, 21 (5): 569 -609.

[33] Cumming, D. J. , Johan, S. A. , Pre – seed government venture capital funds [J]. Journal of International Entrepreneurship, 2009, 7 (1): 26 -56.

[34] Dewatripont, M. , J. Tirole. A theory of debt and equity: diversity of securities and manager shareholder congruence [J]. Quarterly Journal of Economics, 1994 (109).

[35] Dessi, R. , Start – up Finance, Monitoring, and Collusion [J]. The RAND Journal of Economics, 2005, 36 (2): 255 -274.

[36] Dima L, Cumming D J. Project Externalities and Moral Hazard [J]. Ssrn Electronic Journal, 2002: 191 -219.

[37] Ensinger, P. K. , The rise of the entrepreneurial state: State and local economic development policy in the United States [J]. Univ of Wisconsin Press,

1988.

[38] Gans, J. S., Hsu, D. H., Stern, S., When does start-up innovation spur the gale of creative destruction? [J]. RAND J. Econ. 2002 (33): 571.

[39] Gompers, P. A. Lerner, J., The venture capital cycle [J]. Cambridge, MA: MIT Press, 1999.

[40] Gould, J. P., E. P. Lazear. Microeconomic theory [M]. Irwin Homewood, 1989.

[41] Greenwald, B., J. E. Stiglitz, A. Weiss. Information imperfections in the capital market and macroeconomic fluctuations [J]. American Economics Review, 1984 (74).

[42] Griliches Z, 'The search for R&D spillovers' [J]. Scandinavian Journal of Economics, 1992 (94): 29 – 47.

[43] Grilli L., Murtinu S., Turning European New Technology – Based Firms into 'Gazelles': The Role of Public (and Private) Venture Capital [J]. SSRN Working Paper, 2011, 1892024.

[44] Grilli, L. Murtinu, S., Government, venture capital and the growth of European high-tech entrepreneurial firms [J]. Research Policy, 2014, 43 (9): 1523 – 1543.

[45] Han, K. Y. Jaffe, A. B. Effect of Liquidity on Firms' R&D Spending [J]. Economics of Innovation and New Technology, 1993 (2): 75 – 282.

[46] Hellmann T., Puri M., Venture capital and the Professionalization of start-up firms: Empirical evidence [J]. Journal of Finance, 2002, 57 (1): 169 – 197.

[47] Himmelberg, C. P., Petersen, B. C. R&D and Internal Finance: A Panel Study of Small Firms in High – Tech Industries [J]. The Review of Economics and Statistics, 1994, 76 (1) : 38 – 51.

[48] Holmstrom B, Tirole J. Financial intermediation, loanable funds, and the real sector [J]. the Quarterly Journal of economics, 1997: 663 – 691.

[49] Hsu, D. H., Venture capitalists and cooperative start-up commercializationstrategy [J]. Manag. Sci. 2006 (52): 204 – 219.

[50] Jaffe A B, Henderson R. Geographic Localization of Knowledge Spillovers as Evidenced by Patent Citations [J]. Papers, 1992, 108 (3): 577 – 598.

[51] Jeng L A, Wells P C. The determinants of venture capital funding: evi-

dence across countries [J]. Journal of corporate Finance, 2000, 6 (3): 241 - 289.

[52] Jensen Michael, William Meckling. Theory of the firm: managerial behaviror, agency costs and ownership structure [J]. Financial Economics, 1976 (3): 305 - 360.

[53] Jewkes, J. Sawers, D. and Stillerman, R. The Sources of Invention [J]. New York: St. Martin's. 1958.

[54] Kanniainen, V. Keuschnigg, C., The optimal portfolio of start - up firms in venture capital finance [J]. Journal of Corporate Finance, 2003, 9 (5): 521 - 534.

[55] Kanniainen, V. Keuschnigg, C., Start - up investment with scarce venture capital support [J]. Journal of Banking & Finance, 2004, 28 (8): 1935 - 1959.

[56] Keuschnigg, C. Optimal Public Policy For Venture Capital Backed Innovation [J]. Discussion paper, 2003a.

[57] Keuschnigg, C. Nielsen, S. B., Taxes and venture capital support [J]. European Finance Review, 2003a, 7 (3): 515 - 539.

[58] Keuschnigg, C., Nielsen, S. B., Public policy for start-up entrepreneurship with venture capital and bank finance. CESifo Working Paper, 2003b, 850.

[59] Kortum Lerner J. Assessing the Contribution of Venture Capital to Innovation [J]. Social Science Electronic Publishing, 2000, 31 (4): 674 - 692.

[60] Kortum, Samuel & Josh Lerner, Unraveling the patent paradox, Unpublished working paper, University of Minnesota and Harvard University, 2003.

[61] Kortum Lerner, J., The Government as Venture Capitalist: the Long-run Effects of the SBIR Program [J]. Journal of Business, 1999, 72: 285 - 318.

[62] Kortum Lerner J. Assessing the Contribution of Venture Capital to Innovation [J]. Social Science Electronic Publishing, 2002, 31 (4): 674 - 692.

[63] Laffont J. J. Tirole, A theory of incentive in procurement and regulation [J]. MIT Press, 1993.

[64] Leleux B. Surlemont B, Public versus private venture capital: seeding or crowding out? A Pan - Europen Analysis [J]. Journal of Business Venturing, 2003

(18): 81 – 104.

[65] Lerner, J. Boom and bust in the venture capital industry and impact on innovation [J]. Economic Review, 2002 (4): 25 – 39.

[66] Lerner J. When bureaucrats meet entrepreneurs: the design of effective-public venture capital' sprogrammes [J]. The Economic Journal, 2002, 112 (477): F73 – F84.

[67] Lerner J, Watson B. The public venture capital challenge: the Australian case [J]. Venture Capital, 2007, 10 (1): 1 – 20.

[68] Lindsey, L., Blurring firm boundaries: the role of venture capital in strategicalliances [J]. Journal of Finance, 2008 (63): 1137 – 1168.

[69] Mansfield, E. Rapoport, J. Romeo, A. Wagner, S. and Beardsley, G. Social and private rates of return from industrial innovations [J]. Quarterly Journal of Economics, 1977 (91): 221 – 40.

[70] Maula M., Autio E., Murray G., Corporate venture capitalists and independent venture capitalists: what do they know, who do they know and should entrepreneurs care? [J]. Venture Capital, 2005 (7): 3 – 21.

[71] Mason C M. Public policy support for the informal venture capital market in Europe a critical review [J]. International Small Business Journal, 2009, 27 (5): 536 – 556.

[72] McCahery J, Renneboog L. Venture capital contracting and the valuation of high technology firms [M]. Oxford University Press, 2004.

[73] Megginson, W. L., Weiss, K. A., Venture capitalist certification in initial public offerings [J]. Journal of Finance, 1991, 46 (3): 879 – 903.

[74] Michelacci, C. Suarez, J., Business creation and the stock market [J]. The Review of Economic Studies, 2004, 71 (2): 459 – 481.

[75] Munari F, Toschi L. Assessing the impact of public venture capital programmes in the United Kingdom: Do regional characteristics matter? [J]. Journal of Business Venturing, 2015, 30 (2): 205 – 226.

[76] Myers, S. C., Majluf, Corporate financing and investment decisions when firms have information that investors do not have [J]. Journal of Financinal Economics, 1984 (13): 187 – 221.

[77] Nkusu, Mwanza. Nonperforming loans and macrofinancial vulnerabilities

in advanced economies. IMF Working Papers (2011): 1 - 27.

[78] Olson, M., The logic of collective action: Public goods and the theory of groups [J]. Harvard Economic Studies, 1965, 107 - 114.

[79] Oster, S. M., The Effect of University Endowment Growth on Giving: Is there evidence of crowding out? [J]. Yale School of Management, 2001.

[80] Ozmel U, Robinson D, Stuart T. Strategic alliances, venture capital, and the going public decision [R]. Working paper, Duke University, 2007.

[81] Ozmel, U., Robinson, D. T., Stuart, T. E., Strategic alliances, venture capital, and exit decisions in early stage high - tech firms [J]. Journal of Finance Ecoomics, 2013 (107): 655 - 670.

[82] Peters, G. B, Managing horizontal government: the politics of co-ordination [J]. Public Administration, 1998: 295 - 311.

[83] Peltzman, S., Toward a more general theory of regulation [J]. Journal of Law and Economics, 1976, 19 (2): 211 - 240.

[84] Puri M., Zarutskie R.. On the Life Cycle Dynamics of Venture Capital and Non-venture-capital Financed Firms [J]. Journal of Finance, 2012, (1).

[85] Saunders, M., Cuny, T., Davis, L. C., Feign, J., Hearne, M., Phaup, M., Werner, J., An examination of issues and alternatives regarding a restructuring of the SBIR program, A report by the working study group of the SBIR reinvention council of the U. S., SRA [R], 1995.

[86] Sahlman W A. The structure and governance of venture-capital organizations [J]. Journal of Financial Economics, 1990, 27 (2): 473 - 521.

[87] Schafer D., Schilder D., Informed capital in a hostile environment-the case of relational investors in Germany [J]. DIW Discussion Paper, 2006, 549.

[88] Schilder D., Public venture capital in Germany-task force or forcing at ask? [J]. Freiberg Working Papers, 2006, 12.

[89] Stigler, G. J., The theory of economic regulation [J]. The Bell Journal of Economics and Management Science, 1971, 2 (1): 3 - 21.

[90] Stiglitz J. Weiss A, Credit rationing in markets with imperfect information, The American Economic Review, 1981 (71): 393 - 410.

[91] Tian X. The causes and consequences of venture capital stage financing [J]. Journal of Financial Economics, 2010, 101 (1): 132 - 159.

[92] Tykvova T, Venture capital in Germany and its impact on innovation [R]. Social Research Network Working Paper, 2000.

[93] Tykvova T. , How do investment patterns of independent and captive private equity funds differ? Evidence from Germany [J]. Financial Markets and Portfolio Management, 2006 (l20): 399 -418.

[94] Tykvova T. , Walz U. , How important is participation of different venture capitalists in German IPOs? [J] . Global Finance Journal, 2007 (17): 350 -378.

[95] Venture Economics, Special Report: Rose-colored asset class [J]. Venture Capital Journal, 1996, 36: 32 -34. 1.

[96] Wallsten, S. J. , The effects of government - industry R&D programs on private R&D: the case of the Small Business Innovation Research program [J]. The RAND Journal of Economics, 2000, 31 (1): 82 -100.

[97] Wang, Jinmin, Jing Wang, Hua Ni, and Shaowei He , How Government Venture Capital Guiding Funds Work in Financing High - Tech Start - Ups in China: A 'Strategic Exchange' Perspective [J]. Published online in Wiley Online Library, 2013, 22 (7 -8): 417 -429.

[98] Wonglimpiyarat J. Exploring strategic venture capital financing with Silicon Valley style [J]. Technological Forecasting and Social Change, 2016, 102: 80 -89.

[99] HUANG Chienwen, LEE Fungwu, CHU Pinyu. Evaluation of government subsidy R&D program – the comparative study of SBIR between Taiwan and the USA [C]. Proceedings of the third workshop on knowledge economy and electronic commerce, 2004.

[100] LEE Fungwu, HUANG Chienwen, CHU Pinyu Chu. Does the small business innovation program foster new company? Evidence from Taiwan [C]. Proceedings of the third workshop on knowledge economy and electronic commerce, 2005.

[101] HO Chengter, YANG Yifan. The key success factors of small business innovation and research of Taiwan automotive electronics industry [J]. International journal of innovation, management and technology, 2012, 3 (4): 521 -524.

[102] RW Helsley, WC Strange. Matching and agglomeration economies in a system of cities [J]. Regional Science & Urban Economics, 1990, 20 (2): 189 -212.

[103] D Cumming, G Fleming, A Schwienbacher. Legality and venture cap-

ital exits [J]. Journal of Corporate Finance, 2006, 12 (2): 214-245.

[104] Garry D. Bruton, David Anlstrom. An institutional view of China's venture capital industry Explaining the differences between China and the west [J]. JoumalofBusinessVenturing, 2003, (18): 233-259.

[105] Poterba, S. &James, M. How Burdensome are capital gains taxes evidence from the United States [J]. Journal of public Economics, 1987, (33): 157-172.

[106] Friedman JH. Regularized Discriminant Analysis [J]. J Amer Statist Assoc, 1989, (84): 165.

[107] Etzkowitz, H. M, sen, J. L. Public Venture capital Sources of Government Funding for Technology Entrepreneurs [M]. A spen Publisher, 2001.

[108] B Leleux, B Surlemont. Public versus private venture capital: seeding or crowding out [J]. Journal of Business Venturing, 2003, 18 (1): 81-104.

[109] 陈士俊, 柏高原, 创业投资引导基金参股运作方式的国际比较 [J]. 商业研究, 2010 (5): 14-18.

[110] 勾永尧, 王发钱. 风险投资企业的声誉机制分析 [J]. 中国市场, 2009 (19): 125-126.

[111] 顾骅珊, 政府设立创业投资引导基金的运作管理模式探析 [J]. 经济研究导刊, 2009 (3): 67-68.

[112] 辜胜阻, 李正友, 刘入领, 我国政府在科技风险投资中的角色 [J]. 投资研究, 1999 (12): 20-23.

[113] 何树平, 阳昌寿. 政府在风险投资中的行为探析 [J]. 社会科学研究, 2001 (2): 45-48.

[114] 李洪江, 政府导向型创业投资引导基金绩效评价指标体系研究 [J]. 科技管理研究, 2010, 30 (15): 45-49.

[115] 李晓伟, 臧树伟, 我国创业投资引导基金的制度供给、运行偏差及制度改进 [J]. 中国科技论坛, 2012 (9): 129-133.

[116] 林本初, 基于政府视角的国有创投跟进投资方式的效用价值研究 [J]. 上海经济研究, 2012 (7): 54-64.

[117] 谈毅, 如何用好政府引导基金 [J]. 东方早报, 2015年2月.

[118] 谭中明, 朱忠伟. 我国政府创业投资引导基金实践模式比较与改进策略 [J]. 地方财政研究 2013 (11): 25-28.

[119] 吴艳芳. 浅谈利润表会计要素设置缺陷及改进 [J]. 财会通讯, 2011 (31): 92-93.

[120] 吴应宁. 政府设立创业投资引导基金的效益研究 [J]. 发展研究, 2010 (10): 62-65.

[121] 杨军, 周月书, 褚保金. 政府创业风险投资引导基金组织制度安排与代理成本分析 [J]. 经济学动态, 2009 (6): 81-84.

[122] 燕志雄, 张敬卫, 费方域, 代理问题、风险基金性质与中小高科技企业融资, 经济研究, 2016年9月, 132-146。

[123] 尹睿哲, 政府对创业投资的支持: 创业投资引导基金的比较研究 [J]. 管理观察, 2009, 08: 25-27.

[124] 于增彪, 张双才, 刘桂英. 国企绩效评价的对象是企业还是企业负责人? [J]. 财务与会计, 2008 (02): 50-51.

[125] 赵海龙, 曹湛, 范小琪. 风险资本投资策略研究述评 [J]. 西南交通大学学报: 社会科学版, 2011 (5): 73-80.

[126] 张蕾, 信息不对称视角下的中小企业融资困境分析 [J]. 投资研究, 2011 (10).

[127] 章彰, 傅巧灵, 政府干预与创业投资的发展 [J]. 财经理论与实践, 2000, 03: 25-27.

[128] 朱孔来, 刘晓峰, 刘瑞波. 基于生命周期的政府引导型创业投资基金策略 [J]. 中南财经政法大学学报, 2012 (5).

[129] 吴光芸. 公共政策学 [M]. 天津人民出版社, 2015.

[130] 吕祚成. P2P行业监管立法的国际经验 [J]. 金融监管研究, 2013 (09): 94-106.

[131] 王丹. 风险投资与我国互联网产业的发展 [J]. 山西经济管理干部学院学报, 2010 (02): 66-68.

[132] 刘超群. 互联网产业的税收问题研究 [D]. 吉林财经大学, 2014.

[133] 李爱君. 互联网股权融资模式与法律分析 [J]. 大众理财顾问, 2015 (09): 79-80.

[134] 依布拉音·巴斯提. 互联网金融的发展现状与前景分析 [J]. 北方经贸, 2015 (03): 134-135.

[135] 钱亚风云. 欧洲风险投资发展经验与教训的研究 [D]. 复旦大学, 2010.

[136] 赵睿. 中美风险投资关键问题比较研究 [D]. 北京邮电大学, 2013.

[137] 刘菊欣. 政企博弈视角下阿里巴巴创业融资的法律保障 [D]. 华东政法大学, 2015.

[138] 王雷, 党兴华. R&D 经费支出、风险投资与高新技术产业发展: 基于典型相关分析的中国数据实证研究 [J]. 研究与发展管理, 2008 (08).

[139] 杨小凯. 后发劣势 [J]. 新财经, 2004 (08): 120 - 122.

[140] 张学勇, 廖理. 风险投资背景与公司 IPO: 市场表现与内在机理 [J]. 经济研究, 2011 (06): 118 - 132.

[141] 苟燕楠, 董静. 风险投资背景对企业技术创新的影响研究 [J]. 科研管理, 2014 (02): 35 - 42.

[142] 葛培初. 美国在华风险投资及其对我国风险投资的启示 [D]. 苏州大学, 2013.

[143] 吴文建, 滕刚伟. 我国风险投资政策回顾与评价 [J]. 职教与经济研究, 2007 (03): 30 - 33.

[144] 成月. 利用风险投资解决高新技术产业的融资问题——以阿里巴巴为例 [J]. 市场论坛, 2013 (07): 67 - 69.

[145] 岳蓉. 中国风险投资的运行机制研究 [D]. 华中科技大学, 2013.

[146] 戴志敏. 国际风险资本运作、退出与多层次资本市场体系研究 [D]. 浙江大学, 2004.

[147] 李雪灵. 风险投资支撑环境作用机理研究 [D]. 吉林大学, 2005.

[148] 陈盈盈. 上海市创业风险投资环境评价研究 [D]. 同济大学, 2008.

[149] 江丽. 我国中小企业融资难原因分析及对策 [D]. 江西财经大学, 2014.

[150] 焦泉. 论我国的外资政策和投资环境 [J]. 现代经济探讨, 2007 (12): 79 - 82.

[151] 黄慧灵. 我国风险投资的税收政策研究 [D]. 西南财经大学, 2010.

[152] 周道. 乾照光电: 4 年增值 20 倍仍继续看好——专访红杉资本中国基金合伙人周逵 [J]. 股市动态分析, 2011 (32): 46 - 53.

[153] 成思危, 陈昌智. 中国风险投资年鉴 [M]. 民主与建设出版社,

2007 - 2014.

[154] 王元, 张晓原, 张志宏. 中国创业风险投资发展报告 [M]. 经济管理出版社, 2015.

[155] 沈维涛, 胡刘芬. 分阶段投资策略对风险投资绩效的影响及机理研究 [J]. 当代经济科学, 2014 (03): 64 - 74 - 126.

[156] 余琰, 罗炜, 李怡宗, 朱琪. 国有风险投资的投资行为和投资成效 [J]. 经济研究, 2014 (02): 32 - 46.

[157] 王丽莎, 贾小刚. 百度公司利用风险投资状况探析 [J]. 时代金融, 2012 (12): 199.

[158] 崔西. 外资败局新样本: 中华英才网是如何没落的 [J]. 中国外资, 2016 (09): 40 - 41.

[159] 葛峙中. 风险投资中的委托代理问题与激励约束机制 [J]. 科学学与科学技术管理, 2002 (07): 90 - 93.

[160] 邵刚, 徐爱军, 肖月, 赵琨, 单婷婷. 国外健康产业发展的研究进展 [J]. 中国医药导报, 2015 (17): 147 - 150.

[161] 肖海峰. 中国医疗产业发展状况及未来趋势 [J]. 中国科技产业, 2015 (8): 52 - 53.

[162] 翟运开, 周银龙, 孙东旭, 赵杰. 我国远程医疗发展的政策约束及其纾解 [J]. 中国卫生事业管理, 2014 (10): 728 - 731.

[163] 蔡佳慧, 田国栋, 张涛, 宗文红. 我国远程医疗法律与政策保障现状分析与建议 [J]. 中国卫生信息管理杂志, 2011 (4): 28 - 31.

[164] 张露. 我国互联网医疗领域的风险投资 [J]. 商, 2016 (3): 209.

[165] 麦陈耀. 开放医生多点执业对民营医院发展的作用 [J]. 中华医学教育探索杂志, 2014 (4): 421 - 423.

[166] 张玉柯, 刘海云. 二战后日本医药产业政策实践及其对我国的启示 [J]. 河北大学学报（哲学社会科学版）, 2009 (3): 64 - 68.

[167] 王斌, 朱司宇, 张青. 我国生物医药产业政策环境研究 [J]. 经济研究导刊, 2013 (17): 75 - 77.

[168] 张勇. 医药电商2.0 [J]. 中国药店, 2014 (19): 46 - 49.

[169] 朱婧. 国内外可穿戴行业发展动态与趋势 [J]. 广东科技, 2015 (14): 9 - 12.